스무 살의 사회학

콩트에서 푸코까지, 정말 알고 싶은 사회학 이야기

DEAD WHITE MEN AND OTHER IMPORTANT PEOPLE:
Sociology's Big Ideas
by Ralph Fevre, Angus Bancroft

Copyright ⓒ 2010 by Ralph Fevre and Angus Bancroft
All rights reserved.

First published in English by Palgrave Macmillan, a division of
Macmillan Publishers Limited under the title Dead White Men and
Other Important People by Ralph Fevre and Angus Bancroft.

The authors have asserted their right to be identified as
the authors of this Work.

Korean Translation Copyright ⓒ 2013 by Minumsa

This Korean edition is published by arrangement with
Palgrave Macmillan through Duran Kim Agency.

이 책의 한국어 판 저작권은 듀란킴 에이전시를 통해
Palgrave Macmillan과 독점 계약한 (주)민음사에 있습니다.

저작권법에 의해 한국 내에서 보호를 받는 저작물이므로
무단 전재와 무단 복제를 금합니다.

클라우디아 페브르에게
(그녀도 주요 개념을 가지고 있으므로)
킴과 친구들에게

일러두기

1. 본문에 인용된 책의 번역은 참고 문헌에 소개된 영문판을 따랐으며, 참고 문헌에서는 국내에 번역된 책이 있으면 먼저 밝혔다.
2. 맞춤법과 띄어쓰기는 한글 맞춤법과 외래어 표기법에 따랐다.
3. 단행본은 『 』로, 개별 작품은 「 」로 표시했다.

머리말

사회학에는 누구나 한 번쯤은 접해 봤을 몇 가지 중요한 개념들이 있다. 사람들은 사회학을 공부할 때조차 이런 주요 개념들을 이해하지 못하고 그냥 지나치곤 한다. 우리는 이러한 문제의 책임이 사회학의 주요 개념을 앞장서서 잘 설명해야 하는 우리 같은 전문가들에게 있다고 생각했다. 그래서 개념 자체와 함께 사람들이 개념을 받아들였으면 하는 방식을 설명할 방법을 찾기 시작했다. 단순히 외우기만 하는 것이 아니라 개념을 두고 논쟁하고, 씨름하고, 세상의 문제들에 개념을 적용하는 것이 우리에게는 진짜 학문이었다.

이 책은 학교나 대학에서 사회학 과목을 들을 예정이거나 수업을 듣고 있지만 수업에서 읽는 책이 별 도움이 안 된다고 생각하는 사람들을 위한 것이다. 또한 그저 좋은 생각에 관심이 있거나, 세상이 돌아가는 방식이나 사람들이 행동하는 방식을 설명하는 데 '원래 그런 것'이라는 말 이상의 무언가가 있을 것이라고 생각하는 사람들을 위한 것이기도 하다. 이 책을 읽는 사람의 배경이나 관심사가 무엇이든 간에 이 책의 목적은 어떻게 생각해야 하는지, 혹은 어떤 생각이 가장 좋은지를 알려 주는 것이 아니라 개념들을 가지고 생각하는 법을 보여 주는 것이다.

이 책은 보통의 교과서들과는 매우 다르다. 대부분의 교과서는 한 장에서 어빙 고프먼을 다루고 다른 장에서는 페미니즘을 다루는 식으로 개념들을 설명한다. 우리는 개념들을 깔끔하게 요약하는 대신 개념들이 어떻게 쓰이는지를 보여 주기 위해 사회학을 전공하는 대학생 밀라를 둘러싼 이야기 형식을 택해 각 장을 밀라의 경험을 바탕으로 썼다. 모든 독자들이 이 책을 소설 읽듯 전체 흐름에 따라 읽어 준다면 좋겠지만, 만약 특정 개념이나 이론가로 바로 넘어가고 싶을 때는 각 장의 제목을 참고하면 될 것이다. 다음 주 금요일에 수업이 있다거나, 과제나 보고서를 제출해야 한다거나 시험을 준비해야 하는 경우에도 어느 절부터 시작해야 할지 찾을 수 있게 해 두었다. 독자는 해당 부분에서 필요한 기본 개념을 머릿속에 넣고 스스로 판단을 내릴 수 있을 것이다.

이 책을 소설처럼 읽든 자료로 활용하든, 우리는 독자들이 이 책을 통해 자신의 생각을 발견하는 과정을 거친 뒤 보다 일반적인 교과서를 깊이 공부하거나 더 좋은 방법으로는 17장에 열거된 책들을 읽어 보았으면 한다. 이 책을 읽으며 관심 가는 사상가와 주제, 개념을 골라 본다면 이후 사회학 공부를 더욱 발전시키는 데 도움이 될 것이다. 17장에 실린 참고 문헌 목록은 필요한 내용을 찾기 쉽도록 정리해 놓았다. 참고 문헌들은 장별로 나뉘어 있으며 각 참고 문헌이 사회학의 어떤 부분에 특히 유용한지를 보여 주기 위해 필요한 부분에는 부제를 달았다. 책 여기저기에는 참고 문헌에서 직접 인용한 부분도 있다. 인용문의 출처를 정확히 알아야 한다면 17장에서 답을 찾을 수 있을 것이다. 암람이 이마에게 보낸 이메일에서 인용구에 해당하는 참고 문헌을 모두 알려 주었기 때문이다.(478~484쪽을 참고하라.) 독자들은 또한 이 책을 읽는 동안 학문에 대한 자신만의 접근법을 생각해 볼 수 있을 것이다. 저마다 방식은 달라도 자신이 어떻게 공부하는지 잘 알수록 이 책에서 더 많은 것을 얻게 되리라 믿는다.

랠프 페브르, 앵거스 밴크로프트

차례

머리말 —— 7

0 시작은 한 통의 메일 —— 12

1 왜 나는 사회학을 공부하는가 —— 32
가짜 이름, 가짜 모습 34
사회학이 뭔데? 38
이론이 세상을 바꿀 수 있다고? 45
모든 것이 새로운 시대 — 근대와 근대성 51

2 개인 탓? 사회 탓? —— 64
사회학은 사회 탓만 해 66
'사회'를 만든 사회학 — 콩트 73
사회가 있어야 개인도 있지 — 뒤르켐의 도덕적 개인주의 74

3 감정에 대한 감정적 논쟁 —— 94
감정은 어떻게 생길까? — 감정 사회학 96
이성과 감성 105

4 페미니즘에의 도전 —— 128
페미니즘이 나랑 무슨 상관이람 130
안 꾸미면 다 페미니스트? 138
드래그 하기 — 버틀러의 젠더 트러블 147

5 관계의 조건 —— 156
마음이 통한다는 것 158
사람과 사람 사이, 상호 작용의 기적 — 퍼스의 기호학 164
사랑에 빠지는 법 — 쿨리의 사회적 실재 168

6 사회는 움직이는 거야 —— 176
밀라, 사회학에 회의를 느끼다 178
나를 객관적으로 보기 — 미드의 상징적 상호 작용론 179
의미는 만남 속에 194

7 조금은 비정상적인 밤 —— 198
정상인 척하기 — 슈츠의 전형화 200
비정상인 척해 보기 — 가핑클의 위반 실험 208
넘치는 세계, 모자라는 말 — 시쿠렐의 단순화 215

8 친구가 털어놓은 이야기 —— 218
아픈 친구 곁에서 220
정상인, 아니면 이방인 — 고프먼의 낙인 이론 226

9 권력은 어디에나 —— 254
세미나 1 — 푸코의 권력 이론 256
일상 속의 권력, 일상 속의 저항 278

10 사회학은 인용학? —— 284
세미나 2 — 과학 사회학 286
사회학 대 과학 292

11 주어진 일과 하고 싶은 일 —— 306
밀라, 독감에 걸리다 308
의사는 주제넘은 환자를 싫어해 — 파슨스의 기능주의 313

12 연극도 사회학처럼 —— 326
비극 속 여주인공의 운명 328
영화 속 마피아의 명예 — 부르디외의 아비투스 333
대본 새로 쓰기 338

13 잘 살려면 '운동'을 해야 한다 —— 350
문제는 경제야! — 마르크스와 엥겔스의 자본주의 비판 352
이상과 현실 364
역사를 움직이는 자, 계급 370

14 세상을 설명하기, 세상을 바꾸기 —— 382
지루한 직업이 중요한 이유 — 베버의 자본주의 분석 384
세상 속 불평등은 어쩔 수 없다고? 403

15 숨겨진 목소리들 —— 412
밀라, 진짜 이름을 밝히다! 414
'엘리너' 마르크스와 '마리안네' 베버 420
우리는 하나라는 신화 — 홀의 문화 연구 434

16 이제는 말할 수 있을까 —— 446
절망은 시기상조 — 지멜의 돈의 철학 448
돈이 전부는 아니다 461

17 다시 한 통의 메일, 그리고 더 읽을거리 —— 470

자주 하는 질문 —— 485

0
시작은
한 통의 메일

랜돌프 교수님께,

학부 3학년 학생이 보낸 아래 내용을 한번 보셨으면 합니다. 깜짝 놀랄 정도로 똑똑한 학생입니다. 이 학생은 2년 동안 너무 조용해서 거의 눈에 띄지 않았는데, 지금 보니 자신감에 차 있는 것 같고 지식 수준도 놀랍습니다. 이 학생을 불러 연구를 시켜 보려고 했지만 다른 일을 염두에 두고 있는 것 같더군요.
아래 메일을 어떻게 생각하시는지요? 이 학생이 말한 내용이 우리 학생들 중 절반, 아니 반의 반에라도 해당된다면 우리가 그저 손 놓고 있기는 부끄럽지 않을까 합니다.
그럼 이만 줄입니다.

암람 드림.

암람 교수님께,

안녕하세요. 저는 3학년 강의를 듣고 있는 이마라고 합니다. 강의에 대해 드릴 말씀이 있습니다. 교수님의 강의뿐 아니라 사회학 강의 전반에 관한 것입니다. 교수님이라면 제 말을 오해하지 않으실 것 같아 다른 교수님들보다 먼저 교수님께 메일을 쓰게 되었습니다.
이 문제를 고민해 보셨는지 모르겠지만, 저는 교수님들이 생각하시는 '학생들이 수업에서 배워야 하는' 내용과 저희가 실제로 수업에서 배우는 것 사이에 큰 차이가 있다고 생각합니다. 교수님들께서는 저희를 실제보다 더 머리 좋고, 나이 많고, 과목에 대한 관심도 많다고 생각하시는 것 같습니다. 마치 저희를 교수님들의 젊었을 때 모습으로 여기시는 듯합니다.
아니면 혹시 교수님들께서 아시는 내용을 서로에게 보여 주려고 수업을 짜느라 정작 저희를 가르치는 일은 잊으신 건 아닌지요? 정말 잊어버렸다는 뜻은 아니지만요. 교수님들은 저희가 내는 과제에 성적을 매기고 공부하는 데 도움이 될 만한 평을 해 주시지만, 과제가 저희들의 지적 수준을 가늠하는 좋은 기준이 아니라는 사실은 모르십니다.

너무 놀라지 않으셨으면 합니다만, 저희 학생들은 각자 알아서 다리를 만들어 저희와 교수님들 사이의 엄청난 틈을 건넙니다. 다리는 책과 인터넷, 가끔은 강의와 세미나에서 얻는 정보로 만들고요.

저희가 여기저기서 얻는 내용을 표절한다는 뜻은 아닙니다. 최소한 저는 그러지 않습니다. 저희는 정보들을 저희 나름의 언어로 옮기지만 교수님들이 요구하시는 만큼 내용을 이해하지는 못합니다. 그저 어떤 부분을 가져와야 할지, 어떤 내용을 어디로 보내고 어떻게 각 정보를 하나로 연결시켜야 할지 추측하는 정도로만 이해하는 것입니다.

이렇게 임시변통으로 만든 다리는 아주 엉성해서 그리 오래가지 못합니다. 과제를 끝내서 괜찮은 점수를 받을 때까지만 버티죠. 시간이 지나면 다리는 무너지고, 저희는 교수님들이 알아야 한다고 말씀하신 내용에서 다시 훌쩍 멀어집니다. 개념들이 어떻게 들어맞는지, 왜 그 사상가는 그런 말을 했는지, 그게 우리에게 어떤 의미인지 모르는 채로요.

과제에 대해 교수님들께 받는 피드백을 보면 저희가 제대로 된 정보를 고르는 것 같기는 하지만 그 정도가 교수님들께서 바라시는 전부인가요? 개념들이 과제에서 어떻게 쓰이는지 이해하기를 원하신 것 아니었나요?

과장한다고 생각하실 수도 있지만 제가 이야기를 나눠 본 대부분의 학생들은 교수님들이 하는 말의 75퍼센트도 이해하지 못하며, 그나마 알아듣는 내용에도 관심이 없다고 말합니다. 필독서의 경우에는 상황이 더 심각합니다. 사실 학생들은 교재를 읽지도 않습니다. 교수님 쪽으로 갈 임시 다리를 만드는 데 필요한 재료만 골라낼 뿐 절대 그 책을 읽지는 않는다는 말입니다. 교수님께서 그렇다고 생각하지는 않지만(그래서 교수님께 글을 쓰는 겁니다.) 일부 교수님들은 그렇게 해도 좋다는 메시지만 보내십니다. 그분들은 그런 식입니다. 세상사를 설명해 보려고 노력하지는 않고, 답안에 끼워 넣을 만한 내용들로 가득 찬 책을 추천해 주십니다.

그리고 누군가가 자기 생각을 말하려고 하면 이런 교수님은 자신이 설명하는 고차원적인 것들을 그 학생만 알아듣지 못한다는 듯 의아해합니다. 하지만 다 알아들은 사람은 그 강의실에 한 명도 없을걸요? 학생들은 그저 불이익을 받지 않으려고 다른 사람들처럼 알아들은 척하는 거죠.

교수님께서 이 문제를 도와주실 수 있을지 모르겠습니다. 이 글을 쓰는 내내 삭제 키를 눌러 버릴까 하는 생각도 했습니다. 제가 보기에 이런 현실이 바뀌지 않는 데에는 모두가 한몫하는 것 같기 때문입니다. 학생과 교수 모두 아무한테도 득 될 게 없는 제도 속에 갇혀 있는 듯합니다. 가르치는 사람도 없고 정말로 뭔가를 배우는 사람도 없죠. 제도 밖에 있는 사람들이 하고 있을 일을 하는 사람은 아무도 없습니다.

교수님께 제 뜻이 제대로 전해졌기를 바랍니다. 여기까지 읽어 주셔서 감사합니다. 교수님께서는 더 나은 방안이 있을 것이라 확신합니다. 원하신다면 그냥 이 메일을 지우고 잊어버리셔도 됩니다. 답장은 안 주셔도 됩니다.

그럼 이만 줄이겠습니다.

이마 드림.

암람 교수님께,

모르겠습니다. 학생들과 직접 이야기해 본 지도 오래됐고요. 학생들에 관한 이야기라면 무엇이든 믿을 준비가 되어 있지만, 이 글에 정말 뭔가가 있는 것 같으세요? 만일 진실이 들어 있다고 해도 뒤처지는 학생들에게만 해당하는 게 아닐까요? 더 쉽게 떠먹여 달라는 요청 아닌가요?

저는 학생들이 대학에 들어오기 전에 공부하는 법을 배우지 못한 것이 문제라고 봅니다. 책을 읽는 방법, 책의 의미를 누가 떠먹여 줄 것이 아니라 스스로 생각하는 방법, 그리고 비판적으로 사고하는 방법을 고등학교에서 가르쳤어야죠. 약한 학생들이 열심히 노력하기보다 목발에 의지하려고 한다면 그건 학교

탓입니다.

어쨌든 공부에 대해 그런 도구적인 입장을 지닌 학생들이 많기는 합니다. 그 학생의 말처럼 대부분의 학생들은 학과목에 조금도 흥미를 가지고 있지 않지요.

랜돌프 드림.

랜돌프 교수님,

교수님 의견도 존중합니다만, 저는 쉽게 지나칠 문제라고 생각하지 않습니다. 만일 이마 학생이 지적한 사태가 학교 때문에 나타난 것이라면 대학 안에 있는 우리가 바로잡아야지요. 그리고 이 문제는 뒤처지는 학생들에게만 해당하는 게 아닙니다. 이마는 뛰어난 학생으로, 자신의 견해가 다른 모든 학생들은 물론 자신에게도 해당된다고 생각합니다.

이마는 우리가 추천한 책을 읽었으며 비판적으로 생각할 수 있습니다. 제가 받은 메일이 그 증거죠. 이마는 교수들이 가르쳐야 할 것을 판단할 수 있을 만큼 영리합니다. 그래서 이 학생의 견해가 매우 가치 있는 것입니다. 학생 사회 안에 있으면서도 교수들이 학생들에게 무엇을 원하는지, 혹은 원해야 하는지를 알고 있는 학생이에요. 이마는 우리가 원하는 만큼 학생들에게 다가가고 있는지 아닌지를 말해 줄 수 있을 것입니다.

암람 드림.

암람 교수님,

교수님 말씀이 맞다고 하더라도 그에 관해 무슨 제안을 하시겠습니까? 그 학생의 독특한 비유를 빌리자면, 다리를 어떻게 영구적으로 만들 겁니까?

랜돌프 드림.

랜돌프 교수님,

이마의 요점은 그게 아닙니다. 다리가 있으면 안 되죠. 학생들과 우리 사이에 틈이 있어서는 안 됩니다. 우리는 학생들, 그리고 학생들이 알고 있고 관심 있는 것에서부터 시작해야 합니다. 만일 이마의 말이 맞다면 강의를 할 때 이 점을 염두에 두어야겠지요.

암람 드림.

암람 교수님,

하지만 그렇기 때문에 개론 수업을 개설하는 것 아닙니까? 그리고 그 학생이 매우 무례하게 대하고 있는 바로 그 교과서들로 우리는 이미 그런 일을 하고 있지 않습니까?

랜돌프 드림.

랜돌프 교수님,

이마는 교재가 그런 역할을 못한다고 말한 겁니다. 교재가 학생들의 수준과 전혀 맞지 않는다는 것입니다. 교재는 학생들의 관심을 다루는 것이 아니라 그저 우리가 학생들에게 내 준 문제에 대한 가장 실용적이고 합리적인 풀이만을 제공합니다. 학생들은 자기가 생각하는 선에서 가장 문제가 안 될 만한 방식으로 배우는 척을 하고 있는 거죠. 우리가 그런 책들을 추천한다면 학생들은 해결책에 그리 어렵지 않게 도달합니다. 사실상 우리가 학생들이 도구적인 태도로 공부하도록 등 떠밀고 있는 것이죠.

암람 드림.

암람 교수님,

'배우는 척'을 한다는 게 무슨 말입니까?

랜돌프 드림.

랜돌프 교수님,

그냥 떠오른 말입니다. 하지만 "학생과 교수 모두 아무한테도 득 될 게 없는 제도 속에 갇혀 있다. 가르치는 사람도, 정말로 뭔가를 배우는 사람도 없다."라는 이마의 말이 그런 의미 아니겠습니까?

알아듣기도 힘든 말로 쓰여서 그저 시험에 통과하기 위해 다른 말로 바꿔 표현하거나 암기해야 할 짧은 문단을 찾는 용도 말고는 자신들의 삶과 아무 상관 없다고 여겨지는 책을 참고 읽는 것이 학생의 본분이라는 암묵적 가정이 있다는 이마의 말에 저는 동의합니다.

어떤 학생의 과제를 평가할 때, 우리는 그 학생이 실제 수준에 비해 훨씬 깊은 수준에서 과제를 이해했다는 환상을 가집니다. 그리고 그런 척을 잘하지 못하면(자신에게 더 자연스러운 언어를 구사하는 경우 말입니다.) 우리는 불이익을 주지요.

암람 드림.

암람 교수님,

배운 척을 한다는 교수님 의견에 일리가 있다는 것은 인정해야겠군요. 제가 직접 채점을 해 본 지는 오래되었습니다만, 이번 주에 학생들의 과제를 채점한 결과를 조정하면서 보니 교수님의 의견을 부분적으로 뒷받침하는 증거가 있었습니다.

과제에서 학생이 자신만의 자료를 활용했는지를 추측할 수 있는 부분은 서론과 결론입니다. 이 부분은 과제를 위한 질문과 반드시 관련이 있어야 하며, 다른 데서 가져다 붙일 수도 없지요. 이 부분을 보니 모두 이해 수준이 훨씬 낮았습니다.(학술적 언어도 훨씬 덜 여물었고요.) 교수님께서는 학생들이 여러 글에서 뽑아낸 부분을 하나로 묶는 방법이 무엇인지도 아시는지 궁금하군요. 학생들은 각 글을 이으며 연결 고리를 간결하게 쓰려고 노력은 하지만 서론이나 결론을 서술할 때와 마찬가지로 단순한 언어를 씁니다.

그렇기는 하지만 학생들이 본론의 내용을 이해하고 있을 수도 있지 않습니까? 우리가 학생들로서는 쉽게 알아들을 수 없는 말로 표현하라고 요구했기 때문에, 그들 입장에서는 우리가 기대하는 언어로 표현해야 한다고 합리적으로 생각하는 거죠. 자기 생각을 표현하던 자연스러운 방식을 택하지 않았다고 해서 학생들이 아예 이해하지 못했다고 판단할 수는 없습니다. 학생들은 글의 형식이나 단어를 꾸민 것이지 지식 자체를 꾸민 것은 아니니까요.

랜돌프 드림.

랜돌프 교수님,

꼭 그런 것 같지는 않습니다. 아시다시피 저는 많은 과제를 채점하고 세미나도 진행하고 있습니다. 학생들이 이야기하는 것을 듣고 있노라면 그들의 이해 수준이 깊다고 보기는 더 어렵습니다. 복잡한 개념에 관해 이야기하기란 누구에게나 어려우며 어쩌면 학생들은 주변 친구들의 압력 때문에 못 알아듣는 체하는 것이라고 말씀하실 수도 있겠지만, 학생들이 실제로 이해하는 수준에서 세미나를 진행할 때 그들이 드러내는 안도감과 열정을 보셔야 합니다.

암람 드림.

암람 교수님,

그럼 강의와 세미나를 가장 낮은 수준에 맞추어야 한다는 말씀이십니까? 우리가 꼭 중학교나 고등학교에서 하는 일을 해야겠습니까? 요약본을 찾고, 주석도 달아 주고, 학생들이 특정 분야만 골라 읽게 만들어야 한다는 겁니까?

랜돌프 드림.

랜돌프 교수님,

중·고등학교 식의 접근을 확대하자는 것이 아닙니다. 거기서부터 문제가 시작되었다는 말씀도 맞습니다. 유인물이나 모범 답안, 교사들이 만들어 놓은 조립식 공정에서 뒤처지는 학생들이나 혼자 공부하려는 학생들에게 불이익을 주는 것 역시 모두 형태는 달라도 결국엔 학생들이 배우는 척을 하게 만들 것입니다. 우리는 학생들에게 복잡한 개념과 추상적 사고를 배우고 직접 사용하는 법을 가르쳐 주어야 합니다. 무엇을 위해 그래야 하는지, 왜 사람들이 그러려고 애쓰는지를 말입니다.

암람 드림.

암람 교수님,

그런 종류의 책들이 있지요. 너무 예전 세대 글인지는 모르겠습니다만 피터 버거(Peter Berger)의 『사회학에의 초대(Invitation to Sociology)』나 찰스 라이트 밀스(Charles Wright Mills)의 『사회학적 상상력(Sociological Imagination)』을 읽어 보셨습니까? 학부 수준에서 사회학을 공부하려는 사람들이 읽던 책이죠. 이 책들은 단순히 학부 사회학 수업의 내용을 알려 주기만 하는 것이 아니라 그것이 어떤 종류의 지적 경험이 될 수 있는지 감을 잡게 해 줍니다.

랜돌프 드림.

랜돌프 교수님,

그렇습니다. 그런 책도 필요하겠지만 약간 옛날 책 같아서 이마 같은 학생들이 잘 이해할지 걱정입니다. 지금의 이마라면 그 내용을 이해할 수 있을지 몰라도 1학년 때는 그렇지 않았을지도 모르지요. 그 책들은 이마에게 말하고 있지 않아요. 사실 여성을 위한 책이 아니죠.

교수님께서도 아실 거라 확신합니다만, 중·고등학교나 대학교에서 사회학을 배우는 학생의 대다수는 여성입니다. 하지만 모든 책은 남성에 의해, 남성을 위해, 남성에 대해 쓰여 있죠.

암람 드림.

암람 교수님,

교수님께서는 이마가 사회학을 공부하기 전에는 그 책을 접해 보지 못했을 것이라고 확신하십니까? 그 학생에게 직접 물어보는 건 어떠세요?

랜돌프 드림.

암람 교수님,

『사회학적 상상력』과 『사회학에의 초대』를 추천해 주셔서 감사합니다. 두 권 다 대단하다는 생각이 들었습니다. 『사회학적 상상력』은 머릿속에 온갖 생각을 불붙였습니다. 오래전에 쓰인 책인데도 정말 예리하고 감명 깊었습니다. 하지만 1학년 때 이 책을 접했다고 해서 제가 썩 많이 발전할 수 있었을 것 같지는 않습니다.

저자는 독자에 대해 오늘날에는 유효하지 않은 온갖 가정을 하고 있습니다. 만일 지금 그 책을 다시 쓴다면 사람들이 사용하는 언어나 개념, 사회학에 대한 관심의 정도가 모두 다르다는 가정에서 출발해야 할 겁니다. 독자들이 이미 반

(半)지성인이라는 가정에서 시작해서는 안 되지요. 사람들은 학위가 필요하고 (교수님께서도 전에 이런 말을 들어 보셨으리라고 확신합니다만) 사회학이야말로 학위를 따기 쉬운 길이라고 생각하기 때문에 배우는 것이라는 가정에서 글을 시작해야 할 겁니다. 그런 뒤에 사회학에 대한 도구적 태도에서 사회학 자체에 대한 관심으로 옮겨 가는 과정을 보여 주어야 합니다.

저처럼 이렇다 할 관심 없이 공부를 시작했다가 숱한 사회학 이론가들을 괴롭혔던 근본적인 질문을 두고 자기 나름의 방식대로 고심하게 되는 사람에 대한 이야기가 될 수도 있겠습니다. 그렇다면 독자들은 예화를 통해 스스로 공부하는 방식을 어떻게 발전시켜야 할지를 배우겠죠. 사회학자들이 왜 그렇게 말했는지도 더 쉽게 이해할 수 있을 거라고 생각합니다. 다른 책을 더 읽어 보고 싶어 할 수도 있겠죠.

이마 드림.

이마 학생에게,

그러니까 사회학 이론에 관한 안내서 같은 것이 되겠군요? 독자들이 자신의 학습법에 성찰적으로 접근하게 되기 때문에, 기존의 책에서보다 많은 것을 얻게 되고 그 후에도 계속해서 책을 읽게 될 거라는 말인가요?

암람.

암람 교수님,

조금 어수룩하게 들릴 수도 있겠지만 그렇게 명확하게 생각해 보지는 않았습니다. 안내서는 또다시 도구적인 접근을 낳겠죠. 마치 사회학 사전처럼 유용하지만 누군가의 태도를 근본적으로 변화시키지는 못할 겁니다. 만일 동일시할 수 있는 주인공이 등장하는 이야기라면 독자들은 자신도 모르게 빠져들지 않을까요?

이마 드림.

이마,

그렇다면 사회학 내용이 어느 정도 포함된 자서전 같은 것?

암람.

암람 교수님,

그럴 수도 있지만, 소설에 가까운 허구적인 것이 더 좋지 않을까요?

이마 드림.

이마,

수업할 때 참고 자료로 소설을 사용하기도 하지만(나도 그렇게 해 봤고요.) 학생이 제안한 내용은 특이하군요. 사회학 이론을 가르치는 책이 어떻게 소설의 문체와 줄거리를 가질 수 있다는 겁니까? 너무 억지스러워서 사람들이 비웃지 않겠어요?

소설에 자기가 대단한 사회학자인 양 사회학을 논하고 다니는 캐릭터가 나오면 상당히 비현실적일 거예요. 특히 그 인물이 학생 신분이라면요. 만약 학생들이 이야기를 따라가면서 정말 뭔가를 배운다면 마지막에는 이런 장치를 좀 더 진지하게 받아들일 수도 있겠지만, 아직 나는 어떻게 하면 독자들을 웃기지 않고 끝까지 이야기를 이끌어 나갈 수 있을지 모르겠군요.

암람.

암람 교수님,

네, 무슨 말씀이신지 압니다.

소설 속 인물들이 학생이라면 과제 마감 이틀 전쯤이 아니고서는 사회학을 두고 이야기를 한다는 것 자체가 상당히 비현실적이겠죠. 하지만 꼭 현실적이어야 할 필요가 있을까요? 저는 고전 소설을 좋아하는데, 소설 속 모든 요소들은 오늘날 제 삶에 비추어 보면 매우 비현실적입니다. 하지만 그렇다고 해서 흥미가 떨어지지는 않아요. 일단 이야기에 빠져들면 옛날 말투도 눈에 거슬리지 않거든요.

그래도 사회학의 거장들이 한 말을 학생들의 입을 통하지 않고 본문에 넣을 방법을 찾아야 한다는 말씀에는 동의합니다. 사회학자들이 유령으로 등장하는 건 어떨까요?

이마 드림.

이마,

유령이라고요? 무슨 소리인지 모르겠군요. 나한테는 아주 비현실적으로 들립니다.

암람.

암람 교수님,

그냥 그런 생각도 해 보았다는 겁니다. 사회학자들은 이야기 밖에 나와야 하고 유령이나 괴물처럼 다른 세계의 존재여야 된다는 생각이 들어서요.

더욱 비현실적으로 들릴 수도 있다는 걸 알지만, 저는 제 또래들이 항상 사실적인 것을 원하지는 않는다고 생각합니다. 소설이 의도한 바를 알게 된다면 사람들은 의심쩍은 점도 좋게 해석해 주면서 소설에 대한 불신감을 거둘지도 모르죠. 누군가 애썼다는 걸 인정하고 나면 의도와 다르게 우스울 수도 있는 비현실적인 언어로 글을 썼다는 데 대해 크게 상관하지 않을 수도 있죠.

이마 드림.

이마,

만약 사람들이 똑똑하고 생각이 깊어서 이야기의 목적이 무엇이며 어떻게 도움이 되는지를 알게 된다면 자기들을 무시하거나 낮춰 본다고 생각하지 않겠어요?

암람.

암람 교수님,

저는 그렇게 생각하지 않습니다. 제 또래 친구들은 사람들의 수준이 다양하다는 것을 알고 있고, 반어법을 즐기거든요.

이마 드림.

이마,

내용 면에서만 보자면, 그 책에 어떤 사회학을 넣을 건가요? 학생이 말한 유령들은 무엇을 말하게 됩니까?

암람.

암람 교수님,

교수님께서 전에 말씀하셨듯 저는 이 책이 사회학 이론을 다뤄야 한다고 생각합니다. 이론이야말로 사람들이 정말 어려워하고 지루해하는 것이고, 배우는 사람과 가르치는 사람 사이에 가장 큰 간극이 존재하는 영역이죠.

유령이 매번 진지한 얘기를 해야 할지는 모르겠지만 뒤르켐과 사회 구성론, 페미니즘 학자들, 주류 백인 남성이 아닌 다른 사람들도 다뤄야겠죠. 저를 비롯해 남성이 아니거나 백인이 아닌 사람들에게도 사회학 이론을 유효하게 만드는 개념을 다뤄야 할 겁니다. 어쩌면 상징적 상호 작용론까지 다룰 수도 있고요.

이마 드림.

이마,

그리고 고프먼도 빠뜨리지 마세요. 고프먼을 논의하지 않고서는 상호 작용론을 말할 수 없지요! 부르디외도 넣는 것은 어떤가요? 계몽주의, 자본주의, 산업주의같이 사회학 이론의 기원이 되는 것들, 다른 말로 하면 근대성을 설명하는 것부터 시작해야 하지 않겠어요?

암람.

암람 교수님,

근사하겠죠? 저라면 분명 이 책을 읽을 거예요. 줄거리를 따라 개념과 주제를 묶는 건 어떨까요?

이마 드림.

이마,

소설의 줄거리 말인가요? 그건 너무 무리한 시도 같기도 하고, 그렇게 하면 학생들이 과제에 도움이 될 만한 부분만 활용하지 책 전체에 빠져들 수 없지 않겠어요? 학생들은 분명 그 책이 과제를 작성하거나 시험 준비를 할 때 그동안 교과서가 했던 역할을 최소한이라도 대신할 수 있는지를 알고 싶어 할 텐데요?

암람.

암람 교수님,
만약 학생들이 이 책을 다 읽지 않는다면 안타까운 일이긴 하겠지만, 저는 왜 각 장을 따로따로 읽으면 안 되는지 모르겠습니다. 교수님들이 어떤 이론가에 대해 공부하게끔 한 장을 추천했는데 학생들이 더 나아가 다른 부분을 읽을 수도 있지 않을까요?

이마 드림.

이마,
이미 궁리를 다 해 놨군요. 표현도 딱 학생 또래에 맞게 쓸 수 있을 겁니다. 나는 그런 게 전혀 안 되고, 내가 드는 사례는 전부 구식이라 요즘 세대와는 영 멀어요.

암람.

암람 교수님,
저는 그런 게 필요하다고는 전혀 생각하지 않는걸요! 이 책은 구체적인 자료나 특정 연령대에 한정된 표현은 전혀 없이, 문화적인 맥락과 무관하게 쓰여야 합니다. 세계 어디에 있는 사람도 이 책을 이해할 수 있어야 하기 때문에 잠재적 독자의 문화에 대해서는 어떠한 가정도 해서는 안 됩니다.

요즘 사회학을 공부하는 학생들 대다수는 이 책에서 논의하는 개념이 나온 문화권 출신이 아니라서 그 문화에 대해 아는 것도 적습니다. 이 책은 그런 사람들을 아우르는, 적어도 처음부터 그들을 소외시키지는 않는 세계를 만들어 내야 합니다. 다양한 나라에서 읽히려면 다양한 학생들이 자기네 문화와 크게 다른 점을 느끼지 않을 만한 배경을 그려 내야 하는 것이죠.

이마 드림.

이마,

훌륭하네요. 이 내용을 전부 랜돌프 교수님께 설명해도 괜찮겠어요?

암람.

암람 교수님,

어제 이마 학생과 함께 찾아와 주셔서 감사합니다. 그 학생은 뛰어나기는 한데, 조금 특이하더군요. 새로운 방식으로 사회학 교재를 쓴다는 계획은 흥미로우나 극복하기 힘든 문제들도 있다고 생각합니다. 그 학생에게 설명했던 현실적 문제도 있지만(그 학생은 결국 학부생일 뿐이니까요.) 더 근본적인 문제는 그런 방식이 애초에 제기되었던 문제에 대한 해결책이 아니라는 겁니다.

만약 그 책이 학생들 손에 들어가서 그들을 사로잡는다 한들, 사회학에 대해 가장 피상적인 것들(그리고 잘못되었을 수도 있는 것들) 말고 무슨 말을 더 할 수 있겠습니까. 이마도 만일 그 이상을 하려고 한다면 필연적으로 실패할 것이라고 말하지 않습니까.

이마의 분석이 옳을 수도 있지만 만약 교수님께서 그 분석을 믿으신다면 그 학생이 쓰려는 책이 소용없다는 것을 아실 겁니다. 만일 믿지 않으신다면(저는 아직도 믿어야 할지 확신이 서지 않습니다.) 그렇게 과감한 시도는 어차피 필요가 없겠지요.

랜돌프 드림.

이마,

나와 함께 랜돌프 교수님을 찾아갈 시간을 내 주어서 무척 고마웠습니다. 하지만 학생은 우선 이 일에 더는 시간을 쓰지 말아야 한다는 생각이 드는군요. 신경 써야 할 일이 있잖아요? 시험이 다가오고 있죠!

랜돌프 교수님의 경고가 옳을 수도 있어요. 지나친 단순화에서 시작한다면 학생들은 자신들이 그 책을 어떻게 활용해야 할지 의문을 갖게 된다는 거죠. 이해하기 어려운 복잡한 용어들이 등장하기를 기대하고 책을 펼친 학생들이 막상 그런 용어들을 보지 못하면, 정보가 불충분해서 과제를 해결해 주지 못할 거라 생각하겠죠. 또 만일 정보가 충분하다고 생각한다 하더라도 교수들에게 자신들이 문제를 너무 쉽게 다루고 있다는 인상을 주고 싶지는 않을 겁니다.

하지만 정말 문제는, 실제로 교수들이 그런 시도를 지나친 단순화라고 생각할 거라는 점입니다. 랜돌프 교수님 같은 분들은 그 책을 학생들에게 추천하지 않을 거예요. 부정적인 말을 해서 미안합니다. 랜돌프 교수님은 그분 세대의 다른 많은 분들에 비하면 개방적인 분이니만큼, 그분께 이 생각을 설득할 수 없다면 포기하는 게 최선일 것 같군요.

그렇다고 해서 가르침과 배움에 대한 학생의 분석이 잘못되었다는 뜻은 아닙니다. 나는 학생이 옳다고 확신해요. 하지만 실험적인 교재를 쓸 생각을 하는 대신 이 문제에 관해 연구를 해 볼 수도 있지 않겠어요? 정말 박사 과정에 들어올 생각은 없는 건가요?

암람.

암람 교수님,

박사 과정에 대한 말씀에는 다시 한번 감사드립니다만 그건 정말 제 길이 아닌 것 같습니다. 저는 아직 소설에 대한 생각을 포기하지 않았고 지나치게 단순화하지 않고서도 이해하기 쉬운 책을 쓸 수 있을 거라 믿고 있습니다. 교수님께만 드리는 말씀이지만, 저는 이런 시도를 지나친 단순화라고 보는 사람이야말로 약간 바보이거나 최소한 자신이 알고 있는 것에 별로 자신이 없는 사람이라고 생각합니다.

제가 언젠가 책을 완성해서 교수님께 보여 드린다면, 읽어 주실 거죠? 만약 그때도 교수님의 반응이 비관적이라면 안 된다는 말씀을 받아들이겠습니다.

안녕히 계세요.

이마 드림.

1
왜 나는 사회학을 공부하는가

가짜 이름, 가짜 모습

누구에게나 대학 생활의 첫날은 중요하다. 말이 트이면서부터 집에서 교육비를 다 대 주는 부유한 가정 출신 학생이든, 가족 중 처음으로 대학교에 가게 된 학생이든 마찬가지다. 체육관에서 입학 등록을 마치기 위해 줄을 선 젊은이들 한 사람 한 사람이 하루 종일 엄청나게 떨었겠지만, 줄 뒤편에 서 있는 밀라에겐 누구보다 더 긴장할 만한 이유가 있었다. 밀라를 잘 아는 사람이라면 안경을 만지작거리는 모습을 보고 그녀가 얼마나 불안해하는지를 알아챘을 것이다. 안경은 밀라에게 너무 작고 균형도 맞지 않아 그녀는 안경다리 한 짝을 비틀어 모양을 가다듬었다.

오늘 아침 학교로 오는 길에 그녀는 네 명의 피고 중 마지막 사람에 대한 공판이 시작되었다는 사실을 알게 됐다. 그녀 아버지의 사진은 다시 거의 모든 신문의 1면에 실린 듯했다. 공판 첫날 찍힌 사진과 같은 것이었다.(아버지가 연루된 사건의 공판이 제일 처음 열렸다.) 사진 속 아버지는 분명 자기를 변호할 자신이 있다는 듯 법원 계단을 성큼성큼 오르는 모습이었지만, 카메라를 향해 미소 짓기는 쉽지 않아 보였다. 어머니는 한 걸음 뒤에서 카메라를 반항적으로 쳐다보고 있었다. 두 사람 모두 밀라 또래의 자식이 있다고 하기에는 너무 젊어 보였다. 어머니 뒤에는 굽은 어깨와 각진 턱을 지닌 밀라가 어수룩한 표정을 하고 카메라를 정면으로 바라보고 있었다.

밀라는 신문을 산 사람이라면 누구나 자신을 알아볼 것 같다고 느꼈다. 당연히 택시에서 내리기 전에 언론과 카메라를 염두에 두었어야 했고, 아니면 어머니라도 그 점을 신경 써 주었어야 했다. 선글라스나 모자, 스카프라도 썼더라면 상황은 달라졌을 것이다. 준비가 안 된 상태였다 하더라도 카메라를 정면으로 응시하는 대신 고개를 돌릴 수도 있었을 것이다. 멀찍이 떨어져 있던 밀라의 오빠 도니는 안전했다. 그는 눈을 찌르는 머리카락을 쓸어 넘기느라 얼굴에 손을 대고 있어서 사진으로는 전혀 알아볼 수 없었다.

6주 전 대학에서의 첫날을 걱정하던 밀라는 욕실 거울에 비친 자기 얼굴을 보면서 법원 계단에서 입은 피해를 되돌리지 않고서는 대학 생활을 제대로 할 수 없을 거라고 생각했다. 밀라는 어머니가 잘 아는 치과에서 사랑니 네 개를 뽑았고, 간절히 원했던 대로 얼굴형이 상당히 바뀌었다. 성형 수술보다 싸면서도 효과는 거의 비슷했다.

굽은 어깨를 펴기 위해 그녀는 걸을 때나 앉을 때나 마치 빗자루를 등에 묶어 놓은 사람같이 움직였고 분명 효과를 보았다. 그녀는 머리카락을 자르고 염색도 했다. 콘택트렌즈 대신 열세 살 때 이후로 껴 본 적 없던 안경을 늘 끼고 다녔다. 이름도 바꾸었다. 그렇게 밀라는 아무도 자신이 유명한 사진 속 그 사람이라는 것을 알아보지 못하기를 기도하면서 대학 생활을 시작했다.

그러나 오늘 아침 그녀는 자신감을 잃었다. 그녀는 6개월이나 지났는데도 도니가 법원 계단에서 하던 행동을 따라 하고 있었다. 그녀의 손은 얼굴 근처에서 계속 오락가락했다. 그녀는 배에 힘을 꽉 주고 누군가 자신을 알아보는 티를 냈을 때 느낄 당혹감에 대비했다. 두려워해야 할 상대는 잠깐 동안 알아보는 사람들이 아니라 매주 교실에 함께 앉아 있게 될 선생님과 동기 학생들이라고 계속해서 되뇌었다.("지난번에 네가 가난한 사람들의 돈을 모두 훔친 그 사람의 딸과 닮았다는 이야기가 나왔어.") 그녀는 첫날 아침 내내 도망이라도 칠 태세였다.

이제 그녀는 기숙사로 돌아가 누군가 자신을 알아보거나 비난하지 않을까 하는 두려움에서 벗어나 한숨 돌리기 전에 마지막으로 가짜 신분을 확인받기 위한 줄에 서 있었다. 그러는 동안, 그녀는 그 처참한 사진을 다시 보게 되었다. 벽에는 뉴스 채널을 보여 주는 큰 화면이 있었다. 뉴스에서는 마지막 피고인의 공판이 시작되었음을 보도하면서 그녀 아버지의 공판을 다시 끄집어냈다. 소리는 들리지 않았지만 밀라는 화면 아래로 지나가는 헤드라인을 읽을 수 있었고, 기사에 사용된 사진만 보고도 평결이 내려지자마자 아버지에게 쏟아졌던 비판이 반복되고 있다는 걸 알 수 있었다.

처음에 각종 매체의 아나운서들은 아버지의 유죄 여부가 판단하기 미묘한 문제라는 입장이었다. 그들은 아버지가 한 행동이 어떻게 보면 경범죄지만 다르게 보면(그리고 그렇게 보는 게 쉬웠다.) 전혀 범죄가 아니라고 말했다. 그들은 아버지와 그의 가족들이 잘못된 기소 때문에 겪어야만 하는 모든 고통과 괴로움에 대해 엄청나게 억울해하고 있을 것이라고 말했다. 밀라는 아버지가 아직까지도 억울해하고 있다는 것을 알고 있었다.

하지만 그녀의 아버지가 유죄라는 발표가 나자 온 가족은 비난의 급류에 휩쓸렸다. 물살은 곧 깊고 느린 속도로 흐르는 강물이 되었다. 무죄와 유죄 사이에는 종이 한 장의 차이도 없었다. 화면에는 '망신당한 사업가', '악명 높은 사기꾼' 같은 낯선 비난의 말들이 떠올랐다가 사라졌다. 재판 이후 매체에서는 아버지를 이기적인 이중인격자라고 불렀다. 그들은 "그의 죄는 극악무도하다."라고 했다. 올바른 생각을 가진 사람이라면 누구나 그를 악명 높은 화이트칼라 사기꾼으로 생각할 거라고도 했다. 언론에서는 변호인단도 비판했다. 변호인단의 주장이 화면에 떠 있었다.

"변호인단은 그가 자신의 행동이 통례일 뿐 불법인 줄 몰랐던 것이라고 주장했다."

재판 전에는 언론에서도 그 말에 동의하는 것 같더니 이제는 아버지에 대한 변론조차 그의 범죄만큼이나 파렴치한 것이라고 비난했다. 잘못된 일인지 몰랐다고 주장하다니 낯도 두껍다는 것이었다. 얼마나 뻔뻔한 거짓말쟁이인가? 가난한 사람들의 돈을 훔치고는 부끄러운 줄도 모르고 자신이 한 일이 잘못인지 몰랐다고 말하다니! 이는 그가 도덕성의 의미를 모르고 있거나, 최악의 경우 도덕에 구애받지 않는다는 것을 보여 준다.

밀라는 아직도 아버지가 잘못하지 않았다고 믿었다. 기소 사실이 처음 알려졌을 때 아버지는 자신이 주식을 판 사람들을 비롯한 모든 이들에게 항상 진실을 말했노라고 해명했다. 아버지는 가난한 사람들이 병과 노후를 대비해 투자할 수 있게 해 줌으로써 그들을 도왔다. 그들에게 돈을 잃을 수도 있으며 선택은 자유라는 것도 말해 주었다. 일은 그렇게 진행되었다.

그녀의 아버지가(그리고 사실상 온 가족이) 떠안은 위험은 그다지 크지 않았다. 그는 주식이 이윤을 내건 내지 않건 돈을 벌기는 했지만, 이는 보통의 투자자들에게 없는 전문 지식을 갖고 있는 데 따르는 이익이었다. 밀라의 아버지는 자신과 동업자들이 사람들에게 사라고 권한 주식 가격이 오르면 가격과는 무관하게 제3자에게 보수를 받게 되어 있다고 말했다. 밀라는 지금 화면 하단에 보이는 '대규모 주식 사기'라는 말이 아버지가 말한 돈 버는 방식을 가리킨다고 생각했다.

아버지는 주식을 건전한 투자라 여겼고 그렇기 때문에 기쁜 마음으로 주식 판매 일을 했다. 만일 가난한 사람들이 주식을 사서 주가가 오르는 일로 자신이 이익을 볼지 몰랐다 하더라도 같은 일을 했을 것이라는 게 아버지의 주장이었다. 아버지와 마찬가지로 현재 재판을 받고 있는 동료들이 싼값에 주식을 모두 사들이고는 주가가 폭락하기 전에 팔아서 차익을 챙긴 것은 사실이지만 그건 누구나 하는 일로 불법이 아니었다.

뉴스 채널에서는 자선 행사에서 찍힌 아버지의 예전 모습을 보여 주었다. 한 줄로 들어오는 부자 손님들을 맞이하면서 카메라를 향해 환하게 웃고 있는 아버지의 모습은 매우 만족스러워 보였다. 몇 주에 걸친 재판 과정을 밀착 취재하면서 언론에서는 늘 돈을 잃은 사람들과 그녀의 아버지, 아버지의 동업자들 대부분이 같은 종교를 믿었다는 점을 강조했다. 그들은 그녀의 아버지와 부유하고 영향력 있는 동업자 한 명이 종교 자선 단체 네트워크를 이끌었다는 사실을 계속 떠들어 댔다. 피해를 본 사람들은 얼마 되지 않는 여윳돈으로 이 자선 단체를 돕던 정기 후원자들이었다. 피해자들과 아버지의 관계는 일종의 미신 같았다. 그들은 공개적으로 알려지거나 그녀의 아버지가 참석한 공연이나 만찬에 초대받을 정도로 막대한 기부금을 낸 것은 아니었지만, 계속해서 기부를 하며 맹목적으로 아버지와 친구들을 믿었다는 것이다.

밀라는 그 자선 단체에서 한 좋은 일을 많이 보았지만, 언론은 그 활동이 범죄와 심각하게 연결되어 있는 것처럼 다루었다. 그들은 밀라의 아버지가 자선 활동과 종교가 지닌 높은 도덕성으로 눈속임을 했다고 말했다. 아버지가 가난하고 순진한 사람들의 종교적 열의와 이타심을 이용해 그들을 사기에 끌어들였다는 것이다. 뉴스 화면에는 검사가 공판이 끝나고 법정 계단에서 한 말이 헤드라인으로 흐르고 있었다. 그녀의 아버지는 '더러운 신용 사기'죄를 지었다는 것이었다. 언론에서 계속 이 말을 인용해 그녀의 아버지를 비난하면서 아버지는 대중들에게 미움받는 사람이 되었다.

사회학이 뭔데?

새로운 거처로 돌아올 때쯤 밀라는 완전히 지쳐 있었다. 그녀는 잠들기 전 아무도 마주치지 않길 바라며 물을 마시러 공용 주방으로 갔다. 불 켜진 식탁에 누군가 앉아 있다는 걸 밀라는 너무 늦게 알아차렸다. 한 학생이 간식을 먹으며 큰 책을 읽고 있었다.

"안녕, 나는 재스민이야. 너도 배가 고픈 거야?"

"아니, 그냥 물 마시려고. 자러 가는 길이야. 오늘 너무 피곤했거든. 아, 나는 밀라야."

밀라는 그 학생이 다시 책으로 눈길을 돌리기 전에 등을 보이는 예의 없는 행동은 하지 않으려고 노력하면서 돌아 나가려 했다.

"밀라, 너는 어디서 왔어?"

재스민은 밀라의 대답에 큰 관심을 보이지 않았다.(그리고 밀라가 정중하게 그녀는 어디서 왔는지 물었을 때 재스민이 대답한 나라는 밀라가 들어 본 적 없는 곳이었다.) 하지만 밀라에게 여기서 무엇을 공부할 것이냐고 물었을 때는 분명 대답에 귀 기울이고 있었다. 밀라는 주방에 더 묶여 있을 수도 있겠다는 생각이 들자 최대한 무관심한 태도를 보여 대화를 끝내고 싶었다. 밀라는 앞으로 3년 동안 무엇을 하게 될지 아무 관심 없는 사람처럼 툭 내뱉는(그리고 졸린) 말투로 이렇게 말했다.

"사회학. 생각나는 게 그것뿐이라."

재스민은 코웃음을 치더니 밀라를 더욱 유심히 바라보았다.

"나는 천체 물리학을 공부해. 내가 열 살 때부터 하고 싶었던 거야. 그래서 늦게까지 관련된 책을 읽고 있는 거고. 네 전공을 딱히 공부하고 싶은 것이 아니었으면 왜 군이 귀찮게 대학에 온 거야?"

밀라는 '나도 몰라, 아침에 보자.'라고 해 버릴 수도 있었지만 새로운 환경이 어떨지 잘 모르는 상황에서 바보같이 보일 위험을 무릅쓰고 싶지 않았다. 어쩌면 대학에는 (건강에 해로울 정도로 책을 좋아하는) 이런 학생들이 많을 수도 있었다. 그녀는 무엇이든 눈에 띄는 짓을 해서 관심을 끄는 위험은 피하고 싶었다.

"그러니까, 사회학 공부를 정말 하고 싶기는 해. 대학 오기 전에 2년 동안 사회학에 관한 공부를 하기도 했고. 사회학은 사람에 대한 학문이고, 대부분 재미있어. 성적도 잘 받았고."

재스민은 성적을 잘 받았다는 부분에서 헛웃음을 치더니 또 질문했다.

"그럼 사회학의 어떤 점에 관심이 있는 거야? 사회학에서 뭘 배울 수 있다고 생각하는데?"

밀라는 그 말이 왠지 빈정대는 것 같다고 생각했다. 그렇지 않다 하더라도 분명 그녀의 인내심을 시험하는 말이었다. 학생들은 보통 그렇게 진지하지 않으니 말이다. 대학에 오기 전, 수업 시간에 한 선생님은 사회학이 대부분의 사람들에게 새로운 학문이기 때문에 종종 이런 질문이 나온다고 말했다. "사회학이 생긴 지는 거의 150년이 넘었지만 사람들은 사회학이 뭔지 잘 모르죠. 사회학은 사람들이 어떻게, 그리고 왜 행동하는지에 관한 학문입니다. 사회학은 개인이 '어떤 사람'이라서가 아니라(이건 심리학의 접근 방식이죠.) '무엇을 하는 사람'이라서 하는 행동 방식을 다뤄요. 그러니까 인간의 행동이 그들이 살아가는 시간과 장소에 의해 어떻게 형성되는지를 탐구하는 거죠. 사회학이 무엇에 관한 것인지를 묻는 사람들이 어디에 도움이 되는 것인지도 알고 싶어 한다면, 사회학은 세상을 더 나은 곳으로 만들 수 있다고 말해 주세요."

밀라는 재스민에게 그대로 말해 주었다. 또한 사회학이 어떻게 세상을 더 나은 곳으로 만들 수 있느냐는 재스민의 물음에 정부는 사람들을 대하는 더 나은 방법과 사람들이 더 행복한 삶을 살게 할 방법을 사회학에서 배울 수 있다고 예의 바르게 답했다. 보통 사람들도 사회학을 배워서 자신의 삶을 더 잘 이해할 수 있으므로 밀라는 사회학이 모두에게 도움이 되는 좋은 학문이고, (아직 인류학과 헷갈리기는 하지만) 사람들이 나와 얼마나 다를 수 있는지 알아내기란 흥미로운 일이라고 말했다. 도전적이던 재스민의 목소리가 조금 누그러졌다. 하지만 질문은 더 남아 있었다.

"사회학이 그런 거구나. 하지만 사회학에서는 뭘 배워? 천체 물리학은 우주와 우주 안에 있는 물질이 어떻게 움직이는지, 그러니까 별이 어떻게 태어나고 죽는지, 물질이 어디서 와서 어디로 가는지를 탐구하는 학문이야. 그런 탐구를 통해 알아내려는 건 또 따로 있어. 예를 들어 빅뱅, 블랙홀, 암흑 물질 같은 것의 존재를 밝히려는 거지. 정말 재미있는 건 그런 '주요 개념(big ideas)'이야. 아주 많은 것, 어쩌면 모든 것을 설명할 수 있지만 아직까지는 정확히 알 수 없거든. 사회학의 주요 개념은 뭐야?"

밀라가 볼 때 이 말에 비꼬려는 뜻은 없었다. 최소한 재스민은 사회학에 주요 개념이 있을 리 없다고 단정 짓지는 않았다. 하지만 여전히 도전적인 느낌은 있었다. 재스민의 말은 '네가 무엇을 공부하게 될지에 신경 쓰고 있다는 것, 더 나아가 여기서 하려는 일이 무엇인지도 알고 있다는 것을 납득시켜 봐.'라는 것이었다. 밀라는 준비가 되어 있지 않았다. 그녀의 마음속으로 그 질문이 흘러 들어와 생각이 여기저기로 튀는 것이 느껴졌다. 주요 개념이라고? 학창 시절을 떠올리자 여러 생각들이 그녀의 머릿속에서 뒤죽박죽 섞였다. 계급, 젠더, 인종? 그건 그냥 개념 아닌가? 아니면 부유한 사람이 더 오래 산다는 말이나 권력자가 누군가에게 고통을 가하라고 말하면 사람들이 그렇게 한다는 사실? 그건 증거 아닌가? 그런 것들은 주요 개념이라고 할 수 없을 것 같았다.

"그런 이야기를 하기에는 정말 너무 피곤해서. 하지만 만나서 반가웠어. 또 보게 된다면 보자."

밀라는 자신의 말이 어머니가 하던 정중한 빈말처럼 들리지 않았으면 했지만, 막상 문을 빠져나오자 그 여학생은 그저 다시 책을 읽을 거라는 생각이 들었다.

이제야 밀라는 잠자리에 들었다. 자신은 깨닫지 못했지만, 그녀는 몇 주 만에 처음으로 그녀의 가족에게 쏟아진 부당한 비난에 대해 생각하지 않았다. 불쑥 찾아온 호기심은 머리에서 퍼져 나가 피부 속으로 스며들었고, 그녀는 그 호기심을 해결하고 싶어 몸이 근질거렸다. 쉽사리 답을 찾을 수 없는 까다로운 질문이 머릿속을 지배하고 있는 상황은 낯설게 느껴졌다. 무슨 주요 개념을 공부하려고 대학까지 왔느냐는 재스민의 질문은 그녀가 자는 동안에도 무의식을 맴돌며 아침까지 남아 이제는 의식에도 반쯤 들어와 있었다.

사회학의 주요 개념에 대한 관심은 밀라에게 무척 생소했다. 이전까지 마음을 썼던 것들과 매우 달랐고, 그리스 신화에 나오는 (헤라클레스 같은) 영웅이 신의 딸을 얻거나 아니면 신이 되기 위해 통과해야 했던 시험 같기도 했다. 밀라가 도전을 시작하는 데는 재스민의 의심스러운 눈초리도 한몫했다. 재스민은 밀라가 이른바 주요 개념이 갖추어진 진짜 학문(우주의 기원이라니, 부숴 버릴 테다!)을 할 만큼 똑똑한 학생이라고 생각하지 않는 것 같았다. 성적이 좋았다고 말했을 때 재스민이 자신을 보던 눈길이 그랬다고 밀라는 생각했다. 그 눈빛은 이렇게 말하고 있었다.

"누구한테나 쉬우니까 너한테 쉬웠던 거지, 네 머리를 시험하는 진짜 학문을 공부하면 그렇게 쉽지 않을걸."

그 뒤 며칠 동안 밀라는 다른 사람들도 비슷한 생각을 하고 있다는 걸 깨달았다. 그들은 사회학이란 크게 봤을 때 상식이며, 사회학 공부란 그럴듯하게 아는 체를 해서 대학에 오는 길이라고 생각하는 것 같았다. 사람들은 이 점에 관해 사회학을 비판했고, 그 비판은 정곡을 찔렀다. 밀라는 어릴 때부터 자신이 이런 식의 비판을 상대하게 될 거라는 생각은 한 번도 해 보지 않았다.

그녀는 여태까지 공부했던 과목들에 그다지 재미를 느끼지 못했고, 대학에 있을 만한 사람이 되려면 개념과 지식을 배우는 일에 들떠야 하는 것인지에 대해서도 확신이 서지 않았다. 하지만 밀라는 무엇이 옳은가에 대한 감각이 강했다. 그녀는 자신이 속해 있지 않은 곳에는 있고 싶지 않았고 그럴 성격도 못 되었다. 그래서 그녀는 한밤중에 주방에서 받았던 질문을 떠올리며 지금껏 공부한 과목들을 되돌아보았다.

그녀는 강의를 듣고 전공 서적을 읽으면서 머릿속으로 질문했다. 내가 여기 있는 것을 정당화할 만큼 사회학이 대단한가? 그만큼 어렵고 그만큼 중요한가? 이 문제를 해결하기 위해 그녀는 먼저 사회학의 주요 개념을 찾아보기로 했다. 의학이나 법학, 언어학이나 철학, 천체 물리학을 공부하는 사람에게 "나는 이런 걸 배워요!"라고 당당히 말할 수 있고, 그들이 공부하는 분야와 마찬가지로 사회학 역시 제대로 된 학문임을 설득시킬 주요 개념은 무엇일까?

만에 하나 사회학에 주요 개념이 있다 하더라도, 밀라는 자신의 지적 능력에 대해 자신이 없기도 하거니와 동기조차 부족하다고 느꼈기 때문에 개념을 이해하는 데 한계가 있으리라고 생각했다. 스스로 부과한 과제를 이끌어 갈 정신력이 부족하다고 판단한 그녀는 도움을 받기로 했다. 다른 사람들에게 설명해 봄으로써 주요 개념이 맞는지 아닌지를 가려내는 것이다. 만일 어떤 개념에 대해 사람들이 감탄한다면, 혹은 최소한 그녀의 설명을 무너뜨릴 수 없다면 그 개념은 충분히 대단하고 중요하다고 간주되어야 할 것이다.

이런 식으로 밀라는 무엇이 사회학의 주요 개념인지를 결정할 권리를 다른 사람들에게 넘겼다.(하지만 그들 중 일부는 심판으로 활약할 준비를 제대로 갖추지 못한 것으로 드러났다.) 그녀는 자신의 미래도 그들 손에 맡긴 셈이었다. 만일 사회학의 주요 개념을 찾겠다는 시도가 실패로 돌아간다면 학교를 그만두고 더 나은 일을 찾는 것을 진지하게 고려하겠다고 결심했기 때문이다.

밀라는 곧 그날 밤 주방에서 재스민이 한 질문에 완전히 당황했던 이유가 바로 '개념'이라는 것이 무엇인지 감을 잡을 수 없었기 때문이었다는 걸 깨달았다. 어쩌면 그녀가 말도 안 되는 바보라는 뜻일 수도 있지만 누구도 대학에 오기 전에 그녀에게 개념이 무엇인지 설명해 준 기억이 없었다. 선생님들이 "개념을 잘 잡았다."라고 말해 줬던 기억은 있다. 선생님들은 그녀가 낸 과제물에 그런 말을 써 주곤 했다. 하지만 그 말은 그녀가 수업 내용들을 잘 연결했다는 뜻이거나, 아니면 특정 주제에 대한 그녀의 의견에 동의한다는 뜻에 불과하다고 그녀는 늘 생각했다.

재스민의 말은 그런 뜻이 아니었다. 그녀가 지적한 것은 블랙홀이건 암흑 물질이건 다른 무엇이건, 사람들이 상상하는 것들이 실제로 존재한다는 설명 같은 것이었다. 모든 사람이 그 설명을 받아들이지는 않더라도 미래의 언젠가는 그렇게 될지도 모른다. 밀라가 대학에 오기 전에 만난 선생님들은 '이론'을 언급하지 않았지만 과제를 통과하기 위해서는 이론을 이해해야 했다. 입학하고 몇 주 후 밀라는 같은 수업을 듣는 두 학생이 자신들이 생각해 낼 수 있는 가장 똑똑한 질문으로 교수에게 잘 보이려고 노력하는 것을 보다가 이론이야말로 그녀가 뒤좇는 주요 개념일 수 있겠다는 감을 잡았다.

이론이 세상을 바꿀 수 있다고?

연구 방법론 수업이 끝난 뒤 밀라는 어떤 교재를 사야 하는지 물어보려고 기다리고 있었다. 그녀는 수업 중에 질문하기를 꺼렸다. 그녀는 주목을 끌고 싶지 않았다. 사람들과 있을 때는 가능한 한 익명으로 남아야 새로운 정체성을 유지하는 데 최대한 집중할 수 있다고 생각했기 때문이다. 두어 번인가는 누군가 그녀의 새 이름을 부르는 소리를 위험할 정도로 늦게 알아차린 적도 있다. 세미나 같은 데 참여하려 해도 위장을 유지할 수 있을지 늘 불안하고 걱정되었다.

아까 수업 중에 질문하던 두 학생이 그녀 앞에 서 있었다. 강의실을 우르르 빠져나가면서 사회학에 관한 이야기는 한마디도 하지 않는 300명의 학생들과는 달리 이 두 학생은 자신들이 그 수업에 정말 관심이 있다는 것을 교수에게 보이고 싶어 안달이 난 것 같았다. 교수는 그들의 질문에 대답해 주고 있었다.

"정말 맞는지 아직 모르는 것에 대한 설명 같은 거죠."

두 학생 중 앞에 있던 한 명이 교수가 말을 끝내기도 전에 끼어들어 매우 빠른 소리로 말했다. 그 여학생은 밀라보다 훨씬 어려 보였는데 대학생이라 하기에도 앳되어 보일 정도였다.

"저랑 제일 친한 친구 A가 저하고 말을 안 하는데 왜 그런지를 몰라서 다른 친구 B한테 '얘가 왜 이러는 거야?'라고 물어보는 것 같은 거네요. 그럼 B는, 잘은 모르겠지만 제가 전에 했던 어떤 행동 때문에 A가 화가 난 것일 수도 있고, 아니면 A가 한 어떤 일 때문에 혼자 부끄러워하는 것일 수도 있다고 말하는 거예요. 그런 두 설명이 각각 다른 이론 아닌가요? 어쩌면 그중 하나는 왜 그런지 설명해 줄 수도 있지만 어떤 게 맞는지 실제로 알아내기 전까지는 모르는 거죠."

밀라는 생각했다. 제일 친한 친구가 나와는 이야기를 하지 않고 다른 친구가 와서 그 친구가 더는 나를 좋아하지 않기 때문에 그러는 거라고 말한다면, 그게 사실이 아니라 하더라도 서로를 끔찍이 싫어하고 말게 될 것이다. 그 친구에게 나쁘게 굴면서 상황이 더 악화되는데 결국 오해였다고 밝혀진다면……. 어려 보이는 학생에게 교수는 부분적으로 그 말에 동의한다고 말했다.

"이론은 참일 수도 있는 설명이에요. 이론이 맞는지 밝혀질 때까지 기다려야 된다는 말도 맞지만, 이론은 가장 친한 친구의 행동이 아니라 분자의 운동이나 별, 유전자 같은 것들을 설명하죠."

그때 밀라 앞에 있는 두 번째 학생이 대화에 끼어들어 자신이 얼마나 영리한지를 보여 줄 기회를 잡았다. 어쩌면 그 여학생은 교수보다 자기가 훨씬 똑똑하다고 생각하는 것 같기도 했다.

"그럼 이론은 사람이 하는 일은 다루지 않나요? 그렇다면 어떻게 사회학이 이론을 가질 수 있나요?"

"물론 사회학에도 이론이 있지만, 사회학에서는 이론이 옳은지 아닌지를 밝히기 위해 다른 종류의 증거가 필요해요. 사람들에 대해 설명할 때 어떤 증거가 맞는지를 결정하는 건 더 어렵죠. 이건 사회학이 절대로 물리학 같은 과학이 될 수 없는 이유이기도 해요."

어쩌면 두 번째 학생은 교수보다 정말 더 똑똑했는지도 모른다.

"하지만 과학자들은, 심지어 심리학자들도 인간이 어떤 행동을 하는 건 그렇게 하도록 프로그래밍이 되어 있기 때문이라고 말하잖아요. 그들은 인간을 서로 싸우고 유전자를 물려주는 일에만 관심 있는, 크고 털 없는 쥐처럼 여기죠."

밀라는 기다리느라 지쳐 가고 있었다. 그녀는 교재에 대해 간단한 질문만 하려던 참이었고, 자신이 기다리고 있다는 것을 교수가 알아주었으면 했다. 그녀는 무슨 말이든 하는 편이 낫겠다는 생각에 별 뜻 없이 잡지에서 읽은 내용을 기억해 냈다.

"일부 심리학자들은 그게 바로 인간의 성생활이 문란할 수밖에 없는 이유라고 말하죠. 남자들은 여러 여자들과 아기를 갖게 프로그래밍되어 있다는 거예요. 그래서 남자들이 그렇게 행동해도 괜찮다는 거죠. 그렇지만 그건 나쁜 짓에 대한 변명일 뿐이에요. 남자는 사람답게 사는 길을 선택할 수 있어요. 꼭 들쥐처럼 행동할 필요는 없죠."

밀라로서는 꽤 당돌한 말이었지만 그녀는 들쥐에 관한 농담이 마음에 들었다. 교수는 그녀를 대화에 끌어들였다.

"물론이에요. 그보다 더 나은 이론들도 있죠. 어떤 현상을 설명할 뿐 아니라 그 가치를 판단하는 데도 도움을 주는 이론은 현실이 기존 상태에 머물지 않게 합니다. 이론가는 현실을 정당화하는 사람이 아니라 더 나은 방향으로 이끄는 사람이어야 해요."

밀라는 이 말이 낯익었다. 사회학은 세상을 더 낫고 공정하게 만들 수 있다던 예전 사회 선생님의 말과 같았다. 그러나 그녀는 여전히 혼란스러웠다. 사회학이 알아내는 것들, 사회학이 우리에게 진실이라고 말하는 것들이 세상을 더 나은 곳으로 만드는 데 보탬이 된다고? 놀랍게도 밀라는 이제 진짜 질문을 하고 있었다.

"그러니까 교수님 말씀은 이론이 세상을 바꿀 수 있다는 거군요. 저는 무엇이 세상을 바꾸었는지를 찾는 것이 이론이라고 생각했는데요."

교수는 밀라의 말에 더욱 관심을 보였다.

"이론가들은 실제로 세상을 바꿔 왔어요. 사람들이 세상을 보는 시각을 바꾸는 식으로 말이죠. 사람들이 다른 식으로 세상을 보기 시작하면 자신이나 다른 사람들, 더 나아가 기업이나 정부가 움직이는 방식을 바꾸고 싶어 하게 되지요. 그런 모든 변화가 이론을 통해 가능한 거예요."

첫 번째 학생은 이 대화에서 너무 오래 빠져 있었다는 생각이 든 모양이었다.

"어떤 이론이 옳은지 어떻게 알죠? 문제를 일으키는 이론들은 어떻게 하나요? 그런 이론들은 세상을 더 좋게 만들지 않잖아요? 사람들은 자신들이 세상을 잘못된 쪽으로 바꾸거나 일을 그르치는 건 아닌지 어떻게 알 수 있죠?"

교수는 이 질문이 마음에 들었는지 다시금 미소를 띠며 대답했다.

"그게 바로 이론을 검증해야 하는 이유예요. 만일 어떤 이론이 사람을 큰 들쥐로 간주한다면 실험실에서 그 이론을 검증해 볼 수 있겠지만 사람에 관한 이론은 가장 친한 친구가 내게 말을 걸지 않는 이유를 찾는 것과 같다고 할 수 있죠. 여기저기 물어보면서 다른 사람들은 어떻게 생각하는지, 그 생각이 얼마나 일반적인지를 알아봐야 해요. 사람에 대해서는 결코 확실히 알 수 없고, 이론도 100퍼센트 옳지 않아요. 직접 실험해 봐야만 검증할 수 있는 이론도 있고."

밀라는 교수가 하는 말이 자신에게 중요하다는 느낌을 받았지만 아직 정확히 어떻게 중요한지는 알 수 없었다.

"나쁜 정부와 독재자가 많은 사람들을 죽이는 것처럼, 이론을 검증하려고 들 때 나쁜 일이 일어나죠. 사람들을 데리고 일종의 실험을 하는 거잖아요?"

"맞아요, 그럴 수도 있죠. 좋은 이론인데 사람들이 그 이론을 따르려고 시도하는 과정에서 아주 나쁘게 변질된 것들도 있어요."

"교수님은 그래도 만약 사람들이 세상을 더 낫게 만들고 싶으면 더 많은 이론을 내놓아야 한다고 생각하세요?"

"조금은요. 어떻게 살아야 할지 새롭게 생각해 봐야죠."

밀라가 듣기에 이 말은 설득력이 없었다. 아마 자신이 답을 재촉했기 때문에 교수가 하는 말인 것 같았다.

"하지만 어떤 질문을 해야 할지는 알고 있어야 돼요. 아무것도 없이 이론을 만들 수는 없어요. 이론은 학생이 지금 하고 있는 것 같은 질문들에서 나와요. 이론을 시작할 질문을 가지고 있어야 해요. 질문 없이는 이론이 나올 수가 없으니까요. 많은 이론을 떠올리려면 더 많은 질문이 필요한 거죠."

두 번째 학생은 결국 질문을 하는 것이 질문에 답하는 것보다 자신을 더 똑똑해 보이게 만들 것이라고 확신한 듯했다.

"질문은 어디에서 나오나요?"

"새로운 이론을 만들기 가장 좋은 시기는 크고 흥미로운 변화가 일어날 때예요. 그런 변화 때문에 예전에는 생각하지 못했던 질문을 하게 되니까요. 이 점을 이해하려면 사회학에서는 150년, 어쩌면 200년 전까지 시간을 거슬러 올라가야 해요. 전기도 항생제도 없고, 여성이 투표를 해야 한다고는 거의 아무도 생각하지 않던 때로 돌아가 보세요."

어려 보이는 첫 번째 학생은 그 말을 전혀 알아듣지 못했다.

"하지만 어떻게 100년 전에 쓰인 게 지금 우리에게 도움이 될 수 있죠? 만약 제가 뭔가를 확인하고 싶거나 저에게 어떤 문제가 생긴다면, 수백 년 전의 개념이 아니라 최근의 것이 필요할 텐데요."

"무슨 말인지 알아요. 하지만 내가 방금 말한 것처럼 사회학은 의학, 화학, 약학 같은 지식들과는 달라요. 과학은 선행 연구를 기반으로 하지만 사회학 이론에서 그런 과정은 약간의 차이만 만들어 낼 뿐이에요. 사회학 이론은 그 주제인 사회가 변할 때에만 근본적으로 변화합니다. 그럴 때 새로운 질문이 나오죠. 과학자가 보기에 모든 문제 안에 해결책이 있다면 사회학자에게는 모든 해결책 안에 문제가 있죠."

밀라는 이 말을 거의 듣지 않았다. 그녀는 대화에 계속 관심을 기울일 수 없었고 교재에 관한 질문을 못해서 심하게 짜증이 났다. 그들은 아직도 서로 자기 자랑을 하고 있었다. 두 번째 학생은 이제 질문할 시간이 얼마 남지 않았으니 지금이야말로 교수에게 자신이 이 모든 대화와 그 이상을 이해했음을 보여 줄 때라고 생각했다.

"알겠습니다. 역사 속에서 일어난 일들이 사람들에게 새로운 생각거리를 주기는 하지만 우리는 여전히 기본적으로 같다는 말씀이시군요."

"그래요. 지금 시대는 아주 다른 이론을 만들 만큼 달라지지는 않았어요. 어쩌면 거대한 변화가 일어나고 있는데 우리가 아직 제대로 된 질문을 떠올리지 못한 것일 수도 있고요. 100~150년 전의 사회학 이론은 경제나 가족에 대해 많이 다루었지만, 오늘날 경제와 가족의 양상은 매우 다양하니까 지금이 다시 새로운 이론을 그려 볼 때일 수도 있겠죠. 하지만 그렇다고 해도 우리가 어디에서부터 변화한 것인지 알기 위해서는 이전 이론을 알아야 해요. 예전에 어땠는지를 모르면 무엇이 달라졌는지도 알 수가 없죠. 아직까지는 기본적으로 같은 것들도 많고요. 아이고, 시간이! 다음 수업에 늦었네요. 이야기를 나누어서 즐거웠어요."

교수는 한 번 더 짧은 미소를 짓고는 가 버렸다. 밀라는 교재에 대해 말을 꺼내지도 못했지만 뜻밖에 자신이 찾고 있는 주요 개념이 이론이라는 것을 알게 되었다.

모든 것이 새로운 시대 — 근대와 근대성

몇 주 뒤 밀라는 집으로 돌아가 하룻밤을 지냈다. 가족의 의무를 수행해야 했기 때문이다. 그녀의 어머니는 세 이모들에게 밀라를 자랑했다. 외가 쪽에서는 대학에 간 여자가 한 명도 없었기에 밀라는 상당히 신선한 존재였다. 세 이모는 밀라의 대학 입학을 기념해 다 함께 식사하기 위해 전국 각지에서 밀라의 집까지 왔다. 밀라는 이 자리가 입학 후 두 달 동안 배운 사회학의 주요 개념이 과연 대학 진학을 정당화할 만큼 대단하고 중요한지를 알아볼 첫 기회가 될 거라고 생각했다.

그녀는 근대성이야말로 큰 사회 이론을 매우 짧게 묘사하는 방식이라고 확신했다. 천체 물리학의 빅뱅처럼, 근대성은 정말 거대한 무언가를 기억하게 하고 우리가 의식하지 못했던 많은 것을 설명할 수 있는 이름표였다. 그리고 머리가 빙빙 돌 만큼 복잡하기도 했다. 밀라는 주요 개념이 언제나 이론인 것인지 확실히 알고 싶었고, 주방에서 재스민을 다시 만나 물어보기도 했다. 다만 이번에는 아침을 먹으면서였다.

밀라가 천체 물리학에서 말하는 빅뱅 같은 주요 개념이 무엇인지 묻자 재스민은 우주가 어떻게 시작되었는지에 관한 개념이 빅뱅이라고 대답해 주었다. 그녀는 우리 중 누구도 빅뱅이 우주의 시작임을 그냥 '알기만 하는' 것이 아니라고 했다. "우리는 우리 주변 어디서나 빅뱅의 증거를 찾아볼 수 있어. 우주가 팽창하는 방식이나 빅뱅의 '메아리'라고 하는 자연 방사능 측정 결과 등이 그 증거지. 일부 과학자들은 아직도 의심하고 있고, 이론 자체의 빈틈도 있지만 빅뱅 이론은 우주의 기원에 대한 설명의 큰 부분일 거야. 우리에게 필요한 것은 그 빈틈을 메워 줄 다른 이론이고. 빅뱅 전에 무엇이 존재했는지에 대해서 질문하는 것도 우리가 살고 있는 우주의 기원을 설명하는 이론이 필요하기 때문이야."

밀라는 이제 자신이 무엇을 찾고 있는지 알았다. 뭔가 커다란 것에 관한 이론으로 인간을 이끄는 이름표가 되어 줄 개념이었다. 그리고 근대성이야말로 그녀가 지난 몇 주 동안 접한 것 중 가장 중요한 개념이었다. 그녀는 사람들이 특정한 상황에 대해 '근대적이다.'라고 한다는 것을 알고 있었다. 이 말은 대개 '새롭다.'거나 '관습이나 전통의 제약을 받지 않는다.'라는 뜻이었다. 근대성은 전 세계의 사회들이 어떻게 새로운 것에 가치를 두고 전통을 버리는지, 다시 말해 어떻게 새롭게 바뀌어 나가는지를 설명하는 단어였다. 이 말은 과거 200년이 넘는 시간 동안 사회·문화·정치·경제 등의 모든 분야에 걸쳐 유럽 사회가 겪은 급격하고 중대한 변화를 나타냈다. 여기에는 봉건 영주와 농노 간의 의무와 복종 관계 같은 낡은 전통과 관계를 없애는 것도 포함됐다. 또한 새로운 관습과 의무, 사고방식을 만드는 것을 의미하기도 했다.

근대성은 세계 각지로 뻗어 나갔다. 18세기 미국이나 20세기 싱가포르처럼 매우 성공적으로 근대화를 이룩한 나라도 있고, 강제적으로 근대성을 받아들인 나라도 있다. 예컨대 19세기 중국과 일본은 이 새로운 방식을 수용해야만 하는 입장이었다. 근대성은 사람들의 생각과 신념을 새롭게 조직하는 방식이기에 세속적이었다. 이제 개인의 종교적 신념이 정치, 법, 혹은 지적 탐구에 영향을 미치는 것은 허용되지 않았다. 한때는 하루, 한 달, 한 해가 종교 행사와 농사 절기를 따라 돌아갔지만, 이제 시간은 시계의 정확한 리듬을 따라 구성되며 노동과 여가는 정해진 때에 시작되고 끝난다. 모든 점에서 근대성은 늘 그래 왔다는 이유로 특정한 방식을 따라야 한다는 생각을 거부함으로써 낡은 것들을 깨트려 버렸다.

사람들이 지난 수백 년 동안 겪은 변화가 세계를 새로운 곳으로 만드는 거대한 혁명의 일부분이라는 생각이 바로 근대성이었다. 이는 밀라 혼자 이해하기에는 그렇게 어려운 말이 아니었지만 근대성이 왜 세계를 바라보는 완전히 새로운 관점인지를 사람들에게 설명하기는 무척 어렵게 느껴졌다. 특히 밀라가 대학에 들어간 걸 너무나 자랑스러워하는 세 이모와 어머니에게 설명하기란 헤라클레스라도 거절했을 시험처럼 느껴졌다.

무엇보다 이모들의 성격은 제각각이었다. 밀라의 첫째 이모 이마는 몇 년만 늦게 태어났더라면 대학에 갔을 사람이었다. 그녀는 대기업에서 힘든 일을 계속하면서 동료들이 마지못해 하는 존경을 즐기는 강인한 여성이었다. 사람들은 누구에게나 바른말 하는 그녀를 존경하기는 해도 좋아하지는 않았다. 그녀는 분명히 밀라가 쓸모 있는, 나중에 전문직을 얻는 데 유용한 분야를 공부하리라 기대하고 있을 것이다. 하지만 근대성은 아무리 잘 설명한다고 해도 직장을 구하기 위해 알아야 할 것처럼 보이지는 않았다. 둘째 이모 에니드는 사람들 일에 엄청나게 관심이 많은 소문내기 챔피언이었다. 하지만 에니드의 관심을 끌려면 이름과 주소, 어머니나 애인 같은 구체적 요소가 있어야 했다. 근대성은 너무 추상적이라 에니드는 분명 설명을 시작하자마자 흥미를 잃을 것 같았다. 막내 이모 비비는 네 자매 중 가장 까다로웠는데 청결과 고급 취향 면에서 특히 더했다. 밀라는 대학교 수업에 관해 비비가 물어봐 주기를 바랐다. 비비가 세 이모 중에서도 항상 밀라의 발전에 가장 관심을 보였기 때문이지만 여기에도 위험은 있었다. 비비는 유머 감각이 풍부했는데 가끔은 누군가가 희생자가 되어야 할 때도 있었다. 그녀는 사람들이 잘난 척을 하거나 터무니없는 얘기를 하는 것 같으면 놀리고 싶은 충동을 참지 못했다. 밀라는 근대성에 대한 강의가 두 가지에 다 해당할 것 같아 두려웠다.

하지만 집에 들어서자마자 조롱에 대한 걱정은 사라졌다. 대신 대학으로 떠나기 전 지난 몇 달 동안 그녀를 지배했던 반항 어린 절망감이 되살아났다. 그 고집스럽고 편협한 느낌에 그녀는 알아서 기대감을 억누르고 다른 사람들이 가하는 부당한 비판에 맞서는 어머니의 조용한 항거에 동참해야 했다. 지금 밀라는 어머니가 이모들에게 자신을 자랑할 거라고 생각했던 게 어리석게 느껴졌다. 어머니의 표정과 태도에는 금욕적인 반항의 기운이 강하게 드러나 있었다. 불행해지고야 말겠다는 어머니의 다짐은 아버지의 공판 마지막 날만큼이나 굳센 것 같았다.

아버지의 공판 이후 어머니는 집 안을 흐르는 비판의 바다에 빠져들었다. 그녀는 신문을 잔뜩 쌓아 두고 냉혹한 비판을 샅샅이 찾아내며 기사들을 읽고 또 읽었다. 밀라는 어머니의 그런 행동이 언론의 의견을 받아들이려는 것이라기보다는 끔찍한 말을 흡수하기 위한 것이라고 생각했다. 어머니는 생각도 할 수 없는 일이 실제로 일어났다는 사실을 스스로에게 설득시키려 애쓰는 것 같았다. 하지만 밀라는 비난에 뒤덮이고 싶지 않아 그로부터 거리를 두려고 노력했다.

밀라가 대학에서는 이름을 바꾸고 새로운 사람으로 살고 싶다고 했을 때 어머니와 어머니의 친구는 그녀를 위해 모든 것을 준비해 주었다. 어머니가 밀라의 생각에 동의하는지는 알 수 없었지만 어머니는 밀라에게 이유를 묻지 않았다. 어머니가 묻지 않았기 때문에 밀라는 자신이 수치스러워서 도망치려는 것이 아니라 단지 아버지가 한 일이 자신과는 아무 상관 없다는 걸 확실히 하려는 거라고 말하지 않았다. 그녀는 단 한 번의 의심 없이 확고한 태세를 갖춰 나가고 있었다.

이제 밀라는 어머니가 왜 자기를 도와주었는지 알 것 같았다. 어머니는 끔찍하게 밀려드는 비난에 밀라가 영향을 받는 상황이 자기 탓이라고 느꼈다. 어머니가 아버지와 공모했던 것은 물론 아니었다. 그보다는 법원 밖에서 밀라를 사진 기자들로부터 지켜 내지 못했다는 데 대한 죄책감이었다. 이는 가족들이 혐의와 무관하다는 걸 처음부터 분명히 밝혔어야 했다는 생각 때문이겠지만, 과연 어머니가 무엇을 할 수 있었을까 밀라는 혼란스럽기만 했다.

식사 자리에서 밀라의 이모들은 일부러 공판과 그 여파에 관한 이야기를 피했다. 비비는 밀라에게 기숙사 샤워 시설은 좋은지, 식사는 어떤지 물었다. 에니드는 밀라가 누구를 만났는지 알고 싶어 했다. 이마는 밀라에게 어떻게 지내는지, 학교를 마치면 어떤 직업을 가지고 싶은지 물었다. 어떻게 지내느냐는 말은 곧 대학 생활에서 어떤 성과를 얼마나 거두고 있는지를 묻는 것이었다. 밀라는 이 질문에 잘 대처하지 못했다. 예상했던 질문이지만 자신의 대답이 짧고 방어적이라는 느낌이 들었다. 이마는 뜨뜻미지근한 반응을 보였다. 밀라는 그런 반응이 앞으로 이마와 만날 때마다 이런 대화를 하게 될 거라는 뜻일 수도 있겠다고 생각했다. 식사가 끝날 무렵 비비가 말을 꺼낼 때까지 이후의 대화는 이래저래 밀라를 비껴갔다.

"네가 공부한다는 게 뭐니? 정확히 뭐야? 알다시피 내가 배움이 짧잖니. 그러니 과목 이름을 말해 주는 건 나한테 별 도움이 안 된단다. 그냥 뭘 배우는지 말해 봐."

올 것이 왔다. 밀라는 비비에게 눈을 떼지 않고 그녀의 표정에 하품을 참거나 즐거워하는 것 같은 기색이 있는지 살피면서 말을 시작했다.

"우리는 자연 세계에 대한 사람들의 통제에 대해 배워요. 근대성이란 우리가 자연을 함께 살아야 하는 존재가 아니라 통제하고 바꿀 수 있는 존재로 여기는 것을 뜻해요. 노동력이 농토를 떠나 공장으로 이동하면서 예전에 사람 손으로만 생산했던 것보다 훨씬 많은 양을 기계가 생산할 수 있게 됐죠. 이걸 산업주의라고 불러요."

비비는 몸서리를 쳤다.

1 왜 나는 사회학을 공부하는가

"얘, 하지만 그걸 요새 누가 모르니? 공장 때문에 사람들이 병에 걸리고, 빈민가에 살면서 어린 나이에 끔찍한 병으로 죽어 갔잖아."

밀라는 이 말에 놀라 머뭇거리며 답했다.

"지금은 방식이 다르죠. 하지만 우리는 여전히 물건을 만들고 서비스를 제공해요. 그게 우리 나라가 더 부유해지는 길이라고 생각하죠. 세상이 더 좋아지려면 더 많이 일하고 더 많은 일자리를 창출해야 하니까요. 이모가 말한 것 같은 끔찍한 공장은 없지만 산업주의는 계속되고 있는 거예요."

"아니면 그런 공장들을 눈에 보이지 않는 곳으로 치워 버렸거나."

에니드가 끼어들었다.

밀라는 산업주의라는 사회학의 기본 개념이 아주 오래된 것이라고 말을 이었다. 산업은 18세기 후반부터 계속 확장되었다. 시작은 영국을 비롯한 몇몇 지역이었지만 점차 다른 나라들로, 마침내 세계 전역으로 확대되었다. 사람들은 농업 대신 공업 분야의 일자리를 가지게 되었다. 이제 물건은 집이 아닌 공장에서 생산되기 시작했다. 증기 기관과 기계가 등장하자 같은 제품이 수천 개씩 만들어졌고 수천 명의 사람들에게 동시에 팔리기 시작했다. 이른바 대량 생산의 시작이었다.

"우리 지금 역사 수업 하는 거니? 너는 사회학을 배운다고 했던 것 같은데. 그럼 너는 역사를 공부하는 거야?"

이마가 말했다. 밀라는 계속 비비를 쳐다보다가 이마 쪽으로 고개를 돌렸다. 비비라면 이죽거리면서 밀라를 방해할 수도 있었다.

"음, 그러니까 그런 큰 변화가 사람들의 머릿속에 사회학을 시작하는 질문들을 집어넣었다는 거예요. 새로운 산업을 보면서 이런 생각을 하는 거죠. 이 모든 게 어디로 가는 걸까? 이런 힘으로 무엇이 가능할까? 처음으로 모든 사람에게 먹을 것이 충분한 사회를 상상하는 일이 현실적으로 다가오는 거죠."

에니드가 다시 끼어들었다.

"그래서 그게 다 훌륭했다는 거야? 나는 비비가 말한 것처럼 나쁜 변화도 있었다고 생각하는데?"

"맞아요. 두 가지 종류의 변화가 동시에 일어났어요. 사람들이 모두 새로 생겨난 도시에 모여들면 나쁜 위생 상태 때문에 병도 더 쉽게 퍼질 수 있죠. 빵에 석회가 섞인다거나 맥주에 아편이 들어간다거나 하는 것처럼 시골에서보다 음식이 더 나쁘기도 하고요."

밀라는 도시화 과정에서 생활 수준과 평균 수명이 현저하게 떨어졌다고 말했다. 많은 사람들이 이런 변화가 정말 좋은 것인지 의심했다. 특히 모두가 시골을 떠나 도시로 거주지를 옮기면서 생겨난 커다란 사회 변화는 오늘날에도 여전히 계속되고 있다. 이러한 변화에 따라 전통적인 가족과 종교는 과거의 위상을 잃었고, 사람들은 가족이나 종교적 인물의 권위에 점차 관심을 기울이지 않게 되었다.

에니드는 사람들이 더는 가족에게 신경을 쓰지 않는다는 말이 실망스러운 듯 인상을 찌푸렸다. 밀라는 말을 이었다.

"처음에는 많은 사람들이 이를 끔찍하다고 생각했는데, 어떤 사람들은 대단하다고 생각했어요. 도시에는 자유와 새로운 기회가 있었으니까요. 결과적으로 사람들의 생활 수준은 높아졌어요. 그렇다고 삶의 질이 향상되었는지는 절대 확실하지 않았지만요. 도시는 가능성을 주었지만 동시에 빼앗아 가기도 했어요. 자유는 예전의 속박을 깨면서 새로운 속박을 만든다는 뜻이어서, 한때 봉건 지주를 위해 일했던 사람들은 이제 공장주를 위해 일하게 되었죠."

밀라의 어머니는 그때까지 조용히 있었다. 사실 밀라는 어머니가 그 자리에 있다는 걸 잊고 있었다. 주요 개념을 시험하는 일은 어머니가 아니라 이모들을 위한 것이었지만 어머니도 밀라의 말을 듣고 있었던 모양이다. 어머니는 부드럽게, 그렇게 많은 사람들이 건강을 해치는 누추한 곳으로 살러 가는 동안 부자가 된 사람들을 왜 언급하지 않느냐고 물었다. 밀라는 아주 조심스럽게, 사람들이 자본주의를 말하기 시작하면서 의도한 바가 그것이었다고 말했다. 사람들은 산업이 왜 그렇게 빨리 확장됐으며 결국 어떤 결과에 이르렀는지를 알고 싶어 했다. 한 가지 중요한 답은 어머니가 말했듯 누군가는 돈을 벌었다는 것이다. 그들은 쓰고 자랑하기 위해서가 아니라 더욱 축적하기 위해 돈을 벌었다. 봉건주의에서 돈의 목적은 일거리를 만드는 것, 즉 성당과 성을 짓고 자신을 돋보이게 하는 그림을 그려주는 대가로 화가에게 지불하기 위한 것이다. 반면 자본주의에서 돈의 목적은 더 많은 자본을 만드는 것이다. 돈은 점차 그 자체로 목적이 되었다. 돈은 다른 가치를 얻기 위한 수단이기도 하지만 그 자체로도 가치이다.

돈은 기업이나 개인 간 경쟁의 바탕이 되었다. 점점 더 많은 것들이 오로지 시장 가치를 기준으로 평가되었다. '가치'는 '가격'이 되었다. 그래서 사람들은 종종 "행복의 가치를 매길 수 없다."라고 말하면서도 많은 시간에 그럴 수 있는 것처럼 행동한다. 한편으로 이는 좋은 일이다. 시장 경쟁은 신기술과 새로운 노동 방식을 활성화했고, 우리에게 철도와 증기 기관과 전기를 가져다주었다. 시장이 제대로 작동하기 위해서는 정의롭지는 않을지라도 최소한 공정하고 투명한 법이 필요했다. 그러나 이는 도덕적이거나 사회적인 기준이 아닌 시장 가격에 따라 모든 것의 가치가 매겨지는 상황으로 이어질 수도 있었다.

밀라는 자본주의 역시 산업화와 마찬가지로 단순히 발생한 것이 아니라고 말했다. 사람들은 자본주의가 모든 것을 움직이는 가장 좋은 방식이라고 믿을 만큼 매료되었다. 자본주의가 사람들의 생활 수준을 향상시키고 엄청난 번영을 가져다줄 것을 약속했기 때문이다. 하지만 자본주의로 인해 전통적 권위와 가족의 근간이 흔들린다고 비판하는 이들도 있었다. 자본주의를 비판하는 사람들은 돈이 신(神)이나 신앙을 대체하는 상황을 좋아하지 않았다. 그들은 고작 최근에야 만들어진 인간의 창조물이 다양한 삶의 분야에서 어떻게 그토록 큰 영향력을 가질 수 있는지를 납득하지 못했다. 그들은 축적에 대해 치러야 하는 비용을 지적했다. 만일 사람들이 모두 시장 의존적인 삶을 산다면 경쟁할 수 없는 사람들은 어떻게 되겠는가? 축적이 가장 중요하다면 자본가들은 더 많이 축적하기 위해 노동자들을 지나치게 부리면서 임금은 적게 주지 않겠는가? 이런 질문에 답한 사람은 이마였다.

"하지만 그런 비판은 매우 잘못된 거야. 우리는 성장의 이익을 누리면서 자본주의와 함께 살아가는 방식을 찾았잖아. 우리는 모두 자본주의 덕에 더 부유해지고 건강해졌지. 너, 우리에게 또 역사 수업을 하고 있구나. 수년 전에 자본주의는 냉혹했지. 실수도 있었지만 사람들은 그런 실수에서 배우기도 했어."

밀라는 처음으로 포기해야겠다는 생각이 들었다. 에니드가 이마 편을 들자 밀라의 기분은 더욱 나아질 기미가 안 보였다.

"옛날의 삶은 전혀 달랐단다. 보통 사람들은 자기 얘기를 할 발언권이 없었지. 여자는 한마디도 할 수 없었고."

밀라는 감사하게도 방향을 바꿀 기회를 잡을 수 있었다.

"그 말을 하려던 참이었어요. 우리가 살고 있는 세상에 대한 사람들의 사고방식을 바꾼 것이 시장만은 아니거든요. 민주주의도 근대성의 일부예요. 자본주의가 영향을 미치기 시작할 때쯤 이미 큰 변화가 일어나고 있었던 거죠."

밀라는 더 많은 사람들이 통치자에 대해 발언권을 행사할 수 있어야 한다는 생각은 수백 년 동안 내려왔지만, 18세기 후반 프랑스 혁명과 함께 비로소 민주주의라는 개념이 가장 크게 신장되었다고 말했다. 프랑스 혁명은 산업 혁명만큼이나 근대성의 큰 부분을 차지한다. 혁명으로 인해 사람들은 이러한 과정이 어디까지 지속될 수 있을지, 혹은 지속되어야 하는지를 생각하게 되었다.

프랑스 혁명이 일어나기 전, 혁명과 산업주의와 자본주의를 가능하게 한 배경이 있었다. 계몽주의 시대는 18세기 전반의 자유사상가들이 이전에는 설명할 필요가 없거나 그저 신의 뜻으로 받아들여졌던 모든 문제에 관해 논리적으로 설명하고자 했던 시기다. 이런 흐름은 프랑스, 영국을 비롯한 여러 나라에서 시작되어 점차 다른 세계로 퍼져 나갔다.

계몽주의 시대에 이르러 인간은 단순히 운명이나 신의 뜻에 묶인 볼모가 아니라는 인식이 대두했다. 인간은 중요한 존재이므로, 또한 인간에게는 이성이 있으므로 살아가는 동안 아무것도 모른 채 자신에게 일어나는 일들에 이리저리 흔들리며 평생을 헤매서는 안 된다. 인간은 자신의 운명을 개척해 나가면서 숨겨져 있는 답을 찾을 수 있다. 인간의 이성으로 밝힐 수 없는 것은 없으며, 영원히 설명되지 않는 것도 없다. 계몽주의 시대는 이성의 빛이 어디든 비칠 수 있는 때였다.

질문거리가 단순히 근대성 안에 마련되어 있었던 것이 아니다. 계몽주의 시대가 도래하고서야 비로소 "인간은 어디에서 오는가?", "인간이 된다는 것은 무엇인가?", "생각을 한다는 것은 무엇인가?", "산다는 것은 무엇인가?" 등 사실상 모든 것에 질문을 던지는 일이 가능해졌고, 심지어 필수가 되었다. 질문을 해야 한다는 의무는 계몽주의에 따른 결과였다. 계몽주의는 민주주의나 산업주의, 자본주의의 기반 그 이상이었다. 계몽주의는 그런 이름만으로 요약할 수 없는 것, 요컨대 과학을 촉발했다. 이 모든 변화들이 세상을 뒤집기 시작하면서 인간은 근대성을 획득한 것이다. 밀라는 이렇게 말했다.

"만일 근대성 개념을 잘 이해하셨다면, 지금까지 얘기했던 큰 변화들을 전부 하나로 묶는 뭔가가 있다는 생각을 하게 되실 거예요. 그게 근대성이에요. 전 세계 사람들이 겪은 중요한 변화들은 모두 세계를 새로운 곳으로 바꾸는 대규모 혁명의 부분이라는 이론이죠. 이 거대한 변화 때문에 제가 공부하는 분야인 사회학이 생긴 거예요. 근대라는 새로운 시대를 묘사하고 설명하기 위해 사회학이 필요했던 거죠. 근대성으로 인해 생겨난 새로운 관계와 노동 방식, 사고방식을 이해하기 위해서 말이에요."

밀라는 뭔가 반응을 해 주었으면 하는 마음으로 이마를 바라보았다. 자신의 자부심을 갈갈이 찢어 놓을 간결하면서도 함축적인 평가를 기다렸지만 이마는 미소만 지었다.

"만일 네가 나와 함께 일을 해 봤다면 근대성이 이 나라에서 자리를 잡기까지 긴 시간이 걸렸다는 걸 알았을 텐데."

비비는 농담을 던질 틈을 찾았지만(이때를 얼마나 기다렸던가!) 그 대상은 밀라가 아닌 자신의 언니였다.

"하지만 이마 언니, 언니는 항상 언니가 '모던'하다고 말하잖아. 우리 조카가 근대성이 이삼백 년은 되었다고 말하는 건 어쩌면 언니의 옷 입는 센스를 가리키는 것일 수도 있어."

늘 그렇듯 비비가 자신의 농담에 앞장서서 웃음을 터뜨리면서 모두가 한바탕 웃은 뒤, 밀라는 요약을 해 볼 수도 있겠다는 생각이 들었다. 밀라는 고마운 마음으로 비비를 바라보며 말을 이었다.

"그러니까 이모들, 18세기부터 새로운 세계가 시작되었다는 이론이 사회학에 있다는 것을 아셨죠. 이 이론은 천체 물리학으로 치면 별과 우주를 만든 빅뱅 이론과 같아요. 근대는 다양한 행동 방식을 만들어 냈고 게다가 법, 과학, 종교, 오락, 일, 정치, 남자와 여자가 서로를 대하는 방식은 제각각이면서도 모두 맞물려 있죠."

밀라는 에니드에게 미소를 지으며 말을 이었다.

"근대성이란 개념에는 이 모든 방식들이 지닌 새로움과 새롭게 주어진 기회와 가능성에 대한 사람들의 감정이 담겨 있어요. 미신과 관습이 있고, 모든 사람이 태어난 곳에서 죽을 때까지 살고, 실제로는 아무것도 변하지 않는 예전의 삶은 지나갔죠. 근대성은 사회학에서 정말 큰 개념 중 하나예요. 사회학 밖에서도 별별 사람들이 받아들였을 만큼 큰 개념이죠. 이 커다란 역사상의 단절 때문에 좋든 나쁘든 새로운 세계가 열렸고, 우리가 지금까지도 따라가고 있는 길이 시작된 거죠."

이모들은 웃으며 밀라를 바라보았고 그녀는 안도감을 느꼈다. 첫 번째 주요 개념이 검증을 통과했다는 것이 분명했다. 밀라에게는 꽤 큰 수확이었다. 사회학에 빅뱅과 맞먹는 주요 개념이 있다니! 하지만 그때 어머니가 말을 꺼냈다.

"에니드가 한 말이 농담은 아닌 것 같은데. 우리가 정말 그렇게 앞서 왔을까? 네 외할아버지께서 지금 살아 계셨다면 다르게 말씀하셨을 거야. 그분은 건강이나 다른 사람들에게 가치를 인정받는 느낌 같은, 여기 있는 사람들도 다 갖지 못한 것들을 얻기 위해 평생 싸우셨다. 예전에는 그런 이상이 중요하게 여겨졌지만 이제는 아닌 것 같아. 우리가 퇴보한 게 아니라 진보한 거라고 어떻게 말할 수 있겠니?"

다시 한번 절대 빠져나갈 수 없는 절망이 고개를 들었다. 그것은 분명 어머니의 부정적인 마음에서 비롯되었을 것이다. 다른 사람들에게 가치를 인정받는다는 말은 어머니의 자기 연민을 암시하는 것 아닐까? 어쨌든 밀라는 어머니의 말을 들으면서 근대성에 관해 처음 들었을 때 그녀가 간략하게나마 이해한 바를 떠올렸다. (세상은 바뀔 수 있고 바꿀 필요가 있다고 사람들이 봤기 때문에) 근대성이 세계를 한 번 바꾸었다는 사실을 제대로 이해한다면 앞으로 그런 변화가 또 일어날 수도 있다는 사실 역시 깨닫게 된다. 근대성이라는 개념은 우리의 삶에 또 하나의 거대한 혁명이 일어날 수도 있음을 보여 주는 것이다.

밀라의 머릿속에 어느 교수가 지금은 많은 것이 바뀌어서 우리가 더는 예전과 같은 궤도에 있지 않을 수 있다고 했던 말이 떠올랐다. 그 말은 세상이 이제 그렇게 근대적이지 않으며 근대성은 낡은 이론이 되었다는 뜻이었을까? 그 교수의 말에 따르면 최근 가족은 많이 달라져서 근대성에 의해 창조된 가족과 같지 않다고 한다. 밀라는 이모들과 어머니를 둘러보았다. 그들은 근대성에 들어맞는 가족일까? 아버지의 재판 이후로는 자신의 가족이 어느 틀에도 맞지 않는다는 생각이 들었지만 어쨌든 밀라의 어머니와 아버지는 서로에게 충실했고 어머니와 이모들은 가까이 지냈으며 밀라 자신도 가족의 일원이라는 사실이 세상에서 가장 중요하다고 느꼈다. 이런 느낌, 이런 관계들도 일시적인 것일까? 만일 그렇다면 밀라는 자신의 세계가 어떻게 바뀔지 상상조차 할 수 없었다.

2

개인 탓?
사회 탓?

사회학은 사회 탓만 해

카페에서 줄을 서 있던 밀라는 누군가 자신을 부르는 소리를 들었다. 그녀가 자기 이름이 불리는 것임을 알아차리기까지 걸린 시간은 위험할 만큼 길었다. 귀 옆의 스피커에서 흘러나오는 쿠바 음악도 한몫했겠지만 밀라는 한가할 때면 자신의 새로운 신분을 곧잘 잊어버리곤 했다. 남자 선배 세 명이 자기들 쪽으로 오라고 손짓하고 있었다. 줄을 앞질러 가면서 그녀는 혼자 피식 웃었다. 이런 일이 계속된다면 가벼운 청각 장애가 있는 척이라도 해야 할 판이었다.

무리 중 개리슨은 덩치가 매우 크고 시끄러우며 꽤나 불쾌한 사람이었다. 경제학 석사 과정을 하고 있다는 그는 경제학을 공부해서 훗날 에너지 산업에서 얼마나 성공할지 뻐기기 위해 합석하자고 한 것 같았다.(그는 실제로 자신이 "에너지 업계의 거물"이 될 것이라고 말했다.) 그는 밀라가 졸업 후에 어떤 일을 하고 싶은지 물을 생각은 없는 것 같았다. 밀라는 그가 질문 대신 던지는 말들이 그다지 마음에 들지 않았다.

"물론 너는 부자 남편을 만나려고 여기 왔겠지."

그는 정말로 밀라를 화나게 하고 싶은 모양이었다.

"너만 그런 게 아니라, 다들 결국에는 돈이야. 사람들은 모두 최선의 거래를 하려고 들지. 여자애들은 대학에 오면 부자가 될 사람을 만날 확률이 높다는 걸 알고 있어. 비용과 이익 문제라고 할 수 있지. 학생일 때는 돈을 벌지 않으니까 그만큼 손해는 좀 보지만, 장기적으로는 더 많은 돈을 버는 거잖아. 게다가 너는 열심히 일할 필요도 없겠네. 너 사회학 전공이라며, 맞지? 너는 남편감 찾겠다고 많이 공부할 필요도 없겠네."

밀라는 화가 치밀었지만 뭐라고 답해야 할지 생각이 안 났기 때문에 그저 뒤돌아 자리를 피했다. 분명히 싫은 티를 냈는데도 개리슨과 나머지 두

명은 그녀를 따라왔다. 밀라는 겨우 자신과 개리슨 사이에 그 두 사람을 앉히긴 했지만 그는 일방적인 대화를 멈출 기세가 아니었다.

"그나저나 사회학은 뭘 하는 거야? 사회학자들은 사람들이 부당한 대우를 받는다느니, '박탈당한다'느니, '착취당한다'느니 하잖아? 그건 게으르고 멍청해서 성공하지 못하는 사람들을 불쌍하게 여겨야 한다는 말 같던데."

바로 지금이 사회학의 주요 개념을 검증해 볼 기회였지만 밀라는 기회를 잡을 생각이 없었다. 설명하려고 준비해 둔 이론이 있지도 않았고, 무엇보다 개리슨 같은 사람에게 이론에 대한 판단을 맡기는 건 바보짓이란 생각이 들었기 때문이다. 다른 두 사람은 심리학 석사 과정을 공부하고 있다고 했다. 그중 한 사람이 중간중간 그녀의 눈길을 사로잡았다. 밀라는 그가 꽤 잘생겼다고 생각했다. 두 사람 모두 개리슨보다는 매력적이었으며 개리슨과 밀라 사이에 앉아 마음을 가다듬을 틈을 주었다.

별로 잘생기지 않은 쪽이 자기 친구 개리슨은 공격성과 자기도취 같은 고전적인 성격을 갖고 있어서 항상 문제라고 말했다. 아마도 성장 과정에서 어딘가가 잘못됐을 거라고 그는 덧붙였다. 성장 방식이 사고방식에 영향을 준다는 생각은 심리학과 사회학이 공유하는 부분 아닐까? 밀라는 막연히 불안해지기 시작했다. 부모님을 생각나게 하는 것은 무엇이든 불안스러웠지만, 이 질문은 밀라가 위험하다고 생각했던 주제에 가깝기도 했다. 잘생긴 선배가 대화에 동참하자 그녀는 고마운 마음이 들었다.

"그건 전통적인 심리학자들 생각이지. 최신 심리학에서는 사고방식을 형성하는 데 양육 방식은 부수적이라고 봐. 인간이 가지고 태어난 기본 형질, 다시 말해 뇌가 조합되는 방식과 뇌 화학 작용 방식이 주요한 차이를 만든다는 거야. 양육이냐 본성이냐 하는 문제만을 다루는 것이라면 사회학은 낡은 학문이겠지."

심리학을 전공하는 다른 선배는 최신 심리학은 대부분 아직까지 실험으로 증명되지 않은 이론일 뿐이라고 말하고는 뭔가 할 말이 있을 거라 기대한다는 듯한 눈으로 밀라를 쳐다보았다. 밀라는 그들의 대화에 거의 관심을 기울이지 않고 있었다. 그녀는 세 사람이 누가 그녀 앞에서 가장 으스댈 수 있는지 경쟁하는 중이거나, 그렇게 보이지는 않지만 석사 과정을 너무 진지하게 받아들여서 이런 대화를 일상적으로 하는 것일 수도 있다고 생각했다. 어느 쪽이든 밀라는 이들이 말도 안 되게 지루하게 느껴졌다. 그녀는 여기서 벗어날 구실이 되어 줄 사람을 찾아 주위를 둘러보았으나 아는 사람은 한 명도 없었다. 그녀가 할 수 있는 최선은 단순한 질문을 던지는 것뿐이었다.

"심리학자들은 뇌가 인간을 특정 방식으로 행동하게 하는지 아닌지를 어떻게 알 수 있죠?"

그녀는 어느 정도 겸손이 섞인 답이 돌아오기를 기대했지만, 잘생긴 사람은 다양한 상황에서 뇌의 각 부분이 어떻게 활성화되는지를 보여 주는 뇌 활동 스캔 사진으로 알아낸다고 자신 있게 말했다.

"각 행동을 담당하는 장소가 뇌의 어느 부분에 있는지 알아내는 건 시간문제야. 그러니까 뇌 기능의 변화가 양육 같은 인간 행위의 산물인지 묻는 것은 말이 안 되지······."

"부적절한 식습관이 영향을 미치거나 머리에 외상을 입는 경우는 어쩌고?"

그의 친구가 말했다.

"그래, 예외도 있어. 하지만 인간 행위의 영향력은 대부분 아주 작아. 인간의 행동 방식이 어떻게 변화하는지를 이해하고 싶다면 뇌 모양의 변화가 측정될 만큼 긴 기간을 두고 봐야 돼. 그게 바로 심리학의 가장 흥미로운 분야에서 진화를 통해 인간의 사고방식이 형성된 과정을 연구하는 이유지. 진화는 수천, 수십만 년을 다루니까 제대로 된 척도라고 할 수 있어. 한 사람이 어른이 되기까지의 10년, 20년의 문제가 아니지."

밀라는 자기도 모르는 새 그 말의 뜻을 알아차렸다. 그가 말한 것은 재스민이 별의 탄생과 소멸을 묘사하는 데 썼던 우주의 척도만큼 긴 시간에는 못 미쳤지만 분명 사회학에서 사용하는 척도와는 달랐다. 정말 사회학은 타당하지 않은 걸까? 신경 쓰이는 질문이 계속 떠올랐다. 밀라는 어느새 잘생긴 선배에게 다른 질문을 하고 있었다.

"그럼 선배가 말하는 심리학에서는 세대 간에 평생에 걸쳐 일어나는 행동의 변화를 어떻게 설명해요?"

"뇌가 성장하면서 유전자 지도에 따라 뇌의 기본 형질이 발달하는데, 이 과정이 한 사람의 평생에 걸친 사고방식의 변화를 설명하지. 최소한 세대 간에는 신경 쓸 만큼의 변화가 나타나지 않아."

밀라의 머릿속에 부모님이 떠올랐다. 만일 그녀의 아버지가 어떤 식으로든 정말 나쁜 사람이라면, 그건 그녀의 뇌에도 똑같이 나쁜 기질이 있다는 뜻일까? 그녀가 이런 생각을 해 본 게 처음이었던가? 밀라는 이런 생각을 자꾸 하면 조금씩이라도 정체를 들킬 가능성이 높아진다고 믿었다. 사람들이 자신의 마음을 읽을 수도 있다는 생각도 있었지만 무엇보다 말을 하다가 자기도 모르게 정체가 드러날까 봐 두려웠다. 그녀는 정체를 들킬 만한 말이 튀어나올 수도 있는 위험한 화제를 피하려고 대화에 관심 있는 척하기 시작했다.

"그럼 저는 제 어머니나 외할머니와 생각하는 방식이 같다는 거군요?"

"그래. 작은 데서는 다를 수도 있지만 크게 보면 이렇다 할 차이가 없지."

"그렇다면 우리는 뭐가 중요한지에 대해 생각이 다른 거네요. 선배는 태양이 늘 뜨던 대로 뜰 테니까 내일이나 오늘이나 같다고 말하겠지만 저는 오늘 날씨를 알고 싶어요. 더울지 비가 올지 알아야겠다고요. 태풍이 올지 어떨지도 알아야겠고요. 날씨는 저한테도, 다른 사람들에게도 중요해요. 사회학자들은 날씨 같은 작은 시간 단위에 관심을 가져요. 그게 중요하니까요."

다른 심리학 전공생은 몸을 앞으로 기울이고 있었다. 그가 대화에서 소외되었다고 생각하는 것 같아서 밀라는 그를 보며 말을 이었다.

"그리고 모든 것이 양육에 의해 결정된다는 주장이 사회학의 전부는 아니에요. 만일 그렇다면 사람은 평생 바뀔 수 없죠. 그리고 양육이 중요하다 하더라도 사회학은 아이를 키우는 올바른 방식에 대한 생각이 어떻게 바뀌는지에 더 관심이 있어요. 심리학은 아이를 키우는 방법에 대한 각각의 생각에 따라 어떻게 서로 다른 부류의 성인이 배출되는지를 보여 줄 수 있겠죠. 하지만 사회학은 그런 생각이 어디에서 처음 나오는지를 말할 수 있어요."

강의에서 배운 이와 같은 내용을 그녀는 반복해서 말할 수 있을 정도로 충분히 알고 있었다. 하지만 여태까지 그 내용은 그녀와 직접적인 관련이 없었다. 이러저러한 이유로 그녀는 자신의 삶과 그 내용을 잘 연결시키지 못하고 있었다. 그러나 지금 그녀는 자신이 아버지와 같은 형질을 지니고 있지 않을뿐더러, 아버지가 자신을 기른 방식에서 아버지를 위한 일종의 알리바이를 찾을 수 있을 것이라고 진지하게 생각하고 있었다. 만일 아버지가 나쁜 사람이었다면(아직도 그녀는 전혀 그렇게 생각하지 않았다.) 그녀를 기르는 데도 나쁜 영향을 끼치지 않았을까?

물론 모두 가설에 가까웠지만, 밀라는 사회학에서 배운 것들로 어머니를 집어삼킨 비난의 홍수에서 도망칠 수 있을 것 같았다. 그녀를 가리켜 사람들이 "그런 사기꾼을 아버지로 둔 가엾은 여자아이"라고 말했기 때문에 그녀는 아버지에게 향하는 것과 같은 직접적인 비난은 피할 수 있었다. '사기꾼'이라는 낯선 말이 그녀의 생각을 멈춰 세웠다. 그 말은 분명 지금 그녀를 가리키고 있었다. 아버지를 저버린 두 얼굴의 배신자! 그 사실을 깨닫자 밀라는 생각의 꼬리를 끊으려고 고개를 흔들었다.

개리슨은 흥미롭다는 듯 그녀가 사회학을 옹호하는 것을 듣고 있었다. 그가 히죽거리는 모습은 마치 말하지 않은 생각을 읽힌 듯한 불편한 느낌을 불러일으켰다. 그가 한 말에 밀라는 속이 울렁거렸다.

"그럼 어떤 사람들이 범죄자나 기생충이 되는 이유가 뭔데? 부모가 그렇게 키우기 때문도 아니고 뇌 속의 화학 물질 때문도 아니라면서. 아, 알겠다. 전부 사회 탓이구나! 그게 사회학자들이 하는 말이지. 절대 부모나 범죄자 개인의 잘못이 아니라 모두의 잘못이라고. 사회가 사람들 머릿속에 잘못된 생각을 심어서 어쩔 수가 없었던 거라고 말이야."

밀라는 거의 공황 상태에 빠졌다. 그는 마치 밀라의 아버지를 비난하는 사람들의 말을 인용하고 있는 것 같았다. 그녀는 개리슨이 자신의 정체를 알고 있으며 이유는 모르겠지만 이런 완곡한 방식으로 그녀를 조롱하고 괴롭히기로 한 거라고 확신했다. 그러자 공포가 더 심해졌다. 어쩌면 세 사람 다 사람들 앞에서 그녀의 정체를 폭로하려는 것인지도 몰랐.

밀라는 공개적인 망신을 피하기 위해 필사적으로 사회학에 관해 이야기하는 척했다. 그녀는 계속 말했다.

"네. 맞는 말이에요. 사회가 인간 행동을 설명하는 데 큰 역할을 한다는 것은 아마 사회학에서 가장 근본적인 생각일 거예요. 적어도 저는 이번 주에 제출할 과제에 그렇게 썼어요."

"자신의 이익을 최대화하고 비용은 최소화하는 합리적 개인의 행위 방식으로 모든 것을 설명할 수 있는데 왜 다른 이론이 필요한 거지? 무엇이 경제적 이익인지에 관해 계산하는 개인으로 대부분 설명이 되는데. 네가 말하는 사회는 환상일 뿐이야."

아버지의 혐의를 언급하지는 않았지만 개리슨은 '이익을 최대화하고'라든가 '무엇이 경제적 이익인지에 관한 계산'이라는 표현으로 그녀를 달달 볶는 것이라고 밀라는 생각했다. 하지만 다시 생각해 보면 개리슨의 얘기는 아버지를 비난한다기보다는 이해하는 말처럼 들리기도 했다. 이런 생각은 밀라의 공포를 조금 줄여 주었다. 하지만 그들은 여전히 밀라의 숨겨진 신분을 모조리 캐내고 싶어 하는 것 같았다. 그녀는 자기의 정체를 인정하는 행동은 절대 하지 않겠다고 결심했다.

잘생긴 선배는 밀라에게 과제 이야기를 해 달라고 했다. 그래도 그들은 석사 과정을 공부하고 있으니 조언도 해 주고, 그녀가 학문에 접근하는 방식을 개선하도록 도와줄 수도 있다는 것이었다. 그들은 그녀의 학습 지도를 맡고 있는 사람이 박사 과정생이라는 것을 알고 있었다.

"만약 그게 대학에 와서 처음 받은 과제라면 어떻게 해야 할지 잘 모를 것 같아서. 학습 지도 조교는 평가의 공정성 문제 때문에 구체적으로 도와줄 수 없겠지만 우리야 그런 게 아니니까. 네가 방향을 잘 잡고 있는지 정도는 봐 줄 수 있을 것 같은데, 어때?"

그렇게 해서 대화 주제를 다른 곳으로 돌릴 수만 있다면 밀라로서는 좋은 일이었다. 사실 밀라는 그들에게 도움을 구하거나 조언을 들을 만큼 과제에 신경 쓰고 있지는 않았다. 그래도 과제에 관해 이상한 이야기를 나누는 것은 역설적으로 상황을 평범하게 만드는 데 도움이 될 것 같았다.

'사회'를 만든 사회학 — 콩트

그때 다행히도 지난주 강의에서 근대성이 대두하기 전에는 '사회'라는 개념이 존재하지 않았다고 배운 게 떠올랐다. 19세기 사람들은 주변에서 목격하는 모든 변화의 영향 아래 놓인 무언가를 지칭하기 위해 이 말을 사용하기 시작했다. 사회는 단순히 정치적인 것(민주주의)도 아니고 물건이 만들어지는 방식(예를 들면 증기 기관)도 아니며, 사람들이 사는 방식(도시에서의 삶 등등)도 아니라 그 모든 것과 삶의 다른 측면들(예를 들면 옷, 종교, 성(性))까지를 포함한 말이었다. 모든 것이 변화하고 있다. 그런데 변화의 영향을 받는 모든 것을 요약할 단어가 없다면 어떻게 변화를 탐구할 수 있겠는가?

천체 물리학에서 블랙홀이나 적색 왜성이 필요했던 것처럼 사회학은 연구 대상이 필요했고 그중 가장 큰 것이 사회였다. 근대성과 마찬가지로 사회라는 주제의 배경에는 이론이 있다. 사회는 많은 것을 설명할 수도, 그렇지 않을 수도 있는 이론의 이름표였다. 경제학을 공부하는 개리슨이 했던 말은 이 이론을 간단히 요약했다. 사회가 우리의 생각과 행위를 형성한다는 것이다.

밀라는 과제 내용을 설명했다.

"사회학은 개인이 그 자신보다 더 큰, 사회라고 불리는 것에 의해 형성된다는 이론을 바탕으로 해요. 어떤 사람이 처음으로 '사회학'이라는 말을 쓴 이래로 계속 이어져 내려온 개념이죠. 그는 바로 지금으로부터 200년도 더 전에 태어난 오귀스트 콩트(Auguste Comte)라는 프랑스 사람이에요."

밀라는 계속해서 사회학은 개인을 사회의 산물로 간주해야 한다는 콩트의 주장이 어떻게 사회학자들에게 일종의 표어로 자리매김하게 되었는지 이야기했다. 콩트의 시대에는 사회 같은 것은 없다고 말하는 사람이 많았다. 영국에서 특히 이런 생각이 우세했고 사회학은 100년이 넘도록 전혀 인기를 얻지 못했다. 허버트 스펜서(Herbert Spencer) 같은 사람과 공리주의자들은 개인이 자신에게 가장 이익이 된다고 판단한 대로 결정을 내린다고 말했다.

사회가 있어야 개인도 있지 — 뒤르켐의 도덕적 개인주의

하지만 프랑스에서는 상황이 달랐다. 에밀 뒤르켐(Émile Durkheim)이라는 또 다른 프랑스 인은 콩트의 생각을 잇고자 했다. 그는 영국인들의 생각을 무시하지는 않았지만 여전히 사회라는 개념이 필요하다고 생각했다. 19세기에 프랑스나 영국 같은 복잡한 산업 국가들이 성립한 배경을 살펴볼 때, 그 복잡성의 원인을 오로지 합리적이고 이기적인 개인에서만 찾는 건 말이 되지 않는다는 것이었다. 그녀는 이쯤에서 개리슨을 보았고 그는 자신이 말할 차례임을 알아차렸다.(이때쯤 그들의 이야기는 경제학과 사회학에 관한 내용이 주를 이루었고 그녀의 아버지와 관련된 것 같은 내용은 적었다. 과제에 관한 이야기가 대화를 밀라가 원하는 방향으로 이끌고 있는 셈이었다.)

"물론 그랬지. '너는 이걸 하고, 나는 저걸 할게.' 하는 식으로 사람들은 생계를 꾸리는 다양한 방식을 전문화하고는 서로 협력하는 게 다같이 더 잘사는 길이라는 걸 알게 되었을 거야. 일부 못사는 곳에서 아직도 그렇듯이 모두가 자신의 이익을 위해서만 움직인다면 가난을 벗어날 수 없겠지. 이 카페를 봐. 만약 여기에서 키우거나 만들 수 있는 것만 판다면 살 만한 건 거의 없을 거야. 사람들은 각 분야에 전문화된 사람들에게서 물건을 사. 그래서 우리는 더 잘 먹을 수 있는 거지."

"다 그런 건 아닌 것 같은데."

잘생긴 선배가 밀라를 보고 웃으며 말했다. 밀라는 음식에 전혀 손대지 않고 있었다. 개리슨은 개의치 않고 말을 이었다.

"어떤 사람들은 옷을 만들어 팔면 돈을 벌 수 있다는 사실을 깨달았고, 다른 사람들은 자기 옷을 만드는 수고를 덜었어. 그들은 농장 일에 집중해서 여유 생산물을 팔아 번 돈으로 옷과 다른 필요한 것들을 샀지. 노동을 분업화하고 시장을 활성화해서 물건을 사고파는 게 모두에게 이익이라는 건 분명한 사실이야."

"하지만 협업도 필요하지 않나요?"

밀라가 말했다. 그녀는 심호흡을 하고 나서 새로운 산업 국가의 출현은 개인이 옷을 만드는 데 전문화하는 것과는 다른 문제라고 말을 이었다. 재단사는 수백 년 동안, 어쩌면 그보다도 오래전부터 존재했다. 산업화는 각기 다른 전문화된 일을 하는 사람들이 한데 모여 직물과 같은 상품을 생산하기 위해 협업하는 공장이 생긴다는 의미이다. 협업은 시장에도 필요했다. 생산자는 필요한 재료를 지속적으로 공급받아야 했고, 돈을 받지 않고 상품을 건네주어야 할 때도 있었다. 또한 거래를 하는 상대방을 신뢰해야만 했다. 만일 개인들이 비용과 이익만을 계산한다면 전문화는 큰 위험이라고 뒤르켐은 생각했다. 사람들이 타인의 손에 자기 미래를 맡기면서까지 자급자족을 포기하고 전문화를 믿으며 모두가 (자신의 이기적인 이익을 통해) 협업하기를 바라면 다 잘 돌아갔을까? 뒤르켐의 답은 '아니오.'였다. 오히려 이익에 따라 행동하는 개인들만으로는 협업이 성사될 수 없다는 사실은 개인이 한순간도 독립적으로 존재하지 않았음을 증명한다고 그는 생각했다.

전문화된 일을 하는 사람들 간의 노동 분업을 만들어 낸 것은 고립된 개인들이 아니라 자신의 이익과는 무관하게 서로를 고려하는 사람들이었다. 복잡한 산업 사회에 필요한 신뢰와 협업은 사람들이 이미 서로 유대를 느끼고 있었기 때문에 가능했다. 다시 말해, 사람들은 이미 사회를 가지고 있었다. 이 말은 사람들이 스스로를 감정과 신념을 공유하며 비슷하게 생각하는 사람들로 이루어진 집단의 일원으로 생각한다는 뜻이다. 다른 사람들은 상관이 없다거나 하고 싶은 대로 하겠다는 등의 이기적인 태도는 사람들을 서로 묶어 주는 유대를 끊고 사회를 파괴할 것이다.

"그럼 노동 분업이 자리 잡기 전에는 이기적 개인이 없었다는 건가?"

잘생긴 사람이 말했다. 밀라는 머뭇거리며 대답했다.

"네, 아마 그런 것 같아요. 어쨌든 노동 분업은 사회학의 주요 개념, 그러니까 어떤 일이 왜 일어났는지를 설명하는 데 사회가 큰 부분을 차지한다고 보는 사회학 이론의 출발점이에요. 노동 분업이 이루어진 것을 보면 신뢰와 협업을 위해 사회가 필요하고, 사회 없이는 근대 산업 사회가 가능하지 않다는 것을 알 수 있죠."

밀라는 계속해서 사회라는 주요 개념은 우리에게 익숙한 인간미 없는 삶의 방식이 어떻게 만들어졌는지를 이론화한 것이라고 말했다. 전통적인 시골 마을에서는 모두가 서로 알았고, 사람들은 어쩌면 갇혀 있다는 공포감을 느꼈을 수도 있다. 우리는 타인과 적당한 거리를 두는 것에 익숙하지만 이러한 삶의 방식은 우리가 개개인보다 더 거대하다고 인식되는 무언가의 일부이기 때문에 가능한 일이다.

"전문화와 협업 말고 사회 때문에 일어나는 건 또 뭐가 있지?"

잘생긴 선배가 물었다. 밀라는 살짝 미소를 지었다.

"사회는 우리의 감정을 만들죠."

이 말을 하면서 그녀는 '최소한 지금 내 감정은 어느 정도 통제되고 있다.'라고 생각했다. 그래서 바로 다음 순간에 조롱과 폭로, 비난에 직면하리라고 예상하면서도 더 이상 극도의 불안을 느끼지 않았다. 그도 미소를 지었다.

"다시 원점이네. 감정은 진짜로 뇌의 화학 변화 때문이라니까."

다시 적절한 화제로 돌아온 것이다. 잘생긴 선배는 시상 하부가 페닐틸아민 같은 천연 각성 성분이나 기분을 좋게 하고 아드레날린을 생성하는 노르에피네프린, 도파민 같은 호르몬을 분비한다고 말했다. 예를 들어 사랑에 빠지면 이런 호르몬이 나온다. 그러나 같은 사람과 시간을 많이 보낼수록 뇌의 화학 작용은 변화한다. 천연 각성제의 효과에 익숙해지면서 기분이 좋아지는 빈도는 점차 줄어들고 좋은 기분이 지속되기도 어려워진다. 어쩌면 이야말로 부부가 늘 한결같지 않거나, 잃어버린 순간을 회복하기 위해 애쓰는 이유일 것이다.

밀라는 한쪽이 죽을 때까지 행복하게 사는 부부는 뭐냐고 물었다. 그는 오랫동안 함께한 부부는 서로에게 처음과 같은 감정을 갖지는 않지만 엔도르핀의 영향을 받는다고 했다. 엔도르핀은 화학적으로 모르핀과 비슷한 호르몬이다. 오랜 시간에 걸쳐 깊어진 애착 관계 속에서는 엔도르핀 분비가 증가한다. 엔도르핀은 사랑에 빠졌을 때 나타나는 흥분 대신 오래 덮은 좋은 담요처럼 차분하고 평화로운 안정감을 준다고 그는 웃으며 말했다.

"저 녀석 말은 우리 부모님이 마약 중독자라는 것 같은데."

심리학을 전공한다는 다른 선배가 말했다. 밀라는 '우리 부모님은 아니네.'라고 생각했다. 밀라의 부모에게서는 차분함이나 평화, 안정 같은 것이 느껴지지 않았기 때문이다. 그녀는 뒤르켐 시대의 사람들은 본능이나 몸에 밴 반응들이 감정을 만드는 것이라 생각했다고 설명했다. 달리 말하면 감정은 우리에게 일어나는 좋거나 나쁜 일들의 영향을 받는다고 여겼던 것이다. 하지만 뒤르켐은 분명 그 이상의 무언가가 있으며, 인간은 단순히 본능에 따라 움직이는 동물이 아니라고 봤다. 인간과 동물의 차이는 사교성에 있다. 사회가 발달할수록 본능의 역할은 점점 더 작아졌고 감정은 우리가 가치 있게 여기도록 배운 신념과 생각에서 나오게 되었다.

뒤르켐은 개인의 감정이 사회 속에서 일어나는 일이라는 것을 쉽게 밝힐 수 있다고 주장했다. 그는 각기 다른 장소에서 사람들이 자라는 방식을 보라고 말했다.(여기에서 잘생기지 않은 심리학 전공자는 "그럴 줄 알았다."라고 했다.) 밀라는 다시 위험으로 향하고 있다는 것을 알지 못한 채 이야기를 밀어붙였다. 카페에 들어서던 순간의 밀라였다면 안경을 쓰던 어릴 때처럼 뭘 그리 으스대고 있느냐고 그녀 자신에게 소리쳤을 것이다. 하지만 지금 밀라에게는 아무런 말도 들리지 않았고, 그녀는 계속해서 늪으로 빠져들었다. 그녀의 설명대로 뒤르켐은 어떤 사회 집단에서는 아이들이 어릴 때부터 부모와 떨어져 지내므로 부모 자식 간에 특별한 유대가 없다는 논거를 들었다. 반면 다른 곳에서 부모란 자녀를 사랑해야만 하는 존재였다. 이 차이는 사람의 본능이나 뇌의 화학 물질이 아니라 그들이 사는 사회에 기인한다. 그녀가 말을 이었다.

"선배들은 뇌에서 분비되는 화학 물질이 감정을 촉발한다고 말하지만 사회학자들은 그렇게 보지 않아요. 감정은 사회 속에서 생겨나서 우리 머릿속에 스며들고, 우리는 그에 따라 행동하는 거예요. 이런 식으로 우리는 전체 사회를 돌아가게 하는 셈이죠. 예를 들어 이 카페에 있는 누구나 빈 그릇은 저기 있는 선반에 두어야 한다는 사실을 알고 있듯이요. 우리가 저기에 그릇을 가져다 놓아야 한다고 느끼고, 올바른 일을 한다는 느낌에 따라 행동하는 동안 다른 사람들은 우리 행동을 보고 그렇게 그릇을 가져다 놓아야 한다는 기대의 존재를 알게 되죠. 이렇게 모두에게 쾌적한 카페가 되는 거예요."

"보아하니 넌 아닌 것 같은데."

개리슨이 말했다.

"너 그거 먹을 거야? 계속 얘기만 할 거면 내가 먹고. 하지만 네 그릇을 갖다 놓지는 않을 거야. 나는 내가 먹은 그릇도 갖다 두지 않는걸. 이런 일 하고 돈 받는 사람이 갖다 놓게 놔두지."

밀라는 그에게 접시를 밀어 주며 말했다.

"뒤르켐이라면 선배가 사회의 일원이 되는 법을 배우지 못했다고 말할 거예요. 아무런 도덕 감정도 없다고 말이죠."

"맞는 말이야. 도덕 같은 건 없어."

그는 친구들을 향해 히죽거리며 말했다.

이제야 밀라는 어디를 향해 무모하게 나아가고 있는지를 깨달았다. 그녀는 다시 공황 상태에 빠졌다. 그는 밀라 아버지가 저지른 비도덕적인 행동을 암시한 것일까? 아니면 저 웃음은 그냥 개리슨이 여자를 대하는 방식인 걸까? 이 순간 밀라에게는 차라리 후자가 훨씬 나았다.

"뒤르켐이 생각한 도덕은 선배가 말하는 종류의 것이 아니었어요. 만약 그렇다 하더라도 그는 그런 도덕이 작은 부분에 불과하다고 생각했어요. 뒤르켐이 말하는 도덕 감정은 어떤 일을 하거나 하지 말아야 한다는 느낌의 총체예요. 모자를 쓰는 일일 수도, 사람을 죽이지 않는 일일 수도 있죠. 옷을 갈아입거나 침대 시트를 바꾸는 것처럼 아주 작은 일들까지 포함해서 무엇이든 해야 한다거나 하지 말아야 한다고 느끼는 것들이 다 도덕 감정이에요."

세 사람 모두 그녀를 보며 크게 웃음을 터뜨렸고, 그녀는 제 발로 걸어 들어온 늪에서 빠져나갈 길을 찾으려 고군분투했다.

"좋아요. 남자들이 그런 것들에 항상 신경 쓰지는 않는다는 건 알고 있어요. 이모들은 남자들이 둔해서라지만 사실은 그렇지 않아요. 그건 남자들이 자신들은 여자와 다른 기준을 가지고 있다고 생각하기 때문이에요. 청소를 어떻게 해야 하는지에 대한 규칙이 남자들에겐 그렇게 엄격하지 않은 거죠. 하지만 여자에 비해 남자에게 훨씬 엄격한 규칙도 있어요."

"예를 들면 어떤 것?"

"무시당했다고 생각할 때 가져야 할 감정 같은 거요. 남자들은 그럴 때 보통 여자들보다 강한 감정을 가져요. 이것도 마찬가지로 특정 상황에서 어떤 것을 느껴야 하고 어떻게 행동해야 하는가에 대한, 넓은 의미에서의 도덕 감정이에요."

그녀는 여전히 위험에 처해 있었다. 비록 뒤르켐이 도덕성에 집착했다는 사실은 진심으로 싫었지만, 과제에서 다루었던 그의 주장에 관해 계속 이야기하는 것이 위험에서 빠져나갈 유일한 길인 것 같았다. 밀라는 뒤르켐이 감정에는 도덕적 요소가 있고, 그렇지 않다면 우리는 아무것도 고려하지 않을 것이며 강요받지 않는 한 어떤 행동도 하지 않을 것이라 지적했다고 설명했다. 사회가 사람들에게 주입한 도덕 감정은 매우 강력하다. 도덕 감정을 통해 사회는 우리로 하여금 총을 든 사람보다도 더 많은 일을 하게 만들 수 있다. 사회가 우리보다 훨씬 크기 때문에 우리는 감정에 저항하기 어렵다고 느낀다. 감정은 본능에 반하는, 때로는 불편하거나 자신에게 해가 될 수도 있는 일들을 하게 만든다. 이때 밀라의 머릿속에서 뭔가 반짝했다. 정확한 통찰력을 담당하는 전기 회로였다. 밀라가 깜짝 놀라 머뭇거리는 사이 개리슨이 끼어들었다.

"나는 나에게 이익이 되지 않는 일은 해 본 적 없어."

"정말 그럴까요? 에너지 기업에서 큰일을 맡게 되면 장담하건대 선배는 하기 싫은 별별 일을 다 하게 될 거예요. 불편한 옷을 입는 걸 포함해서요. 사람들이 그걸 기대한다는 사실을 아니까요."

"맞아. 하지만 나는 그런 일들이 나에게 이익이 될 때에만 할 거야. 만일 정장을 입으라고 돈을 준다면 정장을 입어야지."

"맞아요. 하지만 선배가 정장을 입는 건 다른 사람들이 선배에게 뭔가를 기대하고 있고 선배는 그들에게 의무를 진다는 사실을 인정하는 거예요. 만일 선배가 정장을 입는다면 선배는 자신이 사회적 유대 속에 있다는 것을 알고 있는 거죠."

밀라는 계속해서 말을 이었다. 뒤르켐은 이러한 의무가 무엇인지를 연구하는 것이 사회학의 과제이며, 사회학자들은 사회가 사람들의 머릿속에 주입하는 모든 감정, 사회학자들이 생각하기에도 자연스러운 감정까지 연구해야 한다고 말했다. 만일 부모와 자식이 서로를 사랑한다면 그 사랑이 어디서 오는지 설명해야 한다. 만일 사람들이 애국적이라서 조국을 위해 죽을 수 있다고 느낀다면 사회학자들은 단순히 감탄할 것이 아니라 그러한 감정을 설명해 내야 한다. 하지만 이것이 전부가 아니다. 감정을 연구할 때는 감정의 내용과 감정으로 인한 영향을 구분해야 한다. 연구자는 그 감정에 우호적이든 그렇지 않든 간에 그 감정이 사회적 유대에 미치는 영향을 연구해야 한다는 것이다. 이렇게 뒤르켐의 주장을 이해해 가는 사이에 그녀는 또 한 번 신경이 반짝하는 것 같은 찌릿함을 느꼈고, 불안한 와중에도 그 느낌을(만일 그 느낌이 깨달음이 맞다면) 훗날 연구 주제로 삼겠다고 결심했다.

"불과 얼마 전까지도 많은 사람들이 여자는 결혼하고 나면 그전까지 받았던 교육을 허비할 것이기 때문에 여자를 대학에 보내는 게 아무 쓸모없다고 생각했어요. 저는 이런 생각이 여성들에게 해를 끼치고 그들의 재능을 낭비했다고 보지만, 많은 사람들이 동의하는 한 여자가 무엇을 하고 무엇을 하지 말아야 하는지에 관한 도덕 감정은 사회를 하나로 유지하는 데 도움이 되었죠."

밀라는 개리슨을 의미심장하게 쳐다보면서 말했다. 그는 어깨를 으쓱하고는 반문했다.

"많은 여자들이 대학에 와서 모두의 시간을 낭비하고 있는 지금 네 이론은 어떻게 되는 거야? 지금 사회가 무너진 건 아니잖아? 그러니까 그 이론은 틀린 거네."

"뒤르켐은 그렇게 보지 않을 거예요. 사람들을 하나로 모으는 유대는 연약하기 때문에 끊임없는 노력이 필요하다고 그는 생각했어요. 사회가 점점 더 산업화되고 근대화할수록 사회가 무너지지 않게 막기는 어려워졌죠. 지금 저는 잘 모르는 세 남자와 이야기를 나누고 있잖아요. 이건 근대 사회에서나 가능한 일이고, 우리가 제대로 하고 있는지를 말해 줄 연장자나 종교적 인물이 없다는 게 문제죠."

"만일 너에게 문제가 있는 게 아니라면 나는 문제 될 거 없는데."

개리슨이 말했다. 밀라는 그에게 바보 같은 소리는 그만두라며 뒤르켐에게 사회적 유대의 약화는 우연이 아니라고 설명했다. 사람들은 함께 일하고, 함께 예배를 올리고, 함께 살아가며 생각과 신념을 배운다. 사람들이 상호 작용 하는 다양한 방식은 다양한 종류의 생각과 신념을 만들었다. 매일 많은 사람들을 만나지만 그중 대다수가 서로 알지 못하는 공간인 근대 대도시에서의 삶이 분명한 예였다. 도시에서의 삶은 시골에서 평생 아는 사람들만 보고 살면서 삶과 세계에 대해 품는 생각보다 더 다양한 생각을 갖게 한다. 근대 대도시야말로 사람들이 같은 생각과 믿음을 지니고 살지 않는다는 것을 알 수 있는 장소이다. 사람들은 같은 방식으로 살지 않기 때문이다. 모두가 점점 더 개인화되었고, 전통적인 믿음과 관습에 점차 덜 의지하게 되었다.

"그래요. 반대 의견이 더 있을 수도 있어요. 여자들이 야망을 가져야 하는지에 대해서 말고도요. 하지만 뒤르켐은 사회적 유대를 약화시키는 위협에 대해 근대 사회가 해결책을 낼 수 있을 것이라고 봤어요. 사회를 하나로 유지시킬 수 있는 해결책을 찾는 것이 근대 사회가 당면한 큰 문제였죠."

뒤르켐은 만일 해결책이 제시되지 않는다면 자살에서 범죄에 이르기까지 각종 문제가 발생할 것이라고 말했다. 높은 자살율은 사회적 유대가 무너지고 있음을 보여 주는 단적인 예였다. 전통적 공동체와 종교 의식에서 얻었던 강한 유대 관계는 해체되었다. 그 결과 사람들은 무엇을 믿어야 할지, 무엇을 해야 할지 알 수 없었으며 일부는 절망에 빠졌다.

시골에서는 무엇이 옳은 일인지 생각할 필요 없이 그저 관습을 따르면서 전통적 삶을 이어 가면 되었고, 모두가 어떻게 행동해야 할지 알고 있었다. 도시에서는 누구도 자신이 마주치는 사람들의 이름을 모른다. 사람들은 추상적 규칙을 제정해 도시에서도 사회가 지속될 수 있도록 한다. 어떻게 행동해야 하는지를 알려 주는 이러한 규칙은 일상생활 속의 어떤 상황에도 적용될 수 있다.

도시의 어떤 곳은 시골 마을과 비슷했다. 가난한 사람들이나 육체 노동자들이 사는 곳에서는 모두 서로 알았으며 사회적 유대도 여전히 강했다. 하지만 도시의 나머지 지역에서 사람들을 한데 묶는 유일한 끈은 어떻게 행동해야 하는지에 관해 모두가 합의한 일반적인 약속들이었다. 뒤르켐은 도시에서만 이런 종류의 생각이 필요한 것은 아니었지만, 처음으로 사람들이 이런 생각을 할 수 있었던 곳이 도시라고 했다. 도시에서의 삶의 방식은 사람들이 과거에 살아왔던 방식과 너무나 달랐기 때문이다. 이제 밀라는 쉴 수 있겠다는 생각이 들었다. 늪은 이제 말라붙어서 그녀는 가족과 아무 상관없는 사회학 이론의 경지에 이르렀다.

잘생긴 선배가 밀라에게 물었다.

"하지만 사람들이 어떻게 추상적이거나 일반적인 것에 대해 강한 감정을 갖게 되는 거야? 사회가 우리에게 강한 도덕 감정을 심는다고 하지 않았어? 사회를 하나로 유지하기 위해서 그런 도덕 감정이 필요한 거라며. 사람들이 자살을 하지 않기 위해서건 어째서건. 그런데 추상적인 개념들이 사람들에게 감정을 불러일으킬 수 있다고?"

"그게 이 이론에서 가장 기발한 부분이에요. 뒤르켐은 근대 사회에서 일어나는 일을 유심히 바라보면 사람들이 실제로 추상적인 것과 일반적인 것에 신경 쓰고 있다는 것을 알 수 있다고 생각했어요. 선배는 강한 도덕 감정을 갖고 있지 않아요?"

그녀는 잘생긴 사람을 향해 말했지만 갑자기 개리슨이 끼어들었다. 밀라는 잠시 동안 개리슨이 자기가 위험을 피해 다니는지 확인하려고 뒤를 쫓아다니나 하는 이상한 생각을 했다.

"말했잖아. 나는 나한테 뭐가 좋은지에만 관심 있다고."

"아, 하지만 뒤르켐이 감정을 당연한 것으로 여기는 입장에 반대하며 뭐라고 주장했는지를 떠올려 봐요. 선배는 밖에서 보지 않기 때문에 선배가 갖고 있는 도덕적 신념을 의식하지 못하는 것일 수도 있어요. 뒤르켐은 근대 사회에서 사람의 감정을 일으키는 것이 '도덕적 개인주의'라는 새로운 종류의 도덕성이라고 말했죠. 선배도 이 정도 도덕성은 인정할 거라고 생각해요."

밀라는 자신이 만난 누구보다도 개리슨이 개인이나 개인이 원하는 것의 중요성을 믿는 것 같다고 말했다. 뒤르켐이라면 그를 '개인 숭배'의 대표적인 예로 들었을 것이다. 개인 숭배란 자기 자신을 매우 중시해서 '개인의 존엄성'을 사회에서 일어나는 모든 일에 대한 원칙으로 삼는 태도를 가리킨다. 그렇게 들리지 않을 수도 있지만 개인 숭배는 강한 감정을 일으키는 도덕적 신념이다.

"아마도 그래서 선배가 그렇게 무례한 말을 하나 봐요. 개인은 원하는 것을 얻을 자유가 있다는 생각이 아주 강하기 때문이겠죠."

"너는 개인이 자율성과 자유를 가져야 한다고 생각하지 않아?"

개리슨의 추궁에 밀라는 모든 사람의 자기 결정권을 인정할 때 따라오는 사상의 자유와 다른 원칙들을 중요하게 생각한다고 말했다. 또 밀라는 남편감을 구하러 대학에 온 것이 아니냐고 했던 그의 도발적인 말을 상기시키면서 자신이 그런 원칙들을 더 존중할 것이라고 말했다.

"개인의 존엄성에 대한 선배의 신념에는 여성의 존엄성은 포함되지 않나 보죠? 나는 남성과 여성이 모두 자유로워야 한다고 생각하지만 이런 내 믿음을 객관적으로 보려고 노력해요. 이런 믿음이 사회에서 어떤 역할을 하는지 알기 위해서요. 뒤르켐은 그게 바로 믿음을 사회학적으로 바라보는 방식이라고 말했죠."

"좋아, 그러니까 너도 동의하는 거네. 너는 모든 사람이, 아마도 여자까지 포함해서, 자기 나름대로 살면서 원하는 것은 무엇이든 할 수 있어야 한다고 보는 거 맞지? 원하는 만큼 부유해지거나 내키는 대로 가난해지거나 간에. 내가 아는 많은 사람들은 그런 게 도덕적이라고 생각하지는 않지만, 네가 원한다면 그걸 도덕적 신념이라고 부를 수도 있다는 거지."

"원하는 만큼 부유해진다."라는 말은 밀라에게 그리 편하게 들리지 않았다. 이제 밀라는 개리슨이 그녀를 보호하려는 것은 아니지만 일종의 암호를 통해 그녀 편을 들고 있다고 확신했다. 그녀는 개리슨이 '네가 누구인지 알고 네 아버지가 한 일도 알지만, 걱정하지 마. 나라도 그 자리에 있었다면 똑같이 했을 거야.'라고 말하고 있다고 믿었다. 그녀는 지금껏 자신의 아버지를 이해하는 데 남의 도움이 필요하리라고 생각해 보지 않았지만, 개리슨이 자기 편일지도 모른다는 역설적인 가능성은 어쩌면 그녀가 아버지를 전혀 이해하지 못했을 수도 있다는 느낌을 줬다. 만일 개리슨이 아버지와 공감할 수 있다면 아버지는 밀라에게 조금 더 이방인이 되는 셈이었다.

여기서 잘생긴 선배가 끼어들었다. 그가 한 말에 밀라의 피가 얼어붙었다. 마치 그녀의 아버지가 한 일의 도덕적 의미에 관해 개리슨과 밀라가 암호로 벌이고 있던 논쟁을 겨냥한 것 같았다. 개리슨이 밀라 아버지의 행동에 동조하고 자신도 같은 일을 했을 거라고 암시하는 것이라면, 잘생긴 사람은 이에 동의하지 않을 뿐 아니라 그러한 행동의 비도덕성을 밝히려 했다. 그는 이렇게 말했다.

"너는 다른 사람이 가난하더라도 넌 부유한 게 괜찮다고 생각하는데, 누군가 가난하기 때문에 네가 부유한 것도 괜찮다고 생각해?"

"합리적인 선에서라면, 그래. 만일 누군가가 나한테 이용당할 만큼 어수룩하다면 그건 그 사람 문제지."

"그럼 너는 그 사람의 것을 훔칠 거라고?"

"아니지, 합리적인 선에서라고 말했잖아. 내 말은 합법적이어야 한다는 거야."

"그럼 만약 합법적이라면 누가 너를 이용해도 상관없다는 거네."

"내 앞가림은 내가 할 수 있어. 나는 따로 보호받을 필요가 없다고. 같은 규칙대로 움직일 수 없는 사람이 있다면 그건 그 사람이 알아서 할 일이야."

"좋아, 그럼 네 대저택 바로 옆에 누가 이사 왔다고 해 보자. 너는 에너지 산업에서 번 돈으로 그 집을 산 거지. 그런데 이사 온 사람이 매일 밤 늦게까지 잠도 안 자고 시끄럽게 하는 데다 청소를 안 해서 주변이 지저분해지기 시작하고 네 재산도 가치가 떨어져. 그래도 그 사람이 원하는 대로 할 권리를 옹호할 거야?"

"나는 합리적인 선에서라고 말했어. 그 사람은 하고 싶은 대로 할 수 있지. 타인에게 피해를 주지 않는 선에서 말이야."

"바로 그거야. 모두에게 같은 규칙이 있어야 해. 너는 법의 영역 안에서라면 남의 돈을 가져갈 거라고 말했어. 너는 다른 사람들과 같은 자유를 원하는 거지 특별한 자유를 원하는 게 아니야. 그건 다른 사람들도 마찬가지고. 넌 모두가 규칙대로 하기를 원하는 거야."

두 사람은 밀라를 바라보았다. 그녀는 대학에 들어와 처음 며칠 동안 그랬던 것처럼 손을 들어 얼굴을 가리고 있었다. 이제 그녀는 여기까지만 했으면 하고 바랄 뿐이었다. '제발 공개적으로 망신당하지만 않게 해 주세요!' 그녀는 말도 겨우 할 정도였지만 체면상 말을 이어 갔다. 그녀는 그들이 도덕적 개인주의의 정의에 도달했다고 말했다. 도덕적 개인주의라는 말은 공리주의자들이 가정하는 극도로 이기적이고 경쟁적인 개인주의가 아니라 행동에 기준과 기대를 설정하는 제한적인 개인주의를 뜻한다. 이는 사회를 유지시키는 개인주의이자 사회로부터 배우는 개인주의이다. 그녀는 상당히 힘을 들여 개리슨에게 물었다.

"만일 시끄러운 이웃이 계속해서 선배를 피곤하게 한다면 어떻게 하겠어요?"

"그 사람들을 피곤하게 만들겠지. 밤새 전기를 다 끊어 놓는 거야. 아니면 그냥 건달을 고용해서 다른 데로 가서 살게 한다든지."

"좋아요, 들어 보세요. 사회가 해체되고 있어요. 자기와 다른 사람들, 이를 테면 같은 시간에 잠들지 않고 집을 깔끔하게 유지하는 데 자신만큼 관심을 갖고 있지 않은 사람들 옆에서 살아야 하는 경우에 도덕적 개인주의가 필요한 거예요. 그게 없으면 결국 이웃 간의 전쟁으로 끝나게 되는 거죠."

그러고 나서 밀라는 이 논쟁이 어디서 시작되었는지 기억하느냐고 물었다. 그녀는 뒤르켐의 이론이 사람들이 의견이나 신념을 공유하지 않는 상황에 어떻게 대응하는지를 보여 주고 싶었다. 뒤르켐은 사람들이 여전히 강한 도덕 감정을 가지고 있음을 근거로 도덕적 개인주의라는 개념을 내세웠다. 이는 사람들의 도덕 감정이 항상 일치해야 한다는 뜻은 아니었다. 사실 사람들은 일치하지 않는 쪽으로 기운다. 사회 구성원들이 각자 다른 시각을 가지는 것은 도덕적으로 꼭 필요한 일이기도 하다.

"그러니까 선배가 다른 사람들과 똑같은 의견을 가질 필요는 없지만, 남에게 위협이 되거나 불편을 초래하지 않는 한 자신의 믿음과 의견에 따라 행동할 수 있어야 한다는 신념은 공유하고 있는 거예요. 이건 모두가 동의해야 할 거의 유일한 신념이죠. 노동 분업 기억나세요? 그것도 같은 맥락이에요."

이어서 밀라는 삶이 너무나 비슷하기 때문에 생각하는 방식도 같은 전통 사회에서는 의견의 다양성을 허용할 필요가 없었다고 말했다. 하지만 근대 사회에서 사람들은 각기 다른 일을 하면서 먹고살기 때문에 모두가 다르게 생각하는 것은 놀라운 일이 아니다. 뒤르켐은 전문화가 진행될수록 차이도 커진다고 생각했다. 근대 사회는 개인들 사이의 차이에도 불구하고 사람들을 하나로 뭉치게 할 방법을 찾았다. 이는 노동 분업이 단순한 상황에서는 필요하지 않았던 새로운 협업 방식이었다.

"아, 알았다. 그때는 사람들이 모두 같은 일을 했으니까 문제가 없었던 거지."

개리슨이 말했다.

"맞아요. 이런 식으로 뒤르켐은 선배처럼 생각했던 공리주의자들과 어쩔 수 없이 타협하게 됐어요."

뒤르켐은 근대에 이르러 사람들은 서로가 필요하다는 것을 알게 되었다고 말했다. 혼자서는 살 수 없다는 의식이 도덕적 관점을 형성했고 도덕적 개인주의의 기반이 되었을 것이다. 서로의 필요성을 안다는 것은 타인의 삶에 간섭하거나 해를 끼치지 않는 한 개인주의는 매우 중요한 것이라고 보는 사람들의 생각과도 통하지 않았을까? 어쨌든 노동 분업, 즉 전문화와 협업은 사회를 하나로 결속시키는 접착제로 작용했다.

"그러니까, 근대 사회에서는 각자 아주 다른 일을 하고 있다는 것을 앎으로써 다른 사람들과 유대를 느끼는 거예요!"

잘생긴 사람은 밀라에게 예외도 있느냐고 물었다. 밀라는 이제 그를 거의 쳐다보지도 못했다. 그녀는 없다고 말하려다가 책에서 읽은 내용이 기억나 이렇게 답했다.

"사회적 유대를 위해 특별한 방안이 필요할 때도 있어요. 가끔은 사회 속의 사람들이 같은 집단에 속한다고 느낄 수 있도록 말이에요. 고립된 개인이라는 느낌은 아무래도 종교 의식 같은 의례를 통해 하나가 되는 느낌만큼 좋지는 않으니까요."

뒤르켐은 단순한 공동체에서조차 사회적 유대가 느슨해질 수 있다고 지적했다. 모두가 같은 일을 하는 곳에서도 맡은 일을 하지 않는 경우가 있고, 이는 자기중심주의로 이어져 공동체의 유대를 무너뜨릴 수 있다. 따라서 때로 사람들이 모두 같은 행동을 하는 특별한 행사를 통해 화합할 필요가 있다. 함께 모여 같은 활동을 하면서 사람들은 소속감을 느끼고 공통의 신념을 재차 확인하게 된다.

이런 특별한 행사는 모든 사람들이 강한 감정을 느낄 때 가장 큰 효과를 낸다. 의례, 노래와 구호, 춤까지도 도움이 된다. 뒤르켐은 신념을 잃었음에도 좋은 시간을 보내려고 종교 의례에 계속 참석하는 사람들의 예를 들었다. 같은 목적을 수행함으로써 함께한다는 감동을 선사하는 동시에 소속감을 강화해 주는 의례로는 대규모 스포츠 행사나 정치 집회도 들 수 있다. 보다 작은 규모로 이어져 온 의례도 있다. 이혼이 흔해진 오늘날에는 가족도 예전 같지 않지만, 사람들은 여전히 생일, 결혼 기념일 등의 가족 의례를 통해 소속감을 유지하려고 노력한다.

이제 밀라는 말할 거리가 떨어졌다. 그녀는 과제를 위해 읽은 내용을 모두 말했고 몇 가지를 더 말했다. 이렇게까지 노력했는데도 그녀가 진짜 누구이고 어떤 부끄러운 일에 연루되어 있는지 숨길 수 없다면 그녀로서는 더 할 수 있는 일이 없었다. 그녀는 정신적으로 지쳐서 울기 직전이었다. 그다지 잘생기지 않은 선배는 오가는 이야기들을 골똘히 듣고만 있다가 말을 막 꺼내려는 참이었다. 밀라는 더는 상처를 주지 말라고 속으로 애원했지만 이어진 그의 말은 지독했다.

"우리 아버지는 크게 성공한 사업가야. 개리슨 너도 알다시피 아버지는 책이나 강의에서 말하는 경제학 이론은 훌륭하지만 실제로 잘 들어맞지는 않는다고 말씀하시지. 사업에서 정말 성공하려면 인맥과 영향력이 있어야 한다는 거야. 아버지 말씀으로는, 사업가들은 사실 경쟁을 좋아하지 않는대. 경쟁을 통제할 수 있게 상황을 고정시키고 싶어 한다는 거야. 그러려면 친구들이 필요하고 영향력도 있어야 하지. 뒤르켐은 그걸 알고 있었고, 밀라도 그럴 거라고 생각해. 그렇지 않아, 밀라?"

여기까지가 한계였다. 밀라는 이제 누가 어떻게 생각할지 신경도 쓰지 않고 카페 밖으로 뛰쳐나갔다. 그녀는 길모퉁이에 다다라서야 속도를 늦

췄는데 개리슨이 쫓아왔다. 그는 거친 숨을 몰아쉬며 겨우 말을 꺼냈다.

"이건 우리가 하는 게임이야."

그녀는 '마침내 고문이 멈추었구나. 이제 모두 끝났다고 말하겠지.' 하고 생각했다. 카페에 있던 사람들 앞에서 정체가 탄로 나지는 않았지만 그는 모두가 다 알고 있다고 말할 테고, 결국 그녀는 계속해 봐야 우스워지기만 할 거짓말을 포기해야 할 것이다.

"무슨 게임이요?"

"화나게 했다면 미안해. 이건 우리가 너 같은 신입생들을 만나면 하는 게임이야. 평소에 그런 식의 이야기를 나누지는 않아. 그게, 그러니까 그런 식으로 진지한 토론인 것처럼 말을 시켜서 놀리는 거야. 나쁠 건 없잖아? 그냥 잘 속아 넘어가는 애들을 놀리기만 하는 건데. 넌 정말 잘했어, 말 정말 잘하더라! 하지만 아룬이 나더러 따라가서 이런 게임을 할 필요는 없다고 말해 줬으면 하길래. 그 녀석은 네가 대학에서는 다 그런 식으로 말한다는 인상을 받았을 거라고 생각하더라고. 나도 울려서 미안하다는 말을 하고 싶었고."

밀라는 할 말을 잃었다. 그녀가 겨우 한마디를 내뱉었다.

"아룬이 누구예요?"

"네가 웃어 보였던 녀석이야."

개리슨은 미소를 지었고, 카페로 돌아가면서 친절하게 손까지 흔들었다. 밀라는 잠시 안도감을 느꼈지만 그리 오래가지 않았다. 오늘까지 그녀는 누가 자신을 알아보고서도 바로 알은체하지 않을 수 있다고는 상상도 못했다. 그녀는 아직도 개리슨이 그녀가 정말 누구인지를 알고 있는지 아닌지 100퍼센트 확신하지 못했다. 물론 물어볼 수도 없었다. 우연일 수도 있지만, 게임에 대한 이야기는 그들 모두가 그녀의 비밀을 알고 있다는 사실을 돌려 말한 것이 아닐까?

그래도 이런 생각은 완전히 피해망상이거나 죄책감에서 비롯한 것일지도 모른다. 밀라는 개인에게 작용하는 사회의 거대한 힘에 대한 뒤르켐의 이론으로 지금의 상황도 설명할 수 있겠다고 생각했다. 아버지의 재판 이후 가족을 덮친 비난의 홍수는 사회가 개인에게 행사하는 영향력으로 볼 수 있었다. 사회적인 비난은 가족보다 훨씬 클 뿐 아니라 가족들이 사회가 기대하는 방식으로 행동하게 했다. 이제 밀라는 반항아인 아버지를 자랑스럽게 여기며 사회가 가진 압도적이고 초월적인 힘에 맞서는 자리에 섰다. 아버지가 아무런 잘못도 하지 않은 한 이 모든 상황은 멋지고 낭만적이었다. 생각이 여기까지 이르자 밀라는 첫 번째 짜릿한 깨달음을 되돌아보는 동시에 두 번째 깨달음을 마주했다.

그녀는 가장 깊은 곳에 자리한 편견으로부터 거리를 두어야 한다는 뒤르켐의 가르침을 생각했다. 그것이 그녀가 지금껏 해 온 일 아니었던가? 그녀는 자기 자신과 아버지에 대한 믿음을 객관적으로 바라보았다. 사회학 덕에 그녀는 아버지가 한 일을 합리적으로 설명하는 방식이 하나만이 아니라는 생각을 하기 시작했다. 어쩌면 아버지의 '개인 숭배'가 지나쳤던 것인지도 모른다. 아니면 아버지가 낭만적인 반항아여서가 아니라 개인주의가 제대로 기능하지 못해서 생긴 문제일 수도 있었다. 밀라는 생각했다. '그럼 나는 어디에 서야 되지?'

3

감정에 대한 감정적 논쟁

감정은 어떻게 생길까? — 감정 사회학

다음 달, 에니드 이모가 찾아와 밀라에게 새로 열리는 전시를 같이 보러 가자고 했다. 이전에는 대중에게 공개된 적 없는 미술 작품들을 모아 놓은 전시라고 했다. 에니드는 비비 이모만큼 안목이 있지는 않았지만 이야기가 있는 그림을 좋아했다. 밀라가 더 어렸을 때 에니드는 그녀를 미술관에 데리고 다니며 그림에 등장하는 사람들에 대한 이야기를 들려주곤 했다.

"여기 이 어린 여자애 좀 봐. 네 나이쯤 되었을까? 엄마가 친구들과 이야기하는 걸 듣고 있는데, 어른들은 이 아이를 보지 못하네. 뭔가 나쁜 짓을 하려나 본데. 말썽꾸러기 같아 보이지 않니?"

밀라는 언제나 이런 이야기에 푹 빠져들곤 했다. 에니드가 어린 밀라도 이해할 수 있게끔 설명해 준 덕분이었다. 다 큰 아가씨에게는 어울리지 않을 수도 있지만 밀라는 이번에도 작품에 얽힌 이야기를 들려 달라고 졸랐다. 처음 보는 그림이라도 에니드 또래의 비슷한 관심사를 지닌 여자라면 외우고 있을 법한 이야기와 연결되기 마련이다. 밀라와 에니드가 지금 보고 있는 소장품들은 어느 왕가에서 수백 년이 넘는 기간 동안 수집한 것으로, 거기엔 영웅주의가 정점에 달한 정벌의 순간에서부터 왕궁 깊숙한 곳에서 일어나는 음모와 배신의 장면에 이르기까지 왕조의 중요한 사건들이 기록되어 있었다.

에니드가 조카에게 여섯 점의 그림에 숨겨진 비화를 이야기해 주고 난 뒤, 그들은 젊은 공주가 질투에 찬 남편의 손에 죽임을 당한 사건을 둘러싼 비극적 일화를 그린 작품 앞에 섰다. 밀라도 대충은 알고 있는 이야기였다. 에니드는 그 남편이 전혀 근거 없는 질투를 하면서도 감정을 통제하지 못했다고 알려 주었다.

"가슴 저리게 슬픈 이야기지. 봐, 이 그림은 공주를 죽인 칼을 든 채로 침실에 들어온 남자가 자신의 끔찍한 실수를 깨닫고는 그 흉기를 자신에게 겨누는 장면을 묘사하고 있어."

에니드는 젊은 남편과 그 아내를 파멸로 치닫게 한 분노와 절절한 슬픔을 음미하고 있었다. 밀라는 엄청난 특권을 지닌 젊은 사람들이 자기 통제를 못해 갑작스러운 죽음을 맞이하다니 그런 끔찍한 낭비가 어디 있겠느냐고 생각했지만 말을 아꼈다. 에니드가 들려주는 이야기에 공감할 수도, 예전처럼 맞장구를 쳐 줄 수도 없는 자신의 모습에 더는 이모가 지어낸 이야기에 빠져들던 어린아이가 아니라는 사실을 절감했다.

그 주 초에 밀라는 사회적 유대에서의 감정의 중요성을 강조하고 이 점을 다른 사회 과학 분과에 알리는 것이 사회학의 책임이라는 뒤르켐 주장의 맥을 잇는 감정 사회학에 관한 수업을 들었다. 교수는 뒤르켐이 부모의 내리사랑이나 자식의 부모 사랑을 포괄적으로 다루었지만, 인간관계에서 우리 모두를 움직이는 감정에 대한 사회학적 연구에는 그다지 큰 기여를 하지 못했다고 말했다. 인간의 행동을 이해하기 위해서는 적대감과 증오를 포함한 감정을 잘 파악해야 하며(비록 일부 사회학자들은 이 사실을 잊어버렸지만) 사회학은 여전히 누가 감정 연구에 더 적합한가를 두고 심리학과 일종의 '세력 다툼'을 하고 있다.

이 정도가 밀라가 수업에서 배운 내용이었다. 교수는 계속해서 사회학이 어떻게 감정에 대한 이해를 넓힐 수 있는지 설명했지만 그녀는 잘 알아듣지 못했다. 지금까지의 강의 내용에 대한 시험을 봐야 했기 때문에 그녀는 교재로 눈을 돌렸다. 학교 서점에서 할인 판매 중일 때 산 이 책을 그녀는 얼마 안 가 싫어하게 되었다. 그녀는 '퓨센'과 '스타인'이라는 거들먹거리는 학자들이 쓴 이 책을 (많은 선후배들이 그러듯) '프랑켄슈타인'이라고 불렀다.

그녀는 프랑켄슈타인은 싫었지만 감정 사회학을 다룬 부분에는 어쩔 수 없이 관심이 갔다. 거들먹거리는 학문적 글쓰기 방식이나, 친숙한 단어로도 할 수 있는 설명을 굳이 어려운 어휘를 사용해 말하는 저자들의 습관에 밀라는 본능적으로 불쾌감을 느꼈다. 하지만 조금만 참고 보면 책의 내용은 주제 면에서는 그녀가 즐겨 읽는 잡지들과 비슷하기도 했다.

일단 그 책을 이해했다는 생각이 들자 밀라는 감정의 사회적 기원에 대한 이론을 다른 사람들도 중요하다고 생각하는지 알아보기로 했다. 사회학자들이 어떻게 생각했는지는 확실하지 않았지만, 이는 문제가 아니었다. 그녀가 그 이론에 막연하게나마 재미를 붙이고 이해했다는 사실이면 충분했다. 그리고 그녀는 이를 알아보기에 적격인 사람을 알고 있었다. 에니드 이모는 다시금 심판으로 활약해 줄 것이다. 무엇보다 에니드는 사람의 감정에 대해서는 거의 전문가나 다름없었다.

계속 전시를 둘러보는 동안 에니드는 역시나 감정의 지배를 받는 것이 멋지고 자연스러운 일임을 알려 주려고 애썼다. 그녀는 사람들에게 짜증을 내거나 화를 내고 나중에 후회한 적이 있느냐고 물었다. 밀라는 물론 자신도 다른 사람들과 마찬가지로 항상 감정을 다스리지는 못한다고 대답했다.

"엄마에게 '너 자신을 다스리고, 울지 말고, 비참한 표정을 짓지 마라.' 같은 말을 많이 들었던 기억도 나고, 기분이 별로 안 좋은데 이모들이 모두 '이모한테 웃어 봐.' 하고 말하던 것도 기억나요. 그대로 드러내고 싶은데 감정을 다스리라고 요구받는 건 정말 짜증났어요. 하지만 그러면서 저 질투의 화신인 귀족과는 다르게 자제력을 배워 나가는 거죠!"

"글쎄, 아마 우리도 저들과 별로 다르지 않을 거야. 나는 대부분의 사람들이 정말로 감정을 다스릴 수 있다고는 생각지 않아. 그저 감정을 드러내지 않는 데 만족하는 거지."

밀라는 속으로 말했다.

'이모는 그렇겠지만 전 아니에요. 저는 감정이 그렇게 중요하다고 생각하지 않는걸요.'

여태까지 그녀는 공감할 수 없는 것에 대해서는 관심을 돌렸지만, 이제는 감정 사회학에 대해 알게 된 내용을 설명하겠다고 스스로에게 과제를 부과하면서 생각을 보다 논리적으로 정돈해 나갔다. 밀라가 교재에서 본 내용을 기억하려고 애쓰는 사이에 그들은 고풍스러운 대가족 모형 앞에 이르렀다. 크기는 작아도 그 작품에서는 통치자 가문의 힘과 화려함이 뿜어져 나왔다. 에니드는 누구 하나 서로 닿지 않은 채 얼마나 경직되어 있는지 보라고 말했다. 그들은 멀찌감치 앉거나 서 있었고, 그들의 손이 유일하게 닿은 것들은 권력과 부의 상징물들이었다. 밀라는 이모가 무엇을 말하려는지 알 것 같았다.

"아이들조차도 뚝 떨어져 앉아 있어요. 이들이 손댄 유일한 생물은 아마 애완동물이겠죠. 그나마도 가문이 얼마나 부유하고 권세 있는지를 드러내기 위한 상징처럼 보이긴 하지만요. 모든 감정은 이 가문이 사회에서 차지하는 지위 속에 갇혀 있는 것처럼 보여요."

"저 사람들은 감정을 완벽하게 통제해야 하지 않았겠니? 불쌍해라. 진짜 마음을 들켜서도 안 되고, 자연스럽게 일어나는 감정조차 스스로에게 허락하지 않았을 테니 이 얼마나 끔찍한 저주야. 저 사람들은 한 번도 자기 자신이었던 적이 없는 거야. 단 한 번도."

프랑켄슈타인이 아니었다면 할 말이 없었겠지만 밀라는 이제 책에서 배운 내용을 끌어오기 시작했다. 밀라는 감정을 드러내는 것과 자신의 모습을 지키는 것, 서로 충돌할 수도 있는 이 두 가지가 정말 중요한 것 같다고 말했다. 감정을 드러낸다는 말은 이미 형성되어 있는 감정을 드러내거나 숨길지를 선택할 수 있음을 의미했다. 하지만 밀라는 과연 그럴까 하고 조심스레 물었다. '드러내기' 역시 감정의 일부가 아닐까?

밀라는 더 작은 작품들이 진열된 전시장을 걸어가며 설명을 이어 나갔다. 그녀는 에니드에게 자신의 모습대로 행동한다는 것은 표현해야 할 자아가 이미 존재한다는 의미이지만, 자아가 처음부터 완성되어 있는 것은 아니라고 말했다. 그러고는 자신이 잘 아는 주제로 돌아갔다. 바로 어린 시절에 감정을 다스리는 법을 배운다는 것이었다.

"감정을 다스리는 법을 어린 시절에 배우는 이유 중 하나는 한 개인이 이성적이거나, 야만적이거나, 혹은 여성적이거나 남성적인 인간으로 성장하는 길목에서 감정이 중요한 역할을 수행하기 때문이에요."

에니드는 이 말을 잘 이해하지 못했다. 밀라는 이성적인 성인이 된다는 것은 세상이 자신의 현재 감정 상태를 알아채지 못하게 하는 과정을 포함한다고 설명했다. 여기에는 자기 검열과 여과가 필요한데, 때로 여과는 그저 남에게 자신을 잘 보이려는 의도에서 이루어진다. 예를 들어 어떤 사람들은 흔들림 없이 냉정을 유지한다고 칭찬을 받는다. 비록 똑같은 냉정함이 양면의 날처럼 '재수가 없는' 것이나 '비인간적인' 것으로 묘사되기도 하지만 말이다. 한편 여과는 감정이 문제를 일으킬 수도 있기 때문에 필요하기도 하다.

에니드는 그 설명이 지금껏 이야기했던 왕가의 예와 잘 맞아떨어진다는 것을 알고는 다른 모형을 면밀히 살펴보면서 이를 뒷받침하는 예를 찾았다. 에니드는 이 모형들이 왕가는 백성보다 한층 높은 수준에 있어야 했음을 보여 준다고 말했다. 그들은 무심하고 객관적이며, 나아가 다른 세계의 사람이라는 인상을 주어야만 했다. 왕가 사람들의 행동은 정의를 담고 있었다. 왕이 싫어한다는 등의 비합리적인 이유로 처벌받을 거라고 백성들이 생각해서는 안 됐다. 이것이 바로 왕가 사람들이 궁정 내부에서도 똑같이 냉정한 격식에 따라 움직여야 했던 이유다.

이쯤에서 두 여자는 아무 말 없이 그들이 잘 알고 있는 또 다른 가족에게도 이런 관찰이 적용될 수 있겠다는 뜻을 담은 시선을 교환했다. 에니드가 조심스럽게, 경험상 여성이 감정을 잘 숨기지 못한다는 통념이 항상 맞는 것은 아니라고 말을 꺼냈다. 밀라는 이모가 누구를 생각하고 있는지 알았지만 지금은 어머니에 관한 이야기를 하고 싶지 않았다. 그녀는 화제를 돌렸다.

"이모, 남자들은 결국엔 폭발할 감정을 가둬 두는 경향이 있다고 생각하세요?"

에니드는 동의할 수밖에 없었다. 그러자 밀라는 만약 여성이 감정을 더 쉽게 드러내는 경향이 있다면 사람들은 그 감정이 진실한 것인지 절대 확신할 수 없을 것이라고 말했다.

이 질문에 에니드는 말이 많아졌고, 그녀가 말하는 동안 밀라는 감정에 대한 프랑켄슈타인 책의 다음 부분을 기억해 내려고 애썼다. 그때 철학에서는 감정이 세계에 대한 참된 인식을 방해한다고 보는 전통이 강하다는 구절을 읽은 것이 기억났다. 플라톤이 그 예였다. 플라톤이 보기에 감정은 마음속의 안개와 같아서 사물의 본질에 대한 인식을 흐린다. 이런 식으로 오랜 세월 동안 감정은 방해물 혹은 문명화된 인간으로서 행동하기 위해 억누르고 다스려야 할 원시의 유산으로 여겨졌다.

프랑켄슈타인 책에는 빈 학파의 정신 분석학자인 지그문트 프로이트(Sigmund Freud)가 감정과 이성의 관계를 보다 역동적으로 파악했다고 쓰여 있었다. 그는 문명이 본능적인 감정에 반하여 존재하는 것이며, 사실상 인간의 기본적인 본능들을 억압하는 역사적 과정 속에서 발달했다고 보았다. 문명은 인간의 감정, 특히 성욕을 억제하는 과정이다. 프로이트와 다른 이론가들 간의 핵심적 차이는 프로이트가 인간의 이성과 감정을 불가분의 관계로 보았다는 점에 있다. 의식은 무의식으로부터 자유로울 수 없다. 무의식은 감정의 찌꺼기를 모두 모아 놓은 저장소라고 할 수 있다. 우리가 내리는 결정과 내뱉는 말들은 의식의 산물로 보이지만, 실은 무의식의 어두컴컴한 소용돌이에서 나오는 결과라는 것이다.

밀라는 왕족의 한 차원 높은 삶은 그들이 백성에 비해 더 문명화되었다는 뜻이라고 생각했다. 기억나는 내용 중에는 성별에 따른 감정의 차이에 대한 언급도 많았다. 밀라는 과거에 주로 여성이 감정의 지배를 받는 존재로 묘사되었던 것은 여성의 의식 또는 이성이 무의식적이고 비이성적인, 매달 호르몬에 따라 춤추는 신체의 영향을 받는다는 생각을 반영하고 있다고 말했다. 감정은 이성과 진보와 반대로 움직이므로 여성은 말 그대로 '비이성적'이라는 것이다.

에니드는 비이성적이었던 것은 공주가 아니라 질투에 찬 그녀의 남편이라고 지적했다.

"맞아요." 밀라는 웃으며 말했다. "그렇지만 이제는 여자나 남자 모두 자유롭게 감정을 드러내게 되었다고 생각하지 않으세요? 이전에는 감정을 쉽게 드러내는 것은 적절하지 않다고 여겨졌죠. 여자가 감정에 좀 더 휘둘린다는 고정 관념 아래 여성은 모자란 존재이고 남자는 이성적인 존재라고 생각되었고요. 지금은 많은 사회에서 판세가 뒤집혔어요. 사람들, 특히 남자들은 감정을 억누르거나 알맞은 방식으로 드러내지 않으면 오히려 모자라다고 여겨지죠. 표현해야 한다는 강요가 있는 거예요. 한때 상류 사회의 표지였던 '신중함'은 뒷전으로 밀려났어요."

"네 말이 맞아, 밀라. 요즘은 사람들 앞에서, 예를 들면 텔레비전에 나와서 감정을 표현하는 것이 남녀 모두의 규범이 된 것 같기도 해."

두 여인은 앞서 이야기했던 고정 관념이 새겨져 있는 유명한 도자기 앞에 섰다. 장례식에서의 행렬과 시신 참배 등의 장면들이 묘사되어 있었다. 왕의 죽음에 울고 있는 여자들은 전혀 냉정하거나 위엄 있지 않았다. 그들은 슬픔에 사로잡혀 넋이 나간 채 죽은 군주의 시신 앞에서 머리카락과 옷을 쥐어뜯고 있었다.

"당시에는 장례식을 진짜 제대로 했구나."

에니드의 뜻밖의 말에 밀라가 웃음을 터뜨리는 바람에 전시장 안의 사람들이 눈살을 찌푸렸다. 그녀는 평정을 되찾고 나서 슬픔도 일종의 유행처럼 다양한 사회에서 인기를 얻었다 잃었다 하지 않았겠느냐고 말했다. 여러 감정이 역사 속의 특정 시점과 사회를 지배했다는 증거가 많으며, 그러한 지배에는 합당한 이유도 있을 터였다. 슬픔이라는 감정은 사망률이 낮아지면서 생겨났을 가능성도 있다. 사람들이 한 사람 한 사람에게 심리적으로 애착을 가질 여유가 생기면서 사랑하는 사람들의 죽음에 슬퍼하게 되었을 수도 있는 것이다.

밀라는 본격적으로 자신의 주장을 펴기 시작했다. 그녀가 프랑켄슈타인을 읽으면서 알게 된 개념들이 이 정도면 시험에 통과하겠다 싶을 만큼 논리적으로 떠올랐다. 게다가 에니드는 밀라가 말한 주요 개념에 감명받은 것 같았다. 자신감이 붙은 밀라는, 역사가 진행되면서 종교적 신념이 약해지고 사생활의 중요성이 대두되는 과정에서 '감정 위생'이 당대의 질서로 떠올랐을 것이라고 말을 이었다. 감정을 공공연하게 내보이는 일은 삶의 '그릇된' 영역으로 밀려 나갔다. 비록 보이지 않게 숨겨져 왔다 하더라도 이는 어쨌든 감정이 역사 속에 있음을 보여 준다. 계속해서 밀라는 오늘날에도 감정의 풍경이 달라지고 있다고 말했다.

바로 그때 에니드가 밀라의 팔을 잡았다. 밀라의 어깨 너머로 에니드가 아는 얼굴이 보였던 것이다. 밀라는 주위를 둘러보았다. 에니드가 가리키는 사람이 보이는 듯했다. 그 사람은 걸음을 멈추지 않고 빠른 속도로 전시장을 훑어보고 있어서 곧 밀라와 에니드 앞에 있는 도자기 작품까지 올 것 같았다.

잠시 후, 에니드는 미스터 리에게 밀라를 조카라고 소개하면서 밀라의 정식 이름을 대고 있었다. 그녀는 종일 밀라를 진짜 이름으로 부르고 있었으니 그리 깜짝 놀랄 일은 아니었다. 밀라는 이모가 자신의 가명을 부르는 데 절대 익숙해지지 않을 모양이라고 생각하면서, 진짜 신분으로 이 사람을 대하는 것이 옳은 일이기를 바랐다.

이야기하는 투로 봐서 에니드 이모와 미스터 리는 오랫동안 알고 지낸 사이 같았다. 그렇다면 아버지 재판에 대해서도 분명 알 텐데 그는 에니드를 피하지 않았다. 긍정적인 일이었다. 밀라를 대하는 태도 역시 마치 최근 그녀의 삶이 얼마나 이상해졌을지 이해한다고 말하는 것 같아서 어딘가 마음을 끌었다. 밀라는 혹시 이모가 대학에서 가짜 신분을 쓴다는 자신의 계획에 동의하지 않는 건가 하는 의구심이 들었다. 그렇지만 이모가 자신을 조카가 아닌 다른 사람으로 소개했다면 그게 더 이상했을 것이라고 생각을 굳혔다.

그때 끔찍한 일이 일어났다.

이성과 감성

미스터 리가 그들과 이야기를 나누고 있는 사이에 활력 넘치는 아버지보다 몇 작품 정도 뒤처져서 쫓아오던 그의 아들이 합류한 것이다. 만일 에니드가 그 순간 자기 조카를 봤다면 카페에서 만났던 석사 과정생 아룬이 느긋하게 걸어오는 동안 밀라의 표정이 혐오감에서 공포로 바뀐 것을 알아챘을 것이다.

에니드는 만약 자신의 조카와 아룬이 이미 만난 적이 있다는 사실을 알고 있었다 하더라도, 그 때문에 밀라가 이렇게 극단적인 반응을 보인다고 생각하지는 않았을 것이다. 살다 보면 언제나 생각지 못했던 사건들이 일어나게 마련이라고 에니드는 믿었다. 인간관계란 뜻대로 되지 않으므로 그저 그 흐름을 즐길 뿐이다. 가짜 신분으로 만난 두 젊은이는 어쩌면 전혀 예상치 못한 관계로 발전할 수도 있다. 어느 오페라에 나오는 가면무도회에서의 첫 만남처럼 낭만적인 일이 될 수도 있다. 혹 그렇지 않더라도 비밀이 밝혀져야 한다면 이 젊은이야말로 조카가 비밀을 털어놓을 만한 사람일지도 몰랐다.

물론 밀라의 생각은 전혀 달랐다. 그녀는 아룬이 카페에서 자신을 대한 방식(그녀는 그것을 '정신적 고문'이라고 생각했다.)을 혐오스럽다고 생각했으며, 그가 자신이 진짜 누구인지 아직 모른다면 이제 다 알게 될 것이라고 두려워했다. 아룬이 자신의 정체를 알든 모르든 밀라는 완전히 조롱당한 느낌이었다. 아룬은 밀라를 만난 적이 있다는 말로 아버지의 정중한 소개말을 잘랐다.

밀라는 제정신이 아니었지만, 우연인지 일부러 그런 것인지는 몰라도 그의 아버지가 그녀의 진짜 이름을 말하기 전에 아룬이 말을 끊었다는 사실을 알아차렸다. 그녀가 당황하지 않게 하려던 걸까? 하지만 그녀는 별 상관없는 일이라고 마음을 다잡았다. 요령껏 처신한 것은 밀라가 누구인지를 이미 알고 있다는 의미이며, 그렇다면 그의 친구들도 분명 모두 알고 있을 것이기 때문이었다. 세 명이 알고 있다면 비밀은 그리 오래가지 않을 것이다.

에니드는 조카의 감정을 눈치채지 못하고 밀라와 아룬이 같은 대학에 다닌다는 걸 그저 반가워했다. 밀라는 사회학을, 아룬은 심리학을 공부한다는 사실에 그녀는 더욱 기뻐했다. 그녀는 자기 조카가 감정은 시대에 따라 다른 방식으로 사회 속에서 수용된다는 얘기를 하고 있었다고 말했다. 그러고는 밀라를 향해 돌아섰다.

"사회학에서는 그렇게 말한다는 거지? 사회학은 감정에 대해 또 뭐라고 말하니?"

밀라는 아룬과 그 친구들이 자신의 정체를 지켜 줄 거라고는 믿지 않았다. 하지만 기분이 얼마나 절망적인지, 아룬이 얼마나 싫은지와 별개로 이 의례적인 대화를 이어 가야만 했다. 그녀는 자신감을 모두 잃은 채 일부 사회학자들은 감정의 양상과 목적을 밝히는 데 관심이 있다고 확신 없는 말투로 말했다. 감정을 연구하지 않고는 인간 행동을 이해할 수 없기 때문이다. 사회학자들은 인간이 언제나 원하는 상태나 그 상태에 이르는 최선의 방법을 실현하는 것은 아니라고 생각한다. 사람들이 하는 일, 특히 일상적인 활동 중 많은 부분은 그들이 옳다고 생각하는 것보다는 옳다고 느껴지는 일을 하는 것으로 채워진다.

모두가 예의 바르게 경청했기 때문에 밀라는 말을 계속해야 했다. 그녀는 사회가 작동하기 위해서는 모든 영역에서 감정이 필수적이라고 말했다. 감정은 이성적인 생각이나 계산과는 다른 차원에서 작동하는 언어와 이해 방식을 우리에게 제공한다. 감정은 본디 '생각하지 않는 것'이다. 우리는 때로 감정의 지배를 받는다. 특히 사랑에 빠져 본 사람이라면 누구나 잘못인 걸 알면서도 감정 때문에 어리석은 일이나 비이성적이고 자기 파괴적인 일을 할 수 있다는 것을 이해할 것이다.

한숨 돌리는 밀라의 눈에 아룬의 아버지가 한마디 거들어 보라는 눈빛으로 자기 아들을 바라보는 모습이 들어왔다. 그의 아들은 예의 바르게, 밀라의 말이 무슨 뜻인지 다 알겠고 일반적 수준에서 그 주장은 사실로 들리지만 심리학이 감정 연구에 기여할 점이 더 많다고 말했다. 아룬이 개인적으로 많이 공부하지 못한 부분까지 포함해서 심리학은 감정에 관심을 두고 있으며, 요컨대 사회학보다는 심리학이 감정을 잘 이해할 수 있다는 게 그의 주장이었다.

"결국 기본적으로는 신체적인 일이니까요. 감정은 인지에 의해 중재되는 자극과 반응이죠."

에니드는 이 말이 납득되지 않는 것 같았다. 그녀는 각기 다른 감정이 매우 비슷한 신체적 현상으로 나타날 수 있다고 말했다. 화가 나면 얼굴이 붉어지고 맥이 뛰며 심장 박동이 빨라진다. 그러나 만족감으로 흥분할 때도 같은 신체적 반응이 나타난다. 그녀는 밀라를 바라보며 동의를 구했고, 밀라는 감정이 뇌 속에 저장된 신체적 변화의 문제만은 아니라며 맞장구를 쳤다. 만일 밀라가 프랑켄슈타인 책의 다음 부분을 기억했더라면 훨씬 도움이 되었을 것이다.

사회학자들이 이 문제를 설명하는 방식에는 두 가지가 있는데, 두 이론 모두 학습되거나 사회적으로 중재 혹은 구성되지 않은 신체 내적 반응은 없다는 생각에 기반을 둔다. 한 가지 설명은 우리가 상황을 어떻게 규정하느냐에 따라 동일한 신체 반응이 다르게 해석된다는 것이다. 우리는 주어진 상황에 어떠한 감정을 가져야 할지를 배운다. 또 다른 설명에 따르면, 우리의 감정뿐 아니라 신체적 반응 역시 사회적으로 구성된다. 즉 반응 자체가 사회의 산물이라는 것이다. 감정은 전적으로 사람 사이의 관계에 존재한다. 감정은 홀로 자유롭게 떠다니지 않는다.

하지만 이 내용의 일부만 생각나는 바람에, 밀라가 실제로 말한 내용은 감정이 '사회적 구성물'이라는 것 정도였다. 아룬은 고개를 저었다.

"그건 좀 비약인데요. 신체적 반응이 사회적으로 구성된다는 게 무슨 말이죠? 희한하네요. 신체 반응은 물리적인 과정이지 우리가 뭔가를 생각한다고 해서 나타나는 결과가 아니에요. 물론 반응이 생겨나는 데 사회적 자극이 원인을 제공할 수도 있고, 반응을 인지하는 데 문화가 영향을 미칠 수도 있겠죠. 하지만 우리가 보이는 반응은 사회적인 것과는 아무 관계가 없어요. 그런 반응이 감정이에요. 우리는 뇌의 특정 영역에서 나타나는 전기 반응이나 혈액 속에 들어 있는 화학 물질의 수치를 측정하는 방식으로 감정의 존재를 알 수 있죠. 옛날에는 손에 난 땀이 전기 전도성에 미치는 영향으로 감정을 측정했어요."

"아, 거짓말 탐지기를 말하는 거지? 작동하는 걸 한 번 본 적이 있지."

미스터 리가 의기양양하게 말했다. 아룬은 대단하다는 듯 고개를 끄덕였다. 그의 아버지는 아들이 계속 말을 이었으면 했다.

"사람들은 항상 등골까지 느껴지는 오한, 욱신거림, 심장 고동 같은 것들로 감정을 경험한다고 이야기하잖아요. 감정은 의식적으로 통제할 수 없는 뇌의 화학적 변화에 기인한 신체적 반응인데 어떻게 사회적인 게 영향을 미친다는 거죠? 사람들의 말이나 행동은 자극의 생성과 인지에 영향을 줄 뿐이고, 모두 뇌가 감정을 생성하기 전에 일어나요."

이 상황은 마치 아룬이 처음 밀라를 이런 논의에 끌어들였던 카페로 돌아간 듯한 느낌을 주었다. 다만 지금 밀라는 그가 아버지를 기쁘게 하려고 심리학에 대해서만 이야기하는 거라고 확신했다. '석사 과정 학비를 아버지가 대 주고 있는 게 분명해.' 부모님이 기대하는 일을 해야 한다는 것에 대해서는 밀라도 잘 알고 있었지만 카페에서 있었던 일은 잊을 수도, 용서할 수도 없었다.

"맞아요, 우리는 절대 어떤 감정을 느끼겠다고 의식적으로 결심하지는 않죠. 감정은 우연히 일어나는 것처럼 보여요."

그러고 나서 밀라는 목소리에 특히 힘을 주어 덧붙였다.

"저는 감정이 우리가 상황에 어떻게 반응하는지, 그 상황이 우리에게 어떤 의미인지와 분명 상관이 있을 거라고 생각해요."

아룬의 아버지가 재빨리 아들을 거들고 나섰기 때문에 밀라는 자신의 말이 조금이라도 정곡을 찔렀는지 알 수 없었다. 아룬은 어쩌면 너무 멍청하든지 너무 학구적이라 그녀가 한 말의 행간을 이해하지 못할 수도 있었다.

"아룬, 이 아가씨가 네 말에 동의한다는구나. 감정 연구가 발전하려면 분명 심리학에 의지해야 할 테니, 좀 더 말해 보렴."

아룬은 아버지가 시키는 대로 했다. 그는 마치 심리학 책을 한 줄 한 줄 암송하는 것 같았다.

"심리학에서는 감정을 처음부터 뇌에 내장된 기질적 가능성으로 봅니다. 모든 사람들이 감정의 전 범위를 사용할 기회나 적절한 자극을 얻는 것은 아니지만, 감정의 잠재성이 내재적이라는 사실은 알 수 있습니다. 감정은 개인이 지니고 태어나는 일단의 감정 상태들이지만, 인생에서 어떤 일이 일어나는가에 따라 촉발될 수도 그렇지 않을 수도 있습니다. 진화 심리학에서는 우리의 선천적인 감정 상태가 인류의 생존에 어떤 역할을 했는지에 중점을 둡니다. 진화의 압박과 자원 경쟁에서는 신뢰, 감사, 상호 보살핌 등으로 유지되는 집단 협력이 유리합니다."

미스터 리는 만족스러워 보였다.

"그럼 감정은 단순히 생존을 위한 기능이라는 말이구나?"

"네. 가장 기초적인 감정 수준에는, 예를 들면 위험이 닥쳤을 때 싸울 것인가 도망갈 것인가에 관한 반응에는, 외부 자극에 의해 촉발된 본능적인 반사 작용이 포함됩니다. 감정은 반은 동물적이고 반은 인간적인 진화의 유산이기 때문에 사회와는 아무 관계가 없습니다."

아룬은 불편해 보였다. 뭔가를 보여 달라는 아버지의 압력에 못 이겨 이런 식으로 말해야 하는 상황에 그가 당황하고 있을지도 모른다는 생각이 밀라의 머릿속에 스쳤다. 그녀는 아룬이 자신에게 먹인 골탕만 하겠느냐고 생각하며 그를 구해 주지 않을 참이었다.

"그건 좀 말이 안 되네요. 그런 식으로 감정의 기원을 설명할 수야 있겠지만 감정이 항상 선배 말처럼 기능적인 건 아니에요. 감정은 파괴적일 수도 있죠. 저는 사람이 살기 위해 본능이 필요하다고 해서 적자생존에 기여하는 것만이 감정의 전부라고는 생각하지 않아요. 그리고 누가 진화 선상 저 멀리에 있는 감정의 기원에 신경을 쓰겠어요? 감정은 오래전에 원래 목적을 상실하고 새로운 원인과 영향력을 얻었을 수도 있죠."

이즈음 그들은 매우 정교한 예복이 전시된 유리 장 앞에 다다랐다. 밀라는 에니드에게 이 옷이 누구를 위한 것인지 물었다. 에니드는 젊은 공주 하니아가 대관식에서 입기 위해 만든 옷이라고 설명했다. 매우 귀한 보석으로 장식된 이 옷은 왕국에서 가장 솜씨 좋은 재봉사가 5년에 걸쳐 지었다고 한다. 아마 전설이겠지만 자신이 정말로 백성들과 같다는 것을 보여 주기 위해 하니아가 대관식 도중 그 옷을 벗어 버렸다는 이야기가 전한다. 하니아는 통치를 자신의 운명으로 받아들였지만, 운명이 초래한 자신과 다른 사람들 간의 크나큰 격차는 감당할 수 없었다는 것이다.

에니드는 우리가 어떤 느낌을 받는지를 혼동하거나 잘못 파악할 수도 있고, 누군가를 사랑하면서도 미워하는 것처럼 상반된 감정을 느낄 수도 있음을 이 이야기가 보여 준다고 말했다. 감정의 존재가 알려진다고 해서 곧바로 그 의미가 훤히 드러나는 식으로 문제가 간단하지는 않다는 데는 미스터 리도 동의했다. 어쩔 수 없이 아룬이 철학적 근거를 들어 그 말을 뒷받침하는 동안 밀라는 그가 약간 움찔하는 모습을 본 것 같았다. 아마도 자기 아버지의 생색 때문이었을 것이다.

"심리학적 접근이 감정을 나타나자마자 간단히 분류할 수 있는 감각으로 여긴다면 데카르트의 영향을 많이 받은 것 같습니다. 에니드, 데카르트가 정신과 신체는 완벽하게 분리된다고 주장했던 것 아시죠?"

에니드는 밀라와 아룬이 하는 말을 다 이해하지는 못했다고 인정하면서도 어떤 시각이든 사람들이 감정적 갈등을 겪는다는 사실을 고려하지 않고는 불완전하다고 말했다.

"너희가 우리 정도 나이가 되면, 이해할 수 없는 감정도 존재한다는 사실을 알게 될 거란다."

이 말에 밀라는 그녀가 아룬의 감정이 어떤 상태일지 추측했던 방식에 대해 생각해 보았다.

"우리는 서로의 감정에 대해 점차 알아 나가잖아요? 의사소통을 하면서 무엇을 느끼는지 알 수 없다면 서로 무슨 생각을 하는지 어떻게 알겠어요? 꼭 말로 의사소통하는 경우가 아니라도요."

밀라는 자신의 생각을 제대로 설명했는지 확인하려는 듯 잠시 머뭇거리다가 말을 이었다.

"이건 다른 사람의 감정에 대한 우리의 이해가 바뀐다는 뜻이기도 해요. 만일 우리가 텔레비전에 나오는 단순한 감정 표현에만 의존한다면, '우리 시대의 하니아들'에 대해서는 알 수 없을 거예요."

아룬이 이어서 한 말로 보았을 때, 그는 밀라의 말에 담긴 미묘함과 잠재성을 이해하지 못한 듯했다. 이로 인해 밀라는 감정에 관해 남녀가 다르다는 고정 관념에 뭔가가 있을지도 모른다는 궁금증이 일었다. 아룬은 그녀의 말이 바보 같다고 했다. 그 이유는 이랬다.

"실험 결과와 두뇌 영상 모두 인간은 자극에 대체로 같은 반응을 보인다는 사실을 확증해 줘요. 그렇지 않다 하더라도 최소한 인체는 그런 식으로 설계되어 있죠. 만일 뇌가 손상된다면 반응이 달라질 수도 있고, 실제로 여러 신체적 요인들의 상호 작용으로 감정 중추의 반응이 달라지기도 하지만 이런 경우는 대개 병입니다. 원래 그런 것은 아니에요."

밀라의 대답에 어쩔 수 없이 비꼬는 투가 섞였다.

"그러니까, 감정에 대한 이해는 오직 실험실 안에서만 간접적으로나마 가능하다는 건가요?"

"글쎄요. 늘 그렇듯 상식은 인지 과학에서 다룰 일이 아니죠. 인지 과학의 설명은 일반인에게 자명하지 않고, 심지어 직관에 반할 수도 있어요. 밀라는 지금 감정을 둘러싼 이야기들을 하고 있지만, 결국 감정이 무엇인지는 알지 못한 채 그 부수 효과에만 초점을 맞추고 있는 건 아닐까요?"

"그러니까 부대 현상을 말하는 거구나, 아룬?"

그의 아버지가 스스로에게 무척 만족스러운 듯 말했다. 처음으로 밀라는 미스터 리가 아들 자랑을 하려는 것이 아니라 사실은 자신의 학식을 과시하며 아들과 경쟁하는 중일 수도 있겠다고 생각했다. 밀라는 이쯤에서 아룬을 더 괴롭히지 않도록 미스터 리를 멈추기로 했다.

'그럼 아룬은 책을 인용하는 대신 우리가 했던 이야기에 대해 제대로

생각해 보게 되겠지.'

밀라는 이 모순된 생각에 웃음이 났다. 프랑켄슈타인의 도움이 아니었다면 아무 말도 못했을 자신이 떠올랐기 때문이다. 의식적인 것은 아니었지만 그 미소는 그녀가 이야기하는 동안에도 입가에 남아 있었다.

"우리는 좋아하는 사람을 보면 미소 짓게 되죠. 그럼 미소 때문에 그 사람을 보는 게 행복해질까요? 조금은 그렇죠. 정신과 신체가 분리되어 있다는 생각에 꼭 동의할 필요는 없어요. 몸이 느끼는 바가 없다면 감정도 없을 거라는 건 저도 알아요. 사람들이 감정을 묘사하는 방식을 보면 감정에 물리적인 요소가 있다는 것은 누구나 알 수 있어요. 두려움은 배 속에서 일어나고 사랑은 심장에서 나온다는 등 우리가 감정을 묘사하는 데 쓰는 말들은 가슴이 아프다거나 속이 울렁거린다거나 하는 식으로 감정과 몸을 연결시키죠. 하지만 그게 감정의 전부는 아니라고 생각해요. 그건 감정을 심리학이 설명할 수 있는 정도로만 축소해 버리는 거죠!"

아룬은 잠시 헤매는 것 같더니 이렇게 말했다.

"하지만 생각이 단순히 우리가 감정을 처리하는 과정의 부산물인지 아닌지를 넌 입증할 수 없잖아."

밀라는 여전히 웃으면서 논의가 뱅뱅 돌고 있는 것은 아니냐고 말했다.

"방금 분노와 흥분은 같은 신체 반응을 보이지만 다른 감정이라고 하지 않았나요? 선배의 접근 방식은 두 가지가 같다고 환원해 버리는 거예요. 어쩌면 뇌 스캔에서 다르게 나타날 수도 있죠. 그에 관해 제가 잘 모른다는 건 알고 있어요. 저는 선배가 '각성' 같은 범주로 다 묶어 버리더라도 다른 사람들은 별개로 여길 감정이 엄청나게 많다고 확신해요."

아룬은 순간 발작적으로 기침이 나서 애를 먹는 것 같았다. 그의 기침이 멎을 때쯤 그들은 다음 작품 앞에 도착했다.(미스터 리가 동행하고 있어서 일행은 그가 중요하다고 생각하는 작품 앞에서만 발길을 멈추는 것 같았다.) 에니드는 미스터 리에게 무슨 생각이 드느냐고 물었다. 그가 이 작품이 마음에 드냐는 뜻이냐고 묻자 그녀는 그게 아니라 작품이 무엇을 말해 주는 것 같은지, 다시 말해 작품에 담긴 이야기가 무엇이라 생각하는지를 되물었다. 미스터 리는 당황한 표정이었다.

"한 남자가 옆구리에 난 커다란 상처 때문에 죽어 가고 있군요. 아플 것 같은데 표정은 온화하네요. 행복해 보이기까지 합니다. 고통을 느끼지 못하는 일종의 영적 상태에 있는 건가요? 어쩌면 그는 다른 사람들을 위해 좋은 일을 하고서 기꺼이 죽음을 맞이하는 건지도 모르겠네요."

"브라보. 저 사람은 정말 평온한 거예요. 저 사람에 관한 이야기가 말해 주죠. 그가 죽기 오래전에 일어난 어떤 일 때문이라고요. 많은 작품들이 평온함뿐 아니라 자부심과 절망, 혼란까지 포함하는 감정 상태가 우리를 오랫동안 사로잡을 수 있고, 이는 몸에서 일어나는 일과는 별 상관이 없다는 사실을 알려 준다는 생각이 드네요."

밀라는 이모가 이 잘난 체하는 아저씨를 여유롭게 다루는 것이 무척 자랑스러웠다. 에니드는 이 평화로운 죽음 이면의 이야기를 길게 들려주었다. 이야기가 끝나자 미스터 리가 말을 꺼냈다.

"그런 게 맥락 아니겠어요? 감정에는 맥락이 있습니다. 분노처럼요. 저는 게으르거나 비효율적인 부하 직원들에게 자주 화를 냅니다만, 이건 다른 사람들의 게으름과 무관심 때문에 생계 수단을 잃었다고 생각하는 가난한 사람들의 분노와는 다릅니다. 저는 화가 나도 금방 잊어버리지만, 다른 사람들에게는 화가 오래 남아 악감정을 낳기도 하죠. 우울증이 있는 사람들이 가지는 지속적이고 비이성적인 죄책감은 우리가 보통 생각하는 죄책감과는 구조가 달라요. 일부 젊은이들은 일시적으로 사랑을 불러일으키는 마약을 복용한다더군요. 어쨌든 뇌에서는 진심으로 하는 사랑과 같은 화학 반응이 일어나겠죠. 아룬이 말한 것은 바로 이렇게 맥락은 달라도 화학적 특징이 같은 감정들은 같다는 뜻이라고 생각합니다."

에니드는 같은 감정이라 할지라도 누구나 똑같이 경험하지는 않는다고 덧붙였다. 감정이 순수하게 등가라 하더라도 말이다. 어떤 사람들은 스트레스를 괴로운 것으로 받아들이지만 누군가는 중독성이 있다고 여긴다. 우리가 아는 사람 중에는 투덜거리기 좋아하는 사람이나 불만족에서 만족을 얻는 사람이 꼭 있다. 아룬의 아버지는 누군가는 물컵을 반이나 찼다고 보는 반면 누군가는 반이나 비었다고 보는 현상에 주목했던 심리학자들이 있는지 아룬에게 물었다. 아룬은 이를 가장 단순한 형태의 심리학적 행동주의로 볼 수 있다고 말했다. 행동주의의 설명에 따르면 감정은 다양한 종류의 행동이며, 감정을 가진다는 것은 특정 방식으로 행동하는 것이다. "나는 성난 행동을 한다, 고로 나는 화가 났다. 나는 어리석은 행동을 한다, 고로 나는 사랑에 빠졌다." 하는 식이다. 아룬은 이런 유머를 던지면서 즐거워했지만, 에니드는 경악했다.

"로봇도 미소를 짓거나 울도록 프로그래밍될 수 있어요. 이 근사한 예술 작품을 좀 봐요. 깊고 복합적인 감정들과 그 흐름을 전달하려고 애쓴 흔적을요. 많은 경우 사람들은 마지막 순간에서야 자신의 감정을 깨닫게 되죠."

"그때는 너무 늦어서 손을 쓸 수가 없죠."

미스터 리가 끼어들었다.

"지금껏 해 주신 이야기에 나오는 사람들의 끔찍하고 비극적인 결말을 보자면 그렇다는 겁니다. 이걸 보세요. 이 두 사람도 더할 나위 없이 절망적으로 보이는군요. 무슨 일이 있었던 걸까요?"

에니드는 그 작품이 그리스인과 로마인이 극기라고 불렀던 위대한 인내심을 보여 준다고 말했다. 그들은 감정과 고통을 극복하는 일을 자존심이 달린 문제로 봤고, 심지어 인간의 존엄성을 주장하는 기반으로 삼았다.

"아룬 학생이 말한 행동주의는 개인의 내면이나 우리가 감정을 숨기는 방식에 대해서는 고려하지 않고 있어요."

밀라는 이모의 말에 덧붙여, 사실 누군가에게 관심이 있는데도 아닌 척하는 경우를 생각해 보라고 말했다. 아룬은 다른 사람을 속이는 건 쉽지만 자기 자신을 속이는 건 어렵다고 대답했다.

"맞아요."

밀라가 말했다.

"예를 들면 누군가와 헤어질 때 속이 상해도 아무렇지 않은 척할 수는 있죠."

문득 미스터 리가 끼어들어 밀라에게 행동주의에 대해 어떻게 생각하느냐고 물었다.

"제가 보기에, 그 이론은 신체와 정신을 인위적으로 분리하는 것 같아요. 신체가 반응하면 정신이 그걸 해석하는 것일 수도 있고, 반대로 정신이 해석한 대로 신체가 반응하는 것일 수도 있겠죠. 저는 둘 다 그렇게 맞는 것 같지 않습니다. 계속 같은 말을 반복하고 있다는 건 알지만, 사회학에서는 감정을 사회적 구성물로 바라봐야 한다고 주장해요."

밀라는 이제 이 개념에 대한 검토를 마무리 지어야겠다고 생각할 만큼 차분해져 있었다. 감정은 사회적 구성물이라는 이론이 철저한 검토를 거쳤는지를 알아보기 위해 또 무슨 말을 해야 할까? 프랑켄슈타인 책에는 이렇게 나와 있었다.

대부분의 인지 이론은 감정이 정신이나 신체에서 만들어지며, 사회적 혹은 문화적 맥락에서 경험되거나 중재된다는 사실을 받아들일 것이다. 감정은 내재적이며 환경이나 사회 규범 등에 의해 다듬어지기도 한다. 사회 규범에 따라 강한 감정의 표현은 억제되기도 하고 오히려 권장되기도 한다. 이런 식으로 사람들은 자신이 속한 사회에서 허용하는 정도에 따라 감정을 누르거나 드러낸다. 이는 종종 여행객들이 타 문화권을 방문하는 경우 문화 충돌의 원인이 되기도 한다.

밀라가 이 내용을 자신의 말로 바꾸어 설명하는 도중에 미스터 리가 방해했다.

"다른 나라 사람들은 멀고 차갑게 느끼는데도 그 유명한 자기들의 신중한 태도가 상대방을 편하게 해 주는 훌륭한 매너라고 착각하는 영국인들처럼 말이죠. 하지만 '일본인과 영국인은 냉정하다. 남미 사람들은 감정을 노골적으로 드러낸다.' 같은 말들은 분명 낡은 생각이에요, 밀라. 그런 건 그저 편견이죠. 사회학자들은 감정 표현이 문화적 편견에 좌우된다고 생각하는 건가요?"

밀라는 미스터 리가 과연 주요 개념을 설명해 주어도 될 만한 사람인지 종잡을 수 없었다. 그는 항상 자신이 옳다고 확신하며 누가 무슨 말을 해도 이미 알고 있다는 식으로 반응하는 것 같았다. 그녀는 사회학자에도 다양한 부류가 있다고 답했다. 특히 밀라는 사회 구성주의자들의 설명을 좋아했다.

사회 구성주의자들은 다른 것과 마찬가지로 감정도 규정된 것이라고 본다. 그들은 사회 안에서 감정에 대한 규범과 기대가 만들어지고 재생산되는 방식을 밝히는 데 관심을 두었다. 사회 구성주의자들은 이러한 규범이 감정을 억압하거나 분출하게 만든다기보다는 감정 자체를 생산한다고 본다. 이는 심리학과는 매우 다른 방법론적 입장이다. 덜 상대주의적인 이론에서는 제한적으로나마 사회적 영향 및 학습과 무관하게 생물학에 기반한 감정을 언급하기도 한다. 시어도어 켐퍼(Theodore Kemper)는 두려움, 분노, 우울, 만족 또는 행복의 네 가지 감정을 심리학에 기초한 원초적 감정으로 정의했다. 한편 사랑, 죄책감, 부끄러움, 긍지와 향수 등의 감정들은 특정 사회나 문화에서 학습되는 이차적 감정이다. 예컨대 어떤 사회는 '부끄러움의 사회'이고 어떤 사회는 '죄책감의 사회'이다. 부끄러움은 공개적인 굴욕의 감정이다. 부끄러움의 사회는 집합적인 특성을 띤다. 동양 문화권의 '체면' 개념이나, 스페인과 한때 이탈리아도 속했던 가톨릭 문화가 그 예다. 죄책감은 보다 내재화된 감정으로, 양심과 씨름하는 느낌을 말한다. 죄책감의 사회는 개인적이며, 죄를 개인과 하나님 간의 문제로 여기는 개신교나 유대교와 관련이 깊다. 이런 사회는 가족 규모가 작고 사회적 제재가 약하며 사회 이동성이 높은 것이 특징이다.

부끄러움과 죄책감은 원초적 감정의 증상이다. 부끄러움은 부적절한 행동으로 인한 처벌이나 배척에 대한 두려움이고, 죄책감은 자신의 죄를 알기 때문에 생기는 자신을 향한 분노이다. 두 감정은 모두 원초적 감정을 기초로 하는 것이다. 그러나 두 감정에 대한 경험과 이해는 학습되고 사회화된다. 한 사회의 지배적인 감정은 그 사회의 구조에 의해 형성된다.

밀라는 원초적 감정과 이차적 감정의 차이를 설명하고 나서, 그들이 본 작품들은 특정 시대와 장소 속의 궁정 생활이라는 '보다 특수한 문화'를 구체화한 것이라고 지적했다. 왕족과 가장 천한 하인들 사이의 원초적 감정은 보편적이었을 것이라고 상상할 수도 있겠지만, 밀라 일행은 지금껏 왕가의 사람들이 사회 구조 속에서 자신들이 차지한 지위 때문에 특정한 규범을 따라 이차적 감정을 표현해야 했다는 것을 보았다. 프랑켄슈타인 책에는 이런 말도 나왔다.

사회 구성주의 중 강한 상대주의적 이론은 감정을 선천적인 생물학적 유산과 분리한다. 감정은 그것이 발생하는 사회적, 문화적 맥락과 분리될 수 없다. 이 입장에 선 사회학자들은 비교 문화적 인류학 연구를 차용하여 감정 표현이 각기 다른 문화에서 보편적이지 않다고 주장한다. 우리가 내적 상태나 생각 혹은 일련의 행동을 구체적인 감정으로 묘사하기 위해 사용하는 단어들은 특정 상황과 관련되어 선택되며 그 행동을 합리화하거나 설명하는 데 쓰인다. 감정은 결코 전적으로 내재적인 것이 아니다. 감정은 항상 다른 사람과의 관계에서 나타난다. 그러므로 사회적 맥락에서 벗어난 감정에는 실체가 없다. 감정은 사람들이 자신이 처해 있다고 생각하는 상황을 이해하고 타인에게 그 느낌을 쉽게 전하기 위해 사용하는 판단이다.

밀라는 자신이 왜 그렇게 느끼는지에 대해 수만 가지 이유를 늘어놓으면서 다른 사람이 그 말을 알아들어 주기를 바라는 것보다 '슬프다.'라는 한마디로 표현하는 것이 훨씬 낫다는 말로 이 이야기를 요약하고 싶었다. 감정은 상황을 떠나서는 실체가 없었다. 아룬은 자기 아버지의 입을 막아 준 것을 꽤 기뻐하는 것 같았지만 미스터 리는 계속해서 그녀에게 이의를 제기했다.

"아가씨는, 아, 미안합니다, 그들은 감정에 대해 말해지는 것으로만 감정을 제한할 뿐 정말 중요한 것은 완전히 고려 대상에서 제외시킨 것 아닌가요? 아가씨는 심리학적 환원주의에 불만이 있다지만 사회학자들은 극단적인걸요. 설명할 수 없다는 이유 때문에 중요한 것들을 모두 버리고 있잖아요. 하지만 심리학은 설명을 할 수 있죠."

밀라는 최대한 침착하게 사회 구성주의자들이 감정을 어느 선까지 연구해야 한다고 주장했는지, 또 그들이 정말 각기 다른 문화에서 보편적으로 나타나는 최소한의 감정도 인정하지 않았는지는 말할 수 없다고 대답했다. 미스터 리는 좀 인정머리 없이 "구성주의자들도 만일 자기 다리가 부러진다면 고통을 느낄걸."이라고 말했다.

밀라는 그것이 감정이라기보다는 감각이라고 말했지만, 감정에 신체적 측면도 있다는 데에는 이미 동의한 바였다. 그리고 어쩌면 정말 구성주의자들이 문화 간의 차이를 과장했을 수도 있었다. 행복, 분노, 슬픔 등의 얼굴 표정은 다른 사회에서도 일반적으로 의미가 통하는 것으로 보였다. 여기서 에니드가 끼어들었다. 아마도 미스터 리의 또 다른 생색내기에서 밀라를 구하기 위해서인 것 같았다.

"제가 보기에는 심리학자들과 사회학자들 모두 단순화에 빠져서 시대를 뛰어넘는 위대한 예술에 담긴 미묘함을 놓치고 있는 것 같은데요. 감정이란 이해하고 해석하기 매우 어렵고, 흔히 모순적이고, 자주 사람들의 결정에 영향력을 행사한다는 사실을 양쪽 다 받아들이지 못하는 것처럼 들리는군요."

"맞는 말이라고 생각하지만, 이모, 사회 과학에서만 그러는 건 아니에요. 관료제에도 그런 생각이 뿌리박혀 있죠."

밀라가 이렇게 말한 것은 프랑켄슈타인 책의 또 다른 부분이 생각났기 때문이었다.

사람들이 평가적이고 판단적인 관료제가 불공평하거나 불합리한 결과를 낳는다고 여기는 이유 중 하나는 관료제 역시 사회 과학과 마찬가지로 인간의 행동에 분명하고 의식적인 이유가 있다는 생각을 출발점으로 삼고 있기 때문이다. 예를 들어 이런 생각은 사법 체계의 전제이기도 한데, 판사는 같은 사건에 관해 두 증인이 각자의 관점에 따라 완전히 다르지만 부분적으로는 진실인 증언을 한다는 사실 때문에 엄청난 어려움을 겪는다.

미스터 리는 밀라가 이 내용을 요약하려고 애쓰는 동안 상처를 받은 듯했다. 그제야 밀라는 이모가 미스터 리를 소개하면서 그가 큰 공공 기관의 선임 판사였던 퇴직 관료라고 했던 것이 기억났다. 그녀는 서둘러 말을 맺으면서 늦었지만 미스터 리가 썼던 단어들을 쓰려고 노력했다. 그가 밀라의 말을 자신과 무관한 학술적 주장일 뿐이라고 여기길 바랐기 때문이다.

"근대 사회에서는 감정은 허상이고 이성은 실재라고 봐요. 그렇게 우리는 감정을 이성에 종속시키면서 딜레마에 빠지죠. 우리가 느끼는 것과 생각하는 것은 다를 수도 있지만, 사실 각각은 서로의 산물입니다. 우리가 생각하는 것이 맞다거나 우리가 느끼는 것이 맞다는 식으로 우길 문제가 아닌 거죠. 감정이 없으면 이성이 작동할 수 없고, 이성이 없으면 감정도 아무 의미가 없어요."

이만해도 충분히 복잡했지만, 밀라는 프랑켄슈타인 책에서 다음과 같이 설명했던 것을 알고 있었다.

추론 능력, 판단 능력 등의 사고 능력은 감정과 인식의 결합을 요구한다. 사고 작용이 이루어지기 위해서는 감정이 필요하다. 뇌 손상을 입어 감정을 만들거나 느낄 수 없는 사람들은 예전같이 추론하는 데 어려움을 겪는다. 이성이 효과를 발휘하기 위해, 즉 의사 결정을 내리기 위해서는 감정이 필요하다. 판단은 부분적으로 직관적이고 감정적이거나, 그런 식으로 이루어지는 것으로 보인다.

밀라는 결론을 내렸다.

"옳은 일을 한다는 건 컴퓨터가 경마의 승산을 계산하는 것처럼 모든 대안을 헤아려 보는 문제가 아닙니다."

아마 밀라의 말을 다 이해하지 못했기 때문이었겠지만 미스터 리는 마침내 설득을 당했다. 그는 관료제에 대한 모욕을 잊어버렸다. 그는 밀라의 말에서 도박이 암시하는 바를 분명히 이해했다.

"동의해요. 오히려 어느 말에 돈을 걸 것인가를 선택하는 것과 더 비슷하죠. 추론, 경험, 본능, 감의 조합인 거죠. 옳은 결정을 내리는 데는 일련의 추상적인 행동 원칙만 필요한 게 아니에요. 직장에서나 공익사업에서도 그런 원칙들이 의사 결정을 지체시키고 옳은 일을 실행하지 못하게 하는 경우가 있죠."

아룬은 그사이 말할 힘을 되찾은 것 같았다. 아마도 아버지가 도박에 관해 유추하며 보인 열정에 재미를 느낀 듯했다.

"이성은 때때로 감정을 따라갑니다. 사람들은 느낌이 생기면 그 느낌을 정당화하거나 설명할 근거를 생각하죠. 한편 감정은 이성적 판단이나 합리적인 의사 결정을 방해하기도 해요. 실험을 해 보면, 스트레스 요인의 영향을 받은 실험 대상자는 스트레스를 받지 않은 대상자만큼 복잡한 과제를 잘 수행할 수 없다는 결과가 나옵니다."

이 말에 사회 과학과 철학이 감정을 다루는 방식에는 문제가 있다던 프랑켄슈타인의 내용이 밀라의 머릿속에 울렸다.

> 사회 과학과 철학에서는 감정이 사회적 구성물, 사회관계, 권력 관계, 재현 등을 통해 해석되고 전달되기는 하지만 그 바깥에 자리하는 실재적 힘일 수 있다는 사실을 쉽게 받아들이지 못한다. 감정은 범주를 가로지르고 기대와 규범을 깨는 힘이 될 수도 있다.

밀라는 이모가 자기 말에 동의해 줄 거라 생각하면서 인간 행동을 설명하는 단 하나의 이유나 동기를 찾으려는 시도는 큰 오류일 수 있다고 말했다. 사회학은 물론 경제학, 정치학, 철학과 심리학에서도 많은 학자들이 이런 노력을 해 왔지만 결국 인간은 감정과 욕망, 욕구가 뒤섞인 존재인 것이다.

이제 밀라 일행은 전시실의 끝에 다다랐다. 미스터 리와 에니드는 밀라와 아룬보다 약간 앞서 가면서 개인적인 이야기를 나누고 있었다. 밀라는 아룬이 카페에서 했던 행동을 용서한 것은 아니라고 말했다.

"저는 선배들이 제가 누구인지 안다고 생각했어요. 저를 다 놀리고 나면 카페에 있는 모든 사람들에게 폭로할 거라고 생각했죠."

아룬은 개리슨의 말이 사실이라고 했다. 그건 그들이 신입생을 놀리는 짓궂은 게임이었고, 자기들은 정말 그녀가 누구인지 몰랐다는 것이다. 사실 아룬은 조금 전, 그러니까 그들이 다시 만나기 직전까지도 밀라의 정체에 관해 들은 바가 없었다.

"아버지가 전시실에서 너와 이모를 보고는 네 이모가 나도 들어 봤을 사람의 처제라면서 네 아버지 이름을 댔어. 나도 다른 사람과 마찬가지로 네 아버지 이야기를 알고 있었어. 그래서 네가 학교에서 진짜 이름을 쓰고 싶지 않나 보다 하고 생각했지. 방금 네가 이야기하기 전까지는 확실하지 않았지만. 그 게임 얘기를 안 꺼내 줘서 고마워. 별로 자랑스러운 일은 아니거든."

"그 게임은 성희롱하고 비슷하지 않아요? 그게 아니라도 어쨌든 괴롭히는 거죠. 여학생들에게 그런 장난을 많이 쳐요?"

아룬은 고개를 끄덕였다.

"누굴 울린 게 처음은 아니야. 가끔 대수롭지 않게 받아들이는 애들도 있지만, 그러면 우리는 더 심하게 하지. 그러니 네가 화를 내는 것도 당연하고. 너나 다른 사람들에게 그런 장난을 친 건 정말 미안해. 우리 아버지한테 그 이야기를 하지 않아서 정말 고맙고. 나도 네 비밀을 지켜 줄게."

"아, 그렇군요. 선배는 어린 여학생들을 괴롭혔던 걸 아버지에게 알리지 않았다고 저한테 고마워하고, 저는 제 비밀을 지켜 주었다고 선배에게 고마워해야 하는 거군요? 하지만 난 잘못한 것이 없다고요!"

"알아." 아룬은 그녀의 말을 오해했다. "너로서는 네가 숨어야 한다는 게 불공평하겠지. 네가 아니라 네 아버지가 법을 어긴 거니까 말이야."

밀라는 화가 났다.

"그런 뜻이 아니에요. 그리고 아빠도 아무 잘못이 없어요. 멍청한 법이 문제죠. 누구든 아버지처럼 했을 거예요."

"미안. 내가 비밀을 지켜 주는 걸로는 공정한 거래가 아니라는 말이지? 나는 네 아버지가 한 일이 잘못이었는지는 모르겠어. 너는 꽤 똑똑한 것 같으니까 그 답은 스스로 찾을 수 있을 거라고 생각해. 하지만 내가 필요하다면 뒤에서 도울게. 그리고 네가 원할 때까지 비밀을 꼭 지킬게. 이게 너희 아버지 경우와는 절대 같은 종류의 문제가 아니라는 건 알지만, 우리 아버지가 저렇게 생색을 내는 건 나로서는 정말 당황스러워. 가끔은 내가 석사 과정을 공부하는 것도 죄다 아버지가 하신 일 같다니까."

"나라도 괴로웠을 거예요. 나는 내가 정말 대학교에 속해 있는 건지 확인하고 싶기 때문에 사회학적인 이야기들을 끄집어낼 수밖에 없어요. 꼭 코미디 연기를 하는 것 같죠."

어안이 벙벙한 아룬의 표정에 밀라는 웃음이 터졌다.

"알겠지만, 낯을 가리는 사람은 무대에서 다른 사람인 체할 수는 있어도 그 뒤에 다시 낯가리는 성격으로 돌아와요. 나로서는 정말 사회학에 대한 이야기를 하고 싶지는 않은 순간에 그 이야기를 하는 거죠."

아룬은 납득이 잘 가지 않는 모양이었다.

"왜 그러는 건데?"

"아마 바보같이 보이겠지만, 많은 사람들이 사회학을 공부하는 게 시간 낭비라고 생각하는 것 같아서 사회학의 논의들이 하나라도 가치 있게 여겨질 수 있는지 알아보는 중이에요. 두 분이 나타났을 때는 에니드 이모에게 확인하는 중이었죠."

"감정의 사회적 기원에 대한 이론을 검증하려던 거야?"

"네. 두 분이 나타나면서 훨씬 더 어려운 실험이 되었지만요. 하지만 오히려 더 공정해졌을 거예요. 이모가 내 편이라는 걸 알고 이모를 골랐던 것일 수도 있으니까요."

"그래서 그 이론은 검증을 통과한 거야?"

"모르겠어요. 마지막에는 에니드 이모에게 설명하려고 그렇게 애쓰지 않았으니까, 선배와 선배 아버지에게 달려 있겠네요."

"글쎄, 나도 잘 모르겠다. 하지만 난 내가 말한 비판 중 절반은 믿지 않아. 서로 다른 분과 학문들이 누가 세계를 설명할 자격이 있는지를 놓고 논쟁해야 한다고는 생각하지 않거든. 예전에 학부 1학년 때 아버지에게 그런 생각을 내비쳤는데, 아버지는 말도 못 꺼내게 하셨지. 아버지는 대학에 입학하는 게 무슨 신비로운 지식을 하나씩 얻는 비밀 단체에 들어가는 일 같은 거라고 생각하셔. 나는 전혀 그렇지 않다고 생각하지만. 대학은 네 자신을 바꾸는 곳이야. 자기 변화 말이야."

밀라는 그게 무슨 뜻이냐고 물었다. 아룬은 자신의 가능성을 발견하기 위해 스스로 익숙하지 않은 역할을 맡아 보려는 그녀의 계획과도 상관 있는 일일 거라고 말했다.

"네가 대학생인지 아닌지 알아보려고 사회학이 가치 있는지를 검증하는 중이라고 했지? 글쎄, 그런 질문들이 대학 생활을 하면서 많은 것을 얻게 해 줄지도 모르지. 나한테 네 생각을 요약해 봐. 감정에 대한 사회학의 주요 개념이 한마디로 뭐지?"

"내 생각에는 에니드 이모의 말이 맞아요. 감정은 사회의 암묵적인 유대이자, 우리를 묶어 주는 보이지 않는 매듭이에요."

"좋아. 그러니까 그 유대라는 건 상호 이익이나 서로에게 무엇을 해 줄 수 있는지에 대한 이성적 판단이 아니라 감정에 기초한다는 거지?"

"네, 바로 그거예요. 내가 선배의 부탁을 들어주고 선배가 내 부탁을 들어주는 게 전부가 아니죠. 방금 선배가 내 비밀을 지켜 주겠다고 하면서 말하지 않았던가요? 우리는 꼭 공정한 거래라서 무언가를 하지는 않아요. 감정은 무엇이 이익인지, 또는 무엇이 공정한지를 재 보지 않고 어떤 일을 의무감 때문에, 아니면 그래야 될 것 같아서 할 때 우리를 하나로 묶는 거예요."

"널 놀린, 그러니까 괴롭혔던 건 미안해. 그리고 이제 의무감에 대한 네 말도 이해하겠어. 주요 개념을 잘 잡고 있는 것 같네. 감정은 우리와 사회를 움직이게 하는 거야. 사람들이 상호 작용을 할 때 감정적인 관계가 생겨나고, 감정적인 것들은 서로에 대한 이해를 뒷받침해 주지. 좋은 감정이나 선의 때문에 함께 일하기도 하고. 감정이 없다면, 다시 말해 감정을 잃어버리고 타인에 대한 신뢰를 잃는다면 우리는 끊임없이 상황이 뜻하는 바가 무엇인지를 추론하고만 있을 거야."

밀라는 '아, 이제야 이 사람도 미묘한 차이를 알아듣는구나.' 하고 생각했다. 그녀가 덧붙였다.

"그 신뢰를 잃지 않기를 바라자고요."

4

페미니즘에의
도전

페미니즘이 나랑 무슨 상관이람

아침에 일어나 보니 밀라 앞으로 온 큰 소포가 문 앞에 놓여 있었다. 밀라는 소포를 흔들어 보았으나 내용물이 무엇인지 알 수 없었다. 흥미가 떨어진 그녀는 아침 식사를 준비하는 동안 소포를 방에 내버려 두었다. 잠시 후 밀라는 침대에 앉아 아침을 먹으면서 다른 한 손으로 갈색 포장지를 뜯었다. 그 안에는 빛바랜 종이로 가득 찬 종이 상자가 들어 있었다. 상자 위에는 "우리 강아지, 그동안 힘든 일이 많았지. 행복했던 시간을 생각나게 해 줄 작은 선물이란다."라고 쓰인 어머니의 쪽지가 있었다.

밀라는 상자 안에 들어 있는 종이를 헤집어 보았다. 예전에 받은 성적표, 크레용으로 그린 자화상, '휴일에 했던 일'이라는 제목이 달린 숙제, '우리 가족'이라는 제목의 그림, 꼬깃꼬깃한 사진들이 들어 있었다. 밀라는 만일 예전에 이 물건들이 기억났더라면 이 옛날 물건들은 벌써 쓰레기통으로 들어갔을 거라고 생각했다. 그녀는 소포를 침대에 둔 채 수업에 갔다. 수업 시간에는 내내 공상에 빠져서 그날 밤에 갈 파티 생각을 했다. 저녁에 방으로 돌아오자 거의 잊고 있었던 소포가 보였다. 그녀는 침대 위에 물건들을 늘어놓기 시작했다.

그녀는 사회 시간에 제출하기 위해 손으로 썼던 과제물을 꺼냈다. 과제의 주제는 페미니즘이었다. 그녀 또래의 여자애들이 그랬듯, 밀라는 페미니즘에서 하는 말이 자신에게는 해당되지 않는다고 생각했다. 그녀는 여성이 직업을 가지고, 정치가도 되고, 군인도 되고, 교수도 되는 등 독립적으로 살 수 있는 환경 속에서 자랐다. 그녀 또래 여자애들은 여성과 남성을 동등하게 대하는 사회적 분위기 속에서 컸고, 대개 페미니즘은 그들에게 중요하지 않은 것 같은 인상을 주었다. 그녀는 학교 선생님이 페미니즘에 얼마나 심취해 있었던가를 떠올리면서 과제물을 훑어보았다.

과제는 사회학자들이 말하는 노동의 성별 분업에 관한 것이었다. 성별 분업이란 여성과 남성이 가정의 안과 밖에서 종종 다른 일을 하는 것을 가리키는 말이다. 여성은 가정에서 돌봄 노동을 하는 경향이 있고, 직업을 가진 경우에도 그 직업은 돌봄 노동과 관련되는 경우가 많다. 밀라의 학교 선생님은 탤컷 파슨스(Talcott Parsons)의 이론을 가르쳤다. 파슨스는 남성과 여성의 각기 다른 역할이 체제를 안정적으로 유지하기 위해 '서로를 보완한다'고 생각했다. 여성이 돌보는 역할을 맡고 남성이 밥벌이하는 역할을 맡는 것은 각자가 가장 잘하는 일을 하는 것이다. 여성에게 돌봄의 의무가 지워진 이유는 아이를 낳기 때문이다. 파슨스에 따르면 여성이 감정 노동을 하는 것도 말이 되는 일이다. 파슨스는 남성의 '도구적' 기능과 여성의 '표현적' 기능이 잘 구분되어야 가족이 제대로 작동한다고 생각했다. 사생활에서 여성은 표현 노동을 함으로써 남성이 공적 생활에서 힘든 하루를 마친 뒤에 필요로 하는 도움을 제공한다. 밀라는 과제에서 이러한 논의가 구식이고 비판의 여지가 많다는 의견을 분명히 밝혀 놓았다.

수업에서 밀라는 파슨스가 묘사한 근사한 환경은 대부분의 남성과 여성에게 결코 들어맞지 않으며, 그는 생물학적 성이 운명은 아니라고 생각했던 페미니스트들에게 곧바로 공격을 받았다고 배웠다. 밀라는 사회 구조 자체는 양성 중립적이지만 차별이 여성을 사회 구조의 상층으로 접근하지 못하게 막는다는 자유주의 페미니스트들의 주장을 과제에 썼다. 차별은 과거로부터 물려받은 비합리적 유산이다. 페미니스트들은 남녀 불평등의 기원을 성별에 따른 다양한 태도와 기대, 그리고 여성이 높은 자리로 올라가는 길에 놓인 법적·제도적 장애물에서 찾아냈다.

이마 같은 자유주의 페미니스트들은 여성들에게 도움의 손길을 내밀고 그들의 가능성을 끌어올리기 위해 차별을 없애고 여성들을 훈련하는 방

4 페미니즘에의 도전

법에 주목했다. 남녀 평등을 실현하려면 여성도 남성과 마찬가지로 정치가나 비즈니스 리더가 될 수 있다는 자신감을 길러야 한다고 생각했기 때문이다. 밀라는 언젠가 이마와 나누었던 대화가 떠올랐다. 이마는 자신이 갖고 있던 아주 오래된 어린이 책을 주면서 밀라에게 세상이 어떻게 달라져야 하는지를 말해 주었다. 『섀리와 새미』라는 책이었다. 이마가 준 책에 등장하는 소년과 소녀의 삶은 완전히 분리되어 있는 것 같았다. 책의 내용은 이랬다.

"섀리는 엄마가 설거지하는 것을 돕습니다."

"새미는 화학 실험 용품을 가지고 놉니다."

이마를 가르친 선생님들이라면 이러한 역할 사회화가 매우 적합하다고 생각했을 것이다. 자유주의 페미니스트들은 이를 뒤집어서 여성들도 어릴 때부터 설거지나 인형 놀이 말고 훨씬 많은 것을 해도 된다고 가르쳐야 한다고 생각했다.

과제물 아래에는 수첩이 있었다. 두꺼운 파란색 표지에 넓은 줄이 쳐진 속지가 묶여 있었다. 그녀는 수첩을 펴 조심스럽게 쓴 손글씨를 보다가 기시감이 들어 깜짝 놀랐다. 첫 장에는 "우리 엄마와 아빠", 그리고 "7살하고 반의반"이라고 쓰여 있었다. 그녀는 메모를 읽어 내려갔다.

"엄마는 화장을 하고 있다. 아빠는 차고에서 일을 하고 있다."

글 옆에는 한 명은 모자를 쓰고 한 명은 치마를 입은 막대기 모양의 사람이 그려져 있었다. 밀라의 아버지는 한 번도 모자를 쓴 적이 없고 기계 만지는 것을 좋아하지도 않았으며 어머니는 대부분 바지를 입었지만, 그림에서 두 사람은 전형적인 남자와 여자로 형상화되어 있었다. 밀라는 속으로 남성적이거나 여성적인 역할에 대한 고정 관념이 참 묘하다고 생각했다. 자유주의 페미니스트들이 추구했던 많은 것들이 성취되어 누구도

『섀리와 새미』의 내용을 강제로 떠먹이지 않았는데도 밀라는 이런 고정 관념을 가지고 있었던 것이다. 자유주의 페미니스트들은 처음 생각했던 것보다 더 힘든 과제를 안고 있었다. 성별은 사회 구조 속에 훨씬 깊이 배어 있기 때문이다.

학교 선생님이 했던 말이 밀라의 머릿속에 떠올랐다. 선생님은 여성이 일터에 나간다 해도 여전히 이중의 부담을 진다는 페미니즘의 주장을 소개했다. 그녀는 부모님이 청소 도우미를 고용했던 기억이 났다. 그 여자는 어째서인지 어린 시절 눈에 띄지 않는 존재였다. 여성들은 성공을 하더라도 많은 경우 다른 여성의 노동에 의존해야 한다. 대체로 노동을 제공하는 사람은 이주 노동자들이고, 그들은 언제나 낮은 보수를 받는다. 가사 노동의 짐은 사라진 것이 아니라 이동하는 것이었다.

여태껏 밀라가 원하는 일을 하지 못하게 가로막은 남자는 없었다. 그녀의 어머니는 사회 선생님처럼 페미니즘에 목소리를 높이지는 않았지만 언제나 밀라에게 무엇이든 선택한 일에서는 최고가 되라고 격려해 주었고 한 번도 밀라보다 오빠에게 더 큰 기대를 건다는 티를 낸 적도 없었다. 밀라는 아버지를 거의 보지 못하고 자랐지만 그가 딸에게 기대하는 바가 달랐다고 생각할 만한 기억은 없었다. 그녀의 오빠는 어리다는 이유로 그랬듯 분명 여자라는 이유로도 그녀를 괴롭혔지만, 이는 보통 남매 사이에서 흔히 있는 일이라는 걸 밀라는 알고 있었다. 그 밖에 이모들같이 밀라의 인생에 중요한 어느 누구도 그녀가 여자라는 이유로 특정한 규칙을 따라야 하며 그 규칙에 따라 평가될 것이라고 눈치 준 적이 없었다.

특히 첫째 이모 이마는 사회적으로 성공하면서 덤으로 얻은 이득 중 하나로 자신이 밀라에게 좋은 롤모델이 될 수 있다는 점을 꼽았다. 밀라의 어린 시절 기억을 되짚어 보면 이마는 1세대 자본주의 페미니스트였다.

하지만 페미니즘에는 여러 갈래가 있고, 많은 페미니스트들과 그보다 더 많은 여성들은 기존 페미니즘과 별개로 자기 길을 갔다. 밀라는 이런 사람들을 '현실적 페미니스트'라고 부를 수 있다고 생각했다. 만일 자신에게도 이름표를 붙인다면 마찬가지로 '현실적 페미니스트'일 것이다.

밀라가 세상은 다를 수도 있다는 말을 들은 적이 있다면 그녀에게 그렇게 중요하지 않은 사람들로부터였을 것이다. 남편감을 찾으러 대학에 왔냐는 모욕적인 말로 카페에서 그녀를 자극했던 개리슨처럼 말이다. 밀라는 이 도발이 분명히 효과적이었고, 심지어 페미니즘 사회학을 가르쳤던 그녀의 선생님과 자신 간에 그동안 생각했던 것보다 공통점이 많을 수도 있다는 것마저 깨우쳐 주었음을 인정할 수밖에 없었다. 만일 그녀가 면전에서 이런 말을 듣고 약이 올랐다면, 어쩌면 예전에 페미니즘에 그렇게 공감하지 못했던 이유는 페미니즘이 싸워서 얻어 낸 것들을 너무도 당연하게 누려 왔기 때문 아닐까?

프랑켄슈타인에서는 자유주의 페미니즘에서 여성이 남성과 동등해져야 한다는 자유주의 페미니즘의 요구를 반기지 않았던 사회학자들을 언급했다. 이들은 자유주의 페미니스트들이 장려한 기회의 평등이 오직 소수의 부유한 여성에게만, 그것도 아주 작은 혜택만을 주었다고 주장했다. 개인에 초점을 맞추는 접근 방식은 변화하려는 노력을 하지 않았다고 개인을 비난하는 것으로 끝났다. 법적 장벽이 사라지고 공적 생활을 하는 사람들 대다수가 양성평등에 우호적인 상황에서도 왜 남녀 간 불평등이 지속되는지를 설명할 다른 방식이 필요했던 것이다. 밀라가 이러한 페미니즘적 관점을 뭐라고 하는지 기억해 내려고 애쓰는 사이 같은 기숙사에 사는 서시와 아나가 방문을 두드렸다.

"뭐 해?"

서시가 밀라의 침대에 걸터앉으면서 물었다. 아나는 늘 그렇듯 방 한쪽 구석에 있는 의자로 갔다.

"과거를 꺼내 보고 있었어. 어머니가 보관하던 어릴 적 물건들이야."

밀라가 말했다. 밀라는 서시의 시선이 밀라의 본명이 또렷이 적혀 있는 일곱 살 때 성적표에 가 있는 것을 보고 공포에 휩싸였다. 다행히 서시는 그것이 밀라의 것임을 눈치채지 못한 듯했다. 밀라는 성적표를 집어 들고 페이지를 넘겨 이름을 가리고는 내용을 크게 읽었다.

"영리한 학생이지만 자신의 행동에 대한 많은 관심을 요구함. 부모가 모두 일을 하기 때문에 가정에서 충분한 관심을 받지 못하는 것 같음."

밀라는 페미니스트들이 이를 어떻게 설명할지 알 것 같았다. 프랑켄슈타인에서는 마르크스주의의 영향을 받은 일부 페미니스트들이 불평등의 근원을 찾기 위해 사회 구조를 들여다보았다고 했다. 여성은 가정에서 어머니이자 가족을 돌보는 사람으로서 무급 노동을 했다. 자유주의적 평등 덕에 그들은 가정 밖에서도 일하게 되었다. 여성과 남성의 노동이 모두 자본주의적 생산을 뒷받침하는 동안, 여성들은 추가로 (미래의 노동자들을 길러 낸다는 의미에서) 자본주의의 '재생산'을 뒷받침하는 이중 노동을 하는 것이다. 마르크스주의 페미니즘에서는 여성이 적극적으로 자본주의 전복에 나설 때 이중 노동의 문제가 해결된다고 주장했다. 자본주의가 전복되면 필연적으로 남성에 의한 여성 지배를 뜻하는 가부장제 또한 소멸될 것이다.

한편 급진적 페미니스트들은 그런 시각이 남성들의 책임을 묻지 않는다고 생각했다. 이들은 마르크스주의 계급 분석을 적용해 남성이라는 계급이 여성 계급을 착취하고 억압하고 있다고 주장했다. 이들이 보기에는 가부장제가 사회를 구성하는 근본 원리이며, 자본주의는 그중 가장 최근

모델일 뿐이다. 남성은 강간이나 가정폭력 같은 실제적 폭력이나 위협을 통해 여성을 지배했다. 여성적 역할이 부과하는 제약을 견딜 수 없었던 여성들은 천천히 미쳐 갔다. 정신 이상은 부분적으로는 여성적 역할에 대한 거부로 간주되었다.

"너희 학교는 어땠어? 나는 여학교를 나왔는데."

서시가 물었다. 아나는 말이 없었다. 그녀는 학창 시절에 심각한 정신적 충격을 받았던 것 같은 표정을 지었지만, 워낙 늘 우울해 보이기도 했다.

"우리 학교는 남녀 공학이었어."

밀라가 말했다. 그녀는 서시 같은 사람에게는 그 사실이 얼마나 이상할지 깨달았다. 프랑켄슈타인에서는 모든 사회에 존재하는 '성 질서'에 관해 쓴 래윈 코넬(Raewyn Connell)을 언급했다. 교실과 학교 운동장, 심지어 거리와 일터에서도 남성과 여성, 남성성과 여성성에 관해 기대되는 바가 있다. 예컨대 남자아이들은 운동장에서 서로 밀치고 여자아이들의 머리카락을 잡아당기는 등 거칠게 놀고, 여자아이들은 올망졸망 서서 이런저런 이야기를 할 것이라는 기대가 있다. 선생님과 학생들은 교육 과정을 통해 이러한 질서를 강화한다.

밀라는 서시와 아나에게 아홉 살 땐가 열 살 때 남자아이들과 함께 축구를 했던 이야기를 들려주었다. 그녀는 진흙에 풀투성이가 되었다고 선생님과 어머니에게 꾸중을 들었다. 남자아이들도 똑같은 상태였으나 누구도 신경 쓰지 않는 것 같았다. 그녀는 그때 축구를 했던 이유가 그렇게 하면 남자아이들이 자신을 더 좋아할 것이라고 생각했기 때문이었을지도 모른다는 생각에 속으로 얼굴이 화끈거렸다.

"내가 다닌 학교는 모든 게 무척 조용했어. 이성에 눈을 뜰 때까지는. 그 뒤로 화장이며 험담이 생겨났지. 백인 남자애들 근처에 가기라도 하면 백인 여자애들이 머리채를 잡아당겼어."

　서시의 말대로라면 성 질서뿐 아니라 인종 질서도 존재하는 것 같았다. 밀라는 흑인 페미니즘에 관해 읽었던 내용을 떠올렸다. 많은 흑인 및 아시아계 여성 작가들은 백인 페미니스트들이 자신들을 여성이 아닌 것처럼 대한다고 느꼈다. 일부 백인 중산층 페미니스트들은 '여성'을 위해 발언할 때 마치 모든 여성이 같고, 동일한 경험과 요구 사항을 가지고 있는 것처럼 말하는 경향이 있었다. 자신들이 모든 여성을 대표하기에 충분하다는 듯 말이다. 그들은 성차별에 얽힌 인종 차별과 빈곤으로 고통받지 않았고, 의도하지는 않았지만 자신들의 경험으로 모든 여성의 경험을 일반화했다. 그러나 백인 중산층 여성이 누리는 자유는 흑인, 필리핀계, 폴란드계, 멕시코계 여성들의 값싼 양육 및 가사 노동으로 산 것이었다.

　미국의 흑인 페미니스트들은 인종 차별과 계급적 편견, 성차별에 맞서 전개된 흑인 여성 운동의 유구한 전통을 바탕으로 글을 썼다. 노예로 태어난 미국의 소저너 트루스(Sojourner Truth)는 1851년 한 여권 신장 대회에서 「나는 여자가 아닙니까?(Ain't I a woman?)」라는 제목으로 알려진 유명한 연설을 했다. 백인 남성들은 여성성에 대한 자신들의 이상에 갇혀 그녀를 여성으로 대하지 않았다. 아무도 그녀에게 문을 열어 주거나 우선권을 주지 않았다. 그녀는 들에서 자신이 어느 남자보다도 더 열심히 일했고, 잘했다고 말했다. 흑인 여성의 인간성에 대한 부정과 그들이 지닌 여성성의 가치를 낮춰 보는 억압이 어떻게 얽혀 있는지를 그녀는 두 눈으로 똑똑히 보았다.

안 꾸미면 다 페미니스트?

투니가 밀라의 방문을 두드리고는 고개를 들이밀었다.

"오늘 밤에 뭐 입을 거야?"

그녀는 죽을병에 걸린 친척의 안부를 묻는 듯한 말투로 물었다. 투니와 알고 지낸 지는 얼마 되지 않았지만, 밀라는 자신이 옷장에서 무슨 옷을 꺼내든 투니의 반응은 '오늘 밤에 그걸 입겠다고?'라는 말로 바뀔 것임을 알고 있었다. 밀라는 지금 입고 있는 청바지에 티셔츠면 충분할 거라는 손짓을 해 보였다. 투니의 눈이 휘둥그레졌다.

"네가 아무것도 모르는 건 분명 네가 페미니스트이기 때문일 거야. 사회학자들은 다 페미니스트잖아. 안 그래, 밀라?"

"맞아, 우린 남한테 어떻게 보일지는 신경 안 쓰고 대충 걸치고 다녀."

서시가 밀라를 다독이려는 듯 대화에 꼈다.

"하지만 너는 굉장히 눈에 띄어, 밀라. 네 얼굴에는 독특하면서도 익숙한 뭔가가 있어."

투니가 웃으면서 덧붙였다.

"화장도 안 하고, 그런 흉측한 안경에 이상한 머리 모양을 한 데다 어떻게 옷을 입어야 하는지 전혀 몰라도 굉장히 멋질 수는 있겠지."

밀라는 사람들에게 얼굴이 낯익다는 말을 들을 때면 빨리 화제를 바꾸려고 최선을 다했다.

"그럼 매일 거울 앞에서 몇 시간씩 보내지 않으면 다 페미니스트라는 거야?"

밀라가 묻자 투니는 이렇게 대답했다.

"페미니스트는 여성이 외모에 관심을 갖는 걸 용납하지 않잖아. 외모에 신경을 쓰면 남자들의 지배를 받고 있다는 뜻이라고 생각하니까. 물론 다 말도 안 되는 소리야. 내가 어떻게 보일지에 신경 쓰는 건 남자들을 위해서가 아니라 나 자신을 위해서야. 나는 될 수 있으면 최대한 멋져 보이고 싶어. 그렇지 않으면 미칠 것 같다고."

밀라는 페미니스트라고 다 외모에 신경을 쓰지 않는지는 확실하지 않고, 투니도 미술이나 디자인 수업을 듣는 다른 학생들과 수준을 맞추기 위해 멋져 보이고 싶은 거라고 생각했지만, 왠지 투니의 심기를 건드릴 것 같아서 그런 말을 입 밖에 내지는 않았다. 투니와 서시는 약간 어색해하면서 언제 어디서 여성이 최고의 모습으로 보이려는 노력을 해야 하는지에 관해 대화를 이어 갔지만 밀라는 마음이 어지러웠다. 페미니즘과 사회학을 동일시하는 투니의 말에 맞는 부분이 있다는 사실을 인정할 수밖에 없었기 때문이다. 어쨌든 페미니즘은 밀라가 학창 시절 사회학을 맨 처음으로 알게 된 계기였다. 그녀가 일찍이 페미니즘을 접하지 않았다면 대학에서 사회학을 공부하겠다고 결정하지도 않았을 터였다.

여기에는 두 가지 이유가 있었다. 첫째, 밀라는 대부분의 반 친구들과 마찬가지로 사회학이 여성에게 호소하는 방식에 딱히 끌리지는 않았지만 최소한 사회 과목은 다른 과목처럼 지루하지는 않았다. 둘째, 그녀는 페미니스트의 관점을 택하면 점수가 잘 나온다는 것을 알고 있었다. 그녀의 사회 선생님은 딱 부러지고 단호한 페미니스트였던지라, 자신의 관점에 동의한다는 것을 보여 주면 후한 점수로 보상해 주었다. 밀라는 이 점을 활용했지만 사실 선생님의 관점대로 세상을 보지는 않았다. 그녀는 그저 선생님이 원하는 답을 제출했을 뿐 페미니즘적 세계관을 받아들이지 않았고 그다지 관심을 갖지도 않았다.

투니와 서시가 말할 거리가 떨어지자, 밀라는 이 대화를 살릴 이야깃거리를 생각해 내려고 필사적으로 애를 썼다. 투니가 페미니즘을 언급했을 때 밀라와 서시는 할 말이 있었지만 아나가 낄 틈은 없었다. 투니는 자신의 말에 세 사람 모두 허둥대는 모습을 보고서 자신에게 유리한 쪽으로 흐름을 바꾼 것일 수도 있었다. 어쩌면 밀라가 페미니스트들이 어떻게 생각했는지에 대해 배운 바를 가지고 먼저 말을 꺼내야 했던 건 아닐까?

밀라는 여전히 망설이고 있었다. 주제가 어려워서가 아니라(어쨌든 그녀는 좋은 성적을 받을 만했다.) 이 모임에서 분란을 일으키는 것만큼은 피하고 싶었기 때문이다. 지금까지는 분위기가 좋았지만 페미니즘은 사람에 따라 기분이 상할 수도 있는 주제였다. 밀라는 이야기를 조심스럽게 이끌어 나가기로 했다. 그녀는 중립적이면서도 약간 자조적으로 사회학에서는 사람들이 경험과 환경에 따라 세계를 보는 각기 다른 관점을 가질 수 있다고 본다고 말문을 텄다. 서시가 곧바로 끼어들었다.

"그건 확실해. 우리만 해도 모두가 이야기할 수 있는 주제를 찾지 못하고 있잖아."

이 말에 모두가 한바탕 웃었지만 아나는 그렇지 못했다. 그녀는 너무 긴장해서 웃지도 못하고 엄청나게 불편해하는 것 같았다. 밀라는 만일 이 자리에 재스민이 있었다면 다양한 나라에서 온 사람들 간의 문화적 차이에 관해 물어보기 좋았을 것이라고 말했다. 그들은 아직 서로를 잘 몰랐기 때문에 투니는 재스민이 다른 나라에서 왔다는 사실을 처음 들었다. 서시는 문화적 차이를 이해하기 위해 다른 나라 출신이어야 한다고는 생각하지 않는다고 했다. 서시와 아나는 언어학을 공부하는데, 언어학을 배우려면 어쩔 수 없이 다른 문화를 공부해야 한다는 것이다. 그녀가 듣는 수업 중 절반은 예술이나 정치 그리고 미디어에서 문화적 차이가 표현되는 방식을 다룬다고 했다.

"언어가 다르면 세상을 묘사하는 방식도 다르고, 관습과 행동이 다르면 세상과 만나는 방식도 다르지. 예를 들어 영화에서는 지리적으로는 꽤 가까운 나라들이라도 문화적으로 아주 다르게 묘사되잖아."

영화를 언급하자 투니가 영화 디자인에서의 문화적 차이에 대한 이야기를 꺼냈고 이야기는 곧 유행의 차이로 넘어갔다. 서시와 밀라는 서로 눈빛을 교환했다. 그러고 나서 밀라가 끼어들었다.

"맞아, 그거야. 엄청나게 다양한 상황에서 다르게 자란 사람들이라면 세상을 서로 다르게 보겠지. 그런데 남자와 여자는 같은 삶을 살고, 같은 인간이고, 같은 집에 살고, 같은 사무실에서 일해. 남자와 여자는 도대체 왜 다르게 생각하고 다르게 행동하게 되는 걸까? 생물학적인 이유 때문일 수도 있겠지. 아니면 남녀가 모든 것을 공유하는 것처럼 보이는 상황에서도 각 사회 안에는 그들을 갈라놓고 다르게 만드는 문화 같은 게 있을 수도 있고."

투니는 강경한 말투로 이렇게 말했다.

"난 남자랑 여자는 그냥 다르다고 생각해. 다르게 태어난 거지. 다르지 않고서야 어떻게 같은 시공간을 공유하는 사람들이 마치 다른 두 세계에 사는 것처럼 보이겠어? 게다가 난 다른 게 좋아. 나는 남자가 되고 싶지 않아. 난 여자로서의 내 모습이 좋아. 만일 내가 남자였다면 외모도 다르고 관심사도 달랐겠지."

"그리고 남자는 아기를 가지지 못하지."

서시가 덧붙였다.

"하지만 남자들은 덜 늙잖아?"

"그래. 하지만 여자보다 일찍 죽지."

투니의 대꾸에 서시가 짓궂게 웃으면서 말했다. 투니는 만일 얼굴이 오래된 핸드백같이 변해 버린다면 오래 사는 것도 아무 의미 없다고 대답했다. 이 말에 모두가 웃어 버렸다. 웃음이 그치자 투니는 페미니즘이 여성과 남성이 본성 때문에 다른지 아니면 문화 때문에 다른지에 관한 것이 아니라고 말했다.

"우리가 남자들의 세계에 사느냐 여자들의 세계에 사느냐에 관한 거지."

그녀는 패션 산업에서는 남자든 여자든 재능이 있으면 성공할 수 있기 때문에 결국 문제 될 것이 없다고 했다. 오트 쿠튀르(haute couture, 소수의 고객을 대상으로 하는 맞춤형 고급 의류. — 옮긴이)에서는 거의 100년 동안 그래 왔다는 것이다.

서시는 이 말에 동의하면서 페미니스트들이 남성과 여성에 관해 말하는 방식이 거슬린다고 말했다.

"나는 내가 여자라는 사실이 내 삶에서 다른 사실보다 중요하게 여겨져야 한다고 생각하지 않아. 아무 상관이 없어야 한다고 생각하지. 어떻게 보면 페미니즘도 반대편만큼이나 나빠. 페미니즘 이론에서는 여자라는 사실이 삶에서 제일 중요하잖아."

밀라는 페미니즘이 이렇게 빨리 활발한 대화를 만들어 낸 것에 깜짝 놀라면서도 조금 걱정스러웠고, 여전히 얘기하다가 욱해서 다투게 될까 봐 두려웠다. 그녀는 다시금 조심스럽게 말을 골랐다.

"사회학자들이 전부 페미니스트라고 말했지? 그래, 사회학에서는 남성과 여성이 종종 매우 다른 방식으로 행동하고 같은 상황이나 환경에 대해서도 다르게 반응한다는 점을 강조해. 사회학자들은 세계에 대한 여성과 남성의 관점이 다르다고 지적했어. 남자와 여자는 때때로 언어도 다르게 쓰지. 같은 단어를 다른 식으로 써서 서로 이해하는 게 엄청나게 어려울 때도 많고 말이야. 그러니까 남자와 여자는 같이 사는 게 즐겁거나 편리하다고 생각하는, 완전히 별개인 두 종인 거야. 우리는 남자냐 여자냐에 따라서 아주 다르게 행동할 것이라는 기대를 받는 거고."

투니는 자기 주장을 되풀이했다.

"남자와 여자는 너무나 분명하게 생물학적으로 분리되어 있어. 우리가 밀라를 어떻게 보는지를 생각해 봐. 남자와 여자가 다르게 행동하고 다르게 생각하는 건 당연해. 하지만 너는 남녀의 차이가 사실은 사회적으로 만들어진 거라고 말하려는 거잖아."

"사회학에서는 그렇게 말해."

밀라는 인간이 성장하면서 남성 혹은 여성이 된다는 것의 의미를 묻는 것은 상당히 중요하다고 지적하는 프랑켄슈타인의 내용을 인용했다.

어른이 된다는 것은 보통 남성성 혹은 여성성의 세계로 들어간다는 의미로 받아들여진다. 남자 혹은 여자로서 우리는 아이였을 때와 같은 생물학적 특성을 가지고 있다. 그러므로 사회적으로 만들어진 정체성에 관해 논의할 때 생물학과 생리학의 영향력을 간과하지 않는 것이 중요하다. 우리는 몸을 통해 세계와 연결된다. 사회학은 생물학적 차이가 상관없다고 주장하는 것이 아니다. 우리 몸의 남성적 혹은 여성적인 특성은 남자 혹은 여자로서의 우리 정체성의 일부다. 사회학은 이러한 신체적 특성이 우리의 사회적 자아와 복잡한 양방향적 관계 속에 있음을 시사한다. 남자 혹은 여자로서의 정체성은 우리가 발전시키고 더불어 살아가며 타인에게 납득시켜야 하는 것으로, 근거와 가치가 있으며 수용할 만한 행동 방식이다.

"내 말이 일을 너무 복잡하게 만드는 것처럼 들리지 않았으면 좋겠어."

밀라가 말했다.

"괜찮아. 들을 만해. 그럼 사회학은 언제부터 남자와 여자가 있다는 걸 깨닫기 시작했어? 내 말은 그러니까, 사회학에서는 언제부터 사람들이 자신이 남자 아니면 여자라는 걸 깨닫기 시작했다고 해?"

밀라는 서시의 말에 돋친 가시는 모른 체하고 말을 이었다.

"다양해. 인간은 어린 시절의 어느 순간에 자신이 단순히 사람이 아니라 남자 아니면 여자라는 걸 알게 돼. 그리고 이러한 구분이 앞으로 자신이 하는 행동의 많은 부분을 지배할 것이라는 사실을 깨닫게 되지. 성별은 우리가 어떻게 말하는지, 어떻게 앉는지, 어떻게 걷고 뛰는지, 어떤 종류의 게임을 하고 어떤 직업을 갖는지를 좌지우지할 수 있어. 삶의 모든 면이 영향을 받는 거지. 만일 성과 관련된 모든 행위가 생물학적으로 프로그래밍되어 있다면, 우리는 태어나면서부터 모든 것을 알고 있었을 거야. 사회학은 인간이 남자가 여자가 되는 거라고 여기는 쪽이지만 말이야."

"자웅 동체처럼?"

투니의 말에 구석에 앉아 있던 아나가 킥킥거렸다.

밀라는 어린아이들에 대한 연구에서 인간이 성장하면서 다른 사람들을 성별로 구분하기 시작하고 스스로를 남자아이 혹은 여자아이로 생각하는 단계들이 관찰되었다고 말했다. 구체적인 시기는 문화와 사회마다 달랐다. 그러고 나서 사춘기 무렵이 되면 남자아이가 남자로, 경우에 따라서는 여자아이가 여자로 인정받는 중요한 의식이 치러진다. 투니는 여기서 사회학적 접근의 약점을 찾았다고 생각했다.

"사춘기라고 했지? 그건 생물학적으로 변화가 일어나기 시작할 때야. 남자와 여자를 다르게 만드는 호르몬 같은 것들에 사회가 지나치게 요란을 떠는 거라고. 애초에 사춘기 때부터 발달하도록 유전자 속에 정해져 있었던 건데 말이야."

밀라는 사회적 영향력과 생물학적 본성을 나누는 일은 어렵기도 하거니와 아마 무의미할 거라 말했다. 사회적 영향력과 생물학적 본성은 서로가 서로를 형성하는 것이다.

투니는 지금까지 밀라가 계속해서 여자아이들은 이럴 것이고 남자아이들은 저럴 것이라고 말했으며, 문화마다 남자아이와 여자아이에게 기대하는 바가 다르다고 설명했음을 지적했다. 이러한 설명은 적절한 남성적 혹은 여성적 행위로 여겨지는 것들이 사회적으로 구성된 것이라고 주장하는 데 사용된다. 그런데 또 한편 이러한 해석은 문화의 차이를 지나치게 과장하면서 핵심을 놓치는 경향이 있었다. 역할과 기능 면에서 차이가 있을 수 있겠지만 대부분의 사회에는 남성적, 여성적 역할에 관한 개념이 있다. 남자 혹은 여자이기 때문에 지워지는 특정한 삶이 없는 사회는 몇 되지 않는다. 남자냐 여자냐가 상관없는 사회는 거의 없었다.

밀라는 성별에는 생물학적 성(sex)과 사회적 성(gender)이라는 두 가지 측면이 있다는 것이 사회학의 일반적인 전제라고 말했다. 생물학적 성은 남자와 여자 사이에 생물학적이고 생리적인 차이가 있다는 뜻이다. 사회적 성은 남자 혹은 여자로서 학습된 특질, 남자와 여자가 받아들이는 사회적 의미와 심리적 행동을 묘사하는 단어다. 유전학이 발전하면서 양성의 구분이 명백하고 불변하는 것은 아니라는 주장이 제기되었고, 사회학은 '사회적 성'이 각자가 수용해 최선을 다해 맞추려고 노력해야 하는 고정된 정체성이 아님을 밝혔다. 사회학적 성은 유동적이며 타인과의 일상적 만남 속에서 형성된다.

"어떤 때는 남자냐 여자냐가 행동의 한 부분을 차지하기도 해. 투니, 그게 네가 불평하던 것 아니야? 나는 여자 역할을 잘하지 못하고, 여자처럼 굴지도 않는다고 했었잖아? 그게 내가 페미니스트라고 말했던 이유 아니었어?"

투니는 미술과 디자인계에서는 그렇지 않다고 확신했다.

"내가 일하려는 업계에서는 그 사람이 대해 달라는 대로 대해 줘. 자기가 여성스럽다고 느끼는 남자에게 남성적인 외양을 기대하지도 않고. 나는 어떤 방식으로 행동할지를 선택하는 건 개개인이라고 생각해. 예를 들어 남자들은 크면서 하기 싫어도 해야 하는 일을 스스로 받아들여. 역겨운 술을 마시는 법을 배운다거나 친구들이 괴롭혀도 참는 것처럼 말이야. 남자냐 여자냐는 우리에게 강요된 것이 아니라, 우리가 되고 싶어 하는 거야."

밀라는 이 말에 동의할 수밖에 없었다. 그녀는 사회적 성이 우리를 좌지우지하지만, 결국 자신의 사회적 성을 확립하며 세상에는 분명하게 구분되는 두 가지 사회적 성만이 존재한다는 고정 관념을 부숴 버리고 재창조하는 것은 개인의 몫이라고 말했다. 밀라는 우리가 능동적으로 여성적이거나 남성적이고자 하며, 그러기 위해 얼마나 노력하는지를 많은 사회학자들이 놓치고 있다는 생각을 굳혔다.

"너는 남자나 여자가 되는 게 우리가 원하기 때문이라고 생각하는구나. 맞는 말이야. 청소년기에 우리는 우리의 성별을 보여 주고, 또래들의 눈에 우리를 남자 아니면 여자로 보이게 만드는 습관과 행동을 발달시키려고 많은 노력을 하지. 그래서 남자냐 여자냐 하는 건 원한다고 다 되는 것이 아니라 선택해야 하는 문제이기도 해. 전부 유전적으로 프로그래밍되었기 때문이라는 식은 아닌 것 같은데?"

밀라는 사실 이 논쟁에서 점수를 딸 생각이 아니었다. 그녀는 그저 할 수 있는 한 솔직하고 조심스럽게 논의를 따라가면서 논리적인 결론을 이끌어 내고 있었다. 그녀는 살벌한 논쟁이 아니라 즐거운 대화가 이루어졌으면 했다. 그러기 위해서는 이 대화의 취지를 살리기 위해 최선을 다해야 한다고 느꼈다.

"내가 사회학을 정말 잘 설명하고 있다고 생각하지는 않아. 투니, 너는 페미니즘이 남자의 세계냐 여자의 세계냐에 관한 것이라고 말했잖아. 그리고 서시, 너는 페미니스트들이 언제나 사회적 성을 중요하게 여긴다고 말했고. 사회학에도 이에 관해 할 말이 있어."

드래그 하기 — 버틀러의 젠더 트러블

"이것 좀 봐."

밀라는 어머니가 보내 준 소포에서 사진 두 장을 꺼내 들었다. 여덟 살 때 그녀는 남자아이처럼 행동하는 선머슴 같은 여자아이였다. 헝클어진 머리에 볼품없는 바지와 윗도리를 입고 지금 쓰고 있는 것보다도 더 촌스러운 안경을 쓰고도 편안하고 행복해 보였다. 다른 사진은 그로부터 몇 년 후, 열세 살 때쯤에 찍은 것이었다. 외관상으로는 이 사진이 더 나아 보였다. 그녀는 미소를 지으며 얌전한 자세를 잡고 있었고 머리와 옷은 단정하고 깔끔했으며 안경은 쓰지 않았다.

밀라의 어머니는 아마도 이 사진을 보내면서 '번데기에서 부화한 나비 같은 네 모습을 보렴.'이란 말을 전하려 했던 것 같았다. 한때는 밀라도 같은 생각을 했을지 모르겠지만 이제는 다르게 보고 있었다. 그녀의 눈에는 행복한 아이와, 아가씨처럼 보이려는 압박감으로 약간 불안해하는 소녀가 보였다. 밀라가 말했다.

"네가 남자인지 여자인지를 깨닫는 순간, 만일 네가 여자라면 너를 포함하지 않는 범주가 있다는 것도 깨닫는 거지."

밀라는 프랑켄슈타인에서 읽은 것 중에서 성은 개인이 수행하는 것이라고 말했던 철학자 주디스 버틀러(Judith Butler)에 관한 내용을 설명하려고 노력했다.

남자와 여자는 권력에 의해 만들어진다. 본질주의는 남성과 여성의 특징이 몸 안에 뿌리박혀 바뀌지 않는다고 주장하는 과정이다. 버틀러는 이러한 본질주의를 염두에 둘 때 남자와 여자가 고정된 존재가 된다고 주장했다. 경주에서 "출발!"이라고 외치는 것이 경주를 성립시키고 재판에서 '유죄'를 선언하는 것이 한 사람을 감옥에 보내는 것처럼, 사회적 성은 개인이 수행하는 것이다. 버틀러는 이러한 수행을 분해하고자 했다. 그녀는 남자가 여자처럼 입고 여자가 남자처럼 입는 '드래그(drag)'를 하는 것이 성 질서를 뒤흔들 방법이라고 생각했다. 버틀러는 페미니즘이 하나의 범주로서의 여성을 대표해서는 안 된다고 본다. 개인은 이런 식으로 한 덩어리로 묶일 수 없다는 것이다. 여성은 남성의 '타자'이자, 강자가 약자에 대해 스스로를 규정하기 위해 놓는 반대항이다. 그녀는 이 점에서 남자 혹은 여자라는 것의 중심에 놓인 '~인 체하기'를 지적해 냈다. 그녀는 정체성을 해체하라고 말한다. 그러면 '남자'가 스스로와 다르다고 규정할 '여성'이 없어질 것이다. 버틀러는 사슬이 맞물려 있는 지점들을 교란해 '젠더 트러블(gender trouble)'을 일으킬 것을 주문한다.

밀라는 유죄 판결의 은유를 들면서 속으로 움찔했다. 그녀는 내색하지 않으려고 도발하듯 말했다.

"그러니까 투니는 드래그를 하는 사람들과 마찬가지로 여성성을 가장한다는 거지."

투니는 쉽게 걸려들지 않았다.

"그럼 아이라인을 그리지 않으면 남자들에게 불만을 표출하는 거야?"

"난 비슷하다고 생각해."

밀라는 버틀러의 주장이 꽤 현실적인 것 같았다. 많은 사회학자들은 남녀가 다르기는 해도 동일한 직업을 가지고 가사와 육아를 똑같이 분담하는 이상 사회가 존재할 것처럼 글을 썼다. 이는 다소 요원한 주장이었다. 버틀러는 성 질서의 바탕에 있는 남성과 여성의 이분법적 구분을 해체함으로써 지금 당장 세상을 뒤흔들 방안을 제시하는 것 같았다.

"네가 남자와 여자가 가끔은 다른 언어로 말한다고 했던 것 기억나지? 나는 그것도 맞다고 생각하지 않아."

투니가 말했다.

"글쎄, 언어가 사실은 가부장적이고 남성에 의해 구성된 거라고 주장하는 페미니즘도 있어. 여성은 자신의 생각을 가부장적 언어로 번역하고 또 그 반대도 마찬가지라는 거지. 그렇기 때문에 페미니즘적인 생각을 가진 여자들만이 여성의 경험을 말할 수 있다는 거야."

"그래, 그러니까 그런 극단적 페미니스트들은 정신 나간 비주류라는 거야. 그런 사람들을 뭐라고 부르는지 알려 줘. 확실히 피해 다닐 수 있게."

그때 아나가 드디어 말을 했다. 서시나 투니는 아나가 가만가만히 말하는 소리를 듣지 못하고 계속해서 웃고 떠들었다. 밀라는 아나에게 다시 한 번 말해 달라고 했다. 아나는 간단하게 말했다.

"이 대화 전체에서 빠진 게 있어. 남자 말이야."

밀라는 잠시 동안 생각에 빠졌다가 고개를 저었다.

"페미니스트들은 페미니즘 이전의 사회학이 다 남자 이야기였다고 말했어. 여성을 언급한 연구가 몇 개 있기는 했지만 남성적 관점에서 쓰인 것들이었지. 나머지는 모두 남성 사회와 남성적 행동에 대한 연구였어."

"내 말은 그런 뜻이 아니야. 남자답게 행동하는, 이른바 남성적인 남자들을 연구한 사회학자는 없냐는 거야."

밀라는 그제야 무슨 뜻인지 알아들었다.

"글쎄. 최근에는 그런 사회학자들이 생긴 것 같기는 하지만 네 말이 맞아, 아나. 사회학을 공부할 때 그런 이야기는 많이 들어 보질 않았네. 심지어 페미니즘 이론에서조차 남성성과 남성을 처음부터 주어져 있는 것으로 여겼어. 대체로 단순하고, 시간과 공간에 상관없이 일정하고, 여자들을 억압하면서도 남자들에게는 별 문제가 되지 않는 것으로 말이야. 하지만 시간이 가면서 페미니스트들도 달라졌어. 여자와 남자 모두에게 세상이 어떻게 달라졌는지를 보게 되었지. 오늘날 여자로 산다는 건 모순을 안고 산다는 뜻이랑 똑같아. 우리는 대학을 졸업하면 우리 능력을 살릴 직업을 가질 거라고 기대하잖아. 투니, 너라면 그보다 덜한 대우는 못 견딜 거야. 우리는 멋을 부리고 자랑하는 것도 좋아하지. 연애를 하고 가정을 꾸리길 바라기도 하고."

"어떤 사람들은 남자든 여자든 되고 싶어 하지 않기도 해."

서시가 말했지만 아나는 그 말에는 대꾸하지 않고 밀라에게 물었다.

"남자와 여자의 관계를 이해하려면 사회학자들은 방정식의 양쪽 항을 다 검토해야 하는 것 아니야?"

밀라는 아나가 정곡을 찌르고 있다고 생각했다. 비록 프랑켄슈타인에서는 요즘에 상황이 달라졌다고 하지만, 지금까지의 긴 시간 동안 남성성이 문제가 된 적 없다는 사실은 정말 놀라웠다.

20세기 말부터 일부 사회학자들은 특히 서양 국가에서의 남성성의 위기를 논했다. 남성성은 과거 남성이 권력을 갖고 있던 분야에서 여성이 남성을 대체하면서 위협받기 시작했다. 예를 들어 남자들은 남성적 정체성의 주된 원천인 노동자이자 가족 부양자로서의 역할을 지탱해 주었던 일자리를 잃는 상황에 익숙해져야 했다. 남성성은 여성성과 마찬가지로 일련의 고정된 행동이나 정체성이 아니다. 세상에는 다양한 남성성이 존재한다. 남자들은 그러한 정체성 중 일부를 택해 적응하다가 자신이 택한 남성성이 낡아 버렸다는 것을 알게 되면 변화하는 사회적 상황에 다시 적응해야 한다.

밀라는 점점 지식의 한계에 다다르고 있음을 느꼈지만 친구들에게 남성성은 여성성과 마찬가지로 남성과 여성이 행동하는 가운데 만들어지는 것이라고 말했다. 페미니스트들은 남자들만이 남성성에 책임이 있다는 듯이 주장했다. 하지만 이런 주장은 남성성이 만들어지고 유지되는 과정을 다소 편향적이고 제한적으로 파악한 것이다. 남성성과 여성성은 남자와 여자, 남자와 남자, 여자와 여자 사이에서 상대적으로 구성된다. 그중 하나를 부정하면 다른 것도 부정되고, 하나를 바꾸면 다른 것을 바꿔야 하는 구조인 것이다.

"남성성 그리고 여성성의 대부분은 남자와 여자가 서로 관련되어 있는 방식 속에서, 예를 들면 남자가 자신을 어떤 남자들과는 비슷하고 다른 남자들과는 다르다고 여기거나, 여자와는 비슷하지 않다고 규정하는 방식 속에서 만들어진다는 뜻이야."

서시는 무척 화가 난 것 같았다.

"사람들은 언제쯤이면 남자 여자가 전부라는 생각을 멈출까? 그것보다는 아는 게 많을 텐데 세상을 남성적인 것, 여성적인 것으로만 나누잖아. 어른이 되려면 이성에게, 혹은 남자나 여자로서의 자신에게 지금껏 배운 것보다는 나은 걸 기대해야지."

밀라는 서시의 말에 고개를 끄덕이다가 사회학뿐 아니라 근대의 많은 논의에서 남성과 여성이 묶여 있는 것은 유전적으로 서로 다른 두 가지 유형의 동물이 같은 종끼리 함께하도록 강요받기 때문일 뿐이라고 가정하는 경향이 있다고 말했다. 텔컷 파슨스와 같은 기능주의자들은 남자와 여자가 함께 살아가는 것은 간단히 말해 감정적인 노동과 도구적인 노동을 나누는 것이 서로에게 이익이 되기 때문이라고 주장했다. 페미니스트들은 남성이 여성을 착취함으로써 이득을 얻었고 여성이 조치를 취하기에는 이미 잘못된 길에 접어들어 짓밟혔기 때문에 남녀가 공존하는 것이라고 말했다. 이 말에 이번에는 아나가 격분했다.

"하지만 남자와 여자가 서로 가지는 감정은 어쩌고? 너희들은 남녀 간의 행복이나 사랑에 대해서는 한마디도 하지 않았잖아."

밀라는 파슨스의 추종자들이나 페미니스트들은 감정을 그저 사회 질서를 유지하기 위한 도구로 보았다고 말했다. 아나가 왜 짜증을 내는지도 알겠다고 했다. 페미니스트들은 권력 불평등 때문에 결혼 같은 사회적 관계가 여성에게 매우 중요한 것이라고 주장했다. 여성은 직업이나 다른 기회에서 제약을 받으므로 결혼이 일종의 직업이 되는 것이다.

"페미니스트들은 남자들이 엄청나게 많은 권력을 갖고 있어서 결혼을 비롯한 남녀 관계에 규칙을 부과할 수 있는 거라고 주장해. 성에 관한 규칙을 포함해서 말야. 많은 남자와 성관계를 가졌든 그저 성관계 경험이 있든 여자는 낙인이 찍히거나 핍박받는 반면 많은 여자와 성관계를 해 본 남자는 인정을 받고 심지어 명성을 얻지."

밀라는 모두가 상당히 활기 넘치는 데다 새 친구들 사이의 장벽이 금세 무너지고 있다는 것을 알아차렸지만 그런 말을 입 밖에 내야 할지는 의문이었다. 서시와 투니는 이 문제에 대해 그녀가 어떻게 생각하는지 물었다. 밀라는 과도하고 억제되지 않는 감정이 문제를 일으킨다는 생각이 일반적이지만 자기는 사실 감정이 사회의 보이지 않는 손, 그러니까 우리가 서로를 파괴하는 짓을 멈추게 하거나 자신의 작은 세계 안에 갇혀 뱅뱅 돌지 않도록 해 주는 손이 아닐까 싶다고 말했다. 남자와 여자는 감정적이면서 동시에 합리적인 동물이다. 어쩌면 남자와 여자의 관계는 양성이 함께할 때 가장 좋고, 떨어져 있을 때 가장 매혹적인 것 아닐까?

"넌 어떤지 모르겠지만 이제 여성의 역할을 '수행'하러 갈 시간이야. 파티가 이미 시작됐다고."

투니가 손목시계를 보며 말했다.

네 사람은 곧 준비를 마치고 길을 나섰다. 길을 걸으며 밀라는 투니의 팔을 잡았다. 횡단보도에서 신호를 기다리는 동안 열린 차창에서 흘러나오는 노랫소리가 들렸다. 두 얼굴의 남자가 자신을 떠나서 슬프다는 가사의 옛날 노래였다. 그들은 노래를 따라 부르기 시작했다. 뒤에서 아나는 저런 식으로 주목을 끄는 게 창피하다고 서시에게 말하고 있었다. 조금 전까지만 해도 두 사람은 페미니즘에 대해 말하면서 소리를 지르고 팔을 사방으로 흔들어 댔다. 아나는 자신은 저런 행동을 못 한다고 말하고는 의기양양한 미소를 띠고 투니와 밀라가 결국 "남자애들처럼 굴고 있다."라고 말했다.

그날 밤 그들이 기숙사에 돌아왔을 때 재스민이 주방에 있었다. 그녀는 비자를 연장하는 데 문제가 생겨서 좀 늦었지만 이제 다 해결되었다고 말했다. 잠시 후 침대에 누운 밀라는 그날의 대화를 사회학의 주요 개념에 대한 또 하나의 설명으로 쳐야겠다고 생각했다. 그전에는 페미니즘이라는 개념이 사회학적이라고 생각하지 못했다. 그녀는 그저 페미니즘적인 답안을 쓰면 사회 시간에 좋은 성적을 받는다는 것을 알았을 뿐 그게 어떤 의미인지는 충분히 생각해 보지 않았다. 어쩌면 페미니즘 자체가 아니라 페미니즘에 관한 논쟁이 사회학의 주요 개념이 될 수 있지 않을까?

밀라는 사회적 성이라는 개념이야말로 사회학이 개인적인 것과 사회적인 것의 관계를 훌륭하게 설명해 내는 좋은 예라고 확신했다. 사회적 성은 우리가 여러 선택지를 두고 자유롭게 결정한다고 생각하지만 사실은 그렇지 않으며, 혹은 반대로 어떤 선택을 하도록 제약받는다고 생각하지만 사실은 그렇지도 않다고 말해 준다. 또한 페미니즘은 사회학이 모든 사람들이 특정 방식으로 행동한다거나, 어떤 행동을 하는 것은 그래야 한다고 들었기 때문이라고 가정하는 덫에 얼마나 쉽게 빠질 수 있는지 보여 준다. 개별 남성과 여성에게는 전통적인 방식대로 행동하지 않을 여지가 많다. 그리고 그렇게 할 때 작은 변화들이 쌓여 큰 변화가 되고, 정말 새로운 무언가가 나올 수 있을 것이다. 개인이 남자나 여자로서 행복하고 남성과 여성이 서로 함께 행복한 사회 말이다. 어쨌든 밀라는 그렇게 되기를 바랐다.

5

관계의 조건

마음이 통한다는 것

첫 학기에 꽤 적응한 밀라는 아나, 서시, 투니, 재스민과 한패가 되었다. 시간이 날 때면 다 같이 모여 편하게 이야기를 나누는 것, 정확히는 수다를 떨면서 깔깔거리는 것이 일상이 되었다. 그들 모두 처음에는 외로움과 고립감을 느꼈다. 이제 그들은 고향 집에 있는 것 같지는 않더라도 고향에서의 사회적 유대와 같은 효과를 내는 작은 사회 연결망을 만들어 냈다는 것을 알게 되었다. 뒤르켐이 말했듯 타인과의 관계는 귀속감과 행복을 위해 중요했다.

밀라는 이 새로운 유대를 소중히 여겼다. 그녀는 마음속으로 이 작은 모임이 '자매들의 모임' 같다고 생각했지만, 정작 자신에 대해서는 새로운 친구들이 거리감을 느끼지 않을 정도까지만 이야기했다. 살아온 배경에 대한 직접적인 질문은 적당히 피했다. 그녀는 친구들을 웃기려고 애썼고 (그녀는 비비가 했음 직한 말을 하고 있는 자기 모습을 발견했다.) 다시는 사회학에 대해 말하지 않으려고 노력했다. 그런데 하필 수업에서 새로 배운 주요 개념이 마음과 몸의 관계에 대한 것이었다. 밀라는 친구들의 인내심을 시험하게 될까 봐 머뭇거렸지만, 결국 친구들과의 대화야말로 이 주요 개념을 설명할 완벽한 기회가 될 거라고 확신했다.

19세기 말 뒤르켐은 마음과 몸의 관계에 관해 사유했고, 거의 비슷한 시기에 활동한 두 미국 학자도 그랬다. 이들은 사회라는 크고 새로운 연구 주제에 인간의 의식을 위한 여지가 남아 있는지 알고 싶어 했다. 이론은 사회가 우리의 생각과 행동을 형성한다고 한다. 그렇다면 자유 의지는, 무엇보다도 생각이라는 개념은 어떻게 되는 것인가? 이런 생각을 한 두 미국 학자가 찰스 샌더스 퍼스(Charles Sanders Peirce)와 찰스 호턴 쿨리(Charles Horton Cooley)였다.

밀라는 프랑켄슈타인을 통해 퍼스의 이론을 접했다. 사회가 어떻게 우리가 생각하고 소통하며 감정을 느끼는 방식까지 형성하는지를 설명하는 이론이었다. 그는 사회가 우리에게 생각할 수 있는 능력을 부여하며, 우리가 필요성을 의식하기 전에 이미 이치에 맞는 것들을 깔아 두었다고 주장했다. 쿨리는 같은 문제에 대해 정반대의 각도에서 접근했다. 사회는 의미를 만들지만, 오직 우리 머릿속에만 존재한다는 것이다. 우리가 타인에 대해 어떤 생각을 하는지가 우리의 행동을 만드는 것이며 타인에 대한 생각이야말로 사회에서 가장 중요하다. 서로에 대한 상상력이 없으면 사회도 없다. 그는 "사회는 마음속에 있다."라는 유명한 말을 했다.

마음과 몸에 대한 주요 개념은 얼핏 이해하기 어려웠지만, 밀라는 친구들과 새로 쌓은 관계에서 이해의 실마리를 얻었다. 자매가 생긴 듯한 느낌을 알게 되자 마음과 몸에 대한 이론을 이해하는 일도 쉬워졌다. 만약 사람들이 생각이나 심지어 감정까지도 모두 같은 곳에서 얻는다는 사실을 알지 못했다면, 그녀로서는 어떻게 만난 지 얼마 안 된 사람들이 이토록 가까워질 수 있는지 이해할 수 없었을 것이다. 만일 그들을 하나로 묶어줄 무언가가 이미 존재하지 않았다면 어떻게 그들이 그렇게나 빨리 자매처럼 친밀한 관계를 맺을 수 있었겠는가? 그녀와 친구들이 자신들보다 훨씬 큰 무언가, 즉 사회의 일부임을 느꼈던 게 아니라면 이는 일종의 기적일 터였다.

하지만 밀라가 볼 때 여러 친구들과 맺은 관계는 지금으로서는 기적이라기보다 엉성한 조합으로 보였다. 그녀는 새로운 우정이 매우 약하고 수명도 짧아서 단 한 번의 역경으로 날아가 버릴 수도 있다고 생각했다. 친구들과 함께 있지 않을 때면 그 집단이 정말 존재하는 것인지 의구심이 들었다. 어쩌면 그들이 느끼는 유대감은 진짜 우정을 쌓기 전에 그들 모두를 사로잡은 편리한 허구는 아닐까? 그중에서 진정한 우정이라 할 수 있는 관계는 하나(아나와 서시?)뿐이고 나머지는 기만적인 것이 아닐까?

그렇다고 해도 그들은 함께 있을 때면 강한 소속감으로 행복하고 안전한 느낌이 들었다. 밀라가 몇 번인가 경계를 풀고 결코 똑똑하거나 다정하거나 재미있다고 할 수 없는 모습을 보이더라도 유대가 사라지지 않는 것을 느낄 때는 특히 좋았다. 그래서 밀라는 이러한 유대감의 엄청나게 많은 부분이 자기 머릿속에 있다는 것을 인정하지 않을 수 없었다. 쿨리의 말대로였다. 모임은 그들과 별개로 나타났지만, 그렇다 하더라도 오직 그들의 생각 속에서만 존재했다. 다시 말해 그들 바깥에서 비롯되는 것 같아도 그들의 마음속에만 존재하는 것 같았다.

밀라는 자신이 세 번째 주요 개념을 '자매들'에게 설명할 기회를 그냥 지나치지 못할 거라는 사실을 알고 있었다. 결국 그 모든 수다는 우정을 다지기 위한 것이었으며 그 핵심은 서로 자기 얘기를 하는 과정이었다. 밀라는 자신의 이야기가 가끔 자세하지 못하다는 걸 잘 알고 있었지만, 어쨌든 함께 이야기하며 사회학의 주요 개념을 확인할 수 있을 거라 생각했다.

아나는 이제 말이 많아졌다. 그녀는 가장 진지했고, 새 친구들에게 호감을 사려고 애썼다. 한 번도 의심을 표현하거나 대화에서 발을 빼는 적이 없었다. 그녀는 언제나 웃고 있었고 친구들과 함께인 걸 행복해했다. 가끔은 이런 모습이 지나쳐 좀 당황스럽게 느껴지기도 했지만, 모두가 둘러앉아 수다를 떨던 어느 날 밤 아나가 보인 무척이나 그녀다운 행동은 이제 모임의 전통 문화가 되었다. 그날 아나와 서시는 거의 동시에 같은 말을 꺼냈다. 마치 같은 생각과 감정을 느끼는 것 같았다. 아나는 기뻐하며 말했다.

"우리 모두가 이렇게 마음이 통하는 게 정말 놀랍지 않아? 너희도 알겠지만 방금 서시랑 나 사이에 있었던 일은 몇 년 동안 알고 지낸 사이 아니고서는 일어날 수가 없을 텐데, 우리는 서로 무슨 생각을 하고 있는지 항상 알고 있는 것 같아. 이렇게 친하다는 게 정말 마법 같아."

밀라는 아나가 고향에서 어떤 삶을 살았는지, 그들의 우정이 긴밀하다는 사실에 왜 그렇게 감사해하는지가 궁금했다. 아나와 밀라 빼고는 다들 고향에도 좋은 친구들이 있으며 대학에서도 이렇게 빨리 든든한 친구를 얻을 수 있어서 놀랍다고 말했다. 아나에게는 친구가 있다는 사실 자체가 놀라운 것 같았다. 아나의 그런 모습에 호기심을 느낀 건 밀라만이 아니었는지 재스민이 아나에게 물었다.

"아나, 왜 마법이라는 거야? 이건 그냥 일어나는 일이잖아? 친구가 된 게 좋다는 건 알지만, 우리에게는 한곳에 섞일 기회가 있었잖아. 우리가 친구가 된 건 당연한 거 아니야?"

몇 주 전이었다면 아나는 재스민이 한 말에 상처받았겠지만 이제 친구들은 모두 재스민이 약간 직설적이라는 것을 알고 있었다. 그래서 재스민은 다른 친구의 강점이나 약점을 고려하지 않고 조금은 거친 질문을 해도 괜찮았다. 아나는 말했다.

"친구가 생긴 것이 마법이라는 게 아니라, 우리가 서로 무슨 생각을 하고 있는지를 아는 게 마법이라는 거야. 이렇게 가까운 친구들이 있다는 게 너한테는 자연스러울 수도 있겠지만, 나는 이렇게 잘 맞는 느낌은 한 번도 받아 본 적 없어. 가끔은 절대 그런 걸 느끼지 못할 거라고 생각하기도 했고. 지금 나한테 너희 넷이 있고 우리가 아주 잘 지내는 거, 내 말은 이게 대단하다는 거야."

그들이 예전에는 어떤 사람이었는지 이야기할 때면 종종 이런 고백적인 어조가 나타나곤 했지만, 특히 아나는 제일 먼저 이 단계에 도달했다.

보통은 이럴 때 누군가가 맞장구치며 자신의 과거 중에서도 핵심적인 부분을 끄집어내기 시작했다. 그들은 지치지도 않고 이야기에 파고들며 성격상의 비밀까지 스스로 공개했다. 서시가 말했다.

"나도 아직까지 놀라워. 어떻게 안 지 얼마 안 되는 사람들과 이렇게 가까워질 수 있지? 우리가 서로 무슨 생각을 하는지 알고 무슨 말을 할지를 예상하는 건 너무 좋아. 안전하고 이해받는 느낌이 들거든."

밀라는 주요 개념을 검증해 보고 싶은 유혹을 뿌리칠 수가 없었다. 그녀는 평소 쓰는 말투로 말하려고 최대한 애쓰면서, 다시 말해 교수님들이 하는 말처럼 들리지 않게 애쓰면서 말을 꺼냈다.

"우리가 어떻게 이렇게 빨리 친해졌는지 나도 놀라워. 그런데 내 생각에는 이런 놀라움에다 같이 있으면서 느끼는 행복감과 안정감 때문에 우리가 서로 무슨 생각을 하는지 아는 게 마법 같다고 생각하게 되는 것 같아. 사회학에서는 인간이 타인의 마음을 읽는 것처럼 보이는 상황을 마법이라고 설명하지는 않거든."

재스민이 뭔가를 말하려고 했지만 밀라는 틈을 주지 않았다.

"이 문제는 인간을 이해하는 데 사회학이 가장 크게 기여한 부분과 통해. 사람들이 같은 생각을 하는 특정 순간이 가장 좋은 예이기는 하지만, 사회학이 제시하는 설명은 사실 사람들이 서로 생각을 공유하는 모든 순간에 해당해. 뭔가가 당연하게 여겨지지 않으면, 어떻게 그럴 수 있는 건지 궁금해지는 법이지."

밀라는 재스민을 향해 웃어 보였다.

모두가 이 말에 어리벙벙해졌다. 밀라는 재스민이 자신이 방금 한 말을 무너뜨릴 준비를 하고 있을 거라고 예상했지만, 투니가 고개를 끄덕이며 말했다.

"색깔 같은 거네. 어떤 게 빨간색이어야 한다고 내가 말하면 내 친구 하퍼는 반대로 연보라색을 쓰거든."

이 말에 모두가 웃음을 터뜨렸지만 투니는 개의치 않았다. 그녀는 디자인을 전공한다는 이유로 다른 친구들이 자신을 조금 가볍다고 여기는 것에 익숙했고, 그런 멍청한 편견에 아무렇지 않게 장단을 맞추었다.

"너희들이 바보 같다고 생각한다는 건 아는데, 밀라가 한 말은 내가 하려는 말이랑 통한다고. 너희가 색깔에 신경 쓰지 않는다는 건 너희가 입은 옷을 보고 충분히 알겠지만 말이야, 색채 디자인에 관해서는 아무것도 모르는 우리 친구들에게도 분명히 해 둬야겠어. 하퍼와 내가 같은 색을 보고 있다는 것을 어떻게 알까? 만일 그 애가 빨간색이라고 말할 때마다 사실 나는 초록색을 보는데도 내가 빨간색이라고 한다면, 우리는 완전히 다른 걸 보고 있더라도 빨간색이라는 데 합의한 거야."

밀라는 기뻤다.

"바로 그거야. 우리는 색이든 뭐든 다른 사람이 무엇을 경험하는지 절대 확신할 수 없지만, 서로 대화를 할 수 있게 해 주는 언어를 공유하고 있어. 초록색인지 빨간색인지는 별로 중요하지 않아. 같은 이름을 붙이는 한 서로 대화할 수 있으니까."

이번에는 투니가 키득거렸다.

"하퍼가 조별 과제에 쓸 색을 골라야 될 때는 중요해. 어쩌면 우리는 정말 다른 색을 보는 것일 수도 있어. 나는 하퍼가 색맹이라고 생각하거든!"

밀라는 개의치 않고 말을 계속했다.

"우리는 서로의 머릿속을 들여다볼 수는 없지만 서로 소통해. 가끔은 아나랑 서시가 그랬던 것처럼 완전히 통하는 특별한 경우도 있고. 우리는 다른 사람이 무슨 생각을 하는지 모르지만 그렇다고 말을 걸거나 선물을 사 주거나 이야기를 못하는 건 아니잖아. 이걸 마법이라고만 보지 않는다면 합리적인 설명을 찾아야겠지."

사람과 사람 사이, 상호 작용의 기적 — 퍼스의 기호학

밀라는 1870년 찰스 샌더스 퍼스가 인간 상호 작용의 기적을 설명하는 데 필요한 퍼즐의 첫 조각을 찾았다고 설명했다. 퍼스는 사람들이 어떻게 생각을 하는지, 특히 언제 논리적으로 생각하는지에 관심을 가졌다. 그는 생각이 일종의 '생각 가게' 같은 곳에서 비롯되므로 모든 사람들이 사람답게 생각할 수 있다는 가설을 세웠다. 밀라가 말했다.

"언어에 대해서부터 시작해 보자."

어린아이들이 자신이 자라는 환경에서 쓰이는 언어를 배운다는 것은 모두가 알고 있다. 새로운 단어를 만들어 내서 다른 사람들에게 그 말을 쓰라고 하는 아이는 거의 없을 것이다. 대체로 아이들은 배운 단어를 사용하므로 결국 다른 사람들과 같은 언어를 구사하게 된다.

생각도 마찬가지다. 생각은 스스로 만들어 내는 것이기보다는 어딘가에서 얻는 것이다. 생각을 할 때는 대개 언어를 사용하므로 우리는 보통 언어를 습득한 곳과 같은 곳에서 생각을 얻는다. 생각은 말을 통해 드러나며 우리는 단어들을 하나로 꿰는 식으로 생각한다. 우리의 생각은 우리가 사람들에게 배운 말로 구성된다.

"그럼 그건 다른 사람들 생각이잖아. 우리는 그냥 다른 사람들 생각을 빌리는 거야?"

서시의 말에 재스민이 대답했다.

"그게 밀라가 말하는 바야. 하지만 난 그 생각 안 살래. 사람이 항상 말로 생각하는 것은 아니잖아. 안 그래, 밀라?"

밀라는 이런 반응에 준비되어 있었다.

"맞아. 어떤 사람들은 숫자나 그림, 색이나 소리, 어쩌면 음악으로 생각해. 하지만 대부분의 사람들은 생각을 펼칠 만한 자기만의 숫자나 그림을 만들어 내지 못해. 그런 것들도 어차피 다른 사람들한테서 나오는 거라 실제로는 말과 다를 바 없고. 말과 숫자, 그림도 다 생각을 사러 가는 가게 선반에 있다는 말이야."

밀라는 퍼스가 말, 숫자, 그림, 소리 등을 항상 다른 것을 지시한다는 점에서 기호라 불렀다고 설명했다.

"같은 단어를 여러 번 말하면 왜 의미가 날아가고 소리만 남는지 알아? 사실 단어는 생각의 대상이 아니라 대상을 가리키는 기호에 불과하기 때문이야. 우리는 소리의 조합으로 우리가 보는 사물을 가리키는 일에 익숙할 뿐이지. 다른 기호도 마찬가지야. 기호를 지금 우리가 이해하는 의미와 특별히 묶어 주는 건 없어. 어떤 의미를 나타내기 위해 새로운 기호를 쓰기 시작한다면 새 기호도 같은 의미를 갖게 되겠지."

밀라는 앞서 말한 '생각 가게'가 '사회'라고 말했다. 사회는 살고, 배우고, 일하고, 시간을 보내는 등 사람들이 함께하는 모든 활동을 의미한다. 이런 활동을 하는 사이에 언어를 비롯한 기호들이 만들어지고 유통된다. 많은 기호들이 오래전에 만들어졌지만 (과학적, 기술적, 사회적 변화와 함께) 새로 생겨나는 기호는 늘 있기 마련이며 사람들은 새로운 기호들로 새롭게 사고한다. 서시가 물었다.

"그렇지만 새로운 생각이란 사물의 이름, 그러니까 네가 말한 기호 이상 아니야? 뭔가를 생각할 때 '이것, 저것, 그것' 하는 식으로 하지는 않잖아. 이것저것을 연결 짓는 게 생각이지. '밀라가 투니의 신발을 빌려 갔기 때문에 투니의 신발이 망가졌다.' 하는 식으로."

신발에 대한 농담에 다 같이 웃었다.

"나는 새 신발을 사 주었겠지? 어쨌든 맞아. 생각을 한다는 건 단어나 숫자, 뭐가 되었든 그런 것들을 잇는 거야."

밀라는 이런 연결이 어떻게 만들어지는지를 설명했다. 퍼스는 기호가 이미 설정된 몇 가지 방식으로만 연결될 수 있다고 생각했다. 기호들은 집에 가져오기 전에 가게에서 이미 연결되어 있었다는 것이다. 우리가 '논리'라고 부르는 것은 바로 이렇게 연결된 기호로 구성된다. 우리는 블록 장난감으로 뭔가를 만들어 내는 어린아이와 같다. 상자에서 블록을 꺼내 정해진 방식대로 맞추는 것을 우리는 '논리적으로 생각한다.'라고 한다.

블록을 조립할 수 있는 한 우리는 사실을 생각하거나 말한다고 믿을 것이다. 이는 숫자가 매겨진 점들을 연결하면 그림이 그려지는 어린이용 그림책과도 같다. 어른들은 보통 연필을 쓰지 않고도 점선 모양을 따라 그림을 떠올릴 수 있다. 사실을 인식할 때의 우리도 그렇다. 사실이란 간단히 말해 머릿속에서 점을 연결하는 문제다.

밀라는 읽고 들었던 내용을 기억해 내려고 최선을 다하면서도 충분히 잘 설명하지 못하고 있다고 판단했다. 그녀는 계속해서 우리의 생각은 자신이 말한 것보다도 서로 다르지 않을 수 있다고 말했다. 파란색 블록을 하나로 맞춰야 한다거나 같은 크기의 블록만 맞춰야 한다는 등의 규칙이 있기 때문이다. 퍼스는 기호를 연결하는 데 두 가지 방식이 있다고 생각했다. 이는 단어가 연결되는 방식을 통해 쉽게 알 수 있다.

뜻이 통하는 단어들은 서로 연결될 수 있다. '운', '기회', '행운'은 완전히 똑같은 뜻은 아니지만 중첩되는 의미를 가지고 있다. 이러한 연결을 퍼스는 '의미론적 연결'이라 칭했다. 반면 '구문론적 연결'이란 단어들을 말이 되도록 연결하는 규칙이다. 퍼스는 인간이 생각하는 방식에 대한 자신의 이론을 '기호 과학'이라고 불렀다. 그는 근대 '기호학'의 창시자로 알려져 있다.

밀라는 우리가 (서로 연결되어 생각을 만드는) 모든 기호를 사회로부터 얻는다는 사실이 정말 중요하다고 말했다. 우리는 놀이방의 아이들과 같다. 아이들은 집에서 가져온 블록이 아니라 놀이방에 있는 블록을 가지고 작은 집 등을 만든다. 우리는 집 대신 생각을 만든다는 점에서만 다르다.

"우리가 서로 가깝다고 느끼는 것, 좋은 친구가 생겼다는 데 아니면 이렇게 빨리 좋은 친구가 생겼다는 데 놀라는 것, 같이 있으면서 안전하고 행복하다고 느끼는 것을 다 이런 식으로 설명할 수 있어. 우리는 모두 사회에서 감정의 단서와 연결을 찾기 때문에 세상이 어떻게 돌아가는지에 대해 같은 느낌을 가지게 돼. 설명이 필요 없을 정도로 당연해서가 아니라 너무 일반적이라서 우리는 왜 그런지 질문할 생각조차 하지 못하는 거야."

"어쩌면 그게 재스민이 가끔씩 우리와 다르게 생각하는 이유일 수도 있겠네."

서시가 이렇게 말하자 모두가 웃음을 터뜨렸다. 재스민은 함께 웃고 나서 서시에게 무슨 뜻이냐고 물었다.

"내 말은, 네가 다른 곳에서 왔기 때문에 점들을 연결하는 데 약간 문제가 있다는 거야. 그래서 우리는 처음에 네가 좀 쌀쌀맞고 비판적이라고 생각했지만 이제는 익숙해졌지. 너는 퉁명스럽게 굴려던 게 아니라 그저 네 방식대로 했던 거야. 우리는 그런 식으로 점들을 연결하지는 않지만, 이제 너를 이해하기 때문에 너는 다른 그림을 그린다는 것을 아는 거고."

밀라는 서시가 말을 맺기 직전에 끼어들었다.

"우리가 생각하는 방식은 사회마다 그렇게 다르지 않아. 재스민은 화성에서 온 게 아니야, 서시!"

"천체 물리학에서 화성은 그렇게 멀지 않아, 밀라."

재스민이 말했다. 밀라는 그녀가 이미 상처받았다는 것을 알았다. 의도된 것은 아니었지만 재스민은 이 자매 관계에서 주변부로 밀려나 있었다.

어색한 정적이 흘렀다. 잠시 후에 고맙게도 투니가 누군가와 사랑에 빠지기에는 너무 어리다고 생각하느냐는 질문으로 정적을 깼다. 투니는 자신에게 곧 그런 일이 일어날 것이라 예감하고 있다고 말했다. 밀라는 아나가 가장 먼저 사랑에 빠질 것 같다고 말했다. 하지만 나머지 친구들은 머릿속 생각을 말하지 않았다. 그들은 모두 재스민이 가장 사랑에 빠지기 어려울 거라고 생각하고 있었다. 그들은 다시는 재스민이 외톨이라고 느끼게 만들지 않을 참이었다.

사랑에 빠지는 법 — 쿨리의 사회적 실재

투니는 퍼스라는 사람에 관해 밀라가 한 말을 생각해 보았다고 했다.

"우리가 생각을 조합하는 방식이라는 게 정말 감정에도 적용되는 거야?"

밀라는 그렇다고 말했고 투니는 말을 이었다.

"그건 정말 환상을 깨는 소리야. 나는 그게 틀렸으면 좋겠어. 감정에 적용된다는 건 사랑에도 적용된다는 얘기잖아. 그 사람 말이 맞다면, 진정한 사랑이란 없고 우리는 사회가 쥐어 준 블록을 이미 정해진 방식대로 맞추기나 하는 거야."

"그런 것 같아. 우리는 블록이 가장 잘 맞는 것 같고 의심이 최소화되었을 때 사랑에 빠졌다고 생각하는 거지."

밀라가 말에 투니가 반박했다.

"나는 천생연분이라는 건 믿어 본 적 없어. 임자를 만나면 그렇게 된다지만 그런 말은 사랑에 빠지는 일을 첫 차를 고르는 일처럼 만들어 버리잖아."

"어쩌면 조금 실망스러울 수도 있어. 하지만 퍼스에 이어서 마음과 몸에 대한 이론에 크게 기여한 사람은 찰스 호턴 쿨리인데, 그 사람은 누가 너를 사랑하는지 아닌지를 네가 어떻게 알아차리는지에 대해서 할 말이 많았어."

쿨리는 사람들이 상상 속에서 서로를 이해한다고 생각했다.

"내 마음 한쪽에서는 어떤 남자에 대한 내 생각을 이해하고, 다른 한쪽에서는 나에 대한 그 남자의 마음을 이해하는 거야. 사랑에 빠지지 않더라도 이건 모든 관계에서 마찬가지야."

밀라는 친구들에게 이러한 과정이 누군가를 이해하는 데 정말 중요하며, 상호 작용이라는 개념에 변화를 가져왔다고 말했다. 서시는 밀라의 말을 알아들은 것 같았고 아나는 (비록 이것이 그저 기분을 좋게 하려는 의도인지는 절대 확실하지 않았지만) 고개를 크게 끄덕였다. 하지만 다른 두 사람은 헷갈려하는 것 같았다. 밀라는 벽에 걸린 메모판을 가리켰다. 거기에는 사진 몇 장과 일정이며 기억할 만한 인용구 등을 적어 둔 종이들이 붙어 있었다. 밀라는 재스민을 다시 대화에 끌어들이고 싶었다.

"저걸 봐, 재스민. 밑에서 세 번째에 있는 노란색 종이. 1번을 좀 읽어 줘."

재스민은 밀라가 수업 시간에 끄적여 둔 메모를 읽었다.

"만약 어떤 상황이 이러한 상호 과정 작용을 완전히 넘어서서 아무런 인상도 주지 않는다면 이 상황은 사회적으로 실재하지 않는 것이다. 찰스 호턴 쿨리."

늘 그렇듯 재스민은 별 감흥이 없었다.

"말도 안 돼. 만일 우리 중 하나가 아무도 모르는 비밀을 갖고 있다면,

비록 우리는 전혀 모른대도 비밀을 가진 애는 나머지 애들을 다르게 대할 거야. 그런 비밀이 '사회적으로 실재하지' 않는다는 거야, 밀라?"

밀라는 이렇게 말했다.

"좋아, 나에게 비밀이 있다고 상상해 보자.(그녀는 그런 상상이 어렵지 않다고 생각했다.) 그리고 나는 너희들 누구에게도 비밀을 말하지 않아. 내가 뱀파이어라고 해 봐. 너희가 나에게 비밀이 있다는 사실을 모른다면 이 비밀은 너희가 나를 대하는 데 아무 영향도 미치지 않을 거야. 물론 늦게 잔다거나 헌혈을 안 하는 등 내 행동에는 영향을 미치겠지만, 너희는 그런 내 행동도 이미 알고 있는 다른 사실을 가지고 상상적으로 이해하겠지. 뱀파이어라는 내 비밀스러운 삶에 대해서는 모르니까, 그저 내가 게으르고 공공심이 별로 없다고 생각할 거야. 쿨리는 사람들이 함께 만드는 '상호 작용'이라는 상황을 따져 보려고 했어. 지금 우리가 하고 있는 상호 작용에는 뱀파이어가 없으니까 우리는 내가 뱀파이어가 아닌 것처럼 서로를 대하고 있어. 너희는 내가 가까이에 있게 내버려 두고, 내 심장에 말뚝을 박으려고 애쓰지도 않지. 나도 너희 목을 물지 않을 거야."

밀라는 재스민의 목을 덮치는 척했고 재스민은 밀라를 가볍게 밀치며 웃었다. 투니는 약점을 찾았다고 확신했다.

"좋아, 하지만 누군가에 대해 네가 모르는 사실이 사회적으로 실재하는 경우도 있어. 만일 내가 너에게 큰 비밀이 있다는 것은 아는데 그게 뭔지는 모른다면 내 행동은 엄청나게 바뀔 거야."

"그렇고말고. 쟤는 온종일 네 비밀을 살살 캐내려고 할 거야. 쟤 앞에서 비밀을 가진 사람만큼 불행한 사람은 없지. 우선은 비밀이 있다는 사실을 들키지 않는 게 좋아."

서시의 말에 투니는 웃으면서도 끝까지 자기 뜻을 폈다.

"미술사나 디자인의 역사에는 일부 유럽 국가에서 있었던 가장무도회 이야기가 나와. 정말 재미있었을 거야. 정체를 알 수 없는 사람과 춤을 출 수 있었으니까. 상대방에 대해 아무것도 모른다는 사실이 가장무도회의 백미였지. 이런 게 사회적으로 실재하지 않았다고는 할 수 없을걸, 밀라."

"네 말이 맞아. 하지만 쿨리 말도 맞았어. 만일 네가 어떤 사람의 정체를 모른다면 그 사람을 생각할 때 네 상상력도 엄청나게 영향받을 거야. 누구인지를 모른다면 짐작을 해야 하니까. 모르는 사람을 처음 만날 때도 마찬가지고."

아나가 조용한 목소리로 대화에 합류했다.

"정혼처럼 말이구나. 부모님이나 친척에게 듣는 것 말고는 아무것도 알 수 없고, 사진만 보면서 많은 것을 상상하지."

아나의 목소리는 그런 상상 중에 유쾌하지 않은 것도 있음을 시사했다. 서시는 부드러운 소리로 아나에게 말했다.

"그런 건 무서울 것 같아. 단순히 다른 사람들이 보기에 적당한 상대라는 이유로 정해진 사람을 만나서 사랑해야 한다는 것 말이야."

"하지만 사회에서 맺어 주는 인연이 충분히 잘 맞는다면, 그래서 크게 의심하지 않고도 사랑에 빠진다면 정략 결혼을 했더라도 서로 사랑한다고 믿는 게 왜 불가능하겠어?"

밀라가 서시에게 물었다. 서시는 의미심장한 눈으로 그녀를 바라보고는 작게 고개를 흔들었지만 밀라는 보지 못했다.

투니는 자신의 원래 질문으로 돌아와서 그저 즐거웠다.

"내가 처음에 말한 대로야. 우리는 절대 사랑에 빠졌다고 진짜로 확신하지 않아. 그냥 너무 많은 의심은 하지 않기로 한 거지."

밀라가 활짝 웃었다.

"사랑하게 될 사람에 대해서도 절대 알 수 없어. 그 사람에 대해 마음으로 그린 모습만을 알 뿐이지. 누군가와 얼마나 가까워지든 간에 연애는 상상 속에서 이루어질 뿐이야."

"하지만 누군가와 '가깝다'는 건 무슨 뜻이야, 밀라? 만일 네가 사랑하는 사람과 충분히 가까워진다면 상상 속에서만 만나는 게 아니잖아. 만일 정말 가까워진다면 그냥 마음으로만 만나는 게 아니라……."

투니가 묻다가 웃음을 터뜨렸고 나머지도 함께 웃었다. 밀라는 정신을 추스리고 쿨리는 친밀한 정도는 중요하지 않다고 생각했다고 설명했다. 관계는 어쨌든 상상 속에서 이루어지는 것이기 때문이다. 다른 친구들은 계속해서 웃었지만 밀라는 마침내 그들을 조용하게 만들었다.

"우리가 만난 지 얼마 안 되었을 때, 몇 주 전에 우리 어머니들 세대가 어땠는지 이야기했던 것 기억하지? 당시에는 남자와 여자가 그렇게 가깝지 않았어도 아이는 낳았잖아? 그런 부부랑 우리가 이상적으로 생각하는 친밀한 부부의 차이점은 몸으로 하는 일이 아니라 머리로 하는 일에 있어."

그들은 잠시 조용히 생각에 잠겼지만 투니는 어쩔 수가 없었다.

"어쩌면 몸으로 할 수 있는 일이 더 많지 않을까?"

아까보다 더 큰 웃음이 터졌고 밀라는 결국 포기했다. 그러고는 친구들이 자러 갈 때까지 1시간 동안 찰스 호턴 쿨리와 새로운 사회학의 주요 개념에 대한 이야기는 다시 나오지 않았다.

그들은 매우 친숙한 화제를 두고 이야기를 나누었다. 처음 만났을 때 서로에 대해 어떻게 생각했으며 몇 달이 지난 지금 그 첫인상이 어떻게 바뀌었는지에 관한 이야기였다. 그들 대부분에게 이런 대화는 몇 번을 반복할 수 있을 만큼 쉽고 편했다. 친구들이 자신에 대해 알고 있는 정보에 매우 민감한 밀라를 제외하고는, 아이가 잠자리에서 옛날 얘기를 들을 때처럼 모두가 편안함을 느꼈다.

서시는 아나에게 여러 번 말했듯이 그들이 친한 친구가 되기 전에는 아나가 조금 쌀쌀맞다고 생각했다고 말했다. 아나는 여전히 안심하고 싶어 했다. 그녀는 정확히 자신의 어떤 부분이 서시의 마음에 들었는지 물었다. 서시가 할 수 있는 말은 늘 그렇듯 "잘 모르겠어. 그냥 네가 좋은 사람이고, 그러니까 듬직하고 재밌고 그래서 내 친구가 되면 좋겠다고 생각했어."라는 것뿐이었다.

"하지만 생각이 왜 바뀌었던 거야?"

아나가 집요하게 물었다. 서시는 지쳐서 도움이 필요해 보였다. 밀라가 끼어들어 쿨리는 상상 속에서만 관계가 맺어진다고 말했음을 상기시켰다. 친구나 연인 관계에 있는 사람들이 서로에게 계속해서 자기를 어떻게 생각하느냐고 묻는 이유가 바로 이 때문이다.

"사랑에 빠진 사람들은 항상 서로 '무슨 생각해?'라고 묻는 것 알지? 요점은 물어봐야 한다는 거야. 달리 알 방법이 없으니까."

재스민이 대화에 동참했다.

"그럴 때도 연인이 그 질문에 진실되게 대답한다고 확신하려면 엄청난 맹신이 필요할걸."

밀라가 말을 이었다.

"인간은 많은 걸 믿을 수 있어. 그렇지 않아? 자기 연인에 대해 사실이 아닌 온갖 것들을 혼자 믿는 경우가 많잖아. 아나가 읽는 소설에는 자신이 사랑하는 남자가 실제보다 훨씬 멋진 사람이라고 믿는 여자들이 그득하다고."

아나가 말했다.

"바로 그거야! 재스민은 항상 그런 책이 비현실적이라고 말하지만, 알고 보면 현실이랑 똑같아."

재스민은 거의 화를 내다시피 했다.

"그런 책은 현실의 대체물이야."

밀라는 재스민을 또 불쾌하게 만들고 싶지 않았다. 그녀는 실재하는 수천 명의 실제 인물보다 소설 속 인물이 우리에게 더 쉽게 영향을 미치거나 현실적으로 느껴질 수 있다는 쿨리의 지적을 언급했다. 아마 문학을 염두에 둔 지적이었겠지만 영화나 텔레비전에도 적용될 수 있다. 물리적으로 실재하는 사람들이 모두 사회적으로 실재하는 것은 아니다. 상상되지 않는 한 '인식'될 수 없는 것이다.

"누군가 너를 사랑하더라도 네가 알아차리지 못하는 한 그 사람은 너에게 아무 영향도 못 줘. 이게 바로 비밀을 갖는다는 것의 요점이야."

"그럼 세상에 나를 사랑하는 남자들이 많더라도 내가 상상하지 못하면 영향을 못 미친다는 거야?"

투니가 말했다. 밀라는 미소를 지었다.

"물론이야. 우리가 상상 속에서만 서로 관계를 맺는 한 사회는 마음속에 있어. 그게 모두가 기억하는 쿨리의 말이야. 재스민, 마지막 쪽지 밑에 있는 다음 두 인용구도 읽어 줄래?"

"사회가 존재하기 위해서는 사람들이 어디선가 모여야 한다. 사람들은 마음속으로 하는 개인적인 생각으로만 한데 모인다. 다른 곳이 어디 있겠는가? 사람들이 서로에 대해 하는 상상은 곧 사회의 확고한 사실이다." 재스민이 무시하듯 덧붙였다. "그럼 사회학의 주요 개념을 탐구하려면 머릿속에서 무슨 일이 일어나는지 연구해야 한다는 거야? 사회학은 인간이 삶을 '사유하는' 방식이 아니라 삶을 '살아가는' 방식에 관한 것이라고 생각했는데."

밀라는 재스민이 이 모임 안으로 돌아왔다고 생각했다. 밀라의 상상 속에서 모두가 다시 만나고 있었다.

"사회학은 둘 다에 관한 거라고 생각해. 쿨리의 이론은 머릿속에서 일어나는 일을 이해하지 않는다면 우리가 삶을 어떻게 살아가는지를 이해할 수 없다는 얘기고."

밀라는 재스민이 또 질문하기 전에 그만두는 것이 좋겠다고 확신했다. 그녀는 재스민의 말을 멈추려 여느 때처럼 수비했다.

"지금 너희들 머릿속에는 자야겠다는 생각이 들어 있는 것 같은데."

재스민을 빼고 모두가 고개를 끄덕였다. 재스민은 전혀 자러 가고 싶지 않은 것 같았다.

"이런 사회학 이야기를 다 참고 들어 줘서 고마워."

모두가 "아니야, 아주 재밌었어."라고 말했다. 재스민을 빼고는 모두가 하품을 하고 있었지만 말이다. 아주 늦은 밤이었다.

6
사회는
움직이는 거야

밀라, 사회학에 회의를 느끼다

클럽 입구는 밀라가 상상했던 것과 달랐지만, 다 허물어져 가는 동네에서 이런 낡은 문을 단 것은 어쩌면 사람들의 주목을 피하고 클럽의 고급스러움을 지키려는 의도일 수도 있었다. 아니면 클럽은 그대로인데 유행을 따라 도시의 중심지가 다른 곳으로 옮겨 갔기 때문일까? 클럽 내부도 밀라의 예상과 달랐다. 공간이 넓고 공기도 잘 통했다. 그녀는 거울이나 붉은 벨벳 같은 것들을 상상했더랬다. 안이 어두울 거라고 예상했지만, 그녀가 들어간 큰 방에는 뒤쪽 베란다로 연결된 프랑스식 창문으로 들어오는 석양빛이 가득 차 있었다.

밀라와 오빠 도니는 아무렇게나 놓인 가죽 소파와 의자에 무척 편안하게 앉은 사람들 사이를 요리조리 빠져나갔다. 그 사람들에게는 이 클럽이 제2의 집인 것 같았다. 손님들은 대부분 남자였는데 밀라 또래의 여자도 간간이 있었다. 가구와 장식은 꽤 빛이 바랬지만 편안하고 고풍스러운 느낌을 주었다. 사람들이 100년 동안 바로 저 소파에 기대 앉았을 모습이 상상되었다. 밀라는 이런 곳에서 파는 음식은 정말 맛있을 거라고 기대했다. 별도로 식당이 있지는 않았지만 방 한쪽 끝에 식탁이 놓인 식사 공간이 있었고 베란다에도 개인 정원이 내려다보이는 식탁이 있었다.

밀라는 전부 좋다고 느꼈다. 기능적이고 삭막한 학생 기숙사와는 다른, 아주 기분 좋은 느낌이었다. 그러자 친구들과 함께 마음과 사회라는 사회학의 주요 개념에 대한 이야기를 나눈 이후 그녀를 억누르고 있던 실망감이 다시 떠올랐다. 그녀는 친구들을 가장 즐겁게 했던 이론이 사실은 자기 표현이나 뜻밖의 일에 대해서는 별로 여지를 남기지 않는다는 점에서 절망적이라고 느꼈다. 인간은 사회에서 개념을 얻고 그 개념들을 연결하면서 산다. 평생 동안 다른 사람들처럼 뻔한 말을 반복해야 하는 운명이라면, 모든 생각, 모든 대화, 심지어 모든 관계가 이미 정해진 채 우리 손으로 연결되기만 기다리고 있다면 사회가 마음속에서만 살아 숨 쉰다는 말은 그다지 위안이 되지 않았다.

밀라는 이 이론이 맥빠질 뿐 아니라, 완전히 잘못된 인생관이라고 느꼈다. 자신과 아룬 같은 경우는 점이 어떻게 연결될까? 지금은 아니지만 앞으로 사귈 가능성도 있는 것 아닌가? 따라서 이 절망적인 시각은 틀렸다. 현실은 알 수 없는 일들로 가득 차 있고, 그렇기 때문에 흥미로우면서도 무서운 것이다. 세상에 그녀가 연결해 주기를 기다리는 점들이 있다는 느낌은 들지 않았다. 밀라가 이 이론에 만족하지 않는 데는 다른 이유도 있었다. 자기 나름의 길을 개척하려다가 사회에 맞섰다는 이유로 처벌받은 그녀의 아버지와 같은 '반항아'들을 위한 자리가 이 이론에는 없었다.

사회학에 대한 실망감으로 인해 밀라는 다시 사회학이 가치가 있는지, 시간을 더 잘 쓸 방법은 없을지 의심하기 시작했다. 의심을 물밑으로 가라앉히기 위해서는 개인에게 여지를 주는 사회학 이론이 필요했다. 밀라는 프랑켄슈타인에서 조지 허버트 미드(George Herbert Mead)의 이론에 대한 설명을 읽으면서, 비록 삶이 이미 존재하는 점을 잇는 것에 지나지 않더라도 사회학에는 개인을 위한 공간이 남아 있음을 발견했다.

나를 객관적으로 보기 — 미드의 상징적 상호 작용론

미드는 우리가 사회로부터 주어진 대본을 단순히 따라하는 것보다 더 많은 일을 하고 있다고 믿었다. 사회학은 내면적인 생각을 표현하는 일이나 인생에서 뜻밖의 상황을 맞닥뜨릴 가능성을 배제하지 않고 반항의 여지를 남겨 둔 것이다. 프랑켄슈타인에서는 '상징적 상호 작용론'이라는 이론을 설명했는데 이 이론은 밀라의 기분을 끌어올리는 데도 도움이 되는 것 같았다. 그녀는 사회학에 대한 실망감과 의구심을 (최소한 지금 당장은) 성공적으로 떨쳐 내고 밝고 멋진 방에 앉아 도니와 함께 맛있는 음식을 먹고 있었다.

밀라는 서로 같은 도시에서 살고 있으면서도 도니가 약속을 잡기까지 시간이 너무 오래 걸렸다고 생각했다. 그녀는 도니가 공공장소에 자신과 함께 있는 모습을 누군가 알아볼까 봐 만남을 미루는 거라고 짐작했다. 결국 신문에 실린 건 오빠가 아닌 밀라의 얼굴이었으니 말이다. 도니가 최근 사교 클럽에 가입했다면서 밀라에게 그곳에서 함께 저녁을 먹자고 한 제안은 이 생각을 굳혀 주었다.

밀라는 당연히 자신들이 붉은 벨벳으로 장식된 어두운 방의 한쪽 구석 테이블에, 그것도 얼굴이 눈에 띄지 않게 등을 돌리고 숨어 앉아야 할 거라고 예상했다. 하지만 실제로 그들이 앉아 있는 곳은 밀라가 상상했던 분위기가 전혀 아니었다. 도니는 두 사람이 다 잘 보이는 자리를 예약해 두었고 게다가 지금 여기서 밥을 먹는 사람은 둘뿐이었다. 밀라는 너무 노출된 느낌이 들어서 도니에게 이런 식으로 공개되는 것이 불편하지 않으냐고 물었다. 그는 여동생이 얼마나 바보 같은지를 보여 주는 호탕한 웃음을 지었다.

"아, 그래. 가는 곳마다 사람들이 널 알아볼 거라는 환상 이야기구나. 나는 네가 새로 머리를 자르고 그 이상한 안경을 쓴 걸 보고 그런 생각은 다 잊어버렸는데. 그 안경은 열두 살 때 쓰던 거 아니야? 넌 피해망상에 빠져 있어, 밀라. 아무도 신경 쓰지 않아. 그리고 누가 알아본다고 해도 달라지는 건 없어."

'저거 봐.' 밀라는 생각했다. '오빠는 내가 하는 말마다, 내가 하는 생각

마다 반대하면서 독선적이고 거만한 투로 말할 거야.'

그녀는 도니에게 분명히 사람들이 신경을 쓴다고 말했다. 언론이 아버지에게 퍼부었던 신랄한 비난과 어머니의 변화, 그리고 자신이 그 모든 추잡하고 불공평한 판단 속에서 허우적댔던 것은 그녀의 상상 속에서만 벌어진 일이 아니었다.

"내가 아는 사람들은 아버지가 운이 없었다고 생각해. 그게 다야."

도니가 말했다. 밀라는 누가 그러더냐고 물었다.

"여기 있는 사람들." 도니는 소파와 의자에 앉은 사람들을 가리키며 말했다. "여기는 아버지가 사업상 자주 오던 곳이야. 나에게도 유용하겠지. 함께 사업하고 나를 신뢰해 주었으면 하는 사람들과 어울릴 수 있어. 그럼 일이 한결 수월해지지."

밀라는 주변을 다시 둘러보았다. 그녀는 이곳이 자신이 속한 세계와는 다른 세계임을 알겠다고 말했다.

"물론이지. 그리고 나한테 유일하게 중요한 거야."

도니가 말했다. 밀라는 오빠가 잘난 체하는 모습이 어쩐지 걱정스러웠다. 아버지의 발목을 잡은 것은 어쩌면 그저 불운이 아니라 저런 무사태평한 태도였을 수도 있다. 아버지를 떠올리며 밀라는 아버지가 판결에 어떻게 대처할 거라고 생각하는지 물었다. 도니는 아버지가 그럭저럭 버틸 것이라 확신한다고 했다.

"아버지는 현실적인 분이셔. 아버지는 살아남기 위해 필요한 일들을 하실 거고, 그곳에서도 편하게 지내실 거라고 봐."

밀라는 이 말에 충격을 받았다.

"그럼 오빠는 이 일로 아버지의 기가 꺾일 수도 있다고 생각하지 않는 거야? 난 아버지 같은 개인주의자가 그런 데서 불결함이며 맛없는 음식을 견디기란 끔찍할 거라고 생각해. 아버지는 너무 늙으셨고, 말하자면 너무 고상해. 법정에서는 법과 언론의 권력에 항거하는 낭만적인 사람이었던 아버지가 지금은 아무도 아니란 듯이 보통의 죄수랑 똑같이 다뤄지고 있잖아."

종종 그랬듯 도니는 밀라의 시각이 순진하고 괴상하다고 여겼다.

"기가 꺾인다고?" 그는 밀라의 표현을 냉소적으로 되씹었다. "너는 감옥을 무슨 맹수를 집어넣는 우리처럼 생각하는구나. 게다가 아버지가 낭만적이라고? 나는 그 비슷한 걸 한 번도 느껴 본 적 없는데. 법원이나 신문에서도 마찬가질걸?"

밀라는 도니가 아직도 어릴 때처럼 말을 막 한다고 생각했다. 그녀는 아버지가 개인을 위해 사회에 맞섰다고 봐야만 사람들이 아버지가 한 일을 묘사하는 방식이나 계속해서 아버지를 비난하는 이유를 설명할 수 있다고 말했다.

"아버지는 대중에 맞섰고 그래서 대중이 아버지를 부숴 버리려는 거야."

"판사들이랑 신문 기자들을 말하는 거야? 그 사람들은 그냥 위선자야. 아버지를 본보기로 삼은 거지. 아버지는 사업하는 사람들이 보통 하는 일을 했을 뿐이야. 그 위선자들도 알고 있지. 그게 다야. 평범한 사업 수완을 무슨 큰 죄인 듯이 떠드는 거야."

도니에게 말할 수는 없었지만 밀라는 아버지가 영웅적이라는 생각을 붙들어야 했다. 그래야만 아버지가 옳다고 생각할 수 있기 때문이었다. 도니는 아버지가 한 일이 정상이므로 다른 사람들은 아버지를 심판할 권리가 없다고 생각하는 것 같았지만 밀라는 여기에 만족하지 못했다. 하지만 도니의 말은 아직 끝나지 않았다. 아버지는 늘 자신이 누구나 하는 일을 했을 뿐이라고 말했고 법정에서도 그랬다는 사실을 밀라에게 상기시키는 도니의 어조는 사람을 미치게 할 만큼 어느 때보다 거만했다.

"너는 아버지의 변론을 반박하는 거야? 검사라면 아마 증거를 대라고 할 거야. 그게 특별한 행동이었고 아버지는 재판관들보다 더 많은 것을 알고 있었다고 말할 수도 있겠지. 그런다고 아버지에게 도움이 될 것 같니?"

"물론 나는 그렇게 하지 않았을 거야. 아버지에게 해가 되는 건 아무것도 안 해. 나는 아버지를 사랑해. 아버지가 자신이 한 일을 고귀하게 생각하지 않을 거라는 것도 알지만 상관없어. 나는 그 일이 고귀한 일이었다는 걸 아니까."

그러자 도니는 그걸 어떻게 아냐고 물었고 밀라는 결국 미드의 사회학적 개념을 설명하기에 이르렀다. 그녀에게 아버지가 낭만적 반항아였음을 밝혀 준 것은 미드의 이론이었지만 이를 도대체 어떻게 설명해야 할까? 그녀는 본론으로 들어가기 전에 한두 걸음 물러서야 했다. 도니가 웨이터를 찾아 두리번거리는 동안, 밀라는 자기 앞에 놓인 빈 접시의 문양에 시선을 고정하고 설명을 시작했다.

"좋아. 사람들이 정상적이라고 생각하는 건 개인에게 큰 영향을 미쳐. 하지만 정상성이란 건 해명될 수 있고 개인에게는 여지가 있어. 상징적 상호 작용론이라는 사회학 이론이 있는데, 이 이론에서는 정상적이라는 게 무엇인지를 사회에서 배운다고 봐. 사실 우리가 하는 모든 생각은 사회로부터 오지만 사회는 우리 바깥에 존재하지 않아. 우리는 사회의 지배를 받지만 동시에 사회를 만들어 나간다는 거지. 우리는 매일매일 사회를 만들어. 그러지 않으면 사회도 없을 거야. 사회는 우리 모두가 참여하는 과정이고, 그래서 뜻밖의 일들이 일어날 수도 있는 거야."

도니는 무슨 말인지 모르겠다고 했지만 밀라는 굴하지 않았다.

"오빠랑 아버지는 이 클럽에 들어와서 사람들을 만나기로 선택한 거야.

오빠나 여기 있는 사람들은 클럽의 일원이 되고 싶어 하지. 내 말은 단순히 오빠랑 이 사람들이 같은 사교 클럽의 회원이라는 게 아니라 다들 사업을 하고 있고, 같은 관심사와 생활 방식을 가지고 있다는 거야. 사회는 우리 마음속에 있는 것이지만 우리가 매 순간 재창조하는 것이기도 해. 그렇지 않으면 사회는 존재할 수 없어."

밀라는 너무 뒤에서부터 논의를 시작하는 바람에 진짜 자기 주장을 잃은 느낌이었다. 도니는 아무 반응이 없었다. 그는 "흥미롭네."라고 말했지만 사실 그 말은 그렇지 않다는 뜻이었다. 그는 밀라를 보는 대신 그녀의 어깨 너머로 가죽 의자에 앉아 있는 다른 사람들을 둘러보고 있었다. 웨이터가 오자 그들은 음식을 주문했다. 도니가 뜸 들이며 메뉴를 보는 동안 그녀는 생각을 정리하려고 애썼다. 그녀는 다시 말을 꺼내 미드가 사람들이 어떻게 '어른'이 되는지를 알고 싶어 했다고 설명했다. 미드가 말하는 어른이란 '어른의 방식으로 사고할 수 있는 사람'이다. 어른이 된다는 건 자신을 객관적으로 사고하는 법을 배우는 것이다. 밀라는 이것이 어떤 집단에도 낄 수 있는 열쇠이며, 다른 사람들이 우리를 보는 방식대로 우리 자신을 볼 수 있는 능력 없이는 사회가 성립할 수 없다고 말했다.

미드는 객관적으로 사고하는 능력이 인간 사회와 동물 사회 사이의 차이를 만든다고 말했다. 사회가 이런 식의 사고방식 없이는 존재할 수 없다면, 인간은 사회적 존재가 됨으로써 객관적으로 생각하는 법을 배워야 한다. 사회적 존재로서 인간은 자신을 대상화해 객관적으로 바라본다. 이는 상호 작용 과정에서 다른 사람들이 우리를 객관적으로 대하기 때문에 일어나는 일이다. 밀라는 이 내용을 설명하느라 애먹었지만, 도니는 이미 어떻게 반응할지 결정했기 때문에 참을성 없고 거들먹거리는 투로 이렇게 말했다.

"하지만 동생아, 사람들은 서로를 객관적으로 대하지 않는단다. 우리들 대부분은 아주 불공평해. 좋아하는 사람들한테는 제멋대로 굴게 놔두고 잘못을 해도 다 용서해 주고 하지만, 다른 사람들한테는 마치 그들은 감정도 없는 것처럼 무자비하고 객관적으로 행동하지. 아버지에게 앙심을 품었다는 이유로 네가 싫어하는 법정의 그 위선자들처럼 말이야."

"미드의 말은 우리가 서로를 공평하게 대한다거나 하는 게 아니야. 내가 설명을 잘 못했나 봐. 그가 말한 건 다른 사람들이 우리를 자신의 일부분이 아닌, 일종의 '다른' 존재로 대한다는 거야. 우리는 다른 사람들이 우리를 이런 식으로 대하기 때문에 우리 자신도 다른 존재로 대할 수 있다는 걸 알게 돼."

"그럼 언제 나 자신을 다른 사람이 나를 보는 방식으로 보게 되는데?"

도니가 더욱 숨김없이 거드름을 피우며 말했다.

"항상 그렇지. 엄마에게 전화를 해야 한다고 생각하거나, 같은 도시에 살고 있는 여동생을 만나 봐야겠다고 결심하거나, 다음 사업 거래를 구상하거나 할 때. 물론 매번 같은 방식으로 보는 건 아니야. 오빠는 스스로를 책임감 있는 아들이나 오빠라고 생각할 수도 있고 능력 있는 사업가로 여길 수도 있겠지."

"언젠가는 그럴지도 모르지. 자, 음식 나왔다."

도니가 말했다. 웨이터가 음식을 가져다주고 자리를 뜨자 밀라는 이야기를 계속했다. 미드는 우리가 온갖 다양한 사람들과 온갖 다양한 사회관계를 맺기 때문에 다른 사람들에게 어떻게 보일까에 대해 여러 가지 생각을 가지게 된다고 주장했다.

"그러니까, 내가 대학에서 새로 만난 친구들이 있거든. 나는 그 애들이 나를 특정한 방식으로 보고, 오빠나 엄마는 나를 또 다른 방식으로 본다는 걸 알고 있어. 물론 나는 친구들이 모르는 내 모습이 아주 많다는 걸 아니까 그 애들 앞에서는 거짓말쟁이가 된 것 같은 기분이 들지만. 누구나 한 사람이 보는 방식이 다른 사람이 보는 방식과 같지 않다는 걸 알아. 그렇다고 우리가 누구인지를 드러내지 않으려고 가면을 쓰거나 대담하게 군다는 건 아니야. 속임수를 쓴다는 것도 아니고. 그냥 우리는 이런 식으로 상호 작용 하는 거야."

밀라는 잠시 동안 조금 불편해졌다. 아버지에 대해서도 같은 이론을 적용할 수 있다는 생각이 스쳤다. 그녀에게 아버지는 낭만적인 반항아지만 도니에게는 아니었다. 본론에 들어가는 데 왜 이렇게 오래 걸릴까? 밀라의 말에는 감정이 개입되어 있었다. 그녀는 최선을 다해 왜 아버지가 잘못을 저지른 평범한 사람이 아니라 낭만적인 사람인지를 설명하려 했다. 도니는 여전히 그녀의 어깨 너머를 바라보고 있었지만 빈정거리지는 않는 말투로 말했다.

"알겠어. 사람들에게 내가 어떤 사람인지에 관해 특정한 생각을 심어주어야 할 때가 있지. 나에 대해 다른 사람들이 알아서는 안 되는 사실들이 있다는 건 사업에서 절대적으로 필요하거든."

"맞아. 각각의 상호 작용에 얼마나 몰입하는지는 상호 작용의 종류에 따라서 결정돼. 그게 미드의 생각이었어. 우리는 누군가를 속이려고 하지 않아. 우리가 처한 상황에 따라 보여 주는 모습이 바뀌는 거지."

밀라는 뭔가 먹어야겠다는 생각을 하면서 접시를 보고 있었다.

"물을 좀 마실까?"

그녀는 도니에게 물었다. 그는 새로 온 손님들을 식탁으로 안내하던 웨이터와 눈을 맞추고는 빈 물병을 가리켰다. 그 웨이터는 지나가면서 고개를 끄덕이고는 몇 분 후 가득 찬 물병을 들고 돌아와 다른 필요한 것이 있는지 물었다. 밀라는 이게 바로 상호 작용이라고 생각했다.

"어떤 몸짓이 일으키는 반응을 알아야 그 몸짓의 의미를 안다고 할 수 있지. 미드는 여기에 대해서도 언급했어. 오빠가 물병을 가리켰더니 물을 더 가져다주었잖아. 하지만 다른 상황에서는 물병을 가리키는 게 전혀 다른 의미일 수도 있어. 만일 가게에서라면 사고 싶다는 뜻이겠지. 만일 스릴러 영화에서 누군가 물병을 가리킨다면 '마시지 마, 독이 들어 있어.'라는 뜻일 수도 있을 거야. 상황에 따라 오빠가 보이는 모습만 달라지는 게 아니라 오빠가 하는 몸짓의 의미도 달라져."

밀라는 올바른 궤도로 돌아왔다고 생각했다. 그녀는 우리가 다른 사람들에게 보내는 신호의 의미가 어떻게 이해되는지 설명했다. 미드에 따르면 우리가 어떤 몸짓을 지으면 상대방은 그 몸짓이 어디로 이끄는지를 생각한다. 다시 말해 왜 그런 몸짓을 했는지, 무엇을 말하려는 것인지를 추론한 뒤 상대방은 자신이 생각한 대로 반응하게 된다.

"사람들은 오빠의 신호에 바로 반응하는 게 아니라 그들이 생각하는 그 신호의 뜻에 반응하는 거야. 그래서 이 이론을 상징적 상호 작용론이라고 부르는 거고. 우리가 타인과 하는 상호 작용은 우리가 타인의 행동이 무엇을 의미한다고 생각하는가, 즉 그것이 무엇을 상징하는가에 따라 결정돼."

"잠깐만, 밀라." 도니가 접시를 비우고 뒤로 물러앉으며 말했다. "1분 전에는 물병을 가리키는 것에 대해 얘기하더니 지금은 우리의 모든 행동에 대해 말하고 있잖아."

"하지만 그게 맞는걸. 몸짓을 취하거나 신호를 보내는 것에 관해 미드가 이야기할 때, 그 안에는 우리가 의미를 전달하는 모든 방법이 포함되는 거야. 손을 흔들거나 말을 하거나 껴안는 거, 정말 뭐든 말이야."

"다 똑같은 일이라 이거지……. 그럼 어떤 신호가 무슨 뜻인지는 다른 사람들의 반응을 통해서만 파악할 수 있는 거야? 하지만 아까 웨이터가 물을 가져다주지 않았더라도 내가 뜻했던 건 물을 달라는 건데. 그게 내가 물병을 가리켰던 의도잖아."

도니는 이제 정말로 관심이 있는 것 같았다.

"미드는 우리가 바로 그 점을 이해해야 한다고 말해. 우리가 원하는 바가 바로 신호의 의미가 되지는 않는다는 거지. 그 사이에는 다른 사람의 생각이 있으니까. 저 웨이터는 오빠가 손짓하는 것을 보면서 '10번 테이블에서 물을 달라고 하지만 내 담당이 아니니 다른 사람에게 넘겨야지.'라고 생각할 수도 있어. 오빠는 그렇게 의도하지 않았고 또 그건 오빠가 원하던 상황이 아니지만, 그 생각은 오빠와 웨이터 간의 상호 작용에 영향을 줄 거야. 그럼 물을 받지 못하는 거고."

"그래, 하지만 그 사람은 내가 뭘 원하는지 알고 있으면서도 그저 그게 자기 일이 아니라고 생각한 거잖아."

"그래. 그러니까 오빠의 제스처는 물이 없다는 뜻이었잖아. 생각해 봐, 만약 오빠가 매니저에게 가서 그 웨이터가 오빠를 무시했다고 불만을 토로하면 그것도 그 사람이 의도한 바는 아닐 거야. 하지만 거의 모든 사람이 오빠가 물병을 가리키는 게 무슨 뜻인지 이해할 거라는 말은 맞아. 우리는 몸짓뿐 아니라 신호, 그러니까 사람들이 행동하고 말하는 모든 것들을 같은 방식으로 이해할 수 있는 맥락을 공유하니까."

우리는 성장하면서 타인의 사고방식을 받아들이도록 배웠기 때문에 이러한 맥락을 공유하고 있다는 것이 미드의 생각이었다. 밀라는 그 말대로 자신은 전부터 다른 사람들이 보는 방식대로 자신을 바라보려 했다고 설명했다. 성장이란 다른 사람과의 상호 작용으로부터 자기 자신을 객관적으로 보는 법을 배우는 과정이다. 다른 사람의 사고방식을 파악하는 근거로 쓸 수 있는 것은 실제로 만나는 몇 안 되는 사람들과의 관계이기 때문에, 이 과정은 상당히 어렵고 많은 시간을 필요로 한다. 우리는 타인을 만날 때 그들이 사적으로 우리를 대하는 방식을 고려한다.

"오빠도 알지? 우리 선생님은 내가 조용하다고 생각해. 어머니는 내가 착하다고 생각하고, 오빠는 내가 순진하고 바보 같다고 생각해. 미드는 우리가 이런 개별적인 견해들을 모아서 다른 사람들이 우리를 어떻게 생각하는지에 관한 더 큰 그림으로 만들어야 한다고 말했어. 그는 이 큰 그림을 '일반화된 타자'라고 불렀지. 그는 이런 예를 들었어. 사람과 동물의 차이는 자신을 객관적으로 보는 능력에 있다고 말했던 거 기억하지? 그가 든 '일반화된 타자'의 예는 사람과 개의 차이에 대한 것이었어. 만약 개 두 마리가 뼈다귀를 두고 싸운다면, 이 개들은 다른 개가 어떻게 생각할지는 신경 쓰지 않겠지. 하지만 사람 두 명이 뭔가를 가지려고 싸우면, 두 사람은 '일반화된 타자'가 자기 편이라는 주장에 기댈 거야. 사람들은 자기 소유를 주장할 때 '나에게 소유권이 있다는 것은 누구나 다 알고 있다.'라는 식으로 말하잖아."

"하지만 밀라, 네 요점은 그 '일반화된 타자'에 대해 아버지가 신경 쓰지 않았다는 것 아니야?"

"맞아, 오빠한테 계속 하려던 말이 그거였어. 미드도 그렇게 생각했고. '일반화된 타자'가 어떤 기대를 하는지 알고 있다고 해서 우리가 그에 맞춰야 하는 건 아니야. 나는 이걸 설명하려고 했던 거야. 아버지가 사람들의 일반적인 기대를 알고 있었다는 오빠 말도 맞지만, 아버지는 그런 기대를 거스르는 길을 가기로 선택한 거야. 나는 아버지가 개인주의를 주장하면서 그렇게 사회 전체에 반항한 건 분명히 낭만적이라고 생각해."

밀라는 미드가 성장하면서 자신에 대해 객관적으로 생각하는 법을 학습하는 과정에 대한 설명에 이렇듯 사회에 반항할 가능성을 마련해 놓았다고 말했다. 그는 반항아와 비순응주의자, 외톨이를 위한 자리를 남겨 두었다. 우리는 어른이 되면서 사람들이 우리가 무엇을 하기를 원하는지 배우고, 일부 기대에는 따르지 않겠다고 결심한다. 미드는 단체 게임을 하는 법을 배우는 아이를 예로 들어 이러한 논지를 펼쳤다. 우리는 공을 잡는 것처럼 어떤 행동을 하라는 요구를 받는다는 것을 알지만, 그대로 할 것인지 말 것인지는 우리에게 달려 있다. 자유 의지를 행사하는 인간은 자신이 생각하는 자기나 성장 과정 중의 사회적 상호 작용으로부터 얻은 타인의 관점으로 본 자기와는 다르다. 자유 의지는 훨씬 더 자발적이고 창의적이며, 직접 관찰할 수는 없지만 사람들이 어떤 행동을 수행하라는 요구를 받는 상황에서 드러난다는 것이 미드의 주장이었다.

그녀는 웨이터가 접시를 치우는 동안 잠시 쉬었다가 말을 이었다.

"상호 작용은 보통 세 단계로 구분할 수 있다고 해. 우선 게임을 하는 아이는 자신이 공을 잡아야 한다는 걸 알고 있어. 그런에 이 아이가 어떤 식으로든 반응을 해야 모두가 이 아이가 누구인지 비로소 알게 되지. 그리고 이 반응에 따라 다른 아이들은 이 아이를 어떻게 대할지 결정하고. 예를 들어 게임을 하지 않는 아이는 괴롭힘을 당하고, 우리 아버지는 욕을 먹었지."

"너는 항상 단체 게임을 못했잖아, 그렇지?"

"아버지는 나를 좀 창피해하셨지만, 오빠는 게임을 잘했으니까 괜찮았지. 오빠는 아버지의 기대를 충족시켰잖아. 알겠지? 미드의 이론에는 선택과 자기표현의 여지가 있어. 우리는 순응하는 법, 그러니까 사회가 원하는 방식대로 점을 연결하는 방법을 배우지만 꼭 그렇게 하지는 않아도 돼."

"요점은 알겠어. 어떤 사람이 유혹을 따를 것인가 말 것인가를 결정할 때, 그때야말로 자신이 진짜 누구인지 알 수 있다는 거잖아. 밀라 너, 내가 생각했던 것보다 똑똑한 것 같기도 하다."

오빠를 오래 겪으면서 때로는 씁쓸했던 적도 있었지만 밀라는 이 말을 액면 그대로 받아들였다. 하지만 막상 말을 꺼내자 그녀의 말은 도도하면서도 약간 이상하게 들렸다.

"오빠가 놀랐다니 기쁜데! 사실 나 스스로도 놀랐거든. 내가 자라면서 나 자신에 대해 생각했던 모습은 다른 사람들이 지금 생각하는 것과 그다지 맞지 않아. 내 비밀 자아가 따르지 않겠다고 선택한 것들이 있으니까. 요즘 나는 실제보다 멍청한 체하는 짓을 왜 하는지 모르겠어. 나는 너무 진지하면 친구가 안 생길 거라고 생각했는데, 여기 친구들은 내가 개념 설명을 해 주는 걸 좋아하는 것 같아. 너무 바보같이 굴다가는 배울 수 있는 것들을 놓치게 된다는 사실도 깨달았고. 나는 정말 배우고 싶거든. 사람들 말처럼, 더 많이 알수록 더 많이 알고 싶어지는 것 같아."

밀라는 도니가 헛웃음 치는 모습을 보면서 그의 칭찬을 그대로 받아들인 것이 잘못이었음을 알아차렸다. 그녀는 다음에 무슨 말이 나올까 두려웠다. 분명 도니는 어린 시절부터 갖고 있던, 다른 사람을 무자비하게 대하는 능력을 하나도 잃지 않았기 때문이었다. 그는 큰소리로 남들은 감히 생각도 못할 말을 내뱉을 수도 있었다. 가장 상처 받기 쉬운 은밀한 약점을 곧장 파고들어 만천하에 드러내 망신을 줄 수도 있었다. 웨이터가 두 번째 코스 요리를 들고 왔을 때 밀라는 그의 괴롭힘에서 이번에는 빠져나갈 수 있을지도 모르겠다고 생각했지만 도니는 계속해서 말을 했다. 목소리도 더 높아진 것 같았다.

"공을 놓친 아이의 예를 드느라 네 머릿속에 그 생각이 가득 찬 것 같네. 네가 그렇잖아? 아직도 너는 아무도 자기 팀에 끼워 주고 싶어 하지 않는 미운 오리 새끼 신세 아니야? 하지만 지금 너는 스스로를 아버지처럼 낭만적인 사람이라고 여기잖아. 그래서 그렇게 변장하고 있는 거고. 너는 네가 다르다고, 미운 오리 새끼 대신 군중에 맞서는 개인이라고 생각하면서 짜릿한 기분을 즐기고 있는 거야."

준비가 되어 있다고 생각했지만 늘 그렇듯 오빠의 매정함은 순식간에 그녀를 덮쳤다. 밀라는 되갚을 준비를 할 만큼 그 말을 믿을 수 없었기에 결국에는 혼란스럽고 무방비인 상태에 붙들려 곧바로 방어 태세를 취했다. 웨이터가 그녀 앞에 음식을 내려놓았고 그녀는 웨이터의 눈을 피했다. 밀라는 웨이터가 가고 나서 도니에게 이 이론이 자신에게 적용된다는 것을 알고 있지만 그건 그 이론이 모두에게 적용되기 때문이라고 말했다.

"새로운 친구들이 내가 그들과 어울리기 위해 갖추길 바랄 모습이라고 내가 생각한 모습이 있고, 그 애들과 친구가 되고 나서 달라진 내 모습이 있어. 하지만 여기에는 아까 말한 세 단계가 있고 그 사이에는 따를 것인가 말 것인가를 선택할 수 있는 내 자유 의지가 있지. 결정을 내리는 건 나의 자발적인 비밀 자아야. 그리고 결정이 무엇이었는지를 알게 될 때 자신이 정말 누구인지도 깨닫는 거지."

도니는 밀라의 약점을 건드렸다는 생각에 미소를 지었다.

"내 말은 그게 아니야. 그리고 너는 전혀 낭만적이지 않아, 너도 알잖아. 네가 아버지의 딸이 아닌 체하는 건 눈에 띄는 것을 피하려고 용을 쓰는 거지. 너는 필사적으로 사람들과 어울리려 하고 있는 거야."

밀라의 표정을 보니 도니는 홈런을 친 것 같았다. 그는 지금껏 여러 번 그랬듯 자신의 관점과 의견이 얼마나 뛰어난지를 보여 주기 위해 계속 밀어붙였다. 말을 계속할수록 그의 어조는 더욱 잔인해졌다.

"넌 좀 더 커야 돼, 밀라. 어린애들이나 자기 아빠가 영웅인 줄 알지. 설사 아버지가 작정하고 일을 망쳤다 치더라도, 그렇다고 아버지가 낭만적인 반항아는 아니야. 네가 말한 이론은 아버지의 행동이 무슨 의미인지 결정하는 게 사회라고 말하지. 어떤 신호가 무슨 의미인지는 사람들이 어떻게 반응하는지를 통해서만 알 수 있다고 했던 것 기억하지? 이제 우리는 전부 아버지의 행동이 어떤 의미인지 알아. 네가 아버지를 영웅이라고 생각하든 혹은 내가 아버지를 그저 평범한 사업가라고 생각하든 별 차이는 없어. 사회는 아버지가 범죄자라고 결정했으니까."

"하지만 나는 아버지가 나쁜 사람이 아니라는 걸 알고 있으니까 나에겐 차이가 있어. 개인의 권리를 위해 나서는 건 고귀한 일이야. 군중이 원하는 일을 하는 건 고귀하지 않아."

"네 마음대로 생각해. 너는 아직도 애야. 아버지는 그냥 자기를 위해 돈을 번 거야."

"그리고 우리를 위해서였어."

그는 말을 끊지 말라는 듯 손을 흔들었다.

"고귀함 같은 건 없어. 아버지가 쏟아지는 공개적 비난에 맞서는 영웅적이거나 낭만적인 사람이라고 생각하는 건 너 편할 대로 하는 망상일 뿐이라고."

"그럼 오빠는 아버지가 한 일이 나쁘다고 생각해?"

"아니, 정상적이라고 생각해. 우리 같은 사람들에게는 정상적인 일이야." 도니는 가죽 소파에 기대앉은 클럽 회원들을 가리켰다. "네 이론은 뭐가 좋고 나쁜지는 신경 쓰지 않잖아? 아버지는 그게 정상적이기 때문에 그런 행동을 한 거야. 윤리랑은 상관이 없어. 아버지가 한 일은 우리가 서로에게 기대하는 일이야. 나는 여기 있는 사람들이 비슷한 일을 했던 예를 열 개도 넘게 댈 수 있어. 너는 아버지가 고개를 숙이지 않고 사람들이 기대하는 행동을 하지 않은 게 아버지의 자발적인 비밀 자아 때문이라고 말하지. 하지만 그마저도 사람들이 기대하는 거야. 아버지의 세계인 이 세계에서는 그런 걸 기대한다고." 도니는 또다시 방 안에 있는 다른 사람들을 가리켰다.

밀라는 한쪽 구석에서 안절부절못했다. 거만한 사회에 맞서 개인의 권리를 지지하는 낭만적인 아버지의 상이 눈앞에서 씻겨 나가고 있었고 그녀에게는 그 생각을 붙들 무언가가 필요했다.

의미는 만남 속에

프랑켄슈타인에는 허버트 블루머(Herbert Blumer)가 '상징적 상호 작용론'이라는 용어를 퍼뜨리고 우리가 상호 작용을 하면서 의미를 생성한다는 생각을 대중화했다고 나와 있다. 사람들은 서로의 행동을 해석하면서 (혹은 의미를 부여하면서), 그리고 서로의 역할을 맡아 보면서 의미를 만든다. 블루머가 말했듯 상호 작용의 의미는 '과정'에 있다. 의미는 상호 작용 속에서 만들어지며 유동적이다.

블루머는 의미가 만들어지는 과정의 결말이 열려 있을 가능성을 남겨 두었다. 그녀는 아버지의 행동이 어떤 의미라고 일방적으로 규정할 수도 없었고 의견을 하나로 굳힐 수도 없을 것 같았다. 도니는 아버지의 역할을 바라보는 새로운 시각을 제시했다. 사실 그녀가 그동안 믿고 있었던, 아버지가 낭만적인 반항아라는 유치한 이야기보다는 그 말이 더 설득력이 있었다. 도니는 그 정도에 만족하는 것 같았지만 밀라는 그럴 수 없었다. 옳고 그름의 문제가 신경 쓰였기 때문이었다. 이 문제는 쭉 이어져 왔다. 그녀와 어머니 사이를 멀어지게 하고 그녀가 변장을 하게 만든 것 모두가 이

옳고 그름의 문제에서 비롯된 것이었다.

밀라는 만일 아버지가 정상이라고 생각한 길을 따랐을 뿐이라는 것을 인정한다면 아버지의 행동이 도덕적으로 그른 것이 될 수도 있다는 사실이 두려웠다. 그럼 그 비판들은 어떻게 할 것인가? 어떻게 그녀가 부당하다고 항의할 수 있겠는가? 그녀의 머릿속에 블루머의 또 다른 인용구 하나가 떠올랐다. 도니라면 그 말이 하찮고 모순적이라고 했을 것이다. 인간은 "행동을 구축하는 과정에서 비참한 일을 할 수도 있지만 그래도 행동해야 한다."라는 구절이었다. 어쩌면 그녀의 논리력이 그녀를 다른 사람들의 비판에 동참해야 한다는 결론으로 이끌고 있는 것은 아닐까? 이런 생각이 저녁 내내 이어져 밀라의 기분은 점점 더 가라앉았다.

집에 가는 택시를 탈 때까지도 밀라는 기분이 나아지지 않았다. 택시가 클럽 근처의 길모퉁이를 돌아 도니에게서 멀어지자 가까스로 마음이 진정되었다. 아버지는 자신의 행위를 구축하느라 비참한 일을 했을 수 있지만 그녀가 꼭 같은 일을 해야 하는 것은 아니었다. 그렇다면 그녀가 잡아야 할 공은 무엇일까? 그녀의 자발적인 비밀 자아가 해야 할 선택은 무엇일까? 그녀가 내릴 수 있는 가장 중요한 결정은 사회학을 계속할 것인가 말 것인가에 대한 것이었다.

도니가 뭐라고 생각하든 밀라는 자신이 몇 달 전이나 심지어 클럽에 들어갈 때보다도 더 많은 것을 알게 되었다고 확신했다. 그게 시간 낭비였을까? 그녀는 배우는 중이었다. 배우는 일은 때로 고통스럽고 장애물과 의심이 앞을 가릴 때도 많았지만, 그녀는 이 복잡하고 좌절감을 주는 분야에 관해 천천히 지식을 얻어 가고 있었다. 그녀는 상호 작용이란 단순히 지금껏 해 왔던 일을 하는 것과는 다르다고 블루머가 말한 이유를 이제 알겠다고 당당히 말할 수 있었다. 만일 그런 것이라면 상호 작용은 공부할 가치가 없는, 행동의 원인과 결과 사이의 재미 없는 조각일 것이다. 하지만 그렇지 않았다. 상호 작용은 우리가 준비해 간 대본을 읽는 자리가 아니라 대본을 쓰는 자리, 그것도 다른 사람들과 함께 대본을 쓰는 자리였다.

그녀는 이제 사회란 구조가 아닌 과정이라는 생각을 붙들었다. 우리가 사회 안에서 하는 모든 행동의 의미는 고정된 것이 아니라 유동적이다. 과정이 없으면 예컨대 결혼이나 사법 체계, 교육 같은 사회적 제도도 아무것도 없다. 이 과정은 도니와 그의 새 친구들의 사업에도 중요하다. 사람들이 숨결을 불어넣지 않으면 모든 사회 제도는 생명 없는 죽은 것이나 마찬가지다. 상징적 상호 작용론은 사회학을 전혀 다른 방향으로 돌려놓았다. 이 이론은 때로 우리가 쉽게 지나치지만 매우 중요한 삶의 작은 요소들을 이해할 가능성을 열어 주었다.

택시가 클럽 근처의 우중충한 거리를 굽이굽이 지나는 동안 밀라는 사람들이 집처럼 편한 상황에서는 물론이고 취업을 위한 면접에 갈 때나 쇼핑할 때, 국제 평화 협정이나 무기 거래 같은 협상을 할 때와 같은 상황에서 몇 시간씩 상호 작용 하는 방식에 대해 생각해 보았다. 이런 상황은 우리에게 다른 사람과 의사소통하고, 무시하고, 협력하거나 반목하는 등 상호 작용 하는 사람이 되라고 요구한다. 과학에서는 분자와 원자, 그에 뒤이은 소립자의 발견이 이와 맞먹는 주요 개념이 될 것이다. 이런 아주 작은 단위를 알지 못했을 때 과학자들의 지식은 눈으로 볼 수 있는 것에 한정되어 있었다. 마찬가지로 상징적 상호 작용론은 보다 작은 인간적 단위에 관심을 기울이게 만들고 새로운 세계를 이해하도록 문을 여는 출발점이었다. 그때 들려온 소리에 생각의 꼬리가 끊겼다. 택시 기사였다.

"나 손님 알아요."

이 말에 밀라는 심장이 멎는 것 같았다. 그가 말을 잇는 동안 그녀는 숨을 쉴 수가 없었다.

"아침 방송에 나오는 그 아가씨죠? 시각 장애인 어린이들에게 노래 불러 주는."

밀라는 웃음을 터뜨릴 뻔했지만 장단을 맞춰 주어야 한다는 사실을 깨닫고 마음을 가다듬었다. 그러지 않으면 택시 기사가 그녀가 정말 누구인지 기억해 낼 기회를 만드는 셈이었다.

7
조금은 비정상적인 밤

정상인 척하기 — 슈츠의 전형화

아직은 아무런 할 말이 생각나지 않았기 때문에 밀라는 조용히 있었다. 그녀는 택시 기사와 거울로 시선을 마주치지 않으려고 차창 밖 밤거리만 내다보았다. 그는 아랑곳하지 않고 계속 말을 걸었다.

"사람들이 항상 알아보죠? 아니면 내가 알아봐서 놀라셨나?"

"이런 일이 거의 없어서요."

"안경을 써서 그런가? 그래도 내 눈은 못 속이죠. 나는 손님이 타자마자 알아봤는걸요. 우리 애들이 아가씨를 좋아해서 내 아내는 아가씨가 나오면 유심히 보는데, 내가 보고 있으면 아가씨 얼굴이 예뻐서 보는 거라고 말하죠."

밀라는 택시 기사가 자신을 누구와 착각한 것인지 알 수 없었다. 혹시나 택시 기사가 실수를 깨닫고 자신이 정말 누구인지 생각해 내려 할까 봐 걱정하고 있지만 않았더라면, 슬그머니 든 자만심에 힘입어 택시 기사가 자신인 줄 착각하고 있는 텔레비전 속 인물이 정말 예쁜지 궁금해했을 것이다. 지금 상황에서는 사람을 잘못 보셨다고 말하기에는 위험 부담이 너무 컸다. 밀라로서는 한 번도 본 적 없는 텔레비전 프로그램에 나온 여자인 척하는 것 말고는 대안이 없었다.

밀라는 그의 질문에 대답하고 나서 '방송에 나온 자신의 삶'에 관해 택시 기사와 대화하기 시작했다. 그녀는 방송에 나온 아이들이 사랑스러웠고 그 어린 여자아이가 수술 끝에 시력을 되찾았을 때 진짜로 눈물이 나더라고 맞장구를 쳤다. 밀라는 비슷비슷한 이야기를 더 많이 지어내서 택시 기사의 관심을 충족시켰다. 밀라는 스스로를 텔레비전에 나온 사람이라고 생각하는 것을 정말로 즐기고 있었다. 그녀는 이 택시 기사에게는 이런 대화가 그리 드문 일은 아닌 것 같다고 생각했다. 그는 손님이 텔레비전 프로그램에 나오는 삶 이야기를 하는 상황을 자연스럽게 받아들이는 것 같았다. 밀라는 이런 대화가 그녀에게는 이상하지만 그에게는 평범한 일인지 궁금해졌다. 하지만 그녀가 연기하고 있는 여자야말로 이런 대화를 평범한 것으로 만들고 있었다.

'다 거짓말인데.' 택시 기사의 질문이 뜸해지고 그녀에 대한 관심이 사라질 때 즈음 그녀는 혼자 생각에 빠졌다. '사람들은 다른 사람들이 누구인지 알고 있는 척하고, 자기 행동이 무슨 뜻인지 안다는 듯 행동해. 도니 오빠의 클럽에 있을 때는 행동의 의미를 상호 작용 과정이 결정한다고 생각했지만, 그 과정이 언제 끝나는지는 누가 말해 주지? 내가 아버지를 영웅이라고 말하는 거나 신문에서 아버지에 대해 온갖 끔찍한 말을 하는 과정에는 끝이 없는데.'

밀라는 이런 생각을 하면 할수록 행동의 의미를 결정하는 과정에는 끝이 없고, 의미는 고정시켜 봐야 그뿐이라는 확신이 들었다. 이 과정은 무작위적인 선택이기도 했다. 어떤 사람이 범죄자인가 아닌가, 나쁜 사람인가 아닌가는 언제 누구에게 묻느냐에 달려 있었다. 또 다른 해석의 가능성은 1분 뒤, 혹은 1년 뒤에라도 따라다닐 것이다. 사람들은 그런 해석이 없는 척할 뿐이며, 마치 자기 말이 최종적인 것처럼 군다.

생각이 여기까지 이어지자 밀라는 위안이 되었다. 그런 생각들은 공개적으로 쏟아진 비난에 맞서 쌓은 방어막에 난 상처를 빠르게 회복시켜 주었기 때문이었다. 하지만 그 생각들을 따라가다 그녀는 이상한 곳에 도달했다. 우리가 다른 사람에게 하는 행동이나 말에는 아무 의미도 없고, 어떻게 한다고 해서 그 의미를 찾을 수 있는 것도 아니므로 우리는 그저 의미가 있는 척할 뿐이라고 밀라는 혼자 중얼거렸다.

'우리는 무슨 일이 일어나는지는 아무도 진짜로 모르면서 그냥 이해하는 척하는 거야. 넌 오빠를 좋아하는 척하고, 바보인 척하고, 사회학자인 척하지만 그런 건 다 중요하지 않아.'

도니는 거듭해서 아버지가 정상적으로 행동한 것이라고 말하지 않았던가? 그녀는 우리가 했거나 할 수 있었던 모든 일들이 정상인 척하는 것은 아닌지 스스로에게 물었다. 자기에게나 다른 사람에게 정상적이라고 말하는 한 정말로 무엇을 했는지는 중요하지 않았다. 절대 인정할 수는 없었지만, 말하자면 우리 모두는 무언가가 좋은가 나쁜가에 대한 판단에 합의한 척 연기하면서 공모하고 있었던 것이다. 결국 도니가 옳았고 아버지에 대한 비난은 정상인 척하는 과정의 일부분이자 연기일 뿐이었다. 대중의 비판은 단지 정상성의 외형을 고치고 마치 정상적인 행동 방식이 있는 것처럼 보이기 위한 일종의 신속한 수리 과정이었다. 그런 행동 방식을 거스른 아버지의 행동은 비판을 받거나 어딘가 모자란 것으로 여겨질 수 있었다.

프랑켄슈타인은 밀라에게 이런 생각에 매달려 왔던 사회학자들이 여기에 '민속 방법론'이라는 이름표를 붙였다고 알려 주었을 것이다. 하지만 밀라는 그 부분을 읽지 않았고 읽을 계획도 없었다. 친구들과 마찬가지로 밀라도 교재에서 과제를 하는 데 필요한 부분만 읽었다. 프랑켄슈타인에는 민속 방법론에서 우리가 사물을 실재하는 것, 정상적인 것처럼 보이게 만들고자 노력한다고 주장했다는 내용이 있었다. 현실은 간단하게 나타나는 것이 아니다. 현실은 그저 쫓아다닌다고 해서 깨닫게 되는 것이 아니라, 우리 모두가 공모해서 만드는 것이다. 현실과 정상성은 여럿이 함께 하는 과제 같은 것이다.

밀라는 전혀 정상적인 기분이 아니었고 택시 기사가 틀어 놓은 불협화음 가득한 노래에 더욱 이상한 기분이 되었다. 쩌렁쩌렁하다가 이도 저도 아니게 끌려다니는 관악기의 들썩들썩한 곡조가 들렸다. 바다를 표현하려는 건가? 이런 음악은 들어 본 적이 없었다. 음악은 매우 반복적이었지만 가끔씩 탬버린이 고집스럽게 뱀처럼 차르랑거리거나 가믈란(인도네시아 전통악기.—옮긴이)이 쨍 하며 부딪는 소리가 들렸다. 그 와중에 전진을 의미하는 스네어 드럼 소리도 났다. 밀라는 택시에서 창밖을 바라보면서 음악을 듣고 있었다. 밤의 도시를 달리는 데 어울릴 만한 소리라고는 아무것도 없었다.

알프레드 슈츠(Alfred Schutz)도 프랑켄슈타인에 등장하는 사회학자였다. 슈츠는 상징적 상호 작용론의 영향을 받았다. 그는 우리 모두가 각자 나름대로 의미를 계속해서 주장하지 않으면 의미는 존재하지 않는다는 결론을 내렸다. 상징적 상호 작용론에서는 사람들이 늘 사물에 의미를 부여하는 데 참여한다고 말했지만, 슈츠가 주장하는 바는 달랐다. 그는 사회학이 오직 사람들이 의미를 부여하는 방식에 대해서만 연구해야 한다고 말했다. 사회적 삶의 부분이 이것 혹은 저것을 의미한다고 말하는 것은 사회학자만이 아니라 누구나 하는 일이기 때문이다. 그렇게 하지 않으면 인간적인 삶을 살 수 없기 때문에 사람들은 그래야만 한다. 슈츠에 따르면 사람들은 항상 무의식적으로 사회학자처럼 행동하지만 이 점에 대해 이야기를 꺼내지 않는 것을 당연하게 여긴다. 그러므로 이렇게 당연히 여겨지는 것이 한 번도 문제시된 적 없다는 사실을 염두에 두고서 모두가 알지만 아무도 말하지 않는 것들을 연구해야 한다는 것이다.

택시가 신호에 멈춰 섰다. 택시 기사가 질문할 거리가 완전히 떨어진 덕에 밀라는 다시 창밖을 내다보았다. 한 남자와 여자가 교차로를 건너고 있었다. 여자는 남자보다 앞에서 걷고 있었고 걸음이 빨랐다. 달리는 것은 아니었지만 보통 사람들이 도시에서 걷는 속도보다는 빠른 걸음이었다. 두 사람은 일행이었다. 남자가 여자를 보고 있었다. 그녀는 생각했다.

'저 여자는 남자에게서 도망치려는 건가? 여자는 알아서 가고 있는데 남자가 여자를 귀찮게 하는 건가? 하지만 여자가 왜 혼자 있겠어? 매춘부인가?'

여자가 걸음을 늦추면서도 여전히 한두 걸음 차이를 두고 뒤로 돌아선 것을 보면 남자가 여자에게 말을 건 모양이었다. 여자는 소리를 지르는 것 같았다. 들리지는 않았지만 여자 몸의 각도를 보면 알 수 있었다. 밀라는 여자가 겁을 먹었거나 화난 것 같다고 추측했다. 여자는 손에 뭔가를(돈인가?) 쥔 것 같았다. 그러고는 남자에게 그것을 뿌렸다.

신호가 바뀌고 차가 움직여 그 사람들에게서 가까워졌다가 멀어지기 시작했다. 이제 밀라는 뒤 창문으로 그들을 봐야 했다. 남자가 몸을 돌려 길 위로 굴러가는 것을 바라만 보는 걸로 보아 여자가 던진 것이 돈은 아니었다. 여자는 가만히 서서 머리에 손을 얹고 울고 있었다. 그녀는 울면서 이제는 남자를 향해서가 아니라 밤의 허공에 대고 소리를 지르고 있었다. 남자가 여자에게 걸어가더니 여자의 뺨을 때렸다. 최소한 밀라가 보기에는 그랬다. 하지만 택시가 속도를 내면서 그 커플과 멀어졌다. 밀라는 방금 남자가 양손을 여자에게 갖다 대는 것을 본 것 같았다. 목을 조르려는 건가?

"방금 보셨어요? 저 남자가 여자를 때리는 거 보셨어요?"

밀라는 넋이 나간 것 같았다. 그녀는 무엇을 해야 할지 몰랐지만 택시 기사는 알 거라고 생각했다.

"예, 분명히 봤죠."

"차를 세우고 저 여자를 도와줄 수 있을까요?"

"무엇 때문에요? 연인끼리 다투는 거예요. 어떻게든 자기들끼리 풀겠지. 여기서는 밤에 저런 일도 일어나고 그래요."

밀라는 자신이 무엇을 보았는지 더는 확신할 수 없었다. 어두운 밤이었고 그녀는 너무 피곤했다. 어쩌면 남자가 여자를 때린 것이 아니라 양손을 뻗어 여자의 얼굴을 감싸 진정시키는 것일 수도 있었다. 어쨌든 택시 기사가 도와줄 마음이 없다면 그녀가 무엇을 할 수 있겠는가? 밀라 혼자서 무엇을 할 수 있었을까?

"밤에 이 동네를 운전하고 다니면 더 안 좋은 것도 많이 봐요. 별꼴을 다 보지. 지난달에는 젊은 여자 둘이 도로 한복판에서 싸우는 것도 봤어요. 길에 다니는 사람은 아무도 없었고요. 한 여자가 다른 여자 위에 타고 앉아서는 도로에다 그 여자 머리를 짓찧습디다. 양손으로 머리채를 쥐고는 내려치더라고. 상대방 여자는 반격을 못하더군요. 아마 의식 불명이었거나 싸우기 싫었던 거 같아요. 여자들이 그러는 걸 보니 희한하데요. 하지만 제일 희한했던 건 차가 다 그 둘을 피해서 한 줄로 지나가더라는 거예요. 마치 도로에 공사하느라 경계선을 쳐 놓은 것처럼 지나가면서 쳐다보지도 않더라고요. 사고였으면 구경했겠지만, 다들 먼 산만 봅디다."

"그럼 아무도 차를 안 세웠어요?"

"아무도 안 세웠죠. 다들 다른 사람들이 경찰을 부른다거나 뭔가를 할 거라고 생각했던 것 같아요. 내가 우리 사무실에 말을 하긴 했는데 그 사람들이라고 뭘 했을 것 같지는 않고. 여자 둘이 큰길에서 싸우고 있다고 했더니 재미있게 생각하더라고요. 그것도 잘못이지만, 그냥 운전하며 지나쳐 간 우리도 다 잘못이었죠."

그는 줄였던 음악 소리를 다시 크게 키웠다. 아까 것과 같으면서도 더 부드럽고, 크고, 높아졌다 낮아졌다 하며 뭔가 더 전통적인 듯한 느낌의 느리고 매캐한 색소폰 솔로였다. 그녀는 그 음악이 분명 재즈일 거라고 생각했지만 뒤이어 너무도 예상치 못했던 소리가 나서 깜짝 놀랐다. 처음에는 커다란 벌레 한 마리가 느릿느릿 지나가는 것 같은 소리가 나더니, 그 다음에는 여러 마리가 지나가는 소리가 났다. 그녀는 순간 택시 안이나 창밖에 벌레가 있는 줄 알았다. 음악 소리는 이내 빗소리로 바뀌었다. 그사이 바깥에도 비가 내려 차창 밖으로 빗물이 떨어졌다.

밀라는 택시 기사가 말한 싸움이 대낮에는 일어나지 않았을 거라고 확신했다. 싸우던 여자들도 방금 본 연인들과 마찬가지로 다투든지 뭘 하든지 간에 밝을 때는 그런 식으로 행동하지 않을 것이었다. 밀라는 밤에는 규칙이 없거나, 아니면 느슨하거나 다른 것 같다는 생각을 하게 되었다. 사람들이 자신의 현실 속에 그 싸우는 여자들을 끼워 넣기 위해 했던 일이라고는 그들을 도로의 장애물처럼 취급한 게 전부였다. 아무도 차를 세우지 않았고 심지어 아무도 그들을 쳐다보지 않았다. 도로 공사를 할 때처럼 그냥 지나쳐 갔다니! 하지만 사람들이 밤에는 정상적인 모습을 만드는 데 그렇게 노력하지 않는다는 것은 낮 동안 현실이 얼마나 철저하고 성공적으로 구성되는지를 보여 준다. 밤에는 사람들이 현실이라는 천에 뚫린 구멍을 메우려고 멀리까지 가지 않기 때문에 그런 구멍이 훨씬 눈에 잘 띄는 셈이다.

폭행이 도로의 장애물처럼 취급될 수 있다는 생각에 밀라는 사람들이 자신의 경험을 이해하기 위해 끌어오는 상식을 사회학이 어떻게 설명하는지 생각하게 되었다. 밀라가 프랑켄슈타인을 펴 봤더라면, 이 문제가 사람들이 자신의 경험을 정리하는 작업을 시작하기도 전에 '전형화'를 한다고 주장하면서 슈츠가 다루었던 문제임을 알 수 있었을 것이다. 예를 들어 폭행을 도로 장애물로 전형화한다면 그를 피해 차선을 바꾸면 그만이다. 슈츠에 따르면 세계를 의미 있게 만드는 것이 바로 이러한 전형화이다. 사실 현실의 모든 측면에서 전형화야말로 우리의 세계이다.

이제 세상은 상상했던 것보다 더 무섭고 무의미하게 보였고, 차가 속도를 내는 사이에 밀라는 불안감을 전혀 누그러뜨려 주지 않는 장면을 목격했다. 곤봉을 든 남자들이 길에서 자고 있던 몇 사람을 승합차 뒤 칸에 밀어 넣고 있었던 것이다. 두어 블록을 더 가자 몇몇 도로는 웬일인지 텅 비어 있었고 골목에는 처음 봐서는 전혀 이해할 수 없는 광경이 보였다. 수십 대의 진압용 기동대 차량이 조명은 희미하지만 엔진은 켠 채로 줄지어 세워져 있었다. 완전히 무장하고 차 옆에 서 있는 경찰은 몇 명 안 되었지만 차 안에는 그보다 훨씬 많은 사람들이 대기하고 있었다.

"저거 보셨어요?"

밀라가 물었다.

"여기서 내일 무슨 에너지 회의인가가 있다는 것 같던데, 아니 물에 관한 회의였던가. 아무튼 귀빈이 많이 온대요. 저 정도 경계야 보통이죠."

들썩거리던 음악 소리가 다시 커졌다. 하프 소리 비슷한 것이 아주 빠르게 연주되고 나서 아까처럼 관악기 소리가 쩌렁쩌렁하다가 가만히 줄어들었는데, 이번에는 교수형을 진행할 때 연주되는 것 같은 드럼 소리가 이어졌다.

미관상 좋지 않은 것은 길에서 치워지고, 골목에는 무장 인력이 가득차 있다. 정상급 인사들을 시위대나 테러리스트로부터 보호하기 위해서는 경계를 서야 하므로 이 모든 것은 정상적인 일이었다. 밀라는 잠시 동안 이 모든 상황을 당연하게 받아들이고 '전형화'에 익숙해져서는 아까 자신이 전경을 가리킨 것이 어리석었다고 생각하기에 이르렀다. 하지만 곧바로 그녀는 머릿속으로 자기 얼굴을 후려쳤다. 사람들을 승합차에 욱여넣는 것이 뭐가 정상적이란 거야? 저 사람들은 어떻게 되는 거지? 왜 경찰 수백 명이 거리에 나와 있는 걸 정상으로 받아들여야 해? 밀라는 그런 일은 우리가 그에 대해 생각하지 않을 때만 정상적이며, 바로 그것이 문제라고 생각했다. 노숙자들을 잡아넣는 일은 단순히 밤을 틈타 일어나는 유의 일이 아니었다. 만약 사람들이 주의를 기울인다면 내일 (노숙자들이 어떻게 쫓겨났는지에 대해서는 아니겠지만) 경찰 기동대의 모든 것을 알게 될 것이다. 하지만 사람들은 별 생각을 하지 않을 테고, 결국 이 일은 정상적인 게 될 터였다.

비정상인 척해 보기 — 가핑클의 위반 실험

프랑켄슈타인에서 민속 방법론을 다룬 장에는 해럴드 가핑클(Harold Garfinkel)이 우리 모두가 가진 지식은 슈츠가 상상한 것처럼 고정적이고 믿을 만한 것이 아니라 주장했다고 나와 있었다. 말하자면 우리가 신경을 쓰건 말건 항상 존재하는 것은 없다. 사회를 가능하게 만드는 것은 우리의 일반적인 이해가 아니라 정상성에 대해 질문을 던지는 '저항'이었다. 보통 우리는 다른 사람들이 무슨 생각을 하고 있는지 추측할 필요가 없다. 사실 서로를 이해할 필요도 없다. 대신 우리는 세상이 정상이고, 마찬가지로 우리가 일상 속에서 일어나는 일들을 이해하는 방식도 정상일 거라고 가정한다.

밀라는 정상 회의와 귀빈들에 대한 택시 기사의 말을 듣고서 자신도 이 세상이 정상적이라는 일반적인 공모에 이미 동참하고 있었다는 생각을 했다. 대부분의 경우 자신도 다른 사람들처럼 별 문제 없이 지나친다. 이런 일은 다른 사람을 만날 때마다 일어난다. 사람들이 서로 공모하여 믿을 만한 평판이나 공유된 지식이라는 환상을 만들어 낸다는 생각에 밀라는 머리가 어찔했다. 사회는 없고, 사회가 존재한다고 믿기 위한 사람들 사이의 암묵적인 합의만 있다는 말인가?

가핑클은 사람들이 사회라는 환상을 만들기 위해 무슨 일을 하는지를 사회학자들이 연구해야 한다고 생각했다. 즉 사람들이 사회 질서를 실현하는 방법을 연구해야 한다는 것이다. 사회학은 실제로 일어나는 일을 설명할 때 결코 사람들이 자신의 행동과 생각에 대해 하는 말을 근거로 삼아서는 안 된다. 사람들의 말에서 알아낼 수 있는 것은 '발화' 자체이지, 사람들이 상상하는 대로의 발화 내용이 아니다. 질서에 대한 감각을 부여하는 것은 발화이며 사회학이 접근할 수 있는 유일한 것 역시 발화이다.

가핑클은 발화를 일반화하려는 노력이 아무 소용 없다고 생각했다. 발화는 언제나 그 발화를 만들어 내는 지엽적인 상황에 한정된다. 의미에 대해서는 언제나 논란의 여지가 있지만, 근본적으로 우리는 당연하게 여겨지는 규칙들을 작동시킴으로써 의미 자체가 구성물이라는 사실을 덮는다. 이런 실천에 대해 사회학자들이 했던 말은 너무 모호하거나 자세하고 특정 사례에 묶여 있다. 일상생활에 관해 제시되었던 기존의 '실천적인 사회학적 추론'에는 사실 이렇다 할 규칙이 없으며 우리가 그런 추론을 하는 방식에 대해 일반적이면서도 흥미로운 이야기를 하기란 매우 어려운 일이다. 규칙이란 모두 가핑클이 말한 '지엽적 생산'의 문제이다.

따라서 사회학은 사람들이 어떻게 자신의 일상적 '사회학'을 하는가를 연구할 수 있을 뿐이다. 이는 사람들이 계속 일하며 살아가기 위해 자신을 둘러싼 사물의 의미를 도출해 내는 방식을 의미한다. 프랑켄슈타인은 이렇게 물었다. 그렇다면 대학에서 가르치는 사회학은 뭐가 그렇게 다른가? 그저 '발화'가 더 많을 뿐 아닌가? 이렇게 보면 사회학자들은 그들의 말을 들어야 할 이유를 찾은 사람들이 점점 더 적어지는 가운데 점차 줄어드는 원 안에서 자기들끼리나 통하는 말을 연구하면서 뱅뱅 도는 사람들이다.

물론 밀라는 읽지 않았지만, 만약 이 부분을 읽었다면 분명히 사회학에 대한 의심이 되살아났을 것이다. 그녀는 사회가 환상이라는 생각과 씨름하고 있었다. 만일 그렇다면 사회를 좀 더 나은 곳으로 바꾸려는 시도는 아무 소용이 없다는 말인데, 노숙자들을 차에 밀어 넣는 광경과 골목에 늘어선 경찰들을 보면서 밀라는 자신이 정말로 세상을 더 낫게 만들고 싶어 한다는 걸 깨달았기 때문이다.

갑자기 밀라의 마음속에 어떤 장면이 떠올랐다. 전에 봤던, 군인의 총신에 꽃을 꽂아 주는 한 여성 시위자의 모습이었다. 시위대는 열을 이룬 군인들에 바짝 밀려나 있었고 총은 그 여자의 목을 겨누고 있었다. 밀라는 그 여자의 행동이 현실의 정의가 얼마나 부조리한지를 세상에 보여 주려던 것이라고 생각했다.(시위대가 국가의 적인가?) 꽃은 대안적 현실과 저항 행위의 상징이었다. 그런데 무엇보다도 그 장면에서 기억에 남는 것은 군인의 굳은 얼굴이었다. 그는 여인의 눈이 아니라 그녀 이마 정중앙의 한 점을 응시하고 있었다. 밀라는 그의 눈을 보고 그의 현실이 무너지고 있음을 느낄 수 있었다. 그래도 그는 여전히 국가를 지키기 위해서라면 무엇이든 할 준비가 되어 있는 군인이었다.

텔레비전에서 봤던 한 예능 프로그램도 떠올랐다. 사람들이 채소 분장을 하고 재래시장의 좌판에 진열되어 있는 설정이었다. 그 프로그램에 정치적이거나 사회적인 의도는 없었으며 그저 터무니없다는 느낌이었다. 시청자는 과일과 채소 사이에서 사람 머리나 팔다리를 발견한 사람들이 마치 모든 것이 정상적인 체하는 모습에 웃으면 되는 것이었다. 바보 같긴 해도 그 프로그램은 여인과 군인, 총구 속 꽃의 이미지와 같은 요점을 짚어 냈다. 사람들이 현실에 대한 자신의 규정을 유지하기 위해 어디까지 갈 수 있는지를 보여 주었던 것이다.

만약 밀라가 프랑켄슈타인에서 그냥 지나쳤던 부분을 읽었더라면 가핑클이 학생들에게 이 같은 사실을 보여 주는 '위반 실험'을 하게 했다는 사실을 알았을 것이다. 실험 목적은 우리가 정상적으로 보이도록 항상 공모하지 않는다면 정상적인 것은 아무것도 없음을 (혹은 아무것도 알 수 없음을) 직접 겪어 보는 것이다. 가핑클은 학생들이 시간을 정해 일부러 정상성을 만드는 작업에 참여하지 않고 주변 사람들이 어떤 반응을 보이는지 관찰하도록 했다.

가핑클과 학생들의 실험은 거기서 끝났지만 밀라는 저항의 행동이란 무엇인지, 그리고 그런 행동이 과연 사람들을 무사태평한 태도에서 깨워 더 나은 세상으로 이끌 수 있을지 알고 싶었다. 밀라는 지금 실험을 해 보기로 했다. 그녀는 지금껏 자신을 다른 누군가라고 믿고 있는 택시 기사를 위해 정상성을 가장하고 있었다. 밀라는 이제 이 상황을 너무나 정상적이게 만드는 일을 멈춰 보기로 했다.

"시에서 열리는 정상 회의에 전에도 가 보셨어요?"

"그럼요, 여러 번 가 봤죠."

"폭력 시위도 있었나요?"

"아니요. 다른 데 같은 폭력 시위는 없었어요."

"그럼 경찰 기동대를 배치하는 것 같은 대비는 왜 하는 거죠? 윗분들은 시위를 원하는 것 같은데요. 소외감을 느끼니까요. 경찰 기동대는 '와라 시위대야, 우리도 좀 끼자.' 하고 도전하는 것 같고요. 아시죠, 여행 책자에 나오는 것처럼요. '어서 오세요. 훌륭한 물 대포입니다. 최루 가스는 여러분을 눈물 날 때까지 웃겨 드릴 겁니다.' 지도자들은 폭력 시위에 관한 수많은 신문 기사를 믿는 나라에서 오는 다른 지도자들 앞에 그냥 서고 싶어 하지 않아요. 그들은 내일 사람들이 와서 머리가 터지고 나머지 사람들이 당당해지기를 바라는 거죠."

밀라는 자신이 이 중 한마디라도 믿고 있는지는 몰랐지만 택시 기사의 얼굴을 보니 기뻤다. 그는 마치 자기 택시 뒷자리에 타고 있는 텔레비전에 나오는 이 예쁜 아가씨가 초능력이 있다거나 파충류 외계 생물체가 정부에 침입해서 전 세계를 장악할 거라는 증거가 있다고 말하기라도 한 듯한 표정이었다. 밀라는 그가 이제 무엇을 할지 알고 있었고, 결국 자신이 무엇을 할지도 알고 있었다. 자신이 한 말을 도로의 장애물처럼 취급하고 간단히 차선을 바꿔서 피하는 것이었다.

"가려는 데 주소가 어디요?"

'그렇지.' 밀라는 생각했다. 우리는 예의를 차릴 수 있는 선에서 정상이라는 환영을 무너뜨릴 위협을 무시하고 최대한 빨리 주제를 바꾼다. 우리의 '현실'은 이 과정에 의존하고 있다. 현실은 현실을 조작하는 우리에게 달려 있다. 하지만 밀라에게는 쉽게 성공을 거둔 위반 실험에 대한 반응을 살펴볼 시간이 별로 없었다. 택시 기사가 주소가 어디냐고 되물었고, 밀라는 차가 지나고 있는 거리가 하나도 익숙하지 않았지만 이제 자신이 사는 동네에 와 있다는 것을 깨달았다. 그제야 자신이 주소를 확실하게는 모른다는 사실이 분명해졌다.

우편물은 모두 학교로 오기 때문에 그녀는 기숙사 주소를 확인해 둘 일이 없었다. 대부분은 기억이 나는 것 같았는데 거리 이름이 헷갈렸다. 그녀는 택시 기사에게 기억나는 대로 말하고 나머지는 그럴싸하게 둘러댔다. 만일 그녀가 실수를 했더라도 그는 어쨌든 제대로 된 주소를 알고 있지 않겠는가? 그는 잘못 들은 것 같지만 상관없다고 생각할 것이었다. 택시 기사는 알았다는 표시로 고개를 끄덕여 보였지만, 다음 순간 어느 방향으로 가야 하냐고 물었다.

밀라는 여태 학교에서 자신이 사는 곳까지 걸어 다녔다. 아니면 길을 아는 누군가가 그녀를 문 앞까지 데려다 주었더랬다. 지금 있는 곳에서 기숙사까지 어떻게 가야 할지 그녀는 전혀 몰랐다. 다음 교차로에는 청소부 한 무리가 있었다. 택시 기사는 차창을 내려 그들에게 말을 걸었다. 그는 이제 밀라가 틀렸다고 확신하고 있는 주소로 가는 길을 물었다. 있지도 않은 주소로 가는 방향을 어떻게 알려 줄 수 있겠는가? 하지만 그들은 방향을 알려 주었고, 한 사람은 심지어 더 좋은 길을 가르쳐 준다며 앞사람의 말을 바로잡기까지 했다. 택시 기사는 고맙다고 말하고 신호등이 바뀌자마자 창문을 올렸다. 택시는 청소부들이 여전히 손가락으로 가리키고 있는 방향으로 우회전을 했다.

밀라는 잠시 동안 어쩌면 청소부들이 밀라의 집 주소를 제대로 알려 준 것일 수도 있다고 생각했지만, 존재하지 않는 곳으로 가는 길을 알려 주었을 가능성이 상식적으로 훨씬 더 높다는 점을 고려해야 했다. 아마 이런 상황은 사람들이 정확하지 않은 길을 자신 있게 알려 주는 가장 극단적인 사례일 것이었다. 그들은 도와주어야 한다는 의무감과 길을 알아야 한다는 책임을 느꼈기에 대충 알고 있거나 실은 잘 알지 못하는 길을 알려 준 것이다.

이는 현실을 만들기 위해 상황을 파악해야 한다는 절실한 필요성이 낳은 결과일 것이었다. 종종 비이성적인 결과가 나온다는 것도 분명했다. 사람들이 계속해서 현실을 만들어야 한다고 느낄 때조차 합리적으로 생각한다는 보장은 없다. 그러면 도움을 주고 싶기 때문에 존재하지도 않는 곳으로 가는 전혀 쓸모없는 길을 알려 주게 되는 것이다. 밀라는 이 길이 아니라는 느낌이 강하게 들었지만, 차가 학교를 지나고 있는 것을 보자 안심했다.

택시는 두 커다란 대학 건물 사이의 인도에 멈춰 섰다. 이 길은 밝고 안전했다. 밀라는 택시 문을 열고 재빨리 길 쪽으로 머리를 내밀다가 순간 앞으로 고꾸라졌다. 그녀는 깜짝 놀랐다. 아픔이 느껴졌다. 다리가 택시 안 어딘가에 끼어 있던 가방끈에 걸렸던 것이다. 그녀는 바로 앉아 가방끈에 얽힌 발을 빼냈다. 택시 기사가 도와주러 나오는 동안 그녀는 위를 쳐다보지 않았다. 고개를 들면 기사 아저씨가 마치 '택시 안에서는 그런 정치적인 얘기도 잘만 하더니 택시에서 내리면서 넘어지나, 이 어설픈 아가씨야.' 하고 말하듯 거들먹거리며 웃고 있을 것 같았다. 맞다. 밀라는 자기가 그저 어설픈 여자아이일 뿐이라고 생각했다. 고상함은 산산조각 났고 입은 바짝바짝 탔다.

택시 기사가 밀라의 가방을 가져다주었다. 그는 사람들이 보통 그러듯 끈이 끊어진 부분을 잡고 있었다. 그건 가방이 망가졌다는 사실을 알려 주는 행동이었다.

"악어가죽이에요?"

"네, 아니, 그런 것 같아요."

무릎에서 피가 나는지 궁금했지만 지금은 살펴볼 수 없었다. 그녀는 그가 갈 때까지 기다렸다. 가방? 가방은 아마 가짜일 것이고 어차피 투니의 것이다. 밀라는 자기도 모르게 신음 소리를 냈다. 투니라면 사교 클럽 같은 곳에서 저녁을 먹으러 나갈 때 들고 갈 만한 가방을 갖고 있을 것 같아 밀라는 그녀에게 부탁을 했고 투니는 흔쾌히 가방을 빌려 주었던 것이다. 처음에는 투니의 신발을 망가뜨리더니 이번에는 가방이었다. 이제 그녀는 울음을 터뜨릴 판이었다. 설상가상으로 택시 기사는 그녀를 보고 웃고 있었다.

"악어 백이구만." 그는 이렇게 말하고는 잠시 말을 멈추었다. "결국 파충류가 아가씨를 잡았어."

밀라는 '아, 네, 참 재미있네요.'라고 생각했지만 그 말이 정말 웃겨서 곧 그녀도 웃었다.

"그래도 진짜라고는 생각 안 해요. 그냥 모조겠죠."

그들은 함께 웃었고 택시 기사가 밀라를 일으켜 주었다. 꼴이 엉망이었지만 밀라는 평정을 되찾았다. 그녀는 요금을 지불했고 택시 기사는 차 문 옆에서 그녀가 길을 건너는 모습을 지켜보았다. 밀라가 길을 건넌 후 뒤를 돌아보자 그는 여전히 그녀를 보고 있었다. 밀라는 그쪽에 대고 소리쳤다.

"아저씨가 듣던 음악 제목이 뭐였어요?"

"버나드 허먼이라는 사람 음악인데, 제목은 없어요."

밀라는 손을 흔들었고 택시 기사는 뒤돌아 다시 택시에 올라탔다. 그가 문을 닫는 사이 쩌렁쩌렁한 관악기 연주가 다시 시작되는 소리가 들렸다.

넘치는 세계, 모자라는 말 — 시쿠렐의 단순화

프랑켄슈타인에 따르면, 아롱 시쿠렐(Aaron Cicourel)은 민속 방법론에 가장 조예 깊은 학자였다. 그는 우리가 세계를 경험하는 방식이 매우 풍부하다고 지적했다. 우리는 오감을 통해 한 번에 정보를 받아들이며 우리의 감정은 별의별 방법으로 자극을 받는다.(얼굴에 맞는 바람을 느끼는 것도 기분을 좋아지게 하거나 비참하게 할 수 있다.) 하지만 이런 풍부한 경험이 주는 느낌에 대해 대화할 때 우리는 언어의 한계에 갇히게 된다.

시쿠렐은 언어가 우리의 풍부한 경험을 제대로 전하지 못한다고 생각했다. 우리의 '대화'는 경험의 아주 작은 부분만을 포착할 수 있을 뿐이므로 우리는 대화할 때마다 사실상 창조 행위를 하는 것이나 마찬가지다. 우리는 현실을 만들고 있다. 현실은 우리의 경험을 더 얄팍하고 희미하게 단순화한 것이기 때문이다. 경험을 말로 표현해 다른 사람들과 대화할 수 있으려면 우리는 단순화를 해야만 한다. 시쿠렐은 우리가 이렇게 경험을 단순화하는 작업의 이면 깊은 곳에는 (심지어 내재적일 수도 있는) 규칙이 있다고 말했다. 이런 심층적인 규칙이 있기에 우리는 의미가 맥락에 달려 있다는 사실에 대처할 수 있는 것이다.

택시 기사와 헤어진 지 30분 뒤 안전하게 침대에 누워 곯아떨어진 밀라도 시쿠렐의 생각을 의미 있게 받아들였을 것이다. 그녀는 뭔가를 웃기게 만드는 요인이 무엇인지 궁금했다. 유머는 현실의 위반과 관련되어 있을까? 그녀는 길바닥에 대자로 넘어졌고 고상한 척은 (그리고 정치적 말하기도) 다 무너졌다. 아마 위반이 노골적일수록 상황은 더 웃겼을 것이다. 만일 밀라가 시쿠렐에 대해 알고 있었다면 이런 상황이 경험의 단순화 과정을 돕는 숨겨진 규칙에 대해 무엇을 가르쳐 줄지 궁금해했을 것이다. 아마 사람들이 웃는 것은 규칙이 깨졌으며 (그녀가 택시에서 넘어진 것처럼) 우연이든 (웃긴 이야기를 할 때처럼) 일부러이든 간에 규칙을 제대로 적용하는 데 실패했다는 방증일 것이다.

밀라는 투니의 (가짜) 악어 백에 대한 택시 기사의 농담에 대해 생각하다가 잠이 드는 바람에 나머지 절반의 생각은 마음속에서 뒤섞였다. 그녀가 위반 실험을 할 때 정말로 파충류 외계 생물체가 지구를 정복할 거라고 말했던가? 분명히 생각만 했겠지? 그렇다면 그 기사 아저씨는 그녀가 무슨 생각을 하고 있는지 어떻게 알고 그런 농담을 했을까? 밀라는 그 택시 기사가 분명 다른 뜻으로 말한 거라고 결론을 내렸다. 그들은 다른 이유로 같이 웃었던 것뿐이다. 그렇게, 우리 모두가 거의 항상 그러듯 밀라는 현실의 틈을 대충 가려 놓고 잠에 빠져들었다.

8

친구가 털어놓은 이야기

아픈 친구 곁에서

밀라는 일찍 깨서 침대에 누워 이런저런 생각들을 뒤적이고 있었다. 도니의 클럽에 다녀온 지 1주일이 지났다. 그날 그녀는 아버지가 아무 잘못이 없을 수도 있다는 생각을 버렸고 동시에 자신의 운명과 아버지의 운명을 분리할 수 있다는 것도 이해했다. 사람들이 그녀에 대해 내리는 판단이 어느 정도 자신의 손에 달렸다는 사실은 받아들일 수 있었지만, 이는 쉬운 일이 아니었다. 부모님에 대해 갖고 있던 환상을 내려놓는 것이 첫째였다. 하지만 자신의 행동이 필연적으로 타인이 자신에게 내리는 판단으로 이어진다는 책임감을 받아들이는 것은 또 다른 문제였다.

이 문제는 한 번에 받아들이기에는 너무 무거웠기에 밀라의 마음이 찾은 첫 번째 안식처는 상대주의라는 안전한 피난처였다. 한 사람의 판단이 다른 사람의 판단보다 결코 낫지 않으며, 오래 기다리고 나면 사회가 그녀의 아버지를 비난하지 않고 칭송하게 될 거라는 생각은 안도감을 주었다. 물론 밀라에 대한 최종 판결도 없을 것이라는 점 역시 위안을 주었다. 그러나 이러한 상대주의에는 납득할 수 없는 점이 있었다. 아버지에 관한 매우 보편적으로 보이는 비난에 대해 상대주의는 아무 말도 할 수 없다는 사실이 어쩔 수 없이 불안했던 것이다.

밀라는 그렇기 때문에 택시에서 자신의 생각이 이상한 염세주의로 돌아섰던 거라고 생각을 굳혔다. 아버지가 한 일이 누구에게 묻느냐에 따라 좋은 일로도 나쁜 일로도 비춰질 수 있다는 생각을 붙들고 있기는 어려우므로, 그녀는 무엇이 정상적인가에 관한 합의는 잠정적이라고 여기기로 했다. 만일 우리가 하는 모든 일이 정상적인 일처럼 가장된 것이라면 판단을 내리는 사람이 다수이냐 아니냐는 중요하지 않았다.

지금 밀라는 이 모든 생각이 또 자기 식대로 진실을 재배열하려고 애쓰면서 자신을 꿰고 있는 갈고리를 비트는 것이 아닌지 미심쩍었다. 다시 프랑켄슈타인을 펼쳐 보면서 그녀는 상대주의와 염세주의를 파고드는 자신을 정당화할 구절을 찾고 싶었지만, 그녀의 공부를 도와주는 수업 조교는 민속 방법론 부분을 읽어 보라고 하지 않았다. 목차를 훑어 내려가는 동안 그녀는 이런 잘난 척하는 제목이 붙은 장을 안 읽어도 된다는 데 감사했다.

정확히 어떤 방식일지는 몰라도 밀라는 프랑켄슈타인이 자신을 갈고리에서 빼내 줄 거라고 기대하고 있었다. 그녀는 사회학이 자기 자신을 의심하게 만들고 자신의 행동에 질문을 던지게 만드는 거라고는 생각하지 않았다. 개리슨의 말대로 사회학은 누군가가 잘못을 저질렀을 때 그건 그 사람 탓이 아니라 사회의 탓이라고 하는 것 아니던가? 밀라는 사회학이 도덕적인 것으로 알려져 있지는 않다고 확신했고, 쏟아지는 도덕적 비판에 맞서 자신을 방어해 줄 도움을 절실히 원했다. 밀라가 다음으로 읽어 봐야 할 장은 어빙 고프먼(Erving Goffman)에 관한 부분이었다.(그 주 말에는 고프먼에 관해 시험을 볼 것이라고 했다.)

밀라는 고프먼이 자신을 도와줄 가능성이 높다고 봤다. 강의에서 잠깐 들은 내용으로는 그가 부당한 대우를 받는 사람들의 대변자라고 했다. 그는 경계로 밀려난 사람들이나 괴롭힘을 당하는 사람들에게 관심을 기울인 것 같았다. 밀라는 늦은 아침까지 고프먼에 관한 장을 다 읽고는 기대가 매우 만족스럽게 채워졌다고 생각했다.

밀라가 외출 준비를 하는 사이 서시가 돌아왔다. 서시는 얼굴이 핼쑥해져서는 피곤하고 긴장되어 보였다. 방으로 들어오면서 힘겹게 몇 마디 내뱉고는 주방으로 가는 서시 뒤를 밀라가 쫓아갔다. 서시는 뒤도 돌아보지 않고 물을 홀짝이면서 어젯밤 밀라가 돌아오기 전에 아나가 병원에 실려 갔다고 말했다. 일종의 사고였다는데 서시는 실제로 무슨 일이 일어났는지는 얼버무렸다.

밀라는 무슨 말인지 알아들을 수가 없어서 어떤 말을 해야 할지도 생각나지 않았다. 그녀는 겨우 아나가 어떤 상태인지 물었다.

"지금은 안정됐어. 내 생각에는 괜찮아진 것 같아. 어떤지 알아보려고 했는데 나한테는 별 말 안 해 주더라고. 오후 1시에서 2시 사이에는 면회가 가능하다니까, 그때 가 보면 알 수 있겠지."

밀라는 서시와 함께 가겠다고 하면서도 한편으로는 서시가 어차피 자신이 아나와 더 친하니 그럴 필요 없다고 말해 주기를 바랐다. 하지만 서시는 이렇게 말했다.

"나는 오늘 오후에 시험이 있어. 시험 볼 상태는 아니지만 꼭 봐야 하는 시험이라서. 병원에 너 혼자 갈 수 있겠어?"

서시가 시험 준비를 해야 할 시간에 아나의 일로 너무 오래 붙잡혀 있었음을 알게 된 이상 밀라는 병원에 가겠다고 할 수밖에 없었다. 그녀는 서시에게 병원에 가는 길과 도착하면 어디로 가야 하는지를 물었다. 그러고는 되도록 오랫동안 서시 옆에 있으면서 괜히 뒤를 따라다녔다. 잠시 후 서시는 부엌을 나서면서 밀라의 손에 너덜너덜한 책 한 권을 쥐어 주었다.

"아나한테 이 책을 갖다 줘. 읽고 있던 책이 이거였던 거 같아. 거기에는 걔가 읽을 만한 게 없을 거야."

문이 닫히고 밀라는 복도에 혼자 서 있었다. 그녀는 얼마나 오래 서 있어야 다른 친구들이 돌아올지, 그래서 병원에 혼자 가지 않아도 될지, 어쩌면 병원에 아예 가지 않아도 될지 알 수 있을까 궁금했다. 이런 일에는 재스민이 적임이었다. 재스민이라면 이런 일에 매우 분별 있고 어른스럽게 대처할 수 있는 데다 밀라와 함께 병원에 가려 하지는 않을 테니 밀라에게 가지 않아도 된다는 식으로 말해 줄 것이다. 밀라는 꼼짝 않고 서서

문을 바라보았다. 소용 없는 일이었다. 정오는 지난 지 오래일 것이고, 제시간에 도착하려면 지금 길을 나서야 했다.

오후 1시 30분, 밀라는 병원에 오면 늘 그렇듯 메스꺼움을 느끼며 아나의 침대 옆에 서 있었다. 복도를 지나 아나의 병동으로 가는 동안 밀라는 정면을 똑바로 보고 오랫동안 숨을 참았다. 다른 환자들, 특히 노인들이나 죽을병에 걸린 듯한 사람들은 보고 싶지 않았다. 그리고 어디에서 나는 냄새인지 상상할 수밖에 없게 만드는 병원 냄새가 코로 들어오는 것도 싫었다. 아나의 병동에는 다른 환자들도 있었다. 대체로 아주 나이 드신 할머니들 같았는데 냄새 때문에 반사적으로 구역질이 날 정도였다.

아나를 보러 들어가는 데는 아무 문제가 없었고, 그녀는 약간 졸려 보이기는 해도 눈에 띄는 부상은 없이 괜찮아 보였다. 의자가 없어서 밀라는 침대에 걸터앉았다. 기분이 이상하고 뭔가 거슬렸지만 1시간이나 서 있을 수는 없는 노릇이었다. 밀라는 아나에게 어떻게 된 일이냐고 물었다.

"사고가 났어."

"어떻게 사고가 난 거야?"

"서시가 말 안 했어? 말하지 말라고는 안 했는데."

"아니, 아무 말 안 했어."

하지만 그게 다였다. 밀라는 그곳에 멍하니 앉아 아나가 어떻게 된 일인지 말해 주기를 기다렸지만 아나는 허공만 바라보고 있었다. 계속 기다려도 아무 말이 없었다. 아나가 약에 취했나 싶었지만 그렇다 한들 무엇이 달라지겠는가? 비록 아나가 신경도 안 쓴다고 해도 밀라는 의무를 다해야 했다. (늦게 와서 면회 시간이 별로 남지는 않았지만) 그녀는 이곳에 온 이상 문병객의 도리를 제대로 해낼 작정이었다.

밀라는 병원에 가는 길에 입원한 사람에게 기운을 불어넣어 줄 말을 준비했다. 사람들은 보통 환자를 웃게 만들고 환자가 잠시 동안은 자신의 처지를 잊게 만든다. 밀라는 아나가 웃었으면 하는 마음으로 자신이 얼마나 어설프고 칠칠하지 못한지를 드러내는 자기 비하적인 이야기들을 늘어놓았다. 1주일 전에 택시에서 우스꽝스럽게 넘어졌던 일이며 오늘 병원에 오다가 길을 잃었던 일 등이었다. 아나는 어떤 이야기에도 겨우 미소만 지었고, 투니의 가방을 이제 다 고쳤느냐고만 물었다.

밀라는 투니의 가방을 수리했던 진지한 이야기를 아나가 견딜 수 없을 거라고 생각해서 그냥 하던 이야기를 계속했다.

"예전에 택시에서 그렇게 넘어졌더라면 난 아마 오그라들어 죽어 버렸을 거야. 나는 항상 다른 사람들이 나를 어떻게 생각할까 겁이 났었거든. 있잖아, 언젠가는 밖에 나가기 전날 밤에 사람들 눈에 안 띌 계획을 전부 짠 적도 있어."

이번에도 아나는 반응은커녕 미소조차 없었다. 밀라는 아나에게 왜 우리가 다른 사람의 기대를 의식하고 기대에 부응하기 위해 최선을 다하며 그에 못 미치면 창피를 당한다고 생각하는 것 같냐고 물었다.

"모르겠어. 여기서 이런 걸 입고 누워 있는 거 말고는 창피당할 걱정은 안 들어." 아나는 일회용 환자복을 잡아당기며 말했다. "게다가 이 병실에 있는 사람들은 이런 걱정도 안 해. 저 사람 좀 봐."

꽤 늙고 병약해 보이는 한 여자 환자가 침대 옆에 서서 상체를 숙이고 있었다. 아마도 잃어버린 무언가를 찾는 모양이었다. 환자복 사이로 맨몸이 다 보이는 것에는 신경 쓰지 않는 것 같았다. 아나가 말했다.

"가서 좀 도와 드리지그래?"

밀라는 생각만으로도 당황한 기색이 역력했다.

"아니야, 방해하면 안 되지. 바라지도 않으실 거야."

"여기서 창피는 사치야. 네가 병원 냄새를 견딜 수 없다고 하는 것도 그렇고."

밀라는 냄새가 싫다고 말하지는 않았다. 코를 찡그린 것을 보고 알아차렸을 수도 있겠지만, 어쨌든 밀라는 아나가 방어적이라는 느낌을 받았다. 아나는 왜 이렇게 무뚝뚝한 것일까? 평소 아나는 누가 무슨 말을 하든 맞춰 주었다. 밀라는 다시 물어보았다.

"다른 사람의 기대에 부응해야 한다고 생각해 본 적 없어?"

"난 포기했어. 아마 그래서 내가 여기 있는 거겠지."

밀라는 아나의 눈에 '계속해, 다시 물어봐, 내가 왜 여기 있는 건지 물어보라고.'라고 말하는 듯한 도전적인 기미가 서려 있음을 분명히 느꼈다. 무슨 일이 일어날지는 알 수 없었지만 밀라는 계속해서 물었다.

"너 뭔가 바보 같은 짓을 한 거야?"

"네 말은, 자살하려고 했냐는 거야?"

밀라가 고개를 끄덕였다.

"맞아, 그러니까, 어쨌든 자해를 하려고는 했어. 다른 애들이 날 말렸어. 서시와 재스민이 고래고래 소리를 지르더니 나를 택시에 태워서 여기로 데리고 왔어."

아나는 미소를 지었다. 그 미소는 그녀가 방금 한 말과는 무관해 보였고, 순간 밀라는 매우 불편해졌다. 그녀는 아나에게 왜 남들의 기대에 부응하기를 포기했느냐고 물어야 한다는 것을 알고 있었다. 어떤 기대였는지, 그 기대가 왜 그렇게 견디기 힘들었는지 아나가 말할 수 있도록 물어봐 주는 것이야말로 아나가 자신에게 원하는 일 아닐까? 하지만 밀라는 택시에 생각이 머물러 아나를 태우고 온 택시 기사가 1주일 전 자신을 집에 데려다 준 기사와 같은 사람은 아니었을지 궁금해졌다. 만약 그렇다면 그 택시 기사는 그들을 어떻게 생각했을까? 자신은 길바닥에 정면으로 넘어졌고, 두 친구는 다른 한 친구를 택시에 밀어 넣고 소리를 치고 어쩌면 그녀를 깨우려 뺨을 때렸을 것이다.(밀라는 영화에서 이런 장면을 본 적이 있다.) 밀라는 무슨 말을 해야 하는지 잊어버리고 대신 떠오르는 대로 아나와 자신의 처지가 그리 많이 다르지는 않을 거라고 말했다. 밀라가 지금의 상황을 좀 더 낫게 만들 유일한 방법은 일반적인 사회학적 관찰을 옮기듯 말하는 것뿐이었다.

"알아. 가끔 다른 사람들은 그냥 자연스러워 보이는데 혼자서만 정상적인 사람으로 보이려고 애쓰는 것처럼 느껴질 때가 있지."

밀라는 망망대해 한가운데에 있었다. 그녀는 무슨 말을 해야 한다고 생각했는지 완전히 잊어버렸고 텔레비전 프로그램에서 보았던 진부한 이야기를 할 것인지, 조용히 있을 것인지, 아니면 사회학 이야기를 할 것인지 선택해야 했다.

그녀는 아나에게 자신의 모습을 꾸미면서 평생을 살아가는 느낌에 대해 쓴 사회학자가 있다고 말했다.

정상인, 아니면 이방인 — 고프먼의 낙인 이론

고프먼은 우리가 정상적인 사람이라는 인상을 주기 위해 노력해야 한다는 사실이 근대 사회의 중요한 특징을 보여 준다고 생각했다. 고프먼은 우리가 생각하는 대로의 인상을 주기 위해 쏟아붓는 노력을 묘사했는데, 특히 그렇게 하지 못할 경우 일어나는 일에 관심이 있었다. 이런 일은 우리의 상황이나 제도 혹은 외부적인 제약 때문에 일어날 수 있다. 그의 이론에는 '자기표현'이나 '인상 관리', '연극의 비유'와 같은 이름표가 붙었고 결국 우리는 모두 연기를 하고 있다는 주장으로 합쳐졌다. 밀라는 프랑켄슈타인에서 읽었던 예를 아나에게 물어보았다.

"공공장소에서 한 여자가 시계를 계속 보면서 왔다 갔다 하고 있어. 뭘 하는 걸까?"

아나는 대답하기가 힘에 부치는 모양이었다.

"뻔하지. 누구를 기다리는 거야."

"좋아, 하지만 왜 그냥 가만히 서서 기다리지 않고 왔다 갔다 하는 걸까?"

"자신이 왜 서성거리는지 다른 사람들이 궁금해하는 걸 원하지 않는 거야. 자기를 매춘부로 볼 수도 있으니까."

프랑켄슈타인에는 그 여자가 자신이 그곳에 서 있는 이유를 다른 사람들이 알아주기 바란다고 쓰여 있었지만 다른 사람들이 그녀가 무엇을 하고 있다고 생각할지에 대해서는 나와 있지 않았다. 밀라는 그런 생각을 해 본 적이 없었고, 아나가 그렇게 말하는 것도 전혀 아나답지 않았다. 그래서 밀라는 이 말을 무시하고 계속 말했다.

"맞아. 다들 그렇지. 누구나 좋은 인상을 퍼뜨리고 나쁜 인상은 숨기려고 노력하면서 자신을 알려."

아나는 이 말에 약간 관심이 가는 모양이었다. 말투는 시큰둥했지만 그래도 말하는 동안 그녀의 얼굴에 약간 생기가 돌았다.

"그래, 그러니까 너는 택시에서 넘어졌을 때 당황했다고 하지만 내 경우는 훨씬 더 극단적이야. 나는 사람들이 무례하게 굴 때도 늘 웃었어. 사람들과 부딪히면 언제나 사과했고. 나는 다른 사람들이 나를 어떻게 생각할지에 대해서 보통 사람보다 더 신경 쓰는 것 같아. 이건 분명 강박이야."

아나는 이렇게 말하면서 당혹스러워하는 것 같았다. 밀라가 설명을 부탁하자 아나는 남들에게 인정받기 위해 최선을 다해야 했던 어린 시절 때문이라고 말했다. 살길이 그뿐이었기 때문에 밀라는 집요하게 주제를 붙들었다. 그녀는 아나에게 사실은 다들 그렇다고 하며 우리가 다른 사람들에게 보여 주는 모습은 우리가 되고 싶어 하는 모습이라고 말했다. 아나는 마치 '네 맘대로 해.'라고 하듯 어깨를 으쓱했지만 밀라는 모른 체하고 이야기를 이어 나갔다.

"다른 사람들이 자기를 표현하기 위해 너만큼 애쓰지 않아도 되는지 어떻게 알아? 인상은 언제나 만들려고 노력하면서도 다른 사람들에게는 그런 노력을 안 하는 것처럼 보이게 만들고 싶은 그런 거야. 네가 봤을 때 별 노력 없이도 멋있고 세련돼 보이는 사람들도 사실은 너만큼 열심히 인상을 만들고 있다고."

"그것 참 안심되네!"

아나가 말했다. 밀라에게는 이 말이 비아냥으로 들렸다. 밀라는 아나가 자신의 감정이 전염되지 않기를 바라고 있다는 생각은 하지 못했고, 목소리에서 짜증을 감추는 것이 점점 힘들었다.

"아무 노력을 하지 않는 것처럼 보이는 건 어려운 일이야. 우리는 인상 관리를 하고 있다고 남들한테 털어놓을 수도 없어. 그럼 사람들이 전부 알아 버릴 테니까. 인상 관리를 자연스레 터득해서 인상 관리를 하는지 티도 안 나는 사람들도 많지만, 들킬까 봐 두려워하는 사람도 많아."

"투니라면 분명 들키는 게 두렵지 않을 거야. 걔는 모든 게 자연스럽잖아. 원래부터 재미있고 매력적이고, 원래부터 행복하고, 노력을 할 필요가 없지."

밀라에게는 이 말도 낯설었다. 전에 아나가 질투 어린 생각을 입 밖에 내는 걸 들어 본 적이 없기도 하지만 아나의 목소리에서 적개심마저 느껴졌기 때문이다. 밀라는 아나가 인정받기 위해 누구보다 열심히 노력해야 한다는 생각 때문에 다른 사람들이 자신과 친구가 되고 싶어 하지 않는다고 의심한 사실을 몰랐고, 그저 아나가 가여웠다. 밀라의 사회학 설명 때문에 아나는 대학에서 만난 친구들이 정말로 자신을 동정의 대상으로 여기는지 궁금증이 일었다.

"네 말대로 모두가 자기 인상을 관리하려고 애쓴다면, 사람들이 정말로 누구인지 내가, 그러니까 다른 사람들이 어떻게 알아?"

"미드라는 사회학자 기억나? 그 사람도 그렇게 질문했어. 나는 다른 사람들이 나라고 생각하는 '나'인가, 아니면 내가 생각하는 '나'인가? 미드의 답은 둘 다라는 거였어. 반면 고프먼이 보기에 너는 대부분의 경우 다른 사람들이 생각하는 '너'야. 그래서 인상 관리가 우리한테 그렇게 중요한 거지."

밀라는 계속해서 인상 관리에는 여러 부분이 있고, '전면'과 '역할'이 가장 중요하다고 설명했지만 아나는 별 반응을 보이지 않았다. 밀라가 말했다.

"좋아, 외국으로 가는 비행기를 탔다고 생각해 봐. 아주 큰 비행기야. 너는 다른 탑승객들과 같이 안전벨트를 매고 이륙 준비를 하고 있지. 비행기가 활주로에 들어섰어. 이륙을 기다리는 동안 기장이 안내 방송을 해. 이렇게 큰 비행기는 한 번도 몰아 본 적 없어서 오늘 여러분과 함께 비행을 하게 된 게 흥분되고, 자기는 가상 비행 연습을 하느라 지난밤을 꼴딱 새웠다면서 비행이 재미있을 거라 확신한다고 말이야."

"아무도 그런 짓은 안 해."

밀라는 프랑켄슈타인에 나오는 이 예시를 좋아했지만 아나가 대답으로 한 말은 이게 다였다.

"물론이지. 기장이 택하는 전면은 비행기 조종사의 역할에 맞아야 돼.

어떤 상황에서는 어떤 행동을 하는 게 괜찮지만 다른 상황에서는 그렇지 않아. 예를 들어 사회학 교수님이 꾀죄죄하고 지저분해도 학생들은 그런 모습을 기대해. 그건 그 사람이 연구 활동에 너무 시간을 쏟느라 일상생활에는 신경 쓰지 못한다는 표시로 받아들여지지. 만일 기업체 대표나 군 장교 같은 역할을 맡은 사람이라면 같은 행동을 해도 완전히 다른 뜻이 될 거야."

밀라는 남들에게 좋은 인상을 주는 것이 꼭 최선의 인상을 주는 것을 의미하지는 않는다는 고프먼의 지적을 설명했다. 도리어 사람들은 알맞은 인상, 즉 자신의 역할에 가장 적합한 인상을 주기 위해 열심히 노력한다. 제도뿐 아니라 일상에서도 다른 사람들이 요구하는 특정한 역할에 놓이는 것을 거부하기란 매우 어렵다. 만일 사람들이 누군가 바보가 되기를 기대하면, 엄청난 노력과 자신에 대한 강한 믿음을 갖고 있지 않는 한 그 사람은 바보가 될 것이다.

그때 아나가 고개를 끄덕였다.

"그래서 첫인상이 그렇게 중요한 거구나. 사람들은 처음 만난 2분 사이에 너가 누구인지 판단하고 그 뒤로 너를 그런 사람으로 대하잖아."

밀라도 동의했다.

"맞아. 사람들이 너를 그런 사람으로 대할수록 너도 더욱 그런 사람처럼 행동하게 되지. 첫 만남에서 네 상태가 좋다면 괜찮지만, 만일 긴장하거나 불안한 상태라면 문제가 생기는 거야. 인상 관리를 하기 위해서는 나쁜 감정이나 피곤한 상태를 피하는 것 말고도 해결해야 할 온갖 불리한 조건과 장애물들이 있어. 고프먼은 '무대 장치'를 관리하는 게 큰 문제라고 말해."

밀라는 말을 멈췄다. 머릿속 저 멀리서 알람 소리가 울려와서 그 이유가 무엇인지 알아내야 했다. 고프먼이 무대 장치에 관해 했던 말과 관련이 있었다. 그는 무대 장치로서의 병원에 대해 이야기했는데, 다른 병원이 아니라 바로 정신 병원을 다루었다는 사실이 기억났다. 그 이야기는 위로와는 전혀 거리가 멀었다. 밀라가 무릎에 올려놓은 가방을 추켜 쥐자 그 안에 있던 책이 느껴졌다. 서시가 아나에게 가져다주라고 건네준 책이었다.

밀라는 책을 꺼내 아나에게 주었다. 아나가 죽 읽던 연애 소설 같았다. 밀라는 서시가 이 책을 집어 주기는 했는데 아나가 읽던 책이 맞는지는 잘 모르겠다고 했다고 말했다. 아나는 고개를 끄덕였지만 이내 그 책을 침대 위에 던져 놓았다. 밀라는 그 책이 지금 당장은 아나의 흥미를 끌지 못하지만 자신에게는 쓸모 있겠다고 생각했다.

"내 생각에 이런 책에서는 무대 장치가 중요한 것 같아. 연애 소설에 나오는 사람들은 항상 돈이 많고 경치 좋은 곳을 찾아다니잖아. 스키 산장에서 촛불을 켜 놓고 달빛에 비친 산을 바라보면서 정찬을 즐기고 말이지. 목적지에 도착했는데 숙소가 중복 예약이 되어 있다거나 다 허물어져 가는 곳이었다거나 눈이 다 녹았다거나 하는 일은 절대 없고."

아나는 또 안 듣고 있는 것 같았다.

"내가 하고 싶은 말은, 너는 항상 이런 책들이 현실의 삶과 같다고 말하지만 현실에서 무대 장치는 언제나 문제를 일으킨다는 거야. 분위기를 망치는 뭔가가 항상 있기 마련이거든. 하지만 연애 소설에서는 모든 게 통제돼. 달빛은 완벽하고 때맞춰 눈이 내리고, 결정적인 순간에 둘만 남고, 아무도 택시에서 내리다가 넘어지지 않는다고 확신할 수 있다는 말이야."

아나는 이 말에 발끈했다.

"밀라 너는 이런 책 하나도 안 읽어 봤잖아. 그냥 그렇겠거니 하는 거지. 만일 네가 한 권이라도 읽어 봤다면 여기 나오는 사람들도 바보 같아

보일 때도 있고 사랑하는 사람에게 엉망인 모습을 보일 때도 있다는 걸 알게 될 거야. 그런 부분에서 주인공에게 공감할 수 있는 거고. 결말에 일이 다 잘 풀리면야 금상첨화지. 그리고 택시 이야기는 그만 좀 해. 별일도 아닌 걸."

"알았어. 하지만 아나, 내 말이 무슨 뜻인지는 알지?" 밀라는 이야기를 정리하려고 노력하면서 화를 내지 않으려 극도로 조심스럽게 말했다. "연애 소설가들은 무대 장치를 관리한다는 얘기야. 소설 속 등장인물 중 누구도 빨래통에서 지난주에 입었던 옷을 꺼내 입거나 그동안 모아 놓은 우표들을 펼쳐 보다가 평생의 사랑을 만나지는 않아. 작가들은 미리 분위기를 낭만적으로 만들어 놓고 방해물들은 치워 놓지. 인상을 망칠 수도 있는 물건이나 사람을 숨기는 거야."

"사람이라고?"

아나가 퉁명스럽게 물었다.

"그래. 너는 왜 그렇게 사람들이 친구나 가족에게 남자 친구나 여자 친구를 소개하는 걸 주저한다고 생각해?"

밀라가 말했다. 아나의 표정이 금세 멸시 가득한 표정에서 엄청나게 불행한 표정으로 바뀌었다. 밀라는 아나의 못된 태도가 그녀 나름의 방어라는 걸 느끼고 있었지만, 지금은 그녀의 경계가 완전히 풀어져 있었다. 밀라가 그렇게 만든 것이 아니었다. 그녀는 최대한 가벼운 어조를 유지하려고 애쓰고 있었다. 어쩌면 아나는 그저 싸우는 데 지친 것일 수도 있었다. 그때 밀라의 직관이 발휘되었다. 그녀가 방금 뭐라고 했기에 아나가 저렇게 불행해하는 것일까? 바보, 바보, 바보! 아나도 밀라와 같았다. 둘 다 가족에 대해서는 극도로 말을 아꼈던 것이다.

아나는 친구들에게 가족 이야기를 한 적이 거의 없었고, 그들은 아나가 가족과 관계가 좋지 않은지 여러 번 궁금해했었다. 어쩌면 아나의 가족 관계는 그녀의 '사고'와 관련이 있을지도 모른다. 아나는 부모님 때문에 이런 일을 저지른 것일 수도 있다. 밀라는 둔하긴 해도 아나에게 상처를 줄 생각은 없었다. 그녀는 지뢰밭을 걷는 기분이었다. 그녀는 앞으로 나올 것 같은 대화에 대해 준비하지 못했다. 만일 이 상황에 대한 통제가 불가능해져서 아나가 소란을 피우면 어떻게 하지? 이는 어젯밤에 이미 있었던 일이며 아나는 분명 여전히 심하게 동요하고 있었다. 의사들은 밀라가 아나에게 말하는 방식에 대해 뭐라고 말할까? 이런 상황을 초래한 그녀를 탓할까? 아나의 상태가 더 나빠진다면 그것은 밀라의 잘못일까? 이것은 지금 벌어지고 있는 일이다. 아나는 밀라의 눈앞에서 무너지고 있는 것 같았다. 그녀는 신체적으로 고통스러워 보였다.

밀라는 도움을 청하려 주변을 둘러보았지만 의사는 보이지 않고 근무 중인 두 간호사는 침대 옆에 몸을 수그리고 있던 할머니 때문에 바빠 보였다. 더듬거리기만 하던 밀라는 겨우 아나에게 자신의 느낌을 말했다.

"정말 미안해, 아나. 내가 널 우울하게 만들었지만 일부러 그런 건 아니야. 나는 그냥 부모가 자식들에게 요구하는 역할이 때로는 아이들이 원하는 역할과 맞지 않는다는 얘기를 하고 싶었어. 자식들이 자신의 미래를 결정하는 어른 역할을 하려고 할 때에도 부모는 그들을 아이 취급해. 자식들이 남자 친구나 여자 친구를 집에 데려오지 않는 건 한 번에 두 가지 역할을 해야 하는 상황을 피하려고 하기 때문이야."

"남자 친구는 고사하고, 나는 친구도 집에 데려가 본 적 없어. 네가 한 말은 나나 우리 부모님에게 해당하지만 부모님이 나에게 원한 역할은 내가 여기서 너와 다른 친구들에게 보여 주는 역할과 전혀 달라. 여기서 나는 정말 다른 사람이었어."

아나의 말은 과거형이었다. 그게 무슨 뜻인가? 그녀가 이제 부모가 자신에게 요구하는 역할에서 벗어나려고 애쓰는 일을 포기했다는 건가? 그녀는 한 가지 역할만을 선택해야 한다는 생각에 부모님의 영향에서 절대 벗어날 수 없다고 판단했을까? 밀라는 이런 잘못된 생각에 대한 처방을 갖고 있었다. 밀라는 힘들여 말했다.

"우리 모두에게는 많은 역할이 있어. 딸, 동생, 여자 친구, 기숙사 룸메이트처럼. 고프먼은 우리가 같은 사람이면서도 그런 역할들 속에서 어쩌다 다른 사람들과 어울리게 된 것뿐이라고 생각하는지, 아니면 각각의 역할마다 다른 사람이 된다고 생각하는지를 묻고 있는 거야. 나는 우리가 다른 사람이 된다고 생각해. 물론 이건 내 느낌이야. 하지만 누가 너에게 그렇지 않다고 말한다면 나는 그 사람을 믿지 않을 거야. 현대 사회에서 다양한 역할은 정말 일반적인 일이잖아. 사실 우리는 하나의 몸 안에 여러 개의 인격을 가진 채 살고 있는 거야."

밀라는 자신이 한 말이 정신병에 관한 것으로 들릴지 신경 쓰면서 '역할 갈등'에 대한 이야기로 재빨리 넘어갔다.

"역할 갈등이란 모순적인 두 역할을 동시에 해야 하는 경우야. 두 역할이 잘 분리되어 있으면 문제가 안 돼. 만일 그렇지 않으면 어떤 역할을 맡을지를 결정해야 하지. 사람들이 '나'라고 생각했던 사람이 진짜 내가 아니라는 것을 보여 주면 나는 누구를 배신하게 되는지를……."

그때 아나의 볼에 눈물이 흐르기 시작했다. 아나는 눈물을 닦거나 참으려 하지 않았다. 눈물이 코를 따라 입가로 흘러내렸다. 밀라의 눈에는 커다란 눈물방울이 베갯잇 위로 떨어질 듯 말 듯 턱 끝에 매달려 있다가 아나가 입을 열자 목덜미를 타고 주룩 흘렀다.

"나는 언제나 내 역할을 분리시켜야 할 거야. 하지만 인격이 안정되어 있지 않다면 그거야말로 미친 거잖아, 안 그래? 자신을 둘로 나누라는 강요를 받다 보면 미칠 수밖에 없어."

"모르겠어. 네가 네 자신을 손님을 위한 여러 개의 방이 있는 집으로 생각하는 게 아니라면 말이야. 너희 부모님은 그중 한 방을 보고, 친구들은 다른 방을 보는 거야. 그 집의 모든 방을 보게 되는 사람은 있다 해도 아주 적겠지."

이 역시 프랑켄슈타인에 나오는 이야기였지만 아나는 이번에는 싫지 않은 것 같았다.

"분명히 밀라 너는 내 방을 전부 보고 싶지는 않을 거야. 어떤 방은 아주 어둡고 나도 보고 싶지 않은 온갖 끔찍한 짐들로 어수선하거든."

이건 이야기를 계속하라는 신호일까? 아나는 눈을 맞추려고 하지 않았고 밀라의 직관은 약했다. 추측을 해야 했지만 밀라는 자신이 커다란 위험을 떠안고 있다는 것과, 자신보다 아나가 더 솔직해지기를 요구하고 있다는 것은 알고 있었다. 밀라는 높이 매달려 흔들거리는 전선줄에 아무런 안전장치 없이 발을 내딛는 기분이었다. 그녀는 혼자 현명한 어른인 척하면서 공중에 매달려 있을 권리는 없다는 것을 알고 있었다.

"그럼 네가 우정을 믿지 않는 건 우리가 방을 다 보고 나서도 여전히 네 친구일 거라고 생각하지 않기 때문이라는 거야, 아나?"

"그래."

"우리한테도 숨겨 놓은 방이 있을 수 있다는 생각은 해 봤어? 네가 잠가 놓은 방 하나를 내가 보고 나서도 우리가 친구로 남을지 위험을 무릅쓰고 알아보는 건 어때?"

밀라는 아나가 이 말을 진지하게 받아들일 것이라고 확신하면서 말했다. 어쨌든 아나는 밀라보다 상상력과 공감 능력이 풍부했다. 누군가가 증거를 들이대지 않아도 아나는 다른 사람들도 자기만큼이나 비참하고 어려운 시기가 있었을 것이라는 사실을 알고 있었다. 그러니까 아나를 덮친 것은 분노로 인한 침잠이 아니라 인내 어린 체념이었다. 그녀는 밀라가 도움이 될 거라는 생각이 어리석다고 느꼈다. 아나는 고개를 흔들고는 손등으로 눈물을 닦았다.

"아니, 밀라. 어떻게 해야 할지 모르겠어. 이제 그만하자."

밀라도 자신이 아나를 도울 수 있을 것이라고는 믿지 않았기에 아나를 더 밀어붙이는 대신 그저 필요한 것이 있느냐고 물었다.

"화장실에 가야겠어."

"그래. 난 여기서 기다릴게."

"아니, 병원에서 혼자서는 못 돌아다니게 해. 간호사가 올 때까지 기다렸다가 나를 데려다 달라고 말해야 돼."

밀라는 주위를 둘러보았다. 간호사는 보이지 않았다.

"가서 간호사를 좀 찾아봐 줄래? 내가 돌아다니면 분명 좋아하지 않을 거야."

밀라는 뭔가 할 일이 생겼다는 데 기뻐하며 간호사를 찾으러 나갔다. 몇 분 뒤 아나에게 돌아온 밀라의 표정은 창백하고 심각해 보였다.

"간호사 말로는 내가 같이 가면 너 혼자 가도 된대."

밀라는 화장실 안까지 함께 들어가겠다고 우겼다. 미안하지만 간호사와 약속을 했다고 말했다. 아나가 말했다.

"너는 이런 일에 비위가 약한 줄 알았는데."

"맞아."

밀라는 재빨리 고개를 돌려 화장실 안쪽에 아나가 자해할 만한 것이 있는지 살폈다. 그때 좋은 생각이 났다. 아나가 볼일을 마치면 순서를 바꾸는 것이었다. 보통 때 같으면 밀라는 병원 화장실을 쓰지 않으려고 무슨 짓이든 했을 것이다. 하지만 지금은 이것이야말로 진짜 친구가 할 수 있는 유일한 일인 것 같았다.

화장실에서 나오자마자 밀라는 시계를 보았다. 2시 40분이었다. 다른 면회객은 한 명도 보지 못했지만 면회 시간은 유동적인 게 분명했고 그녀는 아나가 원할 때까지 있을 참이었다. 그들은 낡은 텔레비전과 책장, 망가진 팔걸이의자가 있는 작은 방을 지나 병동으로 돌아왔다. 아나는 방금 지나온 게 무슨 방이냐고 물었다.

"주간 휴게실이라던데. 환자들은 들어가도 되지만 아무도 들어가려고 할 것 같지는 않다."

밀라는 안쪽을 살펴보다가 창문을 통해 나무가 보이는 것을 발견했다.

"안에 들어가도 될까? 저기서 공원이 보일 것 같아. 어쩌면 학교도."

"그럴 것 같아. 네가 나를 화장실에 데려가도 된다고 했으니 괜찮겠지."

그들은 멀리 대학 건물이 보이는지 알아보러 창문 쪽으로 다가갔다. 밀라는 문득 그들이 4층에 있다는 사실을 깨닫고는 아나를 앉혔다. 팔걸이의자가 나란히 놓여 있어서 밀라는 병실 침대에 앉아 있을 때처럼 아나와 마주 보고 있지 않았다. 밀라는 이게 더 나을 수도 있다고 생각했다. 그녀를 보지 않아도 되면 아나가 말하기 더 쉬울 수도 있었다. 곧이어 아나는 병원 위생에 관한 낡은 포스터 한 장이 덩그러니 붙어 있는 자기 앞의 텅 빈 벽을 뚫어져라 보면서 망설임 없이 이야기를 시작했다.

"나는 예전엔 학교가 싫었어. 대학에서는 다른 사람들이 우리 가족을 모르니까 다르지만. 학교 다닐 때 나는 우리 부모님이 다른 부모님들 같지 않다는 이유로 따돌림을 당했어. 우리 부모님은 정말 종교적이야. 한 교단에 속해 있고. 이 교단에는 학교가 없어서 여기 속한 아이들은 일반 학교에 다녀야 했지만 교단의 규칙 때문에 눈에 띄었어. 규칙에는 뭘 입어야 하는지뿐만 아니라 어떻게 행동해야 하는지까지도 다 정해져 있어. 어릴 때는 별 문제가 없지만 아홉 살, 열 살쯤 되면 모두 뭔가 다르다는 것을 알아차리고 괴롭히기 시작하지."

밀라는 앉아 있는 의자의 솜방석에 달린 띠 때문에 불편했지만 이야기를 끊을까 봐 움직이지 못했다. 몸이 불편한 느낌은 다른 불편함으로 이어졌다. 아나가 과거 이야기를 시작하자 자신이 친구들을 속이고 있다는 생각이 되살아났고, 갑자기 진짜 정체를 고백하고 싶은 마음에 사로잡혔다. 아나가 한마디씩 할 때마다 말하고 싶은 욕망이 점점 더 강해졌지만 그래서는 안 된다는 것을 알고 있었기에 밀라는 겨우 이렇게 대답했다.

"그리고 너는 그게 아무렇지 않은 것처럼 굴어야 했구나."

아나는 천천히 고개를 끄덕였다.

"사람들은 자기들이 악의 없는 농담을 한다고 생각할 때조차 매우 잔인해질 수 있는데, 알다시피 그 앞에서 울거나 상처받았다는 걸 보여 줄 수는 없어. 하지만 시간이 지나면서 사람들이 진짜로 상처를 주려고 한다는 걸 알게 되면 세상에서 제일 나쁜 일이 일어난 것 같지."

"부모님께는 괴롭힘을 당한다고 말해 봤어?"

아나는 웃었다.

"종교에 귀의하는 일의 요체는 달라야 한다는 거야. 부모님은 다른 아이들이 나를 피하는 게 내가 훌륭한 종교인이 되는 길을 착실히 가고 있다는 뜻이라고 생각했을걸. 부모님은 종종 거리에서 나에게 호통을 치곤 했어. 마치 학대를 더 많이 받을수록 더 좋은 사람이 되기라도 하는 것처럼 말이야. 부모님에게는 말도 안 꺼냈어. 그냥 다 괜찮다고 했지."

밀라는 아나가 생각하는 것보다 그들 사이의 공통점이 더 많다고 믿었다. 모든 것을 다 말해 버리고 싶은 유혹을 억누르기 위해 그녀는 다시 사회학 이야기로 돌아왔다. 그녀는 아나에게 사람들이 어떻게 하루하루를 살아가기 위해 인상 관리를 하라는 강요를 받는지 다시 말해 주었다. 그녀는 고프먼이 사람들이 인상 관리에 실패하는 경우 무슨 일이 일어나는지에 주목했다고 말했다.

"너희 부모님이 어떤 분들이라는 사실 때문에 네가 아이들과 어울릴 수 없었던 거잖아. 그러니까 너는 예를 들면 피부색이나 인종적 배경 때문에 다르게 보이는 아이들 같은 대우를 받은 거지. 뭐가 되었든 다른 점이 있으면 학교에서 괴롭힘을 당하게 돼."

밀라로서는 왜 그런지 알 수 없었지만 아나의 얼굴을 보니 뭔가 착오가 있는 것 같았다. 아나는 마치 아이에게 말하듯 천천히, 밀라가 제대로 이해하지 못하고 있다고 말했다. 그녀는 학교에서 키가 너무 크거나 너무 작다고, 너무 말랐다고, 안경을 꼈다고, 못생겼다고, 어리숙하다고, 똑똑하다고, 이상하다고, 아니면 청소년기에 겪는 다른 모든 단계들 때문에 괴롭힘을 당하는 것을 보았다고 말했다. 심지어는 양말을 잘못 신었다고 괴롭히는 것도 보았다고 했다. 아나는 다른 아이들이 괴롭힘을 당하고, 놀림을 받고, 밀쳐지고, 별명으로 불리고, 맞고, 망신을 당하고 조롱받는 것을 보았지만 어떤 것도 자신의 상황만큼 나쁘지는 않다고 생각했다. 다들 한숨 돌릴 틈이 있었기 때문이다. 그 아이들은 (뚱뚱한 아이는 싸움을 할 수 있었고, 두꺼운 안경을 쓰는 아이는 정말 재미있는 농담을 할 수 있는 등) 다른 면에서 친구들과 어울릴 수 있었다. 그러나 부모님 때문에 자기 마음대로 할 수 있는 것이 아무것도 없었던 아나는 그럴 수 없었다. 그녀는 완전히 외톨이였다.

밀라는 이제 알겠다고 생각했다. 아나는 다른 아이들이 기대하는 정체성을 갖지 못했고 이러한 '망가진 정체성'이 그녀가 (고프먼이 말한) '수치를 당하게' 만든 것이다. 부모님이 허용하지 않았기 때문에 아나에게는 다른 아이들과 비슷하게 됨으로써 망가진 정체성을 관리할 기회가 없었다. 아이들에게는 아나가 너무나 완전한 이방인이었기 때문에 그들이 같은 반 친구에게 기대하는, 다르지만 받아들일 만한 정체성이 그녀에게는 허락되지 않았다. 그렇게 아나는 수치를 당하고 낙인이 찍힌 채 남겨졌다.

밀라가 프랑켄슈타인에서 '낙인'에 관한 부분을 읽으면서 매우 만족스러웠던 것은 오래전의 일 같지만 사실은 그날 아침의 일이었다. 그녀는 아버지의 행동 때문에 자신에게 낙인이 찍힌 것이며, 이 개념이 쏟아지는 도덕적 비난에 대한 완벽한 방어막이 돼 줄 것이라고 확신했다. 아버지에 대한 다른 사람들의 비난은 그녀에게 찍힌 낙인과 별반 다르지 않았고, 고프먼은 그것이 얼마나 상처가 되는지를 보여 주었다. 밀라는 고프먼이 대단하다고 생각했다. 그는 정말로 무자비하게 괴롭힘을 당하는 약한 사람들의 수호자였다. 아나는 여전히 학교 이야기를 하고 있었다.

"우리 학년의 다른 여자아이 하나도 큰 문제가 있었어. 그 애는 정말 뚱뚱했는데 손쓸 수 없는 정도였어. 아마 장애가 있었거나 심리적인 문제가 있었겠지. 그 애는 자기 몸에 관해 아무것도 할 수 없을 것 같았어. 어쨌든 그 애는 나에게 살을 빼려면 너무 오래 걸릴 것 같다고 말했고, 계속 괴롭힘을 당했어. 물론 그러면서 심리 상태가 더 나빠지는 악순환이 이어졌지. 그 애는 점점 더 아이들과 어울리기 어려워져서 결국 부모가 그 애를 자퇴시켰어. 그 뒤로는 어떻게 됐는지 몰라."

밀라는 이 얘기가 따돌림 때문에 어떤 아이가 자살했다는 신문 기사 내용 같다고 생각했다. 낙인이 찍힌 아이에게는 이런 일도 일어날 수 있는 것이다. 밀라는 낙인이 인상 관리의 반대항이라는 것을 알고 있었다. 인상 관리는 예컨대 본인이 실제 모습이라고 믿는 것보다 다른 사람들이 그 사람을 훨씬 더 경쟁력이 있다거나 멋있다고 생각하는 것처럼, 나 자신이 느끼는 것보다 더 나은 자아를 투사하는 것이었다. 낙인도 방식은 같지만 반대로 작동한다. 본인은 자신이 성 소수자이거나 장애가 있더라도 남들과 똑같은 사람이라는 것을 알지만 다른 '정상적인' 사람들은 그 사람을 그렇게 대하지 않는다. 밀라는 아나의 학교에서 따돌림에 어떻게 대응했는지 물었다.

"학교에서 따돌림이 생기면 고학년들이 회의를 조직하게 되어 있었어. 좀 더 알 만한 나이라는 거지. 나는 내가 괴롭힘을 당하고 있다고 누구에게도 말하지 않았지만, 결국 학교를 떠난 그 아이는 이야기를 했었는데 상황이 더 나빠졌어. 선배들은 그렇게 뚱뚱한 건 건강에 나쁘다면서 왜 그 애가 살을 빼지 않는지 알고 싶다고 말했지. 그 애 말로는 다들 자기가 괴롭힘을 자초했다고 생각하는 것 같았고, 거꾸로 괴롭힌 아이들에게는 죄를 묻지 않았대. 괴롭히는 아이들은 그저 좋은 뜻으로 걔를 걱정했던 것뿐이라고."

"보통 그렇지 않아? 학교에서는 괴롭힘을 막으려면 괴롭히는 아이들과 희생자를 모아 놓고 서로 대화하게 하기만 하면 된다고 생각하는 것 같아. 그건 마치 괴롭다고 말하면 괴롭히던 애들이 멈출 거라고 생각하는 거나 마찬가지야."

"맞아. 그 아이들이 그런 말을 듣고 나면 너도 자기들하고 같은 사람이라는 것을 깨닫고 갑자기 이성적으로 굴기 시작한다는 거지. 하지만 괴롭히는 애들은 그냥 계속 너를 다르다고 믿을 테니 무슨 말을 해도 소용없어. 학교는 절대 모험을 하지 않지만 사실은 할 수 있어. 다르다는 이유로 다른 사람을 괴롭히고 고문한다면 정말 체벌을 해야지. 그럼 괴롭힘이 멈출 거야."

아나가 갑자기 등을 돌려서 밀라는 또 우나 싶었다. 밀라는 고프먼이 도움이 되기를 바랐다.

"내 생각에 사람들이 이런 일이 일어나지 않도록 필요한 일을 하지 않는 건 그들이 낙인을 이해하지 못하기 때문인 것 같아. 고프먼은 자신의 인상을 관리할 수 없는 상황에 갇힌 사람들에게 종종 낙인이 찍힌다고 말했어. 학교는 괴롭힘에 대한 정책을 낼 때 항상 낙인을 사실로 받아들여. 그래서 학교에서는 그냥 낙인을 안고 사는 것이 더 편하도록 낙인이 찍힌 학생이나 낙인을 찍는 학생들이 바뀔 수 있을까를 고민하지. 피해자들에게는 좀 더 사교적이고 '자기 문제'에 솔직해지라고 권하고, 가해자들에게는 좀 더 관용을 베풀라고 권해. 두 경우 다 낙인을 피할 수 없는 하나의 사실로 보는 거야. 너는 뚱뚱해서 낙인이 찍힌 거고, 너는 장애가 있으니 낙인이 찍혔다는 식이지. 하지만 고프먼은 우리에게 낙인을 찍는 행위가 일종의 선택이라고 가르쳐. 만일 괴롭히는 게 더 나쁜 선택이라고 인식되면 그렇게 하지 않을 거야. 나는 네 말이 맞다고 확신해, 아나."

아나는 여전히 밀라를 보고 있지 않았다. 밀라는 친구의 기분을 좋게 해 줄 만한 무슨 말이든 해 주고 싶은 마음에 자신이 위험한 길로 접어들고 있다는 것을 느꼈다.

"나는 너 같은 경험은 해 본 적 없지만, 나도 너무너무 아이들이랑 어울리고 싶었어. 다른 사람들에게 낙인으로 보일 수 있다는 걸 알기 때문에 뭔가를 숨긴다는 게 어떤 느낌인지 나도 알아. 고프먼은 그게 낙인에 대처하는 흔한 방법이라고 말했어. 그는 미국이나 남아프리카공화국의 흑인들이 옅은 피부색을 가져서 남들에게 백인으로 보이는 경우에 했던 일들을 '지나가기'라고 불렀지. 그런 흑인들은 백인인 척 지나가면서 인종 차별적 농담에 웃고, 더 나아가 인종 차별에 동참했어."

그때 아나가 밀라를 바라보았다. 그녀는 다시 침착해진 것 같았다.

"맞아. 나도 학교 다닐 때 아이들과 어울리려고 그러는 애들을 봤어. 그런 아이들이 남몰래 자신을 역겨워했을 수도 있지만, 대개는 낙인찍힐 위험이 큰 아이들이 나에게 가장 심하게 굴었어. 정말 남자 같은 여자애가 있었는데 그 애는 그것 때문에 괴롭힘을 당할까 봐 겁이 났던 것 같아. 그 애는 나에게 상처를 줄 수 있는 짓은 무엇이든 했어. 처음에는 나를 '아나 신도'라고 부르더니 나중에는 그냥 '광신도'라고 부르더라고. 곧 다들 날 그렇게 부르게 되었지. 어떤 아이들은 그냥 광신도가 내 이름인 줄 아는 것 같았어. 심지어 나에게 상처를 줄 마음이 없는 아이들도 늘 그 별명으로 불렀어."

밀라는 자신의 낙인을 넌지시 비쳤다는 데 부끄러움이 몰려와서 갑자기 지쳐 버렸다. 그녀는 다시 사회학자들이 생각하는 방식대로 생각하려고 애썼다. 밀라 안의 사회학자는 '맞아, 낙인은 사회 자체에서 비롯하는 것이니까 완벽한 사람들의 사회에도 낙인이 될 만한 것은 있을 거야.'라고 말했다. 프랑켄슈타인에 실린 말이 생각났다. 사회는 일정 정도의 범죄가 필요하고, 범죄가 없다면 범죄자를 만들어 낼 것이라는 뒤르켐의 생각에 고프먼도 동의했다는 것이었다. 과거에는 허용되었던 것들을 범죄로 규정하기 위해서는 정상적인 것의 경계가 새롭게 그려져야 한다. 밀라는 자신의 상황, 아버지와 재판, 언론에 대해 다시 생각해 보았다. 아나는 여전히 이야기 중이었지만 밀라의 지친 마음은 그 말을 외면했다. 밀라는 만일 범죄가 인간이 수용할 수 있는 것의 한계를 규정하기 때문에 정상적인 것이라면, 자신이 아버지에 대해 가졌던 이상화된 시각으로 돌아갈 방법을 찾을 것도 같다고 생각했다. 사회는 정상적인 것을 규정하기 위해 비정상적인 것을 규정하고 낙인찍어야 한다. 아버지가 한 일로 인해 밀라만이 아니라 바로 아버지가 낙인찍혔던 것이다.

아나는 밀라에게 자신이 앉아 있을 때면 아이들이 코앞까지 와서 자신을 쳐다보곤 했다는 이야기를 하고 있었다. 그 아이들은 아나를 놀리지도 않고 마치 그녀가 괴물이라도 되는 양 그녀를 빤히 들여다보기만 했다.

"그런 종교적인 복장을 한 내가 얼마나 이상해 보였을지 너는 상상도 못할 거야. 그 아이들한테는 그게 정말 재밌었겠지."

밀라는 얼마나 속물 같은가 싶으면서도 자기도 모르게 기분이 좋아졌다. 아나가 한 말은 신문에서 아버지의 사건을 다루는 방식에 대한 자신의 생각이 옳았음을 확인시켜 주었다. 아나가 한 말은 낙인과 범죄가 어떤 면에서는 같다는 사실을 일깨워 주었다. 사람들은 범죄를 두렵게 여기면서 자신들이 그 일원이라고 생각하는 정상적인 것 혹은 사회로부터 분리시키고 범죄가 사라지기를 원한다. 하지만 사람들은 아나가 묘사하는 종류의 낙인이나 밀라의 아버지가 저지른 것으로 되어 있는 범죄에 병적으로 흥미를 느끼기도 한다. 신문이 아버지의 사건을 다루는 방식은 신체적으로 기형인 사람들을 전시하는 서커스의 '괴물쇼' 같았다. 우리는 그들을 '괴물'이라고 불렀으며, 이제는 우리가 다른 의미에서 비정상적이라고 생각하는 사람들에게 낙인을 찍고 있다. 신문에서는 밀라의 아버지를 악마로 만들고는 불씨가 꺼질 즈음 다시 그 사건을 파헤쳐서 덕을 본 것이다.

밀라는 아나가 대답을 기대하면서 자신을 바라보고 있음을 깨달았지만, 자기 생각에 너무 빠져들어 있었기 때문에 뭐라고 대답해야 할지 몰랐다. 밀라는 아나가 같은 학교의 뚱뚱한 여자아이 이야기를 할 때 떠올랐던 생각을 기억해 냈다. 밀라는 고프먼의 낙인 연구가 우리에게 규범이 구성되는 방식과 규범이 실제 사회 속의 평균적인 개인과 상관없을 수 있다는 사실을 의식하게 만든다고 말했다. 많은 사회에서는 몸무게가 정상성의 기준으로 여겨지지만 대부분의 사람은 '정상적'이라는 무게보다 뚱뚱하거나 날씬하다. 프랑켄슈타인에서는 날씬한 몸매가 규범이 되고 다이어트 상품이 어느 때보다도 널리 퍼지면서 비만 인구의 비율이나 과체중 인구의 수가 늘었다고 했다. 밀라는 헷갈렸다.

'아니 그 반대였던가? 많은 사람들이 과체중이 되면서 몸무게에 대한 집착이 증가한 건가?'

밀라는 아나에게, 그러므로 자신은 사회학자들이 규범에 관해 말할 때 어느 한 시점의 대다수의 사람들에게 실제로 적용되는 것을 말하는 경우는 거의 없다는 결론에 도달했다고 말했다.

"평생 정상으로 보이려고 하면서 우리가 느끼는 감정에 대한 이야기 기억나지? 고프먼은 이런 감정이 근대 사회 속 삶의 특성이라고 봤어. 또 그는 어떤 사람들을 낙인찍고 그들을 비정상으로 만드는 과정이 결국 우리는 정상임을 재확인하는 방법이라고 생각했고. 사람들은 다른 사람을 괴롭히는 사람들이 아주 불안한 사람이라고 말하잖아. 어쩌면 정말 그렇지 않겠어?"

"네 말은 우리도 잠재적으로는 다른 사람들을 괴롭힌다는 거야?"

아나가 자유롭게 이야기를 하기 시작했을 때 이미 밀라는 흥미를 잃었기 때문에 문제에 봉착했다. 그녀는 다른 사람에게 정말로 귀를 기울이는 데 익숙하지 않았기 때문에 지치기만 했다. 밀라는 아나가 자신이 무심하다고 생각할 수도 있다는 것은 모르고 상황을 더 악화시켰다. 밀라는 만일 우리 모두가 낙인을 만드는 데 책임이 있다면 그에 대해 뭔가를 하기로 결심할 수도 있다고 말했다. 일상적 상호 작용에서 개인이 정상성에 관한 규칙을 수행하는 것이라면, 규칙을 바꾸는 것도 우리 손에 달려 있다. 학교는 그저 두 손 놓고 아이들이 서로를 괴롭히는 일은 항상 있어 왔다고 말할 수밖에 없는 것이 아니라 뭔가를 할 수 있었다. 고프먼은 모든 권력과 불평등 관계에서도 마찬가지라고 생각했다. 밀라는 그런 관계를 안고 살 것인가, 아니면 다르게 만들 것인가는 우리의 선택에 달려 있다는 생각을 굳혔다.

"나는 학교 폭력을 방지하기 위한 정책이 아주 쓸모없다고 생각해. 왜냐하면 학교는 그곳에서 이루어지는 일상적인 행위들이 괜찮아 보이는 척하려고 막상 학생들이 어떻게 행동할 수 있는지에 대해서는 정직하지 않은 태도를 취하기 때문이야. 학교는 모든 아이들이 서로를 존중하고, 공동체에 대한 헌신을 익히고, 뭔가를 배우기 위해 할 수 있는 한 최선을 다한다고 가장해. 괴롭힘에 대처하는 것은 학교에 정상성의 규정을 바꾸라고 강요하는 거야."

밀라는 자신이 사회학을 일상생활에 적용하고 있다고 생각했지만, 아나는 밀라가 또다시 애써 자기 경험의 의미를 축소해 버렸다고 느꼈다. 아나는 밀라가 괴로운 경험을 털어놓도록 구슬려 놓고는 아나가 피해자가 된 것만큼 쉽게 가해자도 될 수 있으며 문제의 해결책이 그녀의 손에 달려 있다고 주장하는 거라 생각했다. 여태껏 아나는 화를 참으며 상식을 겨우 붙들고 있었다.

"하지만 학교도 뭔가 다른 일을 할 여력은 없을걸? 학교에서 진실을 인정하면 부모들이 골치 아프게 굴 거고 어쩌면 정부에서 감사를 나와서 학교 문을 닫게 할 수도 있으니까."

"맞아. 하지만 학교는 어떤 행동에 대해서는 통제를 하잖아, 안 그래? 학생들이 정해진 방식대로 행동하게 하려고 노력하는 거지. 괴롭힘은 숨길 수 있으니까 아무 일도 하지 않기로 선택하지만, 파리 한 마리 잡아 본 적 없는 아이들이 교사의 권위에 도전하는 걸로 여겨지는 말을 한다면 학교가 모욕을 당한 게 되지."

이는 고프먼이 자아가 스스로의 이미지를 구성하거나 관리할 수 없는 장소로 든 다른 사례였다. 이런 일은 두 가지 상황 속에서 뚜렷하게 나타난다. 사람들이 낙인이 찍힐 때와 제도 안에 있을 때가 바로 그런 상황이다. 학교에서는 두 가지가 다 일어나지만, 그보다 더 개인을 지배하는 것은 제도이다. 고프먼은 제도로 인해 자기표현과 인상 관리가 금지됨으로써 '자신다움'의 감각이 침해된다고 지적했다. 자신을 알릴 개인의 자유를 제한하는 공간으로 고프먼이 든 예들 중 가장 잘 알려진 것은 환자들의 사적인 공간과 자아 개념이 일상적으로 침해당하며 비하되는 정신 병원이다. 고프먼이 묘사하는 병원에서는 환자들이 어떤 옷을 입고, 언제 먹고, 언제 화장실을 가고, 어떤 식으로 책임자에게 말을 해야 하는지 등을 본인이 알아서 결정하도록 허용되지 않는다. 밀라는 이런 시설이 어떻게 자아실현을 통제하면서 개인에 대한 권력을 확고히 하고 개인의 유순함과 복종을 요구하는지에 관해 읽었다. 이 이야기를 하려던 순간 밀라의 머릿속에 경보음이 울렸다.

피곤할 때 자신이 얼마나 무심할 수 있는지를 다시 한번 확인한 밀라는 이런 주제에 대한 이야기를 하면 자신이 아나에게 일어난 일의 심각성을 최소화하고 있다는 인상을 줄 수도 있다는 사실을 상기했다. 그리고 밀라는 자신들이 있는 병원이 겉으로라도 고프먼이 묘사한 것과 같다고 생각하지 않았다. 여기서의 통제 시도는 주먹구구식이었지만 아나의 안전을 최우선으로 두고 이루어졌다. 이는 자아를 비하하는 것이라기보다는 일종의 상냥한 방치 같았다. 프랑켄슈타인에는 고프먼이 병영, 군함, 기숙 학교나 감옥처럼 개인 생활의 모든 면이 통제되는 '감호 기관'의 예를 들었다고 나와 있었다. 밀라는 아나에게 고프먼이 그런 기관에 대해 뭐라고 썼는지 말해 주었다.

학교나 일부 직장, 정당 같은 다른 기관도 감호 기관의 성격을 일부 가지고 있다. 하지만 진짜 감호 기관에서는 일, 놀이, 수면이 분리되어 있지 않다. 사람들이 하는 모든 일은 다른 사람들의 일과 동시에 이루어지며, 모든 사람은 같은 대우를 받고 같은 일을 하도록 요구받는다. 삶의 모든 부분이 같은 권위 아래 놓이고, 그 권위에 의해 모든 것이 빡빡하게 계획된다. 또한 여기에는 많은 규칙이 따른다. 그때 아나가 밀라의 말을 끊었다.

"우리 가족에도 많은 규칙이 있었어. 사실 가족이 감호 기관 같았지. 나는 집에 있는 동안 사생활이 없었어. 우리 부모님은 본인들의 종교적 신념 때문에 내가 반드시 늘 옳은 일을 생각하게 하려고 아주 열심히 노력했어. 만일 내가 조금이라도 다른 생각을 하는 티를 내면, 부모님은 내가 갖고 있던 약간의 자유나 사생활마저 빼앗아 버렸어. 한번은……."

밀라는 답답함에 짓눌리는 것이 괴로워 아나의 말을 막았다. 아나는 마지막으로 자신이 겪은 일들을 밀라에게 이해시키려고 하고 있었다. 하지만 이미 아나는 만일 밀라가 또 자신을 거절한다면, 다시 말해 자기의 얘기에 공감하는 대신 그것을 모든 사람에게 혹은 피해자로서의 우리 모두에게 똑같이 적용되는 거라고 사회학적으로 일반화한다면 어떤 느낌일지까지 염두에 두고 있었다. 아나는 괴로웠지만 밀라에게 지금까지 일부분만 이야기하는 동안에도 감정적으로 엄청나게 노력했다고 생각했다. 또한 자신의 어린 시절이 어땠는지를 다시 설명하려는 시도가 당연하다고 느꼈다. 만일 밀라가 여전히 자기의 말을 알아듣지 못하면 예전에 여러 번 그랬듯 문제는 자신이라는 결론을 내려야만 할 것이었다. 자신의 신경증적 과잉 반응을 탓해야 하며, 정상이 아닌 것은 결국 아나 자신이다. 눈물을 흘리지 않기란 분명 어려운 일이었지만 아나는 계속해서 말을 이었다.

"부모님이 내가 읽고 있던 책을 찾았어. 교과서 외에는 다른 읽을거리는 집 안에 들일 수 없게 되어 있었고 그때 부모님은 그런 책 중 대다수는 쓰레기라고 말하곤 했어. 그런데 내가 침대 밑에 숨겨둔 책을 부모님이 발견했어. 그게 내가 처음으로 읽은 연애 소설이었는데 나는 그게 재미있고 그냥 내 삶의 모든 것과 다르다고 생각했어. 부모님은 그 책을 찾아내고 나서 나한테 자기들 앞에서 그 책을 찢어 버리게 했고, 교단 사람이 모인 자리에서 내가 얼마나 나쁜 짓을 했는지 말하게 만들었어. 사람들은 모두 나에게 소리를 질렀어. 끔찍했지. 부모님과 다른 아이들마저 마치 내가 살아야 할 가치도 없다고 생각하는 듯한 눈으로 나를 봤어. 오랫동안 아무도 나에게 말을 걸지 않았어."

아나가 "찢어 버리다."라는 말을 하면서 목소리가 갈라지는 순간, 아나의 경험은 마침내 밀라에게 완전히 사실로 다가왔다. 밀라는 마침내 자기 생각에만 파묻혀 있던 의식을 밖으로 끌어냈다. 아직 무슨 말을 해야 할지는 몰랐지만 그녀의 태도와 표정은 바로 바뀌었다. 밀라는 아나의 어깨에 손을 올렸고 아나는 말을 이었다. 아나의 목소리는 조용하면서도 씁쓸하게 들렸다.

아나는 그 교단에서 벗어나기 위해 부단히 노력했었지만 자신의 가족은 감옥 같았다고 말했다. 밀라는 "감옥을 감옥답게 만드는 것은 구성원이 법을 어기지 않는 제도에서 발견된다."라는 고프먼의 말이 떠올랐지만 그저 아나의 어깨를 지그시 누르고는 그녀가 더 말할 수 있도록 고개를 끄덕였다. 그러자 아나는 자신의 어머니와 아버지는 아나가 청소년이고 10대라는 사실을 감안해 규칙을 바꾸어 주지도 않았다고 말했다. 그녀는 자라서도 여전히 욕실에서조차 사생활이 없었다. 아침에 학교에 가기 전에 자신의 모습이 어떤지 확인하기 위해 거울을 보는 것조차 허용되지 않았다. 아나의 말은 이제 멈추지 않았다.

"비록 나는 학교에서 괴롭힘을 당했지만, 학교에서는 매일 1분, 어쩌면 그보다 더 짧은 시간이나마 부모님의 규칙을 따라야만 하는 아나와는 다른 사람이 된 느낌이 드는 순간이 있었어. 하지만 집에 돌아오면 그런 느낌을 뒷받침해 줄 만한 것이 아무것도 없었지. 나는 천천히 미쳐 가는 것 같았어."

밀라는 프랑켄슈타인에서 고프먼이 정신 병원도 이와 같은 효과를 낸다고 말했던 것이 기억났다. 환자는 "입원 환자로 존재하는 순간의 사건들이 갖는 상징적 의미는 그 사람이 이전에 갖고 있던 자아 개념을 확증하는 데 완전히 실패한다."라는 사실을 알게 된다. 아나는 여전히 할 말이 많았다.

"나는 부모님 방식만을 따르도록 너무 세뇌되었고, 그런 식으로 사는 데 너무 익숙해져서 마침내 거기서 벗어났을 때는 적응하기가 힘들었어. 나는 아직도 내 머리빗과 거울을 가지고 있는 게 어색해. 아직도 밖에 나가면 가게 유리창이나 자동차 거울을 봐. 어떤 때는 규칙이 없기 때문에 무엇을 해야 할지 모르겠어. 선택지가 너무 많은 거야. 그리고 자주 나는 아나가 무엇을 원하는지, 아나가 누구인지에 대한 감이 별로 없어."

밀라는 이 말이 감호 기관에 있는 많은 사람들이 겪는 '제도화'에 관해 프랑켄슈타인에 언급된 말 같다고 생각했다. 그들은 벗어나거나 저항할 수 없기 때문에 규칙을 배운다. 규칙이 존재하는 공식적인 이유는 제도를 부드럽게 돌아가게 하는 데 있지만 이는 사실이 아니다. 규칙은 제도의 심장이자 영혼이다. 규칙을 배우고 규칙을 실행하는 방법을 배우는 것은 어느 제도에서건 그 제도가 설정한 목표를 향해 전진하는 데 큰 부분을 차지한다. 사람들은 규칙을 잘 수행할수록 '제도화'되어 오히려 제도 밖에서 사는 것을 어려워하게 된다. 밀라는 이런 일이 얼마나 흔한지, 자신의 아버지도 그 영향을 받은 것인지 알고 싶었다. 그녀는 매우 괴로워하는 친구에게라도 확인이 필요했기 때문에(하긴 아나보다 그 질문에 대한 답을 잘 알 사람이 누가 있겠는가?) 이렇게 물었다.

"나는 장기 복역수가 다시 감옥에 가려고 일부러 죄를 저지른다는 이야기도 들었어. 자신에게 의미와 체계를 주는 제도에 의존하기 때문인데, 의미와 체계 없이 살기란 그만큼이나 어렵다는 거지. 너도 그렇다고 생각해? 그렇게 되려면 얼마나 오래 제도 속에 갇혀 있어야 할까?"

아나는 밀라를 빤히 바라보다가 그녀와 시선을 마주치자 매우 단호하게 말했다.

"나는 돌아가지 않을 거야, 절대로. 나는 그 뒤로 부모님을 본 적도 없고 다시 보고 싶지도 않아. 교단에서 부모님과 내가 연락이 닿게 가만두지도 않겠지만. 나는 교단의 다른 남자와 결혼해야 했지만 거부했어. 거부는 할 수 없는 일이었어. 거부를 하면 나는 어머니와 아버지에게도 인간이 아닌 거야. 만일 부모님이 나와 연락을 하려고 했다는 것을 교단에서 알게 되면 부모님도 같은 대우를 받을 거야."

"어떻게 거부를 한 거야, 아나? 그렇게 오래 학대를 받으면서 어떻게 그럴 힘을 얻었어?"

"잠시 미쳤었어. 일부러 그랬던 건 아닌데 내가 그냥 매우 이상하게 행동하기 시작하니까 선생님이 알아차렸어. 관계자들이 소집되고 나는 의사와 면담을 해야 했지. 의사는 나를 잠시 동안 병원에 집어넣었어. 이런 일반 병원이 아니라 나 같은 문제를 가진 사람들을 위한 특수 병원 말이야. 그 덕분에 도망칠 수 있었다고 생각하지만 어쨌든 그곳에 있는 동안 정말로 이상이 생겼어. 그곳에 있던 시간의 한 절반 정도는 계속 집에 가고 싶다고 말하는 데 썼으니까. 의사와 간호사들은 분명 애를 먹었겠지만, 약이 도움이 되었어. 나는 아무에게도 이 이야기를 한 적 없어. 왜냐하면, 그러니까, 사람들이 내가 정신 질환이 있다고 생각하기를 원하지는 않으니까. 어쨌든 정신 병원에 가는 것이 내가 도망치는 길이었어."

믿을 수 없게도 아나는 이 말끝에 웃음을 터뜨렸다. 이 웃음에 미친 것 같은 구석은 없었다. 그녀는 자신이 한 말에 담긴 모순을 즐기고 있었다. 밀라는 분명히 그 농담을 못 알아들었다. 그녀는 자신이 감당할 준비가 되어 있지 않은 위험을 아나는 감당하게 했다고 생각하고 있었다. 아나가 비밀을 말해 주는 동안 그녀는 충분한 관심을 쏟지 않았다. 밀라는 공감 능력과 직관의 부족 때문에 아나를 실망시킨 것이다.

밀라는 어른이 되는 것을 감당할 수 있다는 생각이 들지 않았다. 그녀는 친구들은 끔찍한 삶을 살고 아버지는 정말 나쁜 사람이라는 게 드러나 버린, 너무나 실재적이고 유쾌하지 않은 세계의 일부가 되고 싶지 않았다. 아나가 밀라의 팔을 꽉 쥐며 말했다.

"나는 내가 알기로는 대학에 오려고 미쳐야 했던 유일한 사람이야. 다른 사람들은 그냥 시험만 통과하면 됐잖아."

이번에는 농담을 알아듣고 밀라는 이렇게 말했다.

"하지만 어젯밤에는 무슨 일이 있었던 거야, 아나?"

"그냥 유머 감각을 잃어버렸던 것 같아."

밀라는 아나를 의미심장하게 바라보았다.

"글쎄. 내 생각에는 나야말로 방금 아나가 누구였던가에 대한 감각을 또 잃었던 것 같은데."

"하지만 이제 돌아왔잖아."

"맞아. 지금은."

9
권력은 어디에나

세미나 1 — 푸코의 권력 이론

며칠 뒤 아나가 돌아왔다. 모든 것이 어쩌면 이렇게 빨리 정상으로 돌아오는지 놀라웠지만 밀라는 그 사실에 매우 감사했다. 그녀는 아나의 끔찍한 부모님과 아나를 괴롭히던 친구들 이야기를 들은 것이 그 사실을 들었기 때문에 느껴지는 책임감만큼 신경 쓰이지는 않았다. 아나의 폭로를 들은 것은 상관없었지만 그로 인해 지워진 어른처럼 행동해야 한다는 기대는 아주 많이 신경이 쓰였다. 그녀는 가능한 한 세심하게 반응해야 했고 자신의 말이나 행동이 가져올 효과에 책임을 져야 했다.

자란다는 건 때때로 다른 사람에게 보이는 나의 모습을 통제할 수 있다는 뜻인 것 같았다. 하지 않았을 말을 하도록 누군가를 부추긴 상황에서 그럴 힘이 없는 척할 수는 없었다. 타인의 삶 일부를 통제하게 된 만큼 자신이 한 일에 책임을 져야 했다. 아나와 보낸 하루만으로 끝날 일이 아니었다. 밀라의 마음 뒤쪽에는 마찬가지로 아픈 부분을 건드리는 것들이 있었다. 그때 그 여자가 길에서 맞고 있다고 생각했을 때 택시를 멈춰야 했던 게 아니었을까? 그게 어른스러운 반응이었을까? 그리고 아버지 일이 있었다. 아버지에게 일어난 일에 대한 어른스러운 반응은 무엇일까?

이제 밀라는 그녀가 실제로 다른 사람에게 영향을 미칠 결정을 내릴 권리 또는 의무를 가지고 있다는 의식이 없는 것이 문제가 될 수도 있음을 이해하기 시작했다. 다른 사람에 대한 통제를 거부할 특별한 이유란 없었다. 그녀는 성장해서 통제에 동참하고 자기 몫의 부담을 져야 했으며, 이번에는 이런 교훈을 정말로 사회학 수업에서 얻었다.

사회학 이론에 대한 강의를 들으며 밀라는 학생들이 강의에서 듣고 교재에서 읽은 내용을 얼마나 많이 이해했는지를 강사에게 설명할 기회가 된다면 세미나 모임에도 참가했다. 대부분이 대학원생인 세미나 강사들은 학생들이 이해한 바를 말하게 해서 자신들이 그에 대해 비판할 수 있도록 학생들을 부추기거나 도발하는 역할을 맡고 있었다. 어떤 강사들은 도발을 하기보다는 구슬리는 편이었지만 이번에 밀라가 참여한 세미나를 담당한 사람은 그렇지 않았다.

세미나 강사의 이름이 게시되었을 때 밀라는 자신의 강사가 극도로 도발적이면서도 매우 특이하기로 정평이 난 버트런드라는 것을 알았다. 학생 절반은 그가 약간이라고 하기엔 과하게 뚱뚱한데도 투우사 같은 옷을 입고 다니는 이상한 성격의 소유자라는 이야기를 들어 본 모양이었다. 다른 학생들은 그를 약간 무섭다고 생각하는 것 같았고 한 학생은 밀라에게 그 사람이 위법 행위로 조사를 받은 적이 있는데 아마 성(性)에 관련된 일이었을 것이라고 말하기도 했다. 밀라는 그가 미셸 푸코(Michel Foucault)라는 프랑스 학자의 연구에 관한 박사 과정을 마쳐 가는 시점이라 세미나에서 하는 모든 이야기가 결국 항상 푸코로 돌아간다는 얘기도 들었다. 하지만 버트런드가 진행해야 할 세미나는 고프먼에 관한 것이었다.

버트런드의 역할은 고프먼의 인상 관리 개념에 대해 학생들이 알고 있는 사실을 정리해 주는 것이었다. 놀랄 일은 아니지만 대부분의 학생들은 준비가 거의 혹은 전혀 안 되어 있는 것 같았다. 어쩌면 버트런드가 너무 무례하다고 생각해서 세미나 내내 아무 말도 하지 않기로 작정한 것일 수도 있었다. 버트런드의 질문에 답하는 부담을 도맡아 진 사람은 늘 그렇듯 코니라는 매우 진지하고 성실한 여학생이었다. 밀라는 그녀가 안쓰러워서 가끔 편을 들어 주기도 했지만, 지금은 코니가 버트런드를 단독으로 상대하고 있었다.

"내가 채택한 그 많은 인격들과 가면들 중에 어떤 것이 진짜 나인가요?"

버트런드는 하품을 했다. 그는 학생들의 생각이 순진하고 지루하다고 여겨지면 티를 냈고 그의 반응은 언제나 독했다.

"당연히 너는 네가 생각하는 너, 네가 말하는 너, 그리고 무엇보다도 네가 하는 행동을 합쳐 놓은 존재지. 고프먼이 하는 이야기는 사소한 것들이야. 자기 삶에서 아무것도 해 본 적 없는 청소년들을 위한 언어유희 같은 거라고. 나, 나 말고는 아무것도 말하지 않잖아."

버트런드가 경멸 섞인 눈으로 주변을 둘러보는 동안 밀라는 이런 대접을 받으면서도 누군가 발언을 한다는 게 놀라웠다. 그녀는 고프먼이 상처받은 사람들에 대해 진지하게 이야기했다고 생각했다. 버트런드의 독설은 자신이 아나의 이야기에 대해 공감하거나 이해할 수 없어서 느꼈던 혼란과 부끄러움을 기억나게 했다. 고프먼의 논의를 그런 식으로 일축해 버리는 것은 더욱 힘들었기 때문에 밀라는 버트런드의 괴롭힘을 무릅쓰고 거침없이 말했다.

"인상 관리가 고프먼이 이야기하는 전부는 아니에요. 그는 인상 관리를 사람들에게 부과되는 권력 제도나 사회적 기대의 맥락에서 봤어요.『정신병원(Asylums)』이라는 책에서는 당시 정신 병원의 규칙이 어떻게 한 사람을 환자로 만들어 내는지를 연구했죠."

버트런드는 특유의 비아냥거리는 투로 말을 끊었다.

"그래, 우리도 알아. '사람에서 범주로' 갔다는 거지. 잘했어. 만일 네가 매우 관대하다면 고프먼이 강조했던 '자의식'이 푸코의 '파놉티콘' 개념을 미리 보여 주었다고 말할 수도 있겠지. 우리는 아무도 우리를 보고 있지 않을 때도 누군가 보고 있는 것처럼 행동해. 외부에 심사 위원이 여럿 있어서 우리 행동을 지켜보고 점수를 매긴다고 상상하지. 하지만 이런 건 푸코가 훨씬 잘 다루었어."

코니가 밀라 편을 들며 대화에 끼어들었다.

"고프먼은 『낙인(Stigma)』에서 개인의 신분 증명과 국가 감시를 연결 지었어요. 이런 것들을 끊임없이 떠들어 대는 게 유행이 되기 훨씬 전에 그는 우리가 점차 더 많이 감시당하고 개인의 역사, 취향, 욕구, 의견이 온갖 데이터베이스에 기록될 거라고 예상했죠."

다른 학생들도 이 말에 고개를 끄덕이고 있었다. 그들은 버트런드가 한 말을 코니가 그대로 되돌려 준 것에 즐거워했다. 그중 한 명이 말했다.

"슈퍼마켓에서 회원 등록을 하면 그 가게는 회원들의 쇼핑 내역을 본인보다 더 잘 알게 돼요. 우리는 매번 신분증과 신용 카드를 제시해야 하죠. 그런 게 다 그들의 데이터베이스에 우리 정보를 보태는 거예요."

이 말은 밀라의 요점에서 벗어나고 있었다. 너무 사소한 데다 그녀가 고프먼의 논의에서 중요하다고 생각했던 것, 그러니까 사람들이 스스로 가치가 없다고 느끼며 주변화될 수 있음을 이해하게 해 주는 이야기가 빠졌기 때문이었다. 밀라는 여기 모여 있는 학생들과 버트런드가 이 점을 깨달았으면 했다.

"코니 말이 맞아요. 낙인 과정에 대한 고프먼의 연구는 과소 평가되었지만 사실 그의 연구는 인종 차별, 성차별, 동성애 혐오 등 온갖 형태의 사회적 배제와 연결돼요. 사회 규범이나 세상이 정한 정상성의 기준에 미치지 못하는 개인에게 낙인을 찍는 행위는 중요한 문제예요. 특히 자신의 옷차림이나 외모, 혹은 자신이 누구인가 때문에 어떤 공간이나 질서에 어울리지 않는다고 느끼는 사람에게는요."

밀라는 버트런드처럼 이상하다는 소리를 듣는 누군가가 자기의 발언에 해당할 수도 있다는 생각은 미처 하지 못했다. 버트런드는 입고 있는 옷 때문에 장소에 맞지 않는 사람의 완벽한 예였다.(그는 정말로 저 작은 재킷에 그 큰 몸을 욱여넣지 말았어야 했다.) 세미나의 학생 대부분은 밀라가 자신이 무슨 말을 했는지 잘 알고 있을 거라고 생각하면서 애써 웃음을 참고 있었다. 밀라는 사실 자신과 자신이 느끼는 감정이야말로 이 자리에 맞지 않는다고 생각하고 있었다. 그녀는 학생들이 웃음을 참는 모습에 잠시 어리둥절해 있다가(그녀가 바보 같은 소리를 했던가?) 곧 밀려드는 당혹감과 함께 자신이 무슨 말을 했는지 깨달았다. 그녀는 자포자기한 채로 다시 말을 시작했다.

"인상 관리에 대한 고프먼의 논의는 근대 사회에서의 개인의 지위에 관한 근본적인 분석이예요. 우리는 매일 완전히 이방인들과 상호 작용을 하는 개인으로서 첫인상을 잘 만들어야 해요. 우리는 더는 모두가 모두를 아는 공동체 안에 살지 않아요. 모두가 서로에게 낯설고, 몇 분 아니면 몇 초 안에 서로를 평가해야 하죠. 몇 년 동안 함께 일할 사람을 뽑는 취업 면접도 대부분 30분도 안 걸리잖아요? 생각해 보면 정말 이상한 일이죠."

코니가 재빨리 통찰력 있는 발언을 덧붙였다.

"고프먼의 관찰은 겉모습과 표면적인 것들이 실재보다 가치 있게 여겨지는 세계와 맞아떨어져요. 사실 탈근대주의자들도 인식이 실재를 대체한다는 고프먼의 분석을 받아들인 것 아닌가요?"

코니는 고프먼의 이론이, 더는 외양과 실재가 구분되지 않으며 겉으로 보이는 것이 전부인 오늘날에는 자기가 투사하는 모습 이면에 진짜 자기가 존재한다는 구도가 성립하지 않는다는 것을 지적한다고 설명했다.

버트런드는 코니 쪽으로 몸을 기울였다.

"그러니까 너는 근대 사회의 일상생활이 우리에게 우리가 되고 싶어 하는 대로 자기 모습을 만들 수 있을 만큼 엄청난 자유를 가져다주었다고 말하고 있는 거야? 어쩌면 너는 고프먼이 주장한 제시주의(presentationalism)를 아무 죄책감 없이 받아들이겠구나. 이게 재미있나 보지?"

대답을 한 것은 밀라였다.

"우리가 타인을 위해 무대 전면의 모습을 선택하도록 만드는 게 사회라는 것을 보여 줘서 우리 기분을 좋게 만드는 게 고프먼 이론의 목표는 아닌데요."

그녀는 고프먼이 정체성과 자아가 사회적으로 연결되고 구성되는 방식 및 사회가 사회 통제라는 목적을 위해 자아를 침해하는 방식에 대해 주의를 환기시켰다고 말했다.

버트런드는 조소를 띠었다.

"고프먼은 사회 통제에 관해 전혀 알지 못해. 사실 우리에게 자유는 없어. 우리는 매 순간 늘 훈육되는 거야. 푸코는 훈육을 하는 주체가 정신 병원과 감옥만은 아니라는 점을 지적해. 훈육은 우리가 하는 거야. 우리가 알아서 하는 거라고!"

버트런드는 그들이 고프먼에 대해서는 충분히 알고 있다고 생각한 듯 푸코에 대해 말하기 시작했다. 그의 따분해하는 오만한 태도가 경멸에서 겁날 정도로 거친 열정으로 바뀌었다. 그는 학생들에게 근대가 성적 해방, 자가 치료, 극단적 개인주의 등 자유와 선택으로 가득 찬 것처럼 보이지만 언제나 그런 것은 아니라고 말했다. 보아하니 버트런드는 스스로가 자유롭다고 느끼지 못하고 있으며 그들도 똑같이 느껴야 한다고 믿고 있는 것 같았다.

"하지만 우리가 원하는 것만 할 수 있나? 왜 이 분명한 자유 한가운데에서 우리는 자유롭다고 느끼지 않지? 왜 군중의 선택은 그 언제보다도 구속적인 것으로 느껴질까? 오늘날의 삶에서 개인적 자유가 억압적일 수도 있나? 우리는 알지도 못한 채 어떤 방식대로 행동하도록 강제된 건가?"

버트런드는 탁자에 몸을 기대고 매우 빠르게 말하면서 한 사람 한 사람과 차례로 눈을 맞추려 했다. 그는 거의 숨 쉴 틈도 없이 밀어붙였다.

"'나는 내가 원하는 일을 할 수 있을까?'라는 질문을 뜯어보는 것부터 시작하지. '나'는 뭐고 '원하는' 건 뭐냐? 둘 다 매우 간단하고 확실한 것 같지만 그렇지 않아. 푸코는 권력에 관심을 가졌어. 왜 사람들은 이건 하고 저건 하지 않는가? 왜 어떤 사람에게는 복종하면서 다른 사람에게는 복종하지 않는가? 왜 어떤 때는 이렇게 행동하면서 다른 때는 전혀 다르게 행동할까?"

그는 튀어 올라 방 한쪽 구석에 있는 칠판에 무언가를 쓰기 시작했다. 그는 학생들에게 자기가 칠판 맨 위에 겨우 알아볼 정도로 휘갈겨 쓴 내용을 받아 적으라고 어깨 너머로 말했다.

섹스와 몸
무엇이 많은 사회에서의 신체적 외모에 대한 집착을 설명하는가?

한두 명은 '섹스'라는 단어의 예상치 못한 등장에 약간 놀란 것 같았다. 버트런드가 받은 수사에 관한 소문을 들은 건 밀라만이 아니었다. 탁자를 따라 '저 사람이 대체 무슨 말을 하려는 것일까?' 하고 불편해하는 기운이 느껴졌다. 버트런드는 마음대로 하기로 결정한 것 같았다. 그는 학생들에게 그들 모두가(특히 여자들이) 날씬해지는 법, 다이어트하는 법, 타인에게 잘 보이는 법, 피부 좋아지는 법, 남자 생기는 법, 예뻐지는 법 등 뭔가가 되는 방법에 대한 넘치는 조언과 지침 공세에 파묻혀 있다고 말했다.

"푸코는 우리 모두가 마음이자 몸이라는 사실을 상기시켰어. 몸을 둘러싸고 일어나는 일은 무엇이 마음에 영향을 미치는지만큼이나 사회학 연구의 주요 대상이지. 권력은 마음과 몸에서 동시에 작동하면서 양측을 변화시킨다. 그래, 이게 새로운 얘기는 아니야. 하지만 푸코는 오늘날 권력은 개인이 각자 몸을 관리하게 만드는 식으로 작용한다고 주장했어. 아무도 강요하지 않았는데 수백만 명이 자발적으로 외모 관리에 집착하고 있지."

밀라는 이 모든 게 길들여지는 일이며 그리 새롭지 않다고 생각했다. 대학에 오기 전부터 사회학 수업에서 들었던 이야기였다. 그때 버트런드가 섹스에 관해 말하기 시작했다.

"섹스는 개인이 자기 몸을 관리하게 함으로써 권력이 작동하는 방식을 보여 주는 제일의 사례다. 푸코는 20세기 후반에 글을 썼어. 그는 섹스에 대한 태도가 훨씬 보수적이었을 것 같은 19세기에는 오히려 사람들이 섹스 이야기를 많이 했다고 지적했지. 실제로 섹스의 모든 면에 관해 의학 논문이 나왔을 만큼 섹스에 집착했다고. 아이의 성행위를 통제하는 법을 다룬 부모용 지침서도 있었어. 아이가 자위행위를 하는 것을 발견했을 때 어떻게 대처해야 할지에 대한 조언 같은 게 실려 있었지."

그는 잠시 말을 멈추고 이 얘기에 대한 학생들의 반응을 살폈다. 유일한 반응이라고는 밀라 옆에 앉은 학생이 밀라의 귀에 이렇게 속삭인 것뿐이었다.

"저 사람이야말로 섹스에 환장한 것 같지 않아?"

버트런드는 마치 자신이 신뢰도 투표에서 큰 표라도 얻은 것처럼 말을 계속했다. 그는 19세기 유럽의 성도덕은 성(sexuality)의 특정한 측면을 통제하는 것이었고, 특히 여성이나 노동 계급의 성에 대한 통제에 집중되어 있었다고 말했다.

"그렇다고 해서 문제가 '억압'은 아니야. 사실 19세기 유럽의 방대한 성 과학은 성을 양성하고 감독했어. 비난을 받은 건 자위행위처럼 '낭비적'이고 비생산적인 욕망밖에 없었지. 섹스에 관해 이야기하는 다양한 방식과 성 관련 기술들이 생산되었어. 그런 것들이 푸코가 말한 생체 권력, 즉 신체적·생물학적 몸과 몸으로서의 인구 집단에 대한 규제와 관리야."

버트런드는 푸코가 이른바 성적으로 해방된 시대로 간주되는 20세기 후반의 유럽 인들이 19세기의 조상들과 그렇게 다르지 않다고 봤다고 말했다. 특히 1960년대부터 많은 사회에서 강박적으로 성을 이야기했다. 무엇이 좋은 섹스이고 무엇이 나쁜 섹스인지, 좋은 섹스를 권장하고 나쁜 섹스는 줄이는 방법이 무엇인지에 관한 잡지 기사와 텔레비전 프로그램이 수천 편쯤 되었다. 푸코는 이것이 자유의 징후가 아니라고 말했다. 섹스에 관해 더 많이 말할수록 우리는 어떻게 보이고, 어떻게 말하고, 어떻게 행동하고 어떻게 생각해야 하는지에 대한 지배적인 상을 재생산하는 데 참여하는 것이다. 1960년대와 1970년대 사람들은 1800년대, 심지어 1950년대의 사람들이 섹스에 대해 억압적이고 고상한 체했다고 생각했다. 그러나 지금도 섹스에 대한 우리의 선택은 제한되어 있다. 푸코는 이처럼 우리를 제한하는 것을 '권력-지식 담론'이라고 불렀다. 우리가 사물을 이야기하고 범주화하는 방식이 우리가 행동하는 틀을 정한다는 것이다.

푸코에 따르면 성은 균형이 잘 맞느냐 혹은 억압되어 있느냐에 따라 물이 나오거나 막혀 있는 우물이 아니다. 성은 생체 권력 안에서, 생체 권력에 의해 구성된다. 성은 측정되고, 검토되고, 세세히 보여지고, 논의되고 해부된다. 생체 권력망의 특징은 개인이 객관적이고 자기 삶과 얽혀 있지 않은 전문직의 사람에게 자신의 내밀한 욕망을 샅샅이 보여 주는 '고해 성사'에서 볼 수 있다. 사회는 이런 역할을 하는 의사, 치료사, 목회자, 교사 등의 감정 관료 계급을 만들어 냈다. 버트런드는 이에 관해 자신의 생각을 덧붙였다.

"20세기 후반에는 공개적 고해 성사가 미국에서 시작되어 세계 전역으로 퍼져 나갔어. 알지, 불쌍한 사람들이 나와서 전 세계에 대고 자기 경험을 말하는 텔레비전 프로그램들. 푸코라면 이런 포르노적인 과잉 노출을 개인이 자기 삶의 어느 부분이든 공공에 노출시키면 시민 배심원이 알아서 판결을 내리는 전체주의적 '생체 권력 담론'의 일부로 보았을 거야. 이게 내 논문 주제야."

버트런드는 마치 관객들로부터 질문 세례나 작은 경탄 소리라도 기대하는 듯 말을 마쳤다. 하지만 아무 반응이 없자 그는 방향을 바꾸어 푸코의 성 연구가 고대 그리스의 성에 대한 규제에서부터 시작되었다고 말했다. 고대 그리스에서는 그 이후의 사회에서 동성애라고 부르는 것이 용인되었고 특정 계급의 남자들에게는 사랑의 이상적 형태로 권장되기까지 했다. 이러한 사실은 그리스 사람들이 성적 욕망의 동성애적인 부분을 억압하지 않았다는 뜻으로 받아들여질 수도 있다. 하지만 푸코의 이야기는 훨씬 더 흥미롭다. 성인 남자와 소년 사이의 사랑은 젊은 남자가 성장하는 과정의 한 단계였다. 스승은 자신의 지혜를 전수할 소년을 입양했으며 그들의 관계는 성적일 수 있었다. 성인 남자와 소년의 사랑이 용납되었다고는 해도 한쪽이 여자 같아지면 그 관계는 비난을 받았다. 동성애는 남성성 발달의 일환으로서만 허용되었던 것이다.

"오늘날에도 남자로만 이루어진 집단에서는 동성애가 입회와 유대 의식의 한 요소로서 이루어져. 핵심은 '정상적인' 사람들과 다르다고 여겨지는 '비정상적인' 개인을 구분하는 엄격한 범주가 존재하지 않았다는 거야. 그런 구분은 19세기 유럽에서야 등장했지. 고대 그리스에서는 선택을 내리고 지나치거나 소극적이지 않게 행동하는 건 자유민에게 달려 있었어. 사람들은 '적절하게 사랑'해야 했지."

남학생 팔로가 갑자기 끼어들어 발언했다. 그는 마치 어린아이나 평균

이하의 지능을 가진 사람에게 아주 간단한 것을 설명하듯 천천히 말했다.

"하지만 만일 남자 시민들끼리 서로 섹스를 했다면 그 사람들은 정상이 아니죠. 동성애자죠. 동성애라는 말이 그런 뜻인데요."

버트런드가 너그럽게 웃었다.

"푸코는 섹스(sex)와 성(sexuality)이 다르다고 강조했어. 남자아이들과 섹스를 한다고 해서 동성애자가 되는 건 아니야. 그건 정신 이상자를 가려내는 범주나 마찬가지로 빅토리아 시대에나 통하는 범주지."

"제가 듣기에는 푸코가 정신 이상자인 것 같은데요."

팔로가 대답했지만 버트런드는 그 말을 무시했다. 그는 푸코가 성과학과 정신 의학이 연관되어 있다고 주장했다고 말하며 칠판에 다른 질문을 썼다.

광기

역사 속 사람들은 광기에 좀 더 관용적이었을까?

보아하니 고프먼이 정신 병원을 연구한 유일한 사람은 아닌 것 같았다. 푸코는 사회가 어떻게 미친 사람과 정상인을 구분하는지에 대한 분석으로 정신 병원 연구를 시작했다. 사람들 앞에서 자위를 했던 디오게네스나 인간에게서 '사탄'을 몰아낸 예수처럼 오늘날에는 광기로 비춰지는 역사적 사례를 보면, 훗날에는 치료나 구금으로 이어졌을 행동이 당시에는 매우 다르게 받아들여졌다는 것이 분명했다. 이는 단순히 이전 시대의 사람들이 광기에 더 관용적이었음을 보여 주는 사례일까? 푸코는 아니라고 말했다. 근대 사회의 제도가 개인이 전문가가 되기를 요구하는 학문인 '규제의 과학'을 만들어 냈다는 것이다. 버트런드는 칠판에 또 다른 제목과 두 개의 질문을 빠르게 썼다.

권력

누가 누구에게 무엇을 하게 만들고, 누가 다른 사람들에게 무엇을 하라고 말하는가?
왜 어떤 사람들은 항상 할 필요가 없는 경우에도 하라는 대로 하는가?

그는 이렇게 덧붙였다.
"나는 어른이고, 아무도 내 머리에 총을 겨누지 않아. 그럼 나는 왜 사람들이 하라는 대로 할까?"
불편한 침묵이 흐르던 중 아까 발언했던 코니가 대답했다.
"규칙이 존재한다고 주장하는 사회학자들이 있잖아요?"
그녀는 가게에서 물건을 훔치면 안 된다는 규칙은 이를 어기면 잡힐지도 모른다는 두려움 때문에 지키는 것이라고 말했다. 신호등에 따라 길을 건너는 규칙은 살기 위해 지키는 것이다. 세금을 내는 것처럼 사회 복지 비용을 조달하는 데 필요하다는 것을 알고 있기 때문에 따르는 규칙도 있다.
이번만큼은 버트런드도 만족했다.
"좋아. 푸코는 기존 권력 연구에 커다란 틈이 있다고 봤어. 마르크스, 베버 등등은 모두 원하지 않는, 아니면 원하지 않아야 옳은 일을 하게끔 만드는 것이 권력이라고 봤지. 페미니스트들에게 권력은 여성에게 결혼이나 부차적인 역할을 강요하는 것이고, 마르크스주의자들에게 권력은 노동자 계급이 부르주아 정치인들에게 투표하게 만드는 힘이지. 푸코 이전의 권력 이론 대부분과 이후의 많은 이론에서도 권력은 깡패나 독재적인 아버지처럼 개인 외부에 있는 것, 우리에게 매달려서 권력이 아니었다면 하지 않았을 일을 하게끔 하는 실체로 여겨져. 한마디로 푸코는 권력이 사람들에게 하고 싶지 않은 일을 하게 하는 방식으로 작동하는 것이 아니라고 주장했어. 많은 경우 권력은 사람들이 정말 원하는 것을 하게 하는 방식으로 작동한다는 거야. 오히려 사람들이 원하는 것이나 권력에 대한 저항과 욕망은 권력의 일부분이지. 권력은 피라미드라기보다는 거미줄이나 네트워크 같은 거야."

밀라는 속으로 자신이 원하는 것이라고 생각했던 일들이 사실은 아버지가 원하는 일을 하게 했던 것이었나 하는 생각을 뒤집어 보고 있었다. 그녀는 방 안을 둘러보면서 다들 자신처럼 혼란스러울 거라고 생각했다. 버트런드는 푸코 이야기에 열을 올리면서도 최소한 이 세미나에서 한 번에 받아들이기에는 내용이 너무 어렵다는 것을 알아챌 눈치는 있었다. 그래서 그는 다른 예를 들었다. 그는 학생들에게 우리가 이 논의를 어디서부터 시작했는지 기억나느냐고 물었다. 사람들에게 완벽한 몸매나 직업을 갖는 방법 등 원하는 모습이 될 수 있도록 조언해 주는 각종 잡지며 텔레비전 프로그램 이야기였다. 이런 매체들은 우리에게 무엇을 원하느냐고, 어떤 사람이 되고 싶으냐고 묻는다. 푸코는 이런 질문에 대한 우리의 답, 즉 성적 욕망을 비롯한 우리의 욕망이 권력-지식 담론을 통해 구성된다고 말했다. 권력은 한 무리의 사람들이 갖고 다른 사람들은 갖지 않는 것이 아니다.

"권력은 움켜쥐거나, 박살내거나, 전복하거나, 급습하거나, 패배시킬 수 없어. 권력은 국가라는 요새 안에 있는 잠긴 금고에 들어 있는 것이 아니야."

코니가 말했다.

"저는 무력하다는 느낌이 전혀 안 드는데요. 내 삶은 내가 책임져요. 내 결정은 내가 할 수 있다고요."

밀라는 그 말이 맞다고 생각했다. 내 결정은 내가 할 수 있다. 나는 그저 다른 사람에 대해서는 결정을 내리고 싶지 않은 것이다. 하지만 버트런드는 코니가 자아와 몸을 적극적으로 관리하도록 만드는 '권력-지식 담론'과 '자기 기술'이 설정한 제약 안에서 결정을 내리는 것일 뿐이라고 말했다.

"우리가 주인인 것 같지만, 사실 우리는 어떤 길을 따르게끔 제약을 받고 있어. 푸코는 권력이 현실적이고, 국지적이고, 연결되어 있는 결절 같은 것이라고 지적했어. 권력은 남자, 중산층, 자본가, 백인 같은 하나의 동질적인 집단이 소유하고는 여자, 노동자 계급 같은 다른 동질적인 집단에게 행사하는 힘이 아니야. 푸코가 말하는 권력은 페미니스트들이나 마르크스주의자들이 말하는, 사회의 피지배층 위에 우뚝 솟아 있으면서 박살 나고 전복되기를 기다리는 불안정한 권력보다 훨씬 강력하면서도 약하지."

"그럼 변화는 어떻게 가능하죠?"

코니가 물었다.

"페미니스트들과 마르크스주의자들은 푸코가 사회에 대한 수동적인 관점을 지지한다고 생각해. 푸코는 개인이 권력과 지배 과정에 깊숙이 얽혀 있어서 할 수 있는 일이 없고, 더한 경우에는 개인의 행동이 결국 현 상태를 강화한다고 봤다는 거지. 하지만 푸코는 자신의 권력 이론에서 사람들을 수동적인 존재로 간주하지 않았어. 특히 그에게는 진보 정치의 발판을 빼서는 안 된다는 생각이 상당히 강했지. 사실 그는 그런 비판과는 정반대의 주장을 폈어. 마르크스주의는 사람들을 막다른 골목으로 몰아가기 때문에, 대부분 마르크스주의 혁명이 시작했을 때보다 사회를 훨씬 억압적으로 만들었다는 거야."

버트런드가 푸코에 대한 즉흥적인 강의를 시작한 뒤 처음으로 밀라는 완전히 깨어 있었다. 그가 방금 한 말에 신경을 건드리는 무언가가 있었기에 밀라는 하고 싶은 질문이 생겼다.

"사람들은 권력을 잡는 것이 아니라 스스로에게 부여한다는 말인가요?"

"맞아. 사회학자들은 마르크스나 다른 학자들이 소개한 '하향식' 권력 이해를 따르기 좋아하지. 그러면 우리가 좋아하지 않는 일을 하는 건 우리 잘못이 아니라 정치가나 관료들, 누가 되었든 권력자들 탓이 되고. 하지만 푸코는 사실은 그렇지 않다고 지적해서 우리에게 불편함을 느끼게 하려는 거야."

"푸코는 사람들이나 조직이 사실은 우리가 쥐어 주는 권력만을 갖는다고 말하나요?"

밀라는 그것이 알고 싶었다. 그런데 아까 버트런드가 바보인 것처럼 말했던 학생인 팔로가 끼어들어 다시 거들먹거리며 말했다.

"저기요. 만일 내가 '우리 사장님은 나보다 권력이 있으니까 나는 그 사람이 말하는 대로 해야 해.'라고 말하면, 그건 단순한 현실 인식에서 비롯된 말이에요. 나보다 더 센 사람이 있으면 그 사람에게 복종해야죠."

버트런드는 그답지 않은 인내심을 갖고 답했다.

"푸코는 바로 그런 진술이 권력 구성의 일부라는 점을 지적하려고 권력은 쥐어 주기 때문에 갖게 되는 것이라고 말한 거야. 너는 '사장에게 권력이 있다.'라고 말하지만 사장의 권력은 우리 모두가 그 진술에 동의하기 때문에 존재한다는 거지."

"그럼 상사의 통제를 받고 싶지 않은 모든 사람들은 왜 자기 상사에게 권력이 있지 않다는 데 간단하게 합의하지 않는 거죠?"

또 한 번 버트런드는 팔로에게 다른 사람들에게는 허락되지 않은 발언권을 줬다.

"사실 권력에 대한 푸코의 시각은 우리가 이런 상황에서 벗어나는 것이 마르크스주의자들이 상상하는 것보다 더 힘들다는 것을 보여 줘. 만일 누군가 네 머리에 총을 겨누고 있으면 더 큰 총을 꺼내면 되지. 하지만 우리는 권력의 능동적 행위자이기 때문에 상황이 훨씬 어려워. 권력은 우리 외부에, 우리 머리 위에 있어서 우리가 공격하고 파괴하거나 움켜쥘 수 있는 대상이 아니야. 우리의 바스티유 감옥은 우리 존재의 뼈대이기 때문에 우리는 바스티유를 습격할 수 없어. 개미가 개미굴을 점령할 수 없는 것처럼 우리도 권력을 잡을 수 없어."

팔로는 마치 버트런드나 푸코 중 하나, 어쩌면 둘 다 멍청이라고 말려는 듯 고개를 가로저었다. 버트런드는 팔로를 보며 미소를 지으면서도 그런 의도를 알아차리지 못한 것 같았다. 그는 다른 제목과 여러 개의 질문을 썼다.

훈육

규칙은 왜 있는가?

사람들은 왜 규칙을 따르는가?

사람들은 왜 들은 대로 행동하는가?

무엇이 사람들로 하여금 아무도 뭐라고 안 해도 들은 대로 하게 만드는가?

"너희 수준에 맞게 단순히 말해 보지. 다른 사람들이 보고 있을 때는 왜 사람들이 해야 할 일을 하는지 알 수 있을 거야. 우리가 전에 논의했듯이 사회적 규칙 같은 것들이 있으니까. 결국 사람들은 창피당할 일을 피하려고 애쓰는 거야. 그런데 규범이 설명하지 못하는 게 있어. 왜 사람들은 혼자 있을 때도 똑같이 행동하느냐는 거야. 왜 사람들은 혼자 있을 때 그냥 풀어져서 완전히 미쳐 버리지 않는 걸까?"

이번에는 버트런드가 자기 질문에 직접 답했다. 베버(와 마르크스)에서 시작된 전통에 따르면, 권력은 누군가가 하지 않을 일을 하게 만드는 힘이다. 선생님의 권력이 학생을 방과 후에 남게 만드는 것이 한 예다. 하지만 사람들은 자신을 지켜보면서 뭔가를 하라고 말하는 사람이 없을 때도 규칙을 고수한다. 규칙을 지키지 않는 데 따르는 위험이 아주 작은 경우에도 사람들은 대체로 규칙을 따른다.

"탤컷 파슨스 같은 사회학자들은 우리가 사회화를 통해 규칙을 따르도록 배운다고 주장했지. 사회화는 보상과 처벌, 사회적 승인의 체계로 우리는 마치 우리가 규칙을 만든 사람이기라도 한 것처럼 규칙을 내재화하고 강력하게 다진다는 거지. 한편 푸코는 감시 기술이 누군가 우리를 볼 방법이 없을 때조차 우리가 누군가가 보고 있는 것처럼 행동하게 만든다고 주장했어."

밀라는 여전히 깨어 있었다. 그녀는 대학에 오기 전에 배운 사회화가 항상 말이 된다고 생각했다. 그녀는 다시 끼어들 수밖에 없었다.

"나이가 들수록 자신의 욕구를 다스리는 법을 배워야 한다는 건 당연하죠. 아기는 원하는 것을 다 얻을 때까지 울고 소리를 지르고, 가끔은 청소년들도 그런 식으로 행동해요. 하지만 아기들은 크면서 자신을 다스리는 법을 배워 나가요."

이 말에 나머지 학생들이 웃었다. 버트런드가 섹스에 사로잡힌 것 같다고 속삭였던 여학생이 어떤 사람들은 항상 자신을 통제할 수는 없다고 날카롭게 말했다. 버트런드는 학생들의 반응을 의식하지 않는 듯 무표정한 얼굴로 말을 이었다.

"그건 나이가 든다고 자연스럽게 나타나는 게 아니야. 고아원에 있는 어린아이들은 소리를 지르지 않고, 학대받은 아이들은 짜증을 부리지 않

아. 아이들이 떼쓰는 것은 보살피는 사람이 아이들에게 그렇게 굴어도 된다는 믿음을 주고 권력을 주는 곳에서뿐이야. 한번 길들면 계속 그런 식으로 행동하는 거지. 만일 구조상 바라는 것을 얻을 수 없는 경우라면 아이들은 곧 자신을 다스리는 법을 배우게 돼. 그런 아이들은 관심을 기대하지 않고 그저 맞지 않기만 바라겠지. 애초에 통제를 배운다고 볼 수도 없어. 그들이 처한 상황이 아예 그들의 통제권을 앗아가 버리는 거야. 망가진 서구 청소년들은 가지고 있던 통제권을 놓친 거고."

밀라는 모여 있는 학생들을 다시 웃길 기회를 놓칠 수 없었다. 그녀는 어쩌면 서구 청소년이 처한 경우와 고아원에서 일어나는 일 사이에 행복한 중간 지점이 있겠다고 말했다. 버트런드는 이 말을 진지한 질문으로 받아들였다.

"하지만 중요한 건 자기 통제는 자연스럽게 배우는 게 아니라는 푸코의 주장이야. 통제는 양방향적 과정이고 결정적으로 다른 사람들이 하는 행동에 달려 있다는 거지. 푸코는 근대 사회에서 훈육이 어떻게 작동하는지, 어떤 유형의 사회가 훈육을 만드는지에 관심을 가졌어."

버트런드는 이 지점에서 푸코의 감옥 연구가 등장한다고 설명했다. 푸코는 자신이 선호했던 '고고학'의 방법론을 이용해 제도의 발달을 연구했다. 『성의 역사(History of Sexuality)』가 성 의학 연구가 아닌 것과 마찬가지로 그가 쓴 『감시와 처벌(Discipline and Punishment)』은 엄밀한 의미에서 범죄학 연구가 아니다. 이 책은 어떤 유형의 사회가 감옥을 만들어 내고 감옥을 통해 일련의 규칙과 훈육을 생산하는지를 다룬다. 우리 모두를 포함하는 사회의 구조는 감옥과 공통적인 속성을 가지고 있다. 감옥이 형성되면서 학교, 병원, 작업장 등 거의 모든 제도에서 발견되는 기술이 생산되었다.

버트런드는 푸코가 '훈육 권력'이 어떻게 만들어지고 적용되며, '훈육 사회'의 등장에 훈육 권력이 어떤 역할을 하는지를 검토했다고 말했다. 훈육 사회의 특징은 신체를 창조하고 훈육하는 구체적인 권력 기술이다. 재소자는 감옥 체계가 만든 대상으로, 단순히 감옥에 있는 사람이 아니라 감옥 체계에 의해 특정 방식으로 행동하며 다른 행동 방식을 상상하는 것이 불가능해진 사람이다. 이러한 '대상'은 권력-지식 담론에 의해 생산된다. 정신병자가 정신 의학 담론에 의해 만들어진 대상인 것과 마찬가지로 재소자는 처벌 담론 속에서 창조된다. 두 경우 모두 대상은 권력-지식의 네트워크에 의해 규정된 방식대로 행동하는 개인이 된다. 처벌 담론은 시간이 가면서 달라졌다. 18세기 유럽에서 처벌은 구경거리였다. 공개 교수형이나 태형의 목적은 분명히 신체에 대한 처벌이었다. 그러나 19세기부터 처벌의 목적은 자기 규제가 되었다.

팔로가 끼어들었다.

"그건 뒤르켐이 말하는 '보복적 법'과 '보상적 법'의 구분 같은데요. 우리는 그런 구분이 사실과 맞지 않는다고 배웠습니다. 범죄자에 대해 복수나 보복을 하는 대신 피해를 변상하게 하는 전근대적 법의 사례가 많죠."

버트런드는 답을 가지고 있었다.

"뒤르켐이나 푸코 모두 법역사학자는 아니었어. 그들은 사회에서의 의미와 무관한 법이나 형벌 체계의 연구에는 관심이 적었어. 19세기의 처벌에 관한 푸코의 가장 유명한 사례도 훨씬 나중에서야 현실이 됐어. 아주 일부 사례만 말이야. 하지만 푸코의 분석은 당시 도래하던 새로운 사회를 설명해 줘."

버트런드는 18세기 후반 '파놉티콘'이라는 개념을 고안했던 영국의 철학자이자 개혁가 제러미 벤담(Jeremy Bendam)에 대해 이야기했다. 파놉티콘은 죄수들을 항상 볼 수 있도록 고안된 새로운 종류의 감옥 건축 계획이었고, 이러한 지속적 감시가 통제의 핵심이었다. 18세기의 감옥은 우리가 인식하는 감옥과는 매우 달랐다.

예를 들어 죄수들은 동등한 대우를 받지 않았다. 사회적 지위와 부에 따라 어떤 죄수는 독방을 쏠 권리나 창녀를 살 권리, 심지어 자유와 같은 특권을 살 수 있었다. 고문은 정보를 캐낼 때와 처벌할 때 모두 사용되었다. 하지만 봉건주의가 자본주의로 대체되면서 사회는 급격한 변화를 겪었다. 엄청난 수의 사람들이 뿌리를 잃고 과거에 군중을 복종하게 만드는 역할을 했던 전통적 의무와 충성의 관계에서 제외되었다. 도시가 성장하면서 새로운 프롤레타리아는 그들과 돈으로만 관계를 맺는 고용주에게 그다지 충성심을 갖지 않았다. 사회 엘리트층은 이런 통제되지 않은 신체에 잠재된 무정부 상태와 그들을 통제하는 데 들 어마어마한 비용에 겁을 먹었다.

벤담은 제한된 자원으로 이런 신체들을 통제해서 규칙을 따르고 문제를 일으키지 않게 할, 특히 지배자에게 문제의 원인이 되지 않도록 할 방법을 찾아냈다. 시간이 가면서 이런 상황을 해결하기 위해 상비군, 관료제와 국가 경찰력 같은 새로운 구조가 나타났고, 푸코에 따르면 이런 구조들은 모두 벤담이 내세운 훈육과 감시의 기술을 흡수하고 적용했다. 이는 모두 파놉티콘이라는 건축물에서부터 시작되었다. 파놉티콘의 기본 구상은 감방에 원형으로 둘러싸인 중앙의 탑 형태이다. 탑 안에 있는 사람은 어느 감방이든 볼 수 있지만 각 방에 있는 사람들은 탑 안쪽을 볼 수 없고 누군가 자신들을 보고 있는지 아닌지를 알지 못한다. 벤담 시대의 파놉티콘에는 복잡한 건축 도안이 많이 포함되어 있었지만 이제는 감시 카메라를 통해 무엇을 하는지를 매우 쉽게 볼 수 있다.

"슈퍼마켓과 길, 엘리베이터마다 눈이 따라다니지. 누가 감시 카메라 영상을 보고 있을까? 우리는 절대 확실히 알 수 없어. 자신을 지켜보고 있을지 모른다는 불확실성이 훈육의 핵심이기 때문에 카메라와 파놉티콘은 상대적으로 적은 자원을 활용해서 많은 사람들을 통제할 수 있는 거야. 푸코는 파놉티콘이 권력을 알아서 기능하게 만들 것이라고 생각했어. 만일 사람들이 자신이 감시의 대상일 수 있다고 생각하면 경비가 보고 있어야 할 필요가 없거든. 그럼 누가 권력을 행사할까? 경비가 아니라 재소자 자신이지!"

푸코는 실제로 19세기에 등장한 감옥 체계가 많은 변화를 가져왔다고 생각했다. 재소자들은 같은 서비스와 시설을 통해 동등한 대우를 받게 되었다. 감옥 안에는 도서관과 예배당이 생겼다. 이곳에서 재소자들은 사회의 유순하고 쓸모 있는 일원이 되어야 했다. 사회가 더 인간적으로 바뀌면서 감옥도 달라졌다고 사람들은 말했지만 푸코는 이 말에 반대했다. 과거에는 감옥이 재소자의 몸에 직접 처벌을 가했고 극심한 고통이 대중 앞에 전시되곤 했다. 이와 같은 고통과 전시가 없어진 것이 사회가 처벌의 이득을 필요로 하지 않는다는 뜻은 아니었다.

사회가 훈육적이 되면서 감옥도 달라졌다. 파놉티콘의 중요성은 감옥 설계에 미친 영향에 있는 것이 아니라고 버트런드는 말했다. 파놉티콘은 훈육에서의 핵심 원칙을 사회에 도입했다. 훈육의 핵심은 개인이 자신을 훈육해야 한다는 점이다. 훈육은 개인에게 내재화되어 그 몸에 적용된다.

"파놉티콘 안의 죄수는 언제 자신이 감시를 당하는지 알 수 없어. 그들은 누군가 자신을 항상 보고 있는 것처럼 행동하게 되지. 이와 비슷하게 근대 사회에서 우리는 아무도 우리를 보고 있지 않을 때조차 누군가 보고 있는 것처럼 행동하는 법을 배워. 파놉티콘은 사방을 보는 눈으로, 거주자를 보이게 하지만 그들이 볼 수는 없게 만들어. 다수가 소수에 의해 관찰되면서 감시를 당하는 사람들은 언제 자신을 보고 보지 않는지를 알 수 없는 상태에서 지속적인 감시 아래 있는 것처럼 행동해. 그들의 몸은 온순해지고, 한눈에 모든 것을 감시하는 교정 체제가 그들을 문명화된 대상으로 만드는 거야."

버트런드는 문명화된 대상은 매일 똑같이 순응적이고 예측 가능한 방식대로 살아간다고 말했다. 죄수들이 감옥 안에서 단조로운 일과를 따르는 것과 마찬가지로 우리도 일터에서, 학습 공간에서, 심지어 여가 시간에도 엄격한 시간 계획을 따른다. 이런 상황에서 다른 사람과 상호 작용할 기회는 감옥 재소자나 마찬가지로 제한된다. 하지만 이런 상황에서도 질서를 수행하는 주체 우리, 즉 문명화된 대상이며 이는 우리가 다음과 같은 상태인가에 달려 있다.

권력의 자동적인 기능을 보장하는 의식적이고 영속적인 가시성의 상태

버트런드가 칠판에 이렇게 쓰고 있을 때 세미나 초반에 감시 이야기를 했던 학생이 말을 꺼냈다.

"아까 코니가 고프먼 이야기를 할 때 제가 했던 말이 그거예요. 우리가 하는 일, 특히 온라인으로 하는 일은 기업과 정부의 감시를 받을 수 있어요. 파놉티콘의 경비처럼, 제도는 우리 속을 들여다보지만 우리는 제도를 들여다볼 수 없어요."

밀라는 아버지가 있는 곳에 대해 생각하고 있었다. 그곳에도 파놉티콘 비슷한 것이 있을까? 버트런드는 즉흥 강의를 이어 나갔다.

일상 속의 권력, 일상 속의 저항

"사회에서 권력은 강제로 작동하지 않아. 바로 우리가 권력을 가동하고 권력을 '견디는' 거지. 훈육 체계 속에 압축되어 있는 규칙들은 사회의 여러 분야에서도 찾아볼 수 있어. 흥미롭게도 학교는 신체적 폭력을 모범적 처벌로 사용하는 마지막 보루야. 많은 나라에서 체벌을 금지하기 시작한 것은 고작 20세기 말부터였어. 아마 아이들이 다른 체계 속에서는 훈육을 받아들일 수 없을 것 같았던 모양이지."

버트런드는 이제 사람들을 처벌하는 것보다 미안함을 느끼게 만드는 것이 더 중요해지면서 자기 규제가 일반적으로 자리 잡게 되었다고 말했다. 억압적 권력은 죽음을 통제하지만 생체 권력은 '삶'을 관리한다고 푸코는 말했다. 요컨대 억압적 국가 권력이 살아 있는 대상들에게 죽음의 권력을 휘두른다는 것이다. 지난날 사회를 지배했던 것은 피, 다시 말해 귀족의 혈통과 교수대에서 죽은 사람의 피였지만 오늘날 사회는 성과 생체 권력의 지배를 받는다. 생체 권력은 사람들의 삶을 관리하고 욕망과 요구를 긴밀하게 구성하며 모두를 작은 관리인으로 만든다.

코니가 끼어들었다.

"그건 '권력'이라는 말을 잘못 쓴 것 아닌가요? 권력은 자신의 권위를 타인에게 행사하는 거예요. 폭력을 행사해서라도 말이죠. 하지만 푸코가 하는 말은 사람들이 알아서 자기 삶을 관리하고 사회화된다는 것이잖아요. 그건 같지 않죠."

"그게 그 사람의 요점이야." 버트런드는 인내심에 한계를 느낀다는 듯 말했다. "우리가 가진 권력 개념이 틀렸다는 거지. 그 개념은 우리를 잘못된 길로 이끌고 있어. 권력은 우리가 적극적으로 참여할수록 발전적이고 창의적이고 강력해. 권력은 사회나 개인 위에 앉아 있는 것이 아니라, 아주 작고 개인적이고 무의미해 보이는 우리의 일상적 행위에 생산적으로 파고들어 있는 거야."

푸코에 따르면 일상적 실천이 우리 모두가 참여하는 권력-지식 네트워크의 결절을 구성한다. 서구 사회에서 고된 육체노동을 하는 사람들의 수는 어느 때보다 적지만, 대신 사람들은 철저히 자신의 자유 의지에 따르는 것 같아 보이는 다양한 방식으로 자기 몸을 처벌하는 데 어느 때보다 많은 시간을 쓰고 있다. 푸코에게 이는 대부분의 사회 이론에 몸에 관한 언급이 빠져 있지만 사실은 몸이 권력 관계에서 중심적이라는 사실을 보여 주는 사례였다. 몸은 우리의 일상적 행위를 구성하는 기술인 '자기 기술'이 작동하는 장소다.

버트런드를 가르치려 들던 팔로가 다시 한번 비아냥거렸다.

"권력은 어디에나 있고 저항은 소용없다. 참 슬프네요. 하지만 사람들은 오늘날 그 언제보다 개인적 자유를 많이 누리고 있어요. 푸코의 말대로라면 우리는 어떻게 '권력-지식'의 '네트워크', 아니 '담론'이었던가요? 거기서 빠져나갈 수 있겠어요?"

버트런드는 효과를 노린 듯 잠시 말을 멈추었다가 대답했다.

"푸코는 대안적 섹스를 실천하면 담론을 뒤엎을 수 있다고 즐겨 말했지."

모여 있던 학생들 대부분이 웃고 싶은 충동을 참기 힘든 것 같아 보였다. 팔로는 입이 귀에 걸려서는 이렇게 말했다.

"물론 그랬겠죠. 그건 이론적 일관성을 유지하려는 생각이라기보다는 그 사람의 개인적인 선호와 더 관련이 있었을 거예요."

버트런드는 말을 계속했다.

"푸코는 생체 권력이 침투적이기 때문에 중요한 저항은 일시적으로 움직이면서 발생한다고 봤어. 따라서 사회를 바꾸는 행동은 대규모의 운동보다는 재미없는 일상적인 선택에 더 가깝다고 주장했지."

밀라는 코니가 스스로를 환경 운동가로 생각하기를 좋아한다는 것을 알고 있었기에 그녀가 다시 끼어들었을 때도 별로 놀라지 않았다.

"맞아요. 우리는 국지적인 수준에서 저항하고, 지속 불가능한 발전에 맞서 싸움으로써 사회를 변화시키죠. 체계 전체를 한 번에 뒤집으려고는 하지 않아요. 조심스럽게 전략을 선택해서 이길 가능성을 최대화하려고 하죠."

버트런드는 자신이 코니의 동의를 원했던 것인지 모르겠다는 표정이었다.

"개인은 권력 기술적인 면에서 저항할 수 있지. 권력이 국소적으로 작동하니까 저항도 국소적일 수 있어. 사실 아마 유일하게 효과적인 저항은 국소적인 저항일 거야."

팔로가 다시 거들었다. 그는 푸코가 자기 이론의 일관성을 유지하는 데 신경을 쓰느라 실제 증거에는 충분히 관심을 기울이지 않았다고 말했다. 증거가 반대 방향을 가리키는 상황에서 그가 그렇게 확신하는 것이 조금 이상하다는 것이었다.

"선생님은 실제로 건축된 파놉티콘 이야기는 거의 하지 않았어요. 근대법 중에는 예컨대 미국이 사형제를 유지하는 것처럼 보복적인 요소가 있어요. 모든 사람이 감시를 받는 것은 아니고, 감시가 항상 이루어지는 것도 아니에요. 창피를 당하든 말든 하고 싶은 대로 하는 사람들도 있는가 하면, 직장에 다니는 경우처럼 자기 감시와 자기 규제에 최대한 참여하는 사람들도 있는 거죠. 하지만 그건 우리 선택 아닌가요? 원한다면 누구의 눈에도 띄지 않고 아무도 신경 쓰지 않는 데서 주변인으로 살 수 있으니까요."

버트런드가 대답했다.

"요점을 잊지 마. 사회의 통제를 받는다는 것은 우리가 우리 자신보다 훨씬 큰 사회적 힘에 의해 이리저리 끌려다니는 애완동물이 된다는 뜻이 아니야. 그건 고프먼이나 다른 사회학자들의 생각이지. 푸코의 얘기는 인간이 사회의 통제를 받는 건 누구 탓도 아니라는 거야. 권력은 사람들의 외부에서 사람들을 짓누르는 게 아니야. 플라톤에서 마르크스까지 이어져 온 전통적인 권력 이론에서는 사회를 힘이 있는 쪽과 힘 없는 쪽으로 나누었지. 푸코의 '망(web)으로서의 권력' 개념은 권력이 있는 쪽도 권력이 없는 사람들만큼이나 권력에 매여 있다는 의미야. 권력자들도 힘 없는 사람들만큼 권력의 제약을 받고, 다른 사람들처럼 권력 안에서 권력에 의해 규정된다는 거지. 최고 권력자라고 해서 자신을 제한하는 권력망에서 빠져나갈 수 있는 것은 아니야."

교실을 나서면서 일부 학생들은 여전히 버트런드와 그의 대안적 성적 실천에 대해 이야기하며 키득거렸다. 밀라는 코니와 나란히 걸어 나오며 말했다.

"저 말을 다 이해했어?"

코니는 네트워크로서의 권력 개념에서 인터넷이 생각났기 때문에 이해가 갔다고 대답했다. 그녀는 인터넷이 점들의 연결망이고, 그중 일부는 다른 것보다 더 신뢰할 수 있고 강력하다고 말했다. 그러나 어떤 점도 연결망 바깥에서 지배력을 행사할 수 없으며 모든 점은 일련의 규칙을 따라야 한다는 것이다.

세미나에서 감시에 대해 말하고 싶어 하던 학생이 대화에 끼어들었다.

"권력은 인터넷 같은 거야. 우리는 권력 밖으로 나오거나 그걸 던져 버릴 수 없어. 점 하나가 인터넷을 꺼 버리는 것처럼 불가능한 일이지. 인터넷이 꺼지는 건 모든 컴퓨터가 꺼질 때일 거야."

밀라는 이 은유가 조금 헷갈렸지만 타인에게 권력을 행사하는 일에서 벗어날 수 없다는 것은 이해했다. 권력이 없는 척하는 것은 이제 유치할 뿐 아니라 솔직히 비겁하게 느껴졌다.

10
사회학은 인용학?

세미나 2 — 과학 사회학

그다음 주에 밀라는 다른 수업에서 코니 옆에 앉았다. 교수님이 늦어서 그들은 버트런드에 관한 경악스러운 이야기를 하면서 시간을 때웠다. 앞에 앉아 있던 한 학생이 자신은 좋아하지 않는 강사에 배정되어 그냥 그룹을 바꿔 버렸다고 말하며 대화에 끼어들었다. 수업이 끝나고 함께 나오면서 코니와 밀라는 이 전략을 시도해 보기로 결정했다.

밀라와 코니는 운이 좋아서 달리나라는 강사가 진행하는 세미나에 빈자리를 얻었다. 세미나가 시작되자마자 밀라는 완전히 다른 분위기를 느낄 수 있었다. 버트런드의 세미나에서 학생들은 그의 눈을 피하느라 시간을 다 썼다. 누구도 세미나에 참여하고 싶어 하지 않았다. 밀라가 다른 학생들이 가져온 얼마 안 되는 메모를 본 바로는, 토론에 참여하기 위해 읽어 와야 할 분량을 다 읽어 온 사람이 없었다. 학생들은 속삭이듯 혼잣말로 버트런드를 놀리는 방식으로만 수업에 참여했다. 버트런드는 그만큼 잘난 체하고 의견을 묵살하고 비아냥거리는 것으로 복수했다.

반면 달리나의 모임에서는 모든 학생들이 읽어야 할 분량을 다 읽어 온 것 같았다. 각자가 앞에 여러 장의 노트를 꺼내 놓고 있었기 때문이다. 세미나가 시작되기 전부터 네다섯 명 사이에서 활발한 토론이 이루어지고 있었다. 사회학과는 무관한 내용이었지만 그런 토론은 그들이 이어질 시간에 꿀 먹은 벙어리처럼 있지는 않을 것임을 보여 주었다. 달리나가 재치 있고 유머 넘치게 학생들에게 조용히 해 달라고 말하자 대화는 잠시 가라앉았다. 달리아는 모여 있는 사람 중에 서양 의학에서 인정하지 않는 치료를 정기적으로 받는 사람이 있느냐고 물었다. 만일 버트런드의 모임에서였다면 기를 죽이는 비아냥이 뒤따라올 것이 두려워 아무도 대답하지 않았겠지만, 달리나의 세미나에서는 분명히 학생들이 그녀를 믿었고 그중 몇 명이 손을 들었다.

달리나가 지목한 리안이라는 학생은 시험 전에 스트레스를 완화하고 기억력을 높여 주는 약초 요법을 써 봤다고 말했다. 이 대체 요법은 장수로 유명한 어느 마을에서 대를 이어 내려온 것으로 스트레스가 많은 직업이나 학위 과정에 있는 사람을 대상으로 판매되고 있다고 했다. 달리나가 학생들에게 의견을 내 달라고 말했는데 밀라는 자신이 의자를 약간 뒤로 빼고 있음을 알아차렸다. 학생들에게 자신의 존재가 덜 드러났으면 했기 때문이었다.

다른 학생들은 리안에게 왜 그 치료에 '돈을 낭비할' 가치가 있다고 생각했는지 설명해 달라고 말하는 중이었다. 그녀가 말했다.

"뭐가 문제라는 건지 모르겠네요. 수백 년 동안 내려온 지식을 그냥 묵살해 버리면 안 되죠."

진송이라는 학생은 그녀에게 만일 효과가 없다면 그 '지식'은 쉽게 묵살할 수 있다고 말했다.

"그건 그 치료법이 지식이 아니라는 뜻이니까요."

밀라는 다른 사람들이 이 말에 반응하는 방식을 보니 진송이 이 모임에서 발언을 많이 해 왔겠다고 생각했다. 리안이 진송에게 대답했다.

"효과가 없는지 어떻게 알아요? 많은 사람들이 그 요법을 썼고 도움이 되었다고 말하는 걸요. 그냥 미신이 아니라고요."

"많은 사람들은 성자들이 아침에 해를 띄우지 않으면 해가 뜨지 않을 거라고 말했어요. 그러다가 성자가 있든 없든 해는 뜬다는 것을 알게 되었죠. 아무도 그 치료법의 효과를 과학적으로 입증하지 못했잖아요."

"아! 하지만 아무도 그게 과학적으로 효과가 없다는 걸 밝히지 못했고, 나한테는 효과가 있다는 걸 내가 아는걸요. 그리고 어쨌든 수천 명이 같은 치료법을 쓰고 있고 분명히 그 사람들 모두 그게 효과가 있다고 생각해요."

"플라세보 효과는 대단한 거죠."

"플…… 뭐라고요?"

밀라가 리안이 괴롭힘을 당했다고 느낄까 궁금해하고 있는 사이(그녀는 분명 조금은 불편해 보였다.) 달리나가 리안과 눈을 맞추면서 탁자에 몸을 기댔다. 밀라의 눈에는 그녀가 언쟁의 열기를 식히려는 것으로 보였다. 달리나는 이 순간을 뭔가 가르칠 수 있는 기회로 삼고 싶어 했다. 그녀는 이렇게 말했다.

"플라세보 효과는 치료의 임상적 속성과 실제 효과 사이의 차이를 뜻해요. 2차 세계 대전 동안 한 미국 의사가 모르핀이 떨어지자 급한 대로 부상병들에게 식염수를 주사했대요. 그런데 그게 효과가 있었던 거죠. 사람들은 진통제를 맞았다고 생각했기 때문에 고통을 덜 느꼈어요. 이게 바로 과학적 실험을 통해 약품을 시험해 봐야 하는 이유예요. 한 집단에게는 치료제를 주고, 다른 집단에게는 가짜 약을 주고, 나머지에게는 아무것도 주지 않고서 결과를 보는 거죠. 진짜 치료를 받은 사람들이 아무것도 안 받았거나 가짜 약을 받은 사람보다 증세가 좋아질까?"

진송이 달리나의 말을 진짜 질문으로 받아들였는지 다시 공격 태세를 갖췄지만 달리나는 리안을 보면서 대답을 유도했고, 리안은 그렇게 했다.

"좋아요. 하지만 많은 사람들이 이용했고, 과학적 증거가 있든 없든 실제로 증세가 나아진 경우는 어떻게 설명하죠?"

달리나는 이제 방 안을 둘러보면서 나머지 학생들이 참여하기를 독려했다. 밀라는 달리나가 자신을 보면서 미소 짓고 있음을 알아차렸다. 그 미소는 밀라가 자신이 이 모임에 참여하려 하지 않고 수동적으로 물러나 있다는 것을 깨닫게 했다. 밀라가 말했다.

"긍정적인 사례는 기록하고 부정적인 것은 무시하는 경향이 있다는 것도 고려해야 해요."

밀라 옆에 앉아 있던 코니는 자신이 다음 차례라고 예상하고는 달리나가 자기 쪽으로 고개를 돌리기 전에 말을 하기로 마음먹었다.

"우리가 사실이라고 믿는 경우도 있어요. 예를 들어 저는 점성술을 믿지 않지만 별자리 운세는 종종 무서울 정도로 그럴 듯하다고 느낄 때가 있거든요."

달리나가 말했다.

"맞아요, 포러 효과 때문이죠. 심리학자인 버트럼 포러(Bertram Forer)는 학생들에게 인성 검사를 하게 한 뒤 학생들의 응답지는 무시하고 각자에게 '결과'를 주었죠. 사실 그건 잡지에 나오는 별자리 운세란에서 한 문단을 뗀 거였어요."

이때 밀라는 코니가 필기도구를 찾느라 가방을 뒤지고 있는 것을 보고 다른 학생들이 달리나가 한 말을 필기하고 있다는 것을 알았다. 그렇게 하라고 시킨 것도 아니었고 칠판에 갈겨 쓰인 중요 사항도 없었지만 여기서는 다들 필기를 하고 있었다.

달리나는 포러의 학생들이 결과가 매우 정확하다고 평가했다고 말하는 중이었다. 이는 '주관적 타당화 효과' 때문이라는 것이었다. 우리는 맞는 것을 선호하면서 맞지 않는 정보를 버린다. 특히 결과가 우리 자신이나 우리의 신념에 비추어 좋게 나왔거나 이익이 된다면 더욱 그렇다. 이는 피실험자들이 누가 진짜를 받고 누가 받지 않았는지를 모르게 하기 위해 임상실험을 익명으로 진행해야 하는 이유이다. 그러므로 리안이 쓴 요법은 그 약을 사용했다가 다음 날 죽은 사람이 그 사실을 알리지 못했기 때문에 효과가 보증되는 것일 수도 있다. 리안을 포함한 모든 학생들이 웃었다. 이제 달리나는 리안을 괴롭혔던 학생인 진송에게로 넘어갔다. 그녀는 그에게 플라세보 효과와 의학 실험에 대해 좀 더 말해 보라고 했다. 특히 달리나는 세미나 전에 읽어 오라고 했던 책 중 심리 치료에 관한 내용을 요약해 달라고 했다.

진송은 심리 치료가 효과가 없음을 분명하게 보여 주는 실험들이 있었다고 말했다. 효과가 없을 뿐 아니라 오히려 심리 치료를 받은 사람들이 전보다 상태가 더 나빠졌다는 것이다. 이 실험에서는 치료사 대신 대학교수와 1시간 동안 대화를 하는 것이 플라세보 역할을 수행했다. 교수와 대화하며 1시간을 보낸 사람들은 진짜 치료를 받은 집단보다 상태가 더 좋아진 것으로 나타났다. 그 결과 치료사가 아닌 사람들은 자부심이 높아졌지만 그렇다고 심리 치료사들이 바로 짐을 싸서 집에 가게 된 건 아니었다. 그들은 실험이 너무 단순했거나 제대로 된 결과가 나오도록 설계되지 않았다고 주장했다. 달리나가 말했다.

"맞아요. 이중 맹검법으로 입증되지 않는 의학적 개입도 많죠. 실험을 할 수 없는 경우도 있고, 실험 결과 이렇다 할 결론이 나오지 않은 경우도 있어요. 분명 리안이 많은 사람을 죽였을지도 모르는 뭔가를 먹지는 않았을 거예요. 리안은 수천 명의 사람들이 그 치료법을 선택했다는 것을 알고 있고 그중 누군가가 그 결과로 괴로워한다고는 생각하지 않아요. 사람들은 때로 의학 실험에서 성공했기 때문이라기보다는 의사 가운을 입은 누군가의 말 때문에 어떤 것을 선택하고는 하죠."

이때 코니가 다시 끼어들었다. 그녀는 과학적으로 타당하다는 것을 입증할 수 없는 치료법을 계속해서 권장하는 것은 분명 나쁜 과학이라고 말했다. 밀라는 코니가 적응하는 데 오래 걸리지 않았다고 생각했다. 코니가 덧붙였다.

"검증 과정이 특정 치료법이 효과가 있는지 없는지를 판단하기에 충분하다면, 효과가 없는 경우에는 하던 것을 멈춰야죠."

우반와라는 여학생이 곧 그녀의 말에 답했다.

"맞아요, 하지만 그건 그런 치료법을 시술하는 사람이 인간적일 때나 통하는 얘기죠. 보통은 자신이 하는 일이 좋지 않다고 말하는 논문이 나왔다고 해서 직업과 전문가로서의 지위를 포기하지는 않을 거예요. 경제가 나빠진다고 정치인이 물러나지는 않는 것처럼요. 그저 누군가 탓할 사람을 찾겠죠."

달리나는 여전히 진송에게 집중했다. 그녀는 진송이 우반와의 논지를 어떻게 생각하는지 알고 싶어 했다.

"그렇게 되어야 하지만 많은 경우 그렇지 않죠." 진송은 그 점을 인정했다. "만일 어떤 사회학 교수가 자신이 사회 계급이나 젠더, 뭐에 대해서든 틀린 주장을 했다는 사실을 깨닫는다면 어떻게 할까요? 그냥 교수직을 내놓고 정원이나 가꿀까요?"

"집세도 내야 하고 특히 비싼 전자 기기를 좋아하는 10대 자녀가 있다면 그러지 않을 거예요. 하지만 사회 이론이 틀렸다는 게 증명될 수 있다고는 생각하지 않는데."

달리나가 웃으면서 말했다.

"그거야말로 리안이 바라는 천국이네요."

진송이 능글맞게 웃었다.

"너는 실험실에서 만들어지지 않았으면 어떤 것도 효과가 있다고 인정하지 않겠지. 그래도 나는 1주일 뒤에 시험이 있으면 무슨 일이든 할 거야."

리안이 대답했다.

"이를 뽑아서 베개 밑에 두고 이빨 요정도 부르지그래."

진송이 말했다.

"그렇게 하면 저 녀석이 저 대신 시험을 봐 줄까요?"

리안이 달리나에게 이렇게 묻자 다시 웃음보가 터졌지만 진송은 이에 굴하지 않고 다른 목표물을 찾았다.

사회학 대 과학

"그래도 사회 이론에 대해 선생님이 한 말은 맞아. 도서관에는 방금 읽은 것과 반대되는 이야기를 하는 책이 수백 권 있어. 어떻게 자기 의견이 다른 사람보다 낫다고 말할 수 있지? 맞는 의견인지는 어떻게 알아?"

"글쎄, 도대체 진실이 뭔데? 우리는 어떻게 뭔가를 실제로 '알' 수 있지?" 리안의 질문에 진송이 다시 말했다.

"나는 우리가 모두 누군가의 꿈인지, 아니면 내가 이 방 밖으로 걸어 나가도 이 방이 여전히 존재하는지를 어떻게 아냐고 묻는 게 아니야. 나는 사회학의 주장이 옳다는 것을 사회학적으로 증명할 수 있는지를 묻는 거야. 아니면 사회학은 누구 관점이 가장 유명한지를 따지는 건가? 난 사회 이론의 그런 점이 마음에 안 들어. 모든 결론이 맞는 것 같잖아. 좋아하는 개념으로 시작해서 거기에 어울리는 더 많은 개념들을 생각해 내는 거야. 누구도 증명을 하지는 못해. 과학적인 구석이 없다고."

이 말을 들은 밀라의 머릿속에서 종소리가 여러 번 울렸다. 진송의 지적은 재스민이 몇 달 동안 하던 말과 같았다. 재스민은 항상 밀라에게 사회학이 '엄밀한 학문'이 되기에는 얼마나 부족한지 이해시키려고 노력했다. 그녀는 사회학을 '인용학'이라고 불렀다. 재스민에 따르면 밀라는 사회학을 한다면서 한 가지 이야기를 하는 책을 인용하고 또 그에 반박하는 책을 인용하고 또 그 책들을 반박하는 책을 인용하기만 했다. 전부 책에 대한 책에 대한 책 이야기라는 것이었다. 때로 저자들은 각각 죽은 독일 학자나 프랑스 학자의 유령을 불러내서 다른 학자들과 벌이는 피 튀기는 싸움에 갇혀 있는 것 같았다. 모두가 앞으로 나갈 수 있도록 논쟁을 한쪽으로 혹은 다른 쪽으로 결론지을 방법은 없었다. 무엇이 맞고 무엇이 틀렸다고 입증할 방법이 없었다. 비록 과학자들은 임상 실험에 그리 많은 주의를 기울이지 않겠지만, 밀라에게 임상 실험은 어떤 질문에 대한 최종적인 답에 도달하는 한 가지 방법인 것 같았다. 어쩌면 사회학에도 이와 비슷한 접근법이 적용될 수 있지 않을까?

달리나는 이렇게 말했다.

"내가 말을 좀 잘했나 보네요, 진송. 사회 이론이 과학 이론과 같은지 묻는 거라면 나는 그렇지 않다고 말하겠어요. 연구 대상인 '사회에서의 인간'이 갖는 본성과 이론의 바탕인 원자료(raw data)의 특성 때문이에요."

"우리가 이번에 읽은 세미나 자료에 나오는 사람들이 실제로 이론을 구성하는 사실과 관련이 있다는 말인가요?"

진송이 못 믿겠다는 듯 물었다.

"항상 '사실'인 건 아닌, '자료'요. 원자료는 상식이라고 할 수도 있어요. 일상적 믿음이라는 뜻이죠. 이상적으로, 사회학은 사람들이 어떻게 사는가에서부터 시작해야 해요. 사람들이 무엇을 하고 자신이 하는 일을 어떻게 이해하는지, 그들의 상식이 무엇인지 하는 것들요. 상식은 우리가 일상생활을 하는 데 사용하는 지식이에요. 말하지 않는 가정, 과거의 경험, 다른 사람들과 공유하는 지식처럼 우리가 행동하고, 선택하고, 우리에게 일어나는 일을 이해하기 위해 참고하는 생각이죠. 상식은 체계적이지 않고, 그래서 학술적이지 않은 지식이에요. 그래서 사회 과학에서는 상식을 간단히 무시하는 경우가 많죠."

달리나는 사회학과 상식은 독특한 관계가 있다고 말했다. 상식은 사회학의 시작점이자 남겨 두고 앞으로 나아가야 할 것이다. 사회학에서는 종종 상식, 즉 '모두가 알고 있는 것'이 틀렸음을 보여 준다. 상식이 틀렸다는 건 전체를 포괄하는 사고 체계로서나 객관적 사실로서 틀렸다는 뜻이지만, 일상적 수준에서 상식은 사람들이 살아가는 데 사용하는 것이기 때문에 '틀릴' 수 없다. 사회학이 철학, 경제학 등과 다른 것은 이와 같은 상식을 출발점으로 삼기 때문이다. 달리나는 이렇게 결론지었다.

"상식적인 서술은 보통 정당화라는 점에서 사회학과 근본적으로 달라요. 상식은 내가 어떤 행동을 선택하고 나서 정당화하는 것이지만 사회학은 사람들이 자신이 한 일에 대해 제시하는, 많은 경우 모순적인 정당화를 객관적으로 설명하려 해요. 또 사람들이 정당화할 생각을 해 보지 않았기 때문에 정당화하지 않고 하는 많은 행동들도 설명하려 하고요."

코니는 고개를 끄덕이고 있었다.

"그러니까 선생님은 사람들이 자기 경험을 이해하는 데 물리학과 화학이 간섭할 필요는 없으니까 사회학은 자연 과학과 달라야 한다고 말씀이시군요. 자연 과학의 원자료는 사람들의 경험이나, 진실을 알기 위해 사람들이 자기 경험을 어떻게든 훨씬 깨끗하고 단순하게 만드는 것과는 아무 관계없다는 거죠."

이제 밀라도 동참할 수밖에 없었다. 이런 대화는 재스민과 여러 번 연습해 보았지만 방금 나온 논의는 새로운 생각거리를 주었다.

"그런 거야, 코니? 우리는 과학자들이 제대로 된 실험을 하지 않고 결과를 무시하며, 상식이나 과학자들이 갖고 살아가야 하는 지식에서 그리 자유롭지 않다고 얘기하던 중 아니었어? 그리고 과학자들은 자기 이력에 좋지 않다는 이유로 어떤 연구 결과를 무시할 때 자신을 정당화하는 지식을 사용하지 않나? 과학적 지식이 사회적 지식이기도 하다면 어떻게 되는 거야?"

달리나는 그들에게 지식에 대한 몇 가지 기본적인 가정에서 시작하자고 하면서 세미나 자료 중 이에 관한 내용을 언급했다. 대부분의 학생들이 자신의 메모를 넘겨 봤다. 달리나가 말한 첫 번째 가정이자 가장 중요한 가정은 지식이 인간의 창조물이라는 것이었다. 우리는 감각 자료를 해석하는 법을 배운다. 이는 아기가 모양, 소리 등을 구분하는 법을 배우는 것과 같다. 이런 능력 중 일부는 내재되어 있다가 다양한 환경에서 발현된다.

읽을거리 중 한 부분에서 놈 촘스키(Noam Chomsky)는 아이들에게 언어의 근본적인 법칙을 이해하는 능력이 내재되어 있다고 주장했다. 모여 있던 학생들은 필기한 내용을 샅샅이 살피면서 촘스키 부분을 찾았다. 촘스키에 따르면 우리는 언어를 습득하게 만드는 가정과 학습상의 편견으로 구성된 보편적 문법을 가지고 태어난다. 이러한 편견은 우리가 언어를 상대적으로 쉽게, 예를 들면 그 언어의 규칙을 분명하게 듣지 않고도 배울 수 있도록 한다. 그중 하나가 달리나가 코니에게 설명해 달라고 한 분류적 가정이었다. 코니는 기꺼이 설명했다.

"제 막내 여동생이 검은 말을 가리키고 제가 거기에 '말'이라고 대답하는 경우, 동생은 그게 그 말의 이름이나 특징이 아니라 일종의 범주를 의미한다는 것을 알고 있어요. 동생은 내가 검은 동물은 다 말이라고 대답한 거라고 생각하지 않죠."

달리나가 말을 이었다.

"잘했어요. 이제 좀 더 심층적인 수준에서 말해 볼까요. 우리가 세계를 이해하기 위해 쓰는 단어, 우리가 말하는 방식, 자료를 모으는 데 쓰는 도구들은 모두 인간이 만들어 낸 거예요. 그런 것들은 어느 정도 만든 사람을 반영하거나 체화하게 되죠. 예를 들어 숫자 0은 항상 존재했던 게 아니에요. 중세 초에 이르러서야 인도를 거쳐 아라비아 수학에서 나타났죠."

"맞아요. 하지만 그렇다고 해서 그전까지 0이 존재하지 않았던 것은 아니죠. 수학에서 0은 발견된 것이지 만들어진 게 아니에요."

진송이 말했다.

"하지만 무엇이 발견되는가 하는 문제가 있어요. 지식은 강바닥에 있는 금덩이처럼 누군가 찾아내 주기를 기다리면서 아무렇게나 놓여 있는 것이 아니라는 말이에요." 달리나는 계속 말을 이었다. "우리의 앎은 우리가 무엇을 찾고, 어떻게 찾고, 또 찾았을 때 어떻게 분류하는가에 영향을 미쳐요. 우리가 무언가를 찾아서 분류하는 과정은 우리가 무엇을 알고 있나 혹은 알고 있다고 생각하느냐에 기반한다는 얘기예요. 우리는 지금 인식론, 즉 지식을 습득하고 평가하는 방식에 대해 이야기하고 있어요. 같은 사건에 대한 대립되는 설명이나 주장을 평가하는 방식 말이죠. 코니가 검은 말을 가지고 설명했던 분류적 가정처럼, 우리 모두는 우리도 모르는 사이에 인식론을 가지고 있어요."

이 말에 진송이 말했다.

"자연 과학이 가장 좋은 인식론을 가지고 있죠. 자연 과학에서는 실험 관찰을 하고, 결과를 비교하고 비슷한 실험을 또 해요. 이에 비해 사회학에는 뭐가 있나요? 사회학자들은 똑같은 옛날 시체들만 파내서 전기 충격으로 제압한 뒤 걸을 수 있는지 보죠. 사회학은 사람들이 무엇을 알고 있느냐가 아니라 무슨 생각을 하느냐에만 관심을 가져요."

달리나는 다른 학생들에게 읽은 내용에 기초해서 의견을 내 보라고 말했다. 샘이라는 학생이 노트를 훑어보며 입을 열었다.

"합리주의와 객관성에 대한 사회의 일반적 태도에 과학이 맞춰지는 방식에 대한 이론도 있지 않았나요? 과학이 문화적 차이에 세심하게 신경 쓰고, 환경을 보호하고, 성차별에 반대해야 한다고 주장한 페미니스트들과 생태주의자들의 사례도 있어요. 이들은 과학자들에게 객관성을 주장하지 말라거나 우리 외부에 물적 세계가 존재해서 관찰자에게 사실을 제공한다는 생각을 버리라고 한 것 아닌가요?"

아숨타라는 학생이 끼어들었다.

"맞아요. 저도 그런 인상을 받았어요."

그녀는 이렇게 말하고는 노트에 있던 말을 읽었다.

"그들은 과학에서 주장하는 사실이 '사회적 구성물'이라고 주장했다. 이는 과학과 유사 과학 사이의 경계가 고급 문화와 저급 문화 사이의 경계만큼이나 사회적으로 구성된다는 것을 시사한다. 무엇이 좋은 문학이고 나쁜 문학인가에 대해 학교 선생님들의 판단을 받아들이지 않아도 되는 것과 마찬가지로 과학의 권위를 받아들여야 할 의무는 없다."

샘이 덧붙였다.

"제가 찾아낸 부분에서는 권위자에서부터 논의를 시작하는 것이나 예상대로 결과를 분류하고 원하지 않는 결과는 버리는 것 등등, 진송이 사회학에 대해 비판한 많은 부분이 다른 학문에서도 나타난다고 말하고 있는 것 같아요."

"맞아요, 하지만 그건 그냥 과학을 잘못 연구한 거잖아요."

진송이 대답하자 리안이 덧붙였다.

"자연 과학적 지식에도, 특히 인간을 주로 연구 대상으로 삼는 의학과 같은 과학에도 문제가 많다는 것이 놀라웠어요. 과학은 무엇을 아느냐고 물어요. 인식론은 어떻게 아느냐고 묻고요. 하지만 우리가 무엇을 아는지는 어떻게 알죠?"

달리나는 싱긋 웃으면서 이렇게 말했다.

"그런 생각이 바로 우리를 그 자체로 사회학적 연구 대상인 과학적 지식이라는 개념으로 이끄는 거예요. 우리 모두가 잊고 있었을지도 모르지만 이것이 오늘 세미나의 주제였죠! 여러분 생각의 흐름을 쫓아가다 보니 오래 걸렸네요. 어쨌든 결국 여기까지 왔어요. 누가 과학 사회학의 두 종류인 '약한 프로그램'과 '강한 프로그램'에 대해 말해 줄래요?

우반와는 노트를 보면서 약한 프로그램에서는 사회가 과학 지식을 양적으로 형성한다고 설명했다. 과학자도 인간이므로 다른 사람들과 마찬가지로 보상에 반응한다. 예를 들어 한 분과가 다른 분과보다 빨리 진보한 이유는 상대적으로 더 유행에 맞거나 경제적이거나, 보수가 좋거나 등의 여러 가지 이유로 재정 지원과 좋은 학자들을 더 많이 끌어왔기 때문이다. 그래서 어느 분과에서 다른 분과보다 연구가 많이 수행된 것은 고독한 천재가 홀로 노력하는 경우일 수도 있지만 단순히 그 분야에 자원이 많기 때문일 수 있다. 어떤 나라에서는 국가가 이념적, 도덕적, 혹은 종교적인 이유로 연구 대상을 제한할 수도 있다. 예를 들어 의료 연구에서는 기분을 조절하거나 무기력증을 완화시키는 것처럼 일상생활에 도움을 주는 약에 대한 보상이 가장 클 것이다. 구매층이 풍부하고 수익성이 높은 약물에 대한 연구 개발에는 주로 가난한 사람들이 소비층인 말라리아 치료제 같은 제품보다 훨씬 많은 노력이 들어갈 것이다.

달리나가 우반와를 멈추면서 아숨타가 말할 틈이 생겼다.

"진송은 방금 과학자들이 원하지 않는 결과들을 버리는 게 나쁜 과학이라고 말했지만, 나쁘지만은 않은 효과도 있어요."

아숨타는 자신의 노트를 내려다보았다.

"그런 효과들은 제도적이거나 문화적인 제약과 압박 때문에 일어나요.

그리고 '서랍 효과'라는 것도 있어요. 뭔가를 밝히지 못한 연구는 출판되지 않는 경향이 있기 때문에 연구들은 긍정적인 결과를 보여 주는 쪽으로 기운다는 거예요. 어느 누구도 아무 일도 일어나지 않았다고 결론이 나는 지루한 과학 논문을 읽고 싶어 하지는 않으니까요."

달리나가 말했다.

"그건 사회학에서도 그렇죠. 과학사에서는 과학이 많은 경우 과학적인 방식으로 작동하지 않지만 인간은 과학을 발전시켜 나간다는 근본 가정 때문에 이런 문제를 부차적이거나 일시적인 고장으로 여겼어요. 데이비드 블루어(David Bloor)는 왜 지식이 틀리게 되는지가 아니라 어떻게 지식이 '맞게' 되는지를 실험하고 설명해야 한다고 주장했죠."

달리나는 이것이 과학 사회학에서 말하는 강한 프로그램의 경우라고 말하고는 우반와에게 설명을 부탁했다. 그녀는 이것을 '사회 구성주의' 혹은 '구성주의'라고 부른다고 했다. 사회 구성주의란 사회가 과학 지식을 질적으로 형성한다는 것으로, '인식론적 상대주의'에 기댄 개념이다.

약한 프로그램에서는 과학이 대체로 이성에 근거한 발견들을 통해 내재적으로 발전해 왔다고 본다. 그 과정은 (천문학자들이 화형에 처해졌던 때처럼) 사회적 힘에 의해 물꼬가 트이거나, 비틀리거나, 가끔은 막히기도 했다. 강한 프로그램에서 볼 때 이것은 목적론적 오류로, 과학적 지식이 발전하는 방식은 다른 형태의 지식과 다르다는 과학의 주장을 받아들인 것이다. 세미나에 참여한 여러 학생들이 인식론적 상대주의를 이해하기 어려웠다고 말했고 코니는 그것이 무슨 뜻이며 무엇에 대해 상대적이라는 것인지 물었다.

우반와는 자기 노트를 다시 뒤적이더니 한 문단을 읽기 시작했다.

"과학은 사회 혹은 하위문화나 하위 집단, 지역 문화에 대해 상대적이다. 과학은 숨어 있는 진실을 긴밀하게 반영하는 것이라기보다는 권위만을 주장하는 진실 게임으로만 여겨진다. 과학이 주장하는 권위는 애초에 과학자들이 계몽주의 혁명의 일환으로 지적 우위에 올라섬으로써 얻어 낸 것이다. 지식의 경계만이 아니라 지식의 내용도 사회적으로 구성된다."

진송이 끼어들어 서로 경쟁하는 과학자나 학파, 아니면 이론을 지지하는 사람들 간의 논쟁이 진실 게임을 하는 것과 같다는 얘기를 이해하지 못하겠다고 말했다. 과학은 인간의 활동이고, 비록 여기 있는 사람들은 이런 말에 놀라는 것 같지만 과학 역시 곤란한 일들, 험담, 세력 확대, 조언을 받아들이는 일, 힘 있는 사람에게 아첨하는 일 등의 인간적인 활동과 무관하지 않다고 해서 그렇게 놀랄 일은 아니라는 것이다.

"종교, 정치, 미술 등등 어디서나 그래요. 하지만 과학을 진실 게임으로 보고 이성을 여러 담론 중 하나로 보는 탈근대적 시각에는 한 가지 작은 문제가 있어요. 그 시각은 완전히 틀렸다는 문제죠."

진송은 항상 맞지는 않는다고 해서 단순히 과학이 일종의 문화적 담론이라고 말할 수는 없다고 했다. 만일 누군가가 고대 중국인들처럼 옥을 가루 내서 먹으면 영생을 누린다고 믿더라도, 곧 틀렸다는 것을 알게 될 것이다.

"도달해야 할 최종 결론이 없다고 생각한다면, 우린 그냥 이 자리에서 옷 입는 법이나 의논하는 편이 낫죠."

밀라가 물었다.

"과학자들은 이런 이론에 대해 뭐라고 생각해요? 이런 이론을 알고는 있나요?"

달리나가 대답했다.

"일반적으로 대부분의 과학자들은 약한 프로그램의 일부나 전부를 받아들여요. 결국 자기 주변에서 일어나는 일이니까요. 하지만 강한 프로그램의 결과를 받아들이는 것은 주저하고 그에 대해서는 최소한으로 말하죠."

"그게 말이 되죠. 만일 동의한다면 정말로 연구를 그만두고 집에 가야 할 테니까요. 결국 제도 내의 이해관계 문제예요. 강한 프로그램이 자신들의 이익에 맞지 않기 때문에 받아들일 수 없는 거죠."

샘의 말에 진송이 반박했다.

"하지만 정말 포기하고 집에 가야 할 수도 있어요. 과학적 사고가 사회적 힘의 일반적인 효과에 따라 발달하는 거라면, 과학자들은 그냥 다 집에 가서 사회적 힘이 작동하기를 기다리다가 짜잔! 해야죠. 과학의 진실이 신비주의와 다를 바가 없다고 말한다면 신비주의자가 되면 되잖아요? 실험실과 도서관 대신 향과 수정 구슬만 있으면 될텐데요. 아니면 심지어 과학사회학자가 될 수도 있죠. 향 값은 아끼겠네요."

밀라는 진송이 자신의 관점을 매우 자주, 매우 쉽게(그는 노트는 보지 않는 것 같았다.) 말로 옮기는 데 조금씩 짜증이 나기 시작했다. 그녀는 이렇게 말했다.

"글쎄요, 분명 과학의 발전은 실제로 뭔가를 하는 누군가에 관한 것이어야 해요."

진송은 밀라에게 손가락을 흔들어 보였다.

"그렇다면 어딘가에 마음이 개입된다는 것을 받아들여야죠. 이익 집단 이론은 양측에 적용돼요. 사회학자들도 마찬가지라고요."

진송은 사회학자들이 왜 이런 시각을 매력적이라고 생각하는지 다들 알 거라고 말했다. 권위와 진리의 표상인 이론을 논박하고자 하는데 비판의 근거 또한 그 이론에서 얻은 경우에는 특히 그럴 것이다. 하지만 과학에 대한 모든 비판의 근본적 원인은 사회학의 한계에 대한 사회학자들의 불안에 있다. 그들은 책이나 논문에서 뭐라고 했든지 간에 과학이 실제로 사회 과학보다 진실과 객관성에 대한 주장을 잘한다고 생각한다. 그것이 사회학자들이 과학의 방법과 생산물의 덕을 보는 상황에서도 과학의 기본 가정을 논파하려는 이유이다. 진송이 덧붙여 말했다.

"좀 말이 안 되는 구석이 있죠. 사회 구성주의자들은 전깃불이나 텔레비전에 의존하지 않나요?"

달리나는 아주 예리한 지적이라고 말했다.

"만일 그중 누군가가 곧 출간할 두꺼운 책을 쓰느라 자판을 두드리다가 컴퓨터가 고장난다면 그 사람은 IT 전문가에게 전화할까요, 아니면 심령술사에게 전화할까요? 레이먼드 탤리스(Raymond Tallis)는 이런 이론가들이 절대 자신의 이론이 진실인 것처럼 행동하지 않는다고 주장했어요."

사회학자들의 불안에 관한 진송의 요지가 정곡을 찔렀다는 것은 밀라도 인정해야 했다. 그 주장은 그녀가 재스민과 과학에 대해 대화할 때마다 늘 느꼈던 것을 정확히 요약했다. 어떤 이유에서인지 그 사실이 밀라를 조금 더 짜증나고 무모하게 만들었다. 그녀는 이렇게 말했다.

"사회학자들이 어떤 면에서 열등감이 있다는 것은 맞아요. 어쨌든 사회학자들이 과학을 하는 건 아니니까요. 그리고 어쩌면 과학 지식이 더 중요한 종류의 지식일 수도 있어요. 저는 그게 바로 진송이 열등감의 원천이라고 말하려던 거라고 생각해요."

그리고 밀라는 약간 망설이면서도 계속해서, 이러한 열등감은 사회학자들이 과학을 연구하는 방식에 큰 영향을 미친다고 말했다. 만일 사회학자들이 과학에 대해 잘 모른다면 자신들의 주장과는 정반대로 과학에 대해 어떤 판단도 할 자격이 없는 것이다. 사회학이 과학 지식이 어떻게 만들어졌는지에 대해 무엇이라도 말하고자 한다면 과학 이론이 사실로 밝혀졌기 때문에 사람들이 받아들이는 것이라는 말은 피해야 했다.

밀라는 과학이 구성되는 방식을 비판하려 했던 사회학자들이 진실에 대한 모든 가설을 검증하는 기준인 자연을 마치 존재하지 않는 것처럼 간주하는 경향이 있다고 말했다. 그게 아니라면 사회학자들은 그저 과학에 대해 과학자들보다 더 많이 아는 체하는 것이다. 그러므로 사회학자들은 진실을 판단할 진짜 세계가 없는 것처럼 굴면서 상대주의자가 될 수밖에 없었다. 그들은 과학자들이 동의하거나 반대하는 모습에 집중했다. 그렇게 지켜볼 자격은 사회학자들에게만 있었다.

밀라는 자신이 한 말을 믿을 수 없었다. 그녀는 아무것도 모르는 주제를 놓고 짧은 강의를 한 것이다. 밀라는 자신이 진송보다 더하고, 그녀가 한 말은 논리적인 것처럼 들릴지 몰라도 실제로는 말이 안 되는 소리였을 것이라고 확신했다. 달리나는 어쨌든 기분이 좋은 것 같았다.

"우리를 결론으로 이끌어 줄 말이 나왔군요. 자연계를 방정식의 일부로 보지 않는 생각은 해리 콜린스(Harry Collins)의 연구에서 전면에 부각되었어요. 그는 과학 연구에 방법론적 상대주의를 적용했죠."

진송은 별 감흥이 없었다.

"하지만 그런 시각은 방향이 틀렸어요. 자연계는 어쨌든 방정식의 한 부분이에요. 인식론에 따라 해석이 얼마나 달라지든 간에, 자연은 인간의 행위와 독립되어 있어요. 예를 들어 물리학 이론에서는 핵분열 반응을 이용해 폭탄을 만들 수 있다고 주장했어요. 폭탄은 제조되고 실험된 뒤 사용되었죠. 그 이론이 틀렸다면 물리학에서 폭탄이 터질 것이라고 아무리 떠들어도 폭탄은 터지지 않았을 거에요. 만일 그랬다면 2차 세계 대전의 역사는 달라졌겠죠."

밀라는 그렇다고 해서 폭탄까지 이어진 과학 연구에 사회학자들이 접근하는 방식이 바뀌지는 않는다고 생각했다. 사회학자들은 과학자들이 자신의 실험이 좋은지를 결정하는 기준과 과학이 구성되는 방식이 상대적이라고 볼 수는 있다. 그러나 특정 이론이 참이 아니기 때문에 기각되었다고 말할 수는 없다. 하지만 밀라는 입을 열지 않았다. 긴 발표는 한 번이면 충분했다. 그녀는 이제 세미나에 완전히 집중하고 있었지만 달리나는 그녀를 보면서 미소 지었다.

"시간이 거의 다 되었네요. 누구 마지막으로 할 말 있는 사람? 지식과 권력에 관해 뭐라고 읽었어요?"

아숨타가 자신의 노트에 강조해 둔 부분을 읽었다.

"지식은 사회 속에서 권력에 의해 구조화된다. 과학은 권력의 수단이자 결과이다."

하지만 예상대로 진송은 다른 사람이 마지막 발언을 하도록 내버려 두지 않았다. 그는 권력에서 논의를 시작하는 것은 생각의 공간을 배제하는 것이라고 말했다. 강한 프로그램을 주장하는 사람들은 그들을 제외한 다른 누구도 생각을 통해 결론에 도달하지 않는다고 믿는 것 같다. 이들은 개념과 정신적 활동을 "권력의 주체가 보낸 원숭이들이 퍼뜨린 담론으로 불붙은 불꽃놀이"로 간주한다는 것이다. 진송은 강한 프로그램에 대해 "심지어 권력도 과학에 영향을 미치는 판국에 생각이 아무 역할도 하지 않는다는 것은 미친 소리"라고 일축했다.

밀라를 놀라게 하며 코니가 끼어들었다.

"원숭이 이야기는 모르겠지만, 과학적 담론은 좋건 나쁘건 우리 삶의 방식을 바꾼 물적 유산을 남겼어요. 우리는 도시에서의 쳇바퀴 도는 삶을 접고 몇백 킬로미터를 가도 차 한 대 없는 섬으로 들어가 양을 친구 삼아 살 수도 있어요. 하지만 내연 기관으로 인한 공해를 되돌릴 수는 없죠."

책과 노트북을 챙기는 동안 밀라는 또 다른 긴 발표를 하는 데 겁을 먹지 않았더라면 자신이 무슨 말을 했을지 곱씹어 보았다. 그녀는 강한 프로그램을 말하는 사람들이 부분적으로 옳다고 생각했다. 과학적 지식은 문화적 구성물이지만 다른 것과 같지는 않다. 이는 단순히 과학에 부여된 권위 때문만은 아니다. 과학적 지식은 다른 형태의 지식처럼 사회 구조에 각인되어 있을 뿐 아니라, 과학자들이 예상하거나 심지어 원하는 효과를 항상 가져오지 않더라도 물리적 세계에 각인되어 있다. 그렇기 때문에 과학적 지식은 우리와 독립적이다.

과학적 지식은 수백 년, 수천 년 동안 유효할 수도 있다는 점에서 사회학적 지식과 다르다. 과학적 지식은 자연의 일부가 될 수 있고, 그 지속성은 인간의 인식과는 아무 관련이 없다. 이는 과학적 지식이 사회학적 지식과 순위가 다르다고 볼 만한 좋은 근거였지만, 어쩌면 그래서 사회학자라는 것이 좋을 수도 있었다.

이후에 코니에게 이야기하면서 밀라는 세미나에서 자신이 다른 것도 배웠다는 것을 알았다. 버트런드의 세미나에서 학생들은 너무나 기가 꺾였기 때문에 말하기를 주저했다. 달리나는 정반대였지만 이 모임의 역학에도 문제는 있었다. 달리나는 학생들이 무슨 말이든 쉽게 하게 만들었기 때문에 한두 명의 학생이 발언권을 장악하는 상황을 초래할 수 있었다. 코니와 밀라는 달리나가 이러한 위험을 제거하려고 애쓰는 걸 보았지만 항상 성공적인 것은 아니었다. 좋은 강사가 되기 위해서는 분명 친절함 말고도 뭔가가 더 필요했다. 코니는 진송에게 버트런드가 얼마나 흥미롭고 자극적인지 말해 주어야겠다고 했다. 그럼 그가 버트런드의 세미나 모임으로 가지 않을까? 밀라가 재채기를 했다.

"대체 의학에 대한 이야기 때문에 감기가 왔나 봐."

11

주어진 일과
하고 싶은 일

밀라, 독감에 걸리다

밀라는 실내복을 휘감고 침실에서 천천히 휘청거리며 걸어 나와 서시, 투니, 재스민과 함께 주방에 앉았다. 온몸의 마디마디마다 쑤시고 머리는 지끈거렸으며 눈은 붓고 충혈되어 있었지만 그나마 지난 며칠보다는 나아진 느낌이었다.

"산송장에게 인사해. 거울은 보지 마. 자존감에 금 갈라."

투니가 말했다.

"뭐 도와줄까, 밀라? 나한테 진통제, 충혈된 데 쓰는 약, 국화 성분이 들어간 세 가지 천연 의약품도 있어."

서시의 이 말에 투니가 화내는 척했다.

"불공평해! 내가 아플 때는 그런 말 안 했잖아!"

"너야 항상 알아서 약을 챙기니까 그렇지. 그리고 너는 건강 염려증이야. 지난주에는 뇌종양이 있다고 생각했잖아."

서시가 새침하게 말하자 투니가 웃었다.

"맞아, 나는 종합 병원이지."

"뭘 그렇게 많이 가지고 있어, 서시? 자살이라도 돕거나 대체 의학 약국이라도 열려고 비축해 두는 거야?"

재스민이 물었다. 밀라는 거의 일주일째 아팠기에 이 여학생들이 돌아가면서 호들갑스럽게 그녀를 놀리는 것은 이제 일상이 되었다.

"아프면 제일 안 좋은 게 뭔지 알아? 외모가 이상해진다는 거야."

투니가 말했다.

"아니야. 일을 못 하는 거야. 그리고 아프면 사람들이 모두 너를 안쓰러워하지."

재스민은 이렇게 말했다.

"그건 안 됩니다, 재스민 하사관님. 나는 벌써 보충 수업을 한 번 놓쳤고 다음 시간에는 발표를 해야 해. 수업에 못 갔으니 발표할 거리도 없는데. 프랑켄슈타인을 써먹어야지. 나는 내가 정말 불쌍해지려는 것 같아."

밀라가 웃었다.

"좀 엄하게 다루어 줘야겠구나. 너 의사부터 만나 봐야겠다. 누가 알아, 치료도 해 줄지?"

"괜찮아질 때까지는 나가고 싶지 않아."

"좋은 생각이야, 아프지 않을 때 진찰을 받겠다는 거구나."

"난 어디가 아픈지도 모르겠는걸."

"그래, 그게 의사라는 사람들이 있는 이유야……."

밀라는 재스민에게 항복하는 편이 낫다는 것을 알고 있었다.

1시간 뒤, 서시가 준 약 덕분에 밀라의 눈은 더 붓지 않았지만 붉은 기는 그대로 남아 있었다. 그녀는 재스민을 기다리는 동안 방 안에 앉아 보충 수업 과제를 복습하고 있었다. 그녀가 답해야 하는 질문은 '사회가 사람들이 가장 잘하는 일을 하게 하는가?'였다. 밀라가 볼 때 프랑켄슈타인에서 읽으라고 되어 있는 부분은 이 질문을 푸는 데 썩 알맞지 않은 것 같았다. 1930년대에서 1970년대까지 활발하게 활동했던 탤컷 파슨스에 관한 부분이었다. 그는 '기능주의'라는 이론을 발전시켰다. 교수님들의 연구에는 그들의 취향이나 현재 집필 중인 주제에 따라 다양한 학자들에 대한 참고 문헌이 가득했지만 이 사람이 언급된 글은 본 기억이 없었다. 밀라가 지금까지 프랑켄슈타인에서 읽은 부분 중에서 유일하게 그를 언급한 곳은 그가 남자와 여자의 각기 다른 역할이 안정적인 사회 체계를 만들기 위해 '서로를 보완'한다고 말했다는 내용이 다였다.

교수들은 파슨스를 도외시했지만, 교재에는 그가 한때 북미에서 가장 영향력 있는 사회학자였다고 나와 있었다. 프랑켄슈타인에서는 그가 스스로를 높이 평가했으며 사회학에 대한 포부가 매우 컸다고 했다. 파슨스는 사회학자들이 사회를 돌보는 의사들이 되기를 원했다.

파슨스에게 사회학은 비(非)이념적인 시대의 학문이었다. 경제학은 산업 자본주의의 초기에 등장하여 정부와 사회가 도래하고 있는 새로운 경제적 관계를 이해하게 도와주었다. 한편 사회학은 발전된 자본주의 사회를 특징짓는 새로운 사회관계를 이해할 수 있게 도와주었다. 파슨스는 앨프리드 마셜(Alfred Marshall), 빌프레도 파레토(Vilfredo Pareto), 에밀 뒤르켐, 막스 베버(Max Weber) 등 이전 학자들의 연구를 종합해 핵가족과 같은 근대 사회의 특징들을 설명하는 사회 작동 모형을 정립하려 했다. 그는 또한 '구조-행위' 문제로 불리는 사회학의 문제를 풀기 위해 노력했다.

밀라는 별 요점도 없는 것 같은데 끝없이 계속되었던 보충 수업의 논쟁을 통해 구조-행위 논쟁을 약간은 알고 있었다. 어떤 사회학자들은 사회학이 사람들을 제약하거나 강제하는 사회의 구조 및 속성에 관한 학문이라고 생각했다. 그런가 하면 인간이 자신의 행동이나 자신이 접하는 사물에 부여하는 의미에 관한 것이 사회학이라고 생각한 사회학자들도 있었다. 만일 밀라가 관심을 가졌더라면 왜 간단히 둘 다를 할 수 없는지 궁금해했을 것이다. 그녀는 왜 행위와 구조 중에서 하나만을 선택해야 하는지 이해할 수 없었다. 단순히 문제를 이해하지 못한 걸까? 그녀는 페이지를 넘겨 이런 내용을 읽었다.

'행위'는 목표를 이루기 위한 수단을 사용해 노력을 기울이는 것을 의미한다. 경제적으로 자기 이익을 추구하는 행동으로서의 행위 개념은 고전 경제학을 지배해 왔다. 이런 개념은 인간 행위를 합리적 행위와 비합리적 행위로 나누는 경향이 있다. 합리적 행위는 개인이 생각하기에 경제적 가치와 관련된 행위이고 비합리적 행위는 최종적인 목적이 있지 않은 것, 특히 개인의 경제적 이익에 관련되지 않은 것으로 보이는 행동이다. 그러나 경제적 합리성은 합리적 행동의 한 종류일 뿐이다. 파슨스에 따르면 모든 행위는 합리적이다. 인간은 행위를 함으로써 보편적으로 공유된 가치를 정립하고 확인하고자 하기 때문이다.

파슨스에게 행위는 절대 고립된 사건이 아니다. 경제적 합리성의 관점을 비롯한 많은 이론에서는 각각의 행위를 개별 사건으로 보고 즉각적 결과의 측면에서 행위를 평가한다. 그러나 파슨스는 사람들이 이런 식으로 생각하지 않는다고 확신했다. 사람들은 미래와 과거, 그리고 자신이 어디에 있으며 자신의 행동이 다른 사람들에게 어떤 영향을 미칠지를 고려한다. 파슨스는 이것을 '행위 사슬'이라고 불렀다. 각각의 행위는 그 행위를 참여자가 인식하는 규범과 가치 체계로 연결한다.

밀라는 서시의 호들갑스러운 간섭, 투니의 약간 자기중심적인 유머, 재스민의 '서둘러, 빨리빨리' 하는 식의 태도까지 지금 자신이 친구들에게 받고 있는 동정에 대해 생각해 보았다. 친구들이 '정립하고 확인하고' 있는 가치는 무엇일까? 밀라는 친구들이 모두 그녀를 염려하고 있음을 보여 주려 애쓰고 있다는 것을 알았지만, 프랑켄슈타인에서 하는 말은 그게 아니라고 생각했다. 밀라는 친구들이 보여 주려는 가치가 그들이 그녀에게 이 상황을 어떻게 대처하기를 기대하는지, 자신이라면 비슷한 상황에서 어떻게 행동하려 하는지에 관한 것인지 궁금했다. 그 편이 더 그럴 듯해 보이기도 했다. 그녀의 친구들이 정립하고 확인하는 가치들은 살아가는 방식에 대한 것이었다.

그녀 생각에 재스민에게는 전에 들어 본 적 있는 프로테스탄티즘의 윤리 같은 것이 있었다. 밀라가 일을 태만하게 하는 데 대한 변명으로 아픈 상태를 남용하지 않고, 또 그녀가 아프고 싶어서 아픈 건 아니라는 사실을 분명히 함으로써 그녀의 도덕성을 보여 주는 게 그녀로서는 최선의 선택이라고 재스민은 생각했다. 어쨌든 하던 일을 계속 하다 보면 몸은 나을 것이다. 아마도 신이 그녀의 바른 행동에 증상의 완화와 같은 상을 내릴 수도 있었다. 서시는 가톨릭 신자였던 오귀스트 콩트 같았다. 콩트는 뒤르켐에게 많은 영향을 미친 학자였다. 서시는 밀라가 그녀보다 아는 것이 많은 사람들, 그녀가 아프다고 고백해야만 연고나 물약 등을 처방해 줌으로써 증세를 완화시켜 줄 수 있는 사람들을 믿어야 한다고 생각했다. 그녀는 또한 죄가 많은 투니에게는 치료를 해 주지 않았다. 투니는 아마 상호 작용론자일 것이다. 그녀는 괴로워하는 사람에 대한 동감의 원칙을 깸으로써 밀라가 그 원칙을 깨닫게 만들었다. 아니면 그녀는 그저 자기중심적인 멍청이일 수도 있다.

이런 생각은 다른 생각으로 이어졌다. 만일 투니가 가끔 행동을 하기 전에, 혹은 심지어 행동 후에도 생각을 하지 않는 것 같다면 그녀만 그런 것은 아니었다. 밀라는 파슨스의 지적처럼 행위가 언제나 숙고되거나 설명될 수 있는 것은 아니라고 생각했다. 우리는 종종 습관이나 욕구에 따라 행동하며, 가끔은 말도 안 되는 충동에 의해서나 미칠 듯 취한 상태에서 행동하기도 한다. 슬슬 잠이 올 때쯤(아마 약의 부작용이었을 것이다.) 밀라는 재스민이 문을 두드리는 날카로운 소리에 깜짝 놀랐다. 재스민의 어깨 너머로 서시가 고개를 내밀었다. 재스민이 말했다.

"내가 병원까지 같이 가 줄게. 서시가 진찰을 내리려고 하기 전에 나서는 게 좋을걸."

의사는 주제넘은 환자를 싫어해 — 파슨스의 기능주의

밀라가 진찰실로 들어가자 의사는 앉으라는 손짓을 했다. 의사는 그녀가 앉는 사이에 빠르게 위아래로 훑어보았다. 밀라의 진찰 기록이 보였다.

"어디가 불편하시죠?"

"기분이 별로 좋지 않아요."

의사는 아무 말이 없었다. 밀라는 자신의 대답이 부적절하다는 판단이라고 생각했다.

"음, 그러니까 아무것도 할 수가 없어서……. 온종일 침대에 누워 있었어요. 계속 피곤하고, 식욕도 없어요."

의사는 충혈된 밀라의 눈을 심각하게 살펴보았다.

"뭐가 신경 쓰이거나 불안한 게 있어요? 공부나, 가족이나, 남자 친구 문제나?"

밀라는 짜증을 억눌렀다. 그녀는 그 의사가 매년 자신처럼 기본적으로는 건강하지만 왠지 모르게 지속적으로 아픈 젊은 여자를 수백 명씩 보겠거니 하고 생각했다.

"운 건 아닌데요. 그런 게 아니에요. 이건…… 모르겠어요. 사실 몸은 좀 괜찮아지고 있는데 친구가 무슨 약을 줬어요."

의사는 놀랍고 못마땅하다는 표현으로 눈썹을 치켜떴다.

"그냥 수업에 낼 결석 신고서만 있으면 되는데."

밀라는 아부하듯 말했다. 의사는 이 말이 더 거슬린 것 같았다.

"여기 오는 학생들마다 그냥 소견서를 써 줄 수는 없어요. 그리고 난 정말 바빠요. 감기에 걸린 거라면 내가 해 줄 수 있는 게 아무것도 없으니, 내 소견서가 필요하지도 않겠군요. 다른 문제가 또 있나요?"

밀라는 고개를 저으며 "시간 내 주셔서 감사합니다."라고 웅얼거리고는 진찰실을 빠져나왔다. 그녀는 자신을 정당화하기 위해 의사에게 뭐라고 말해야 했을까 생각하느라 스스로를 고문하면서 터벅터벅 걸어 방으로 돌아왔다. 밀라는 프랑켄슈타인에서 파슨스의 '환자 역할'을 다룬 부분을 읽는 동안에도 여전히 난처해 어쩔 줄 몰랐다.

사회적 현상을 연구해야 하는 이유는 그것이 사회에 갖는 중요성 때문이다. 이는 파슨스의 연구에서 가장 일관적인 부분이자, 그의 분석적 접근의 힘을 보여 주는 부분이다. 그는 환자의 경험 및 환자와 의료 전문가의 역할을 사회적 경험과 역할로 상정했다. 질병과 건강은 근대 사회의 기본 구조 중 한 부분이다. 이것은 사회와 무관한 생물학적 현상이 아니다. 아프다는 것은 사회적 경험이며 의료 행위는 도덕적이고 가치가 부여된 일이다. 이때 개인은 도덕적 표현을 해야 한다. 개인은 사회가 계속 존재하도록 하는 근본 요소가 된다. 파슨스는 질병을 액면 그대로 받아들이지 않고, 어떤 사람들이 다른 사람들을 아프다거나 건강하다고 규정하도록 용인하는 것이 어떤 사회적 목적을 충족하는지를 밝히려 했다. 여기서 의학은 자본주의에서의 (신학에서의 역할과는 무관한) 프로테스탄티즘 윤리와 같은 기능을 한다. 토템 신앙이 뒤르켐에게 원시 사회를 알려 준 것처럼, 의학은 파슨스에게 근대 사회에 관해 많은 것을 말해 준다.

밀라는 의학과 프로테스탄티즘 윤리가 연결되어 있을 것이라는 자신의 추측이 맞다고 밝혀지자 기쁘고 놀라웠다. 그녀는 이내 그저 운이 좋았던 것이라고 일축하고 나머지 부분을 열심히 읽었다. 의사의 소견서는 오빠나 서시가 써 주는 편지와는 달리 학교에서 할 일을 빼먹을 변명을 제공할 권력이 있다. 서류 자체에 그것을 쓴 사람의 권력이 들어가 있다. 정말 그들의 힘은 아니더라도, 그들이 차지하고 있는 사회적 역할에 기인한 권력인 것이다. 그녀는 자신과 의사가 수행했던 역할에 대해 생각해 보았다.

의사는 질문을 할 권리가 있었고 그녀는 질문을 받지 않더라도 대답을 해야 했다.

그녀는 자신이 환자 역할을 수행했다고 생각했다. 처음에는 일을 할 수 없는 문제였다가 곧이어 잘못된 시간에 잘못된 장소에(온종일 침대에) 있는 문제가 되었다. 일을 할 수 없는 것, 혹은 다른 사람들과 정상적으로 상호작용을 할 수 없는 것, 낮 시간에 침대에 있는 것은 정상적인 사회적 역할의 위반이었다.(밀라는 재스민이 낮 시간의 대부분을 침대에서 보내야 하는 사회학과생의 역할에 대해 뭐라고 말할까 생각했다.) 정상적인 역할에 맞추기 위해 그녀는 자신이 아프다는 것과 왜 아픈지도 알아야 했으며, 나으려는 의지를 보여야 했다. 밀라는 의사에게 별것 아닌 병으로 보이려고 했지만 분명 아무 의미도 얻지 못했다. 그런 말은 의사가 받아들여 정당화하지 않는 한 그 자체로는 아무 가치 없는 내면 상태에 관한 보고에 지나지 않았다.

밀라는 여기서 파슨스가 환자와 의사가 바람직한 결과를 얻기 위해 노력한다는 것 이상을 의도하고 있음을 이해했다. 그녀와 의사 사이에는 갈등과 불확실함이 있었다. 환자 역할은 직업윤리를 포함한 사회의 핵심적인 가치들을 유지하면서 어떤 사람들이 아프다거나 일에서 잠시 쉬는 것을 허용해 주었다. 환자 역할을 수행하는 데에는 사회적 통제의 요소가 있었다. 서시는 투니가 병을 자초한 것 같거나 증상을 과장하거나 상상하는 것 같으면 그녀를 돕지 않았다. 아프다고 받아들여진다는 것은 아픈 사람이 현재 상태와 무관하며 이에 대해 책임이 없다는 것을 의미했다. 투니는 정상적인 환자가 아니었다.

밀라는 스스로의 행동을 좀 더 깐깐하게 바라보고는 자신이 다른 면에서 환자의 역할에서 벗어나 있었다고 판단했다. 그녀는 순전히 도구적인 이유로 의사에게 갔다. 그녀는 의사에게 갔기 때문에 나을 것이라는 기대를 하지 않았다. 그리고 파슨스가 의사에게만 허용한 기능인 '약을 투여하는 일'을 알아서 해 버렸다. 그녀는 수동적이지 않았고 자신의 증상에 대한 의사의 해석에 도전했다. 의사가 이런 태도를 마음에 들어 하지 않았던 이유는 자신의 역할을 빼앗겼다고 생각했기 때문이거나, 자신의 의료 행위를 잘 수용하는 환자를 선호하기 때문일 것이다. 아니면 파슨스가 논문을 썼을 때와 환자의 역할이 달라졌을 수도 있고, 1950년대의 미국 중산층에게만 그랬던 것일 수도 있다. 어쩌면 한 번도 그런 역할이 나타나지 않았던 것은 아닐까? 그녀는 계속해서 책을 읽었다.

환자 역할이 어떻게 바뀔지에 대한 파슨스의 생각이 옳음을 보여 주는 증거가 있다. 그는 환자 역할이 더욱 독립적이게 될 것이며, 의사는 예전처럼 머리맡의 전문가이기보다는 팀의 일원이나 질병 관리자에 가까워질 것이라고 예측했다. 20세기 후반 부유한 서구 국가들에서는 정확히 그렇게 되었다. 환자들은 소비자처럼 행동하면서 정보와 구체적인 치료법, 새로운 질병에 대한 인식을 요구하기 시작했다.

밀라는 이 부분을 두 번 반복해 읽고서야 이해했다. 그녀가 또 맞춘 것이다! 이번에는 행운이 아니겠지? 아마도 그녀가 추상적인 개념을 적용하는 데 익숙해져 가는 것이 아닐까? 그때 '사람들은 가장 잘하는 일을 하는 것인가'를 묻는 보충 수업 과제의 질문이 떠올랐다. 밀라는 아직 의사와 환자에 관한 이 모든 논의들이 그 질문과 무슨 관계가 있는지 이해할 수 없었다. 읽어야 할 부분은 더 있었다.

기능 분화와 직업

파슨스에 따르면 기능 분화는 근대 사회의 핵심적 특성이다. 산업 사회는 어느 때보다 정교한 구조적 분화를 향해 진보했다. 특화된 기능을 갖는 체계가 만들어진 것이다. 예를 들어 중세 사회에서는 가족이 경제적 단위였다. 가족이 재화를 생산하고, 가족 구성원을 돌보고, 환자와 노인을 보살폈다. 근대 사회에서 이런 대부분의 기능들은 시장과 복지 국가, 의료 전문가, 간병 전문인 등에게 이양되었다. 의사는 자신보다 사회를 위해 윤리를 작동시켜야 하는 전문가 중 한 집단이다.

이는 사회가 어떻게 복잡한 노동 분업을 발전시켰는지에 대한 단순한 관찰 이상을 넘어선다. 파슨스는 이런 체계 중 일부가 윤리와 가치가 실현되는 장소가 되었다고 생각했다. 예를 들어 직업은 직업윤리를 발달시킨다. 의료계에는 모든 환자들을 평등하게 대해야 한다는 평등주의가 요구된다. 의사들은 자신의 이익이 아니라 환자의 이익을 위해 행동해야 한다. 전문가의 윤리는 일반적인 공익 안에서 작동한다. 파슨스는 사회가 개인주의와 집단주의 사이의 이념적 갈등을 해결하기 위해 이런 방식을 적용한 것이라고 보았다. 그의 이론은 도처에서 맹렬한 비판을 받았다. 특정 문제들이 전문가들만이 다룰 수 있는 사회적 문제로 규정되는 방식은 사회의 다양한 부문의 권력과 이익을 반영한다는 비판이 그 주된 내용이었다.

밀라는 발표를 위한 메모를 하기 시작했다.

"기능적 분화 이론은 의료 체계가 어떻게 사회적 불평등을 재생산하는지를 보지 못한다. 이 이론은 과정보다는 사회적 결과에 치중하는 경향이 있다."

밀라는 의사들이 자신을 저주할 수도 있겠다고 짐작하면서 이 정도면 충분하다고 생각했다. 그녀는 그렇게 자신이 '가장 잘하는 일'을 했다. 프랑켄슈타인은 기능 분화가 몸의 유기적 분화와 같다고 말했고 그녀는 다시 구조-행위 부분으로 돌아갔다.

파슨스는 구조와 행위를 일반 이론으로 종합하려고 시도했다. 사회학에는 일반 이론이 필요했다. 사회학은 왜 사회 질서(다른 말로 사회)가 가능한지를 설명해야 했기 때문이다. 파슨스는 개별 문화에서의 다양한 인간 행동에 관한 기능적 설명을 발전시킨 알프레드 래드클리프브라운(Alfred Radcliffe-Brown)이나 브로니슬라브 말리노프스키(Bronislaw Malinowski) 같은 인류학자들의 통찰을 발전시켰다. 그들은 행위와 관계를 조직화된 체계의 일부로 분석했다. 종교 의례, 친족 체계, 성적 금기, 심지어 농담이나 욕설 같은 모든 종류의 행위는 사회 체계의 통합을 위한 기여의 측면에서 설명될 수 있었다. 이들은 어떻게 마술과 같은 행위가 특정 요구를 충족시키는지를 관찰했다. 모든 사람들은 제도의 네 가지 하위 체계인 친족, 종교, 경제, 정치 중 한 가지에 기여했다. 파슨스는 이를 근대 사회의 맥락에서 발전시켰다. 그는 사회에 네 가지 기본적인 '필수 요건' 혹은 필요가 있다고 주장했다. 적응, 목표 달성, 통합, 잠재성이 그것이다. 적응은 사회 구성원들이 가진 충족되어야 할 현실적, 생물학적 요구를 의미한다. 모든 사람은 음식과 쉴 곳이 필요하다. 사회는 이런 필요가 충족될 수 있도록 환경에 적응하거나 환경을 사회에 적응시켜야 한다. 목표 달성은 번영, 자유, 행복 추구 등 사회가 공표한 근본적인 가치를 의미한다. 통합은 사회 성원들이 이러한 목표를 반드시 공유하도록 하는 과정이다. 종교나 교육 제도와 같은 체계는 개인을 사회가 공유하는 가치로 사회화하기 위해 존재한다. 잠재성은 모든 사회와 제도가 시간이 흐름에 따라 재생산되어야 한다는 필요를 뜻한다. 경제는 적응을, 정치는 목표 달성을, 종교와 다른 가치 체계 및 문화적 제도는 통합을, 친족은 잠재성을 보장한다. 많은 제도가 여러 기능을 담당하며, 가족은 재생산의 단위이자 사회화 단위이며 때로 경제적 단위이기도 하다.

하지만 기능주의는 그 이상이다. 기능주의는 체계가 어떻게 기능을 선택하고 발전시키는지를 설명한다. 사회는 유기체처럼 진화한다. 갈등은 하나 이상의 체계나 환경의 변화에 적응하는 사회 속에서 기능적인 역할을 한다.

밀라는 학생들의 삶도 이런 식으로 볼 수 있을지 생각해 보았다. 학생이 된다는 것이 무슨 의미인지를 정하는 사회화와 과도기적 의례의 예가 여럿 떠올랐다. 사회화에 해당하는 공부와 글쓰기 등등은 그중 일부분일 뿐이었다. 그녀는 계속해서 메모했다.

"대학 역시 학생들에게 역할을 부여하고 지위를 주는 체계다. 의료 체계처럼 대학도 학생들에게 가치와 능력을 부여한다. 하지만 학생들은 다른 것들에 관심이 있을 수 있다. 학생들은 대학을 자신과 비슷한 사회적 지위에 있는 사람들과 어울려서 인맥을 쌓는, 다시 말해 사다리를 오르는 곳으로 보기도 한다."

따라서 대학도 불평등을 재생산하는 데 동참할 수 있다.(파슨스가 이것을 뭐라고 했더라? 잠재성이었나?) 대학 체계는 다음 세대를 사회화함으로써 사회를 재생산하는 데 부분적으로 동참하지만, 이미 존재하는 분화를 유지시키기도 한다. 그녀는 다시 프랑켄슈타인을 집어 들었다.

기능주의에 대한 비판

기능주의는 많은 비판을 받았다. 기능주의자들은 질서와 합의에 너무 많이 초점을 맞추었고, 예를 들어 우리가 살고 싶은 사회 유형을 둘러싼 갈등처럼 어떤 갈등은 기능적인데도 점진적인 갈등만을 허용한다는 비판이 제기됐다. 실제로 기능주의는 균형에 보다 중점을 둔다. 걷는 사람이 끊임없이 균형을 잃었다가 되찾는 것을 반복하는 것과 마찬가지로, 사회는 힘의 균형에 따라 하나로 유지되면서도 변화해야 한다. 안정성과 정적인 것은 같지 않고, 정적이고 변하지 않는 사회는 삶의 방식에 대한 근본적인 도전에 갑자기 직면하면 균형을 잃기 쉽다.

프랑스 혁명과 러시아 혁명은 체계가 충분히 혹은 전혀 신속하게 적응할 수 없어서 휩쓸려 버린 좋은 예이다. 둘 모두 생명과 재산의 큰 손실은 자유가 아닌 공포를 불러 일으켰고, 러시아 혁명의 경우에는 노예화까지 초래했다. 하지만 실제로 기능주의자가 되지 않기란 기능주의에 반대한다고 선언하는 것보다 더 어려운 일이다. 기능주의에 대한 많은 비평가들 자신도 기능주의자다. 사실 대부분의 사회학적 설명은 상식이 아니면 정교한 기능주의에 의존하고 있다. 사회 질서나 어떤 행동의 유용성에 대한 어떠한 언급이든 기능주의적 설명을 넌지시 드러낸다.

밀라는 파슨스가 말하는 기능주의가 왜 사람들의 관심에서 멀어졌는지 알 것 같았다. 자신이 진보적이라고 생각하는 사람들을 건드렸기 때문이었다. 기능주의는 보통 사람들에 대해 전문가가 갖는 특권 및 불평등을 정당화했다. 기능주의는 원시 사회와 복잡한 사회의 구분 아래 역사가 일직선으로 진보한다는 시각을 갖고 있었고, 특히 최악이었던 점은 우리가 계속해서 우리에게 기대되는 행동을 하며 꼼짝달싹할 수 없는 상황이 바람직하다고 주장했다는 점이었다.

밀라는 마침내 발표할 거리를 마련했다. 파슨스는 사회가 적응, 목표 달성, 통합, 잠재성의 네 가지 기능 중 한 가지를 수행하는 사회 체계로 구성되어 있다고 생각했다. 이러한 체계는 그들에게 최선인가의 여부와는 무관하게 각 기능의 측면에서 사람들이 가장 잘하는 일을 하게끔 한다. 사회는 사람들이 가장 잘하는 일이나 그들이 원하는 일, 하기 좋아하는 일이 아니라 '사회를 돌아가게 하는 데 가장 좋은 일'을 하게 만든다는 것이다. 그럼 사람들의 '최선'이 제대로 작동하지 않으면 어떻게 될까? 그녀는 아버지를 떠올렸다. 그는 가족을 포함한 많은 사람들의 삶을 망쳤을지언정 '최선을 다해' 왔다. 아버지는 돈을 벌어야 한다는 체계의 요구를 따랐다. 그녀의 생각에는 사람들이 체계가 요구하는 가치를 지나치게 따르거나 하나의 체계가 다른 것들을 지배하게 되는 등 체계의 기반 자체가 약화되는 상황이 있었다. 그런 상황에서 우리는 경제, 정치, 종교의 노예가 될 수 있었다.

밀라는 발표의 기본 틀이 분명해지는 것을 느꼈고 이제는 읽던 책으로 돌아가 빈틈을 메울 때라고 생각했다. 하지만 파슨스에 대한 프랑켄슈타인의 언급의 끝 부분으로 건너뛰어 그 부분을 읽던 그녀의 눈은 파슨스가 직접 한 말을 인용한 부분에 멈췄다.

개인의 가치를 매기고 인정과 지위로 그 가치를 표현하는 일, 다시 말해 기술적 역량과 같은 보편화된 기준에 의한 능력과 성취는 다른 어디보다 근대 서구 사회의 직업에서 뚜렷이 나타난다. 다른 대규모 사회는 그렇게 보편화된 '기회의 평등'에 도달하지 않았다. 개인의 가치화가 일반적인 패턴이 된 결과 사회 이동, 즉 개인이 자신의 능력과 성취, 의무로서의 전통적 지위보다 자신의 개인적 바람을 바탕으로 '자기 수준을 찾을' 가능성이 매우 높아졌다.

밀라는 이 부분이 발췌된 원전의 출간 연도를 찾아보았다. 민권 운동이 미국 사회에 근본적인 변화를 가져오기도 전인 1947년에 출판된 책이었다. 파슨스는 어떻게 인종 차별이 존재하고 인종 차별적 언사 및 폭력, 살인이 처벌받지 않고 일상적으로 이루어지던 사회에 대해 그렇게 의기양양할 수 있었을까? 미국의 민권 운동은 체계가 그들에게 요구하는 바를 거부하는 일이 최선이었던 시기와 장소에서 싹텄다. 밀라는 사람들이 흑인과 백인을 분리하는 법과 관습을 깨뜨린 방식에 대해 생각해 보았다. 그들은 그 과정에서 목숨을 걸었다. 당시에는 편견에 사로잡힌 백인을 비롯한 많은 사람들이 민권 운동가들을 문젯거리라고 생각했다. 그들은 체계의 기능에 기여하는 것이 아니라 기존 체계의 계획을 망치는 사람으로 간주되었다.

사람들이 실제로 자신들이 배운 것을 의식하거나 세상을 다른 방식으로 이해하게 되면서 자신의 이익과 의견이 변화하는 과정을 겪는 일은 흔하지 않다. 대부분의 경우 이 과정은 매우 느려서 우리는 그런 일이 일어나고 아주 오랜 시간이 흐른 뒤에야 이를 알아차리게 된다. 우리는 거의 모든 자기 변화를 의식하지 못한다. 하지만 우리가 거울을 통해 학습하는 순간을 간략하게나마 들여다볼 수 있는, 인식이 고양되는 특별한 순간들이 있다. 이런 때에는 우리가 어떻게 변화하고 이런 변화가 왜 일어나는지를 이해하는 것이 가능하다. 지금이 밀라에게는 그런 흔하지 않은 순간이었다.

밀라는 민권 운동을 생각하면서 마음의 눈으로 아홉 개의 학교 학생들이 군인들 옆에서 어깨에 소총을 메고 걸어 나오는 장면을 보았다. 밀라는 갑자기, 그리 오래 지나지 않은 시절 학교에서 미국 민권 운동에 대해 처음 들었을 때에 비해 자신이 얼마나 달라졌는지 깨달았다. 그런 문제에 대해 관심은 있어도 대체로 심드렁했던 그녀가 지금은 옳은 편에 서고 싶어 했다. 그녀는 아직 옳은 쪽을 알아차리는 방법을 확신하지는 못했지만 방관자가 되고 싶지는 않았다. 그녀는 민권 운동을 방관했던 사람들처럼 되고 싶지 않았다. 성장해서 자신의 세계를 만드는 중대한 프로젝트에서 자기 역할을 하기를 원했다.

밀라의 마음속에 다른 이미지가 떠올랐다. 총구에 꽃을 꽂는 여자의 사진이었다. 밀라는 어떤 주요 개념은 말보다 그림으로 더 잘 표현될 수 있다고 확신했고, 이렇게 생각했다.

'무엇이 주요 개념인지 스스로 판단해 보고 싶다. 다른 사람에게 개념들을 시험해 보는 것은 충분히 해 보았다. 바보 같은 생각이었다. 항상 이모들처럼 내 말을 동감하면서 들어 줄 사람들을 찾았던 것을 보면 그런 시도가 바보 같다는 건 이미 알고 있었던 것 같다. 만일 제대로 된 반응을 얻지 못하면 나는 그들의 편협함이나 편견을 탓했다. 그 후 나는 내 이야기가 끝나고 사람들이 감명 깊어 하는 것처럼 보이거나, 최소한 놀라지 않았을 때 그게 주요 개념인지 아닌지를 결정했다.'

밀라는 이 대목에서 크게 웃었다. 그녀는 지금껏 자신이 동전 던지기로 하는 결정을 믿는다면서도 결국 원하는 답이 나올 때까지 동전을 계속 던지는 사람 같았다고 생각했다. 그녀는 어쨌든 자신이 무슨 생각을 하는지 알고 있었고, 그동안 판단을 내려야 할 때마다 사회학을 지지했다. 왜일까? 그녀는 사회학이 시민권, 정의, 평등과 관련되기 때문에 가치가 있다고 믿었다. 그녀는 세상을 개선하고 사회를 바꿀 방법을 찾아서 사회가 모두에게 더 좋은 방향으로 움직이도록 하기 위해 사회학이 만들어졌다고 생각했다. 물론 많은 사람들은 사회학을 좋아하지도, 이해하지도, 필요하다고 생각하지도 않았다. 심지어 잃어야 할 것이 많다는 이유로 사회학에 적대적이기도 했다. 하지만 그녀가 주변화된 소수이고 때로는 비정상에 위협으로까지 여겨진다 하더라도 그녀는 옳은 편에 서기 위해 노력하고 싶었다.

하지만 다른 사람들에게 주요 개념들을 설명함으로써 개념을 검증해보고 그 개념들이 영향력이 있는지 알아보겠다는 생각은 이제 이상하리만큼 유치하게 느껴졌고, 무엇보다 타당하지 않은 것 같았다. 밀라는 파슨스에 대해 읽고 나서 사회의 문제가 항상 바뀌는 것처럼 이론들이 설명하려는 대상은 움직이는 목표물이기 때문에 이야기가 여기에서 그치지 않겠다는 확신이 들었다. 게다가 사회학 자체가 실수를, 그것도 큰 실수를 하고 막다른 곳으로 이어진 길을 따라갈 수도 있었다.

하지만 비록 잘못된 길을 오르내리다가 매번 다시 시작해야 한다 하더라도, 밀라는 갈 길이 그것뿐이라는 것을 알고 있었다. 아마 전시장에서 아룬을 만났을 때 이를 깨달았을 것이다. 그의 말처럼 대학에 온다는 건 배울 수 있는 사람이 되고 스스로를 발전시키는 것이지, 왕국의 비밀을 푸는 열쇠를 얻는 게 아니었다. 밀라는 제대로 된 개념들이 문제를 만든다는 것을 알았다. 그런 일이 두어 번 정도 있었지만 아나와의 일은 특히 끔찍했다. 아나가 분명히 괴로워하고 있는데도 밀라는 자신이 대학에 다니는 것을 정당화하겠다고 사회학만 계속 설명했다. 주요 개념을 파악해 내고야 말겠다는 집착이 누군가에게 괜찮은 사람이자 믿을 만한 친구가 되는 길을 막았던 것이다. 만일 사회학이 그녀에게 정말로 중요하다면, 탐구 과정이 중요한 것이지 절대 자신이 모든 답을 아는 것처럼 생각하거나 남의 말을 듣는 것을 멈추어서는 안 된다는 사실을 기억해야 했다.

밀라는 안경을 벗고 코를 풀었다. 아직 자신의 변화를 돌아볼 시간은 남아 있었다. 그녀가 대학에 남을지 떠날지를 결정하기 위해 주요 개념이 무엇인지 알아야 한다고 생각했던 것은 어리석었다. 주요 개념 검증은 끝났지만 그렇다고 해서 밀라가 주요 개념을 다 파악한 것은 아니었다. 어림없었다. 사회는 너무 복잡하고, 너무 흥미롭고, 너무 빠르게 변화한다. 파슨스는 자신이 결론을 지었다고 여기는 것 같았지만 그렇다고 하기에는 여전히 너무 일렀다. 파슨스나 그와 비슷한 누구든 왕국의 열쇠를 찾았다고 생각하는 사람은 실패하게 되어 있다. 사회학에는 이론이 수백 개는 필요하고, 이론들을 섞고 종합하고 필요 없는 것은 버리고 수정하고 다시 검증하는 과정이 필요하다. 그녀는 후회하며 스스로를 비웃었다. 내가 얼마나 발전했는지 나보다 잘 알 리 없는 사람들에게 내가 떠날지 남을지를 결정할 권리를 주다니, 얼마나 바보 같은 생각이었던가. 너무 유치했다. 그녀는 그런 판단을 진지하게 받아들이지 않았다는 데 감사해야 했다. 하지만 지금 그녀의 머릿속은 자신의 운명에 책임을 져야 한다는 의식으로 가득 차 있었다.

거울은 이제 흐릿해져 가고 있었지만, 밀라는 아나와 병원에서 보낸 오후의 고통스럽지만 무엇보다 가치 있었던 배움의 과정을 통해 자신이 정당화를 추구해 왔던 것이 아버지와 관련이 있었다는 사실을 깨달을 시간은 있었다. 이제 그녀는 정당화할 구실을 찾는 일이 직면해야 하는 사실로부터 주의를 돌리는 방법이었다는 것을 확실히 알았다. 그녀는 자신에게 운명에 책임을 지고 싶으면 이것이 풀어야 할 첫 번째 과제라고 말했다. 재판 이후 쏟아진 공개적인 비난을 직시해라. 그녀는 조금 울었다. 이 과제가 감당하기에 너무 벅차다고 생각했기 때문이 아니라 비로소 안도감을 느꼈기 때문이었다. 발표 수업에 들어가기 전에 그녀는 강사에게 보낼 소견서를 직접 썼다.

지난 수업에 결석한 것에 대해 설명 드리고자 합니다.
요구하신 대로 의사의 소견서를 얻으려고 해 보았습니다.
하지만, 제 진단은 파슨스와 달리 여전히 불확실합니다.

12

연극도 사회학처럼

비극 속 여주인공의 운명

재스민이 밀라에게 눈을 흘겼다. 그러고는 독하게 내쏘았다.

"네 친구들은 너를 버릴 것이고, 네가 이룬 것들은 먼지가 될 것이며, 너는 배반당한 채로 혼자 죽게 될 것이다."

밀라가 그녀의 눈을 똑바로 쳐다보았다. 그녀도 마찬가지로 단호한 목소리로 대답했다.

"너 같은 미친 여자의 발광을 누가 신경이나 쓰겠느냐? 네 보금자리로 돌아가라, 아무짝에도 쓸모없는 천한 것 같으니."

두 사람은 평소처럼 주방에 앉아 있었다. 재스민은 연극 수업을 듣고 있는 밀라의 대사 연습을 도와주고 있었다. 재스민은 그리스 신화에 나오는 카산드라 역을 연기했다. 그녀는 저주를 받아 남들보다 먼저 비극적인 미래를 알게 된다. 하지만 누구도 그녀의 예언을 믿지 않았다. 그녀는 예지력을 지녔지만 자신이 본 대로 실현되는 것을 막을 힘은 없었다.

"이 연극 좀 바보 같아." 재스민이 잠시 쉬자면서 이렇게 말했다. "이 여자는 계속 다 끝장이라고 말하는데 다들 이 여자가 미쳤다고 생각하니까 심각하게 듣지 않잖아. 이 여자는 왜 그냥 무슨 일이 날 거라는 말을 그만두지 않을까?"

"이 여자가 진실을 말하지 않았으면 사람들이 그녀를 믿었을 거라는 게 모순인 것 같아. 다 알지만 아무것도 할 수 없는, 고전적인 비극의 여주인공이지."

밀라는 냉담하게 입술을 삐죽거렸다.

"꼭 사회학자 같다. 넌 네가 사람들에 대해 다 안다고 생각하지만 그 지식이 그들을 더 나은 사람으로 만들거나 네 행동이 나아지는 데 도움이 되는 것 같지는 않던데."

밀라는 아마 아무도 사회학자에게 신경을 쓰지 않기 때문일 거라고 말했다.

"하지만 사실이잖아. 사회학을 배우면 더 나은 사람이 되나?"

재스민은 영양을 붙잡고 늘어지는 하이에나처럼 자신의 요점을 물고 늘어졌다. 밀라는 재스민의 날카로운 공격을 살짝 피하는 방법을 알아 가는 중이었다.

"그건 공학자라면 혼자 인공 팔다리를 만들 줄 알아야 한다고 말하는 거랑 같아. 아니면 의사가 자기한테 심장 이식을 할 수 있어야 한다는 말이나. 거미는 자기가 하는 게 공학적으로 어떤 의미인지 몰라도 공학자는 거미줄을 보고 거미가 그걸 만들기 위해 어떤 일을 하는지, 무엇이 거미줄을 그렇게 튼튼하게 하는지 이해할 수 있는 거랑 더 비슷하겠다. 거미는 공학 학위 없이도 거미줄을 만들 수 있어."

"거미는 앉아서 설계도를 그리지는 않잖아. 인간은 그럴 수 있지. 그게 인간다운 거고. 하지만 많은 경우 우리가 하는 일은 계획을 세우는 게 아니야."

"맞아. 우리가 하는 일들은 의식적으로 신경 쓰거나 그 결과에 너무 연연하지 않아도 사회나 우리가 속한 집단을 만들고 새롭게 하지. 그렇지만 사회학자들은 그런 식으로 생각해야 돼. 우리 행위가 어떻게 더 큰 전체를 만드는 데 기여하는지를 알아내는 거지."

밀라가 말했지만 재스민은 언제나 그렇듯 만족하지 않았다.

"너무 무의식적인 측면에만 초점을 맞춘 것 같은데. 꼭 우리가 예지력만 없다 뿐이지 카산드라처럼 운명의 손에 의해 좌지우지되는 것 같잖아. 나는 우리가 운명의 주인이라고 생각해."

"사회학적 접근이 그렇게 들릴 수도 있어." 밀라도 인정했다. "너도 알

다시피, 자유로운 결정을 하는 것처럼 보여도 그렇지가 않다는 거야. 마치 어떤 삶을 살아야 한다는 운명이 정해져 있기라도 한 듯이 말이야. 만일 그게 사실이라면 비극이겠지만, 우리가 상황을 뒤에서부터 보기 때문이기도 해. 대부분의 영화나 연극도 등장인물이 어떤 식으로 결말을 맺으면 좋겠다는 생각에서부터 시작되지. 연극의 등장인물들은 모르지만 너는 결말을 아는 거야. 로맨스 영화 작가들은 여주인공이 환경을 파괴하는 사업가보다는 인권 변호사처럼 매력적인 주인공과 맺어지는 결말을 원해. 모든 행동이 그쪽으로 이어지지. 배우들은 그렇게 될지 모르는 것처럼 연기해야 하고."

밀라는 프랑켄슈타인에서 사람들이 왜 어떤 행동을 하는지 설명할 때 사람들이 뭔가를 이룰 목적으로 행동을 하는 것처럼 말한다고 생각했다. 모두가 이미 정해진 대본을 따라가는 것 같았다. 사실 프랑켄슈타인에서는 부지중에 이런 시각을 인정하기라도 하듯 때때로 사람들을 '사회적 행위자(social actors)'라고 불렀다. 그녀는 이 말이 완전히 틀린 것은 아니라고 생각했다. 가끔 사람들은 실제로 대본을 따르는 것처럼 보인다. 하지만 그렇게 보이기만 하는 것일 수도 있다. 그녀는 만일 어떤 사회학자가 자신에 대해 이런 식으로 글을 쓴다면 어떻게 받아들여야 할지, 혹은 자신이 연극에 등장하는 등장인물이 된다면 어떤 느낌일지 궁금했다. 만약 카산드라에게 지금 뭘 하고 있냐고 묻는다면 그녀는 뭐라고 대답할까?

"연극 수업 과제가 뭐야?"

어느 때보다 현실적인 말투로 묻는 재스민의 질문에 밀라의 생각이 끊겼다.

"각자 짧은 연극을 연출하는 거야. 수업 때 사람들 앞에서 공연해야 한대. 어떤 애들은 완전히 실험적이야. 시트콤 만화를 연극으로 옮겼는데 배우들 피부를 노란색으로 칠하고 2차원으로만 행동하는 것처럼 보이게 만들었더라고."

그녀는 그런 시도가 많은 학자들이 사람들의 행동에 관해 글을 쓸 때 저지르는 일을 모방했다고 생각했다.

밀라는 자신의 연극 주제를 구상하면서 재스민과의 대화를 곰곰이 되새겨 보았다. 그녀는 사람들이 의식적으로 자기 행위의 의미와 목적을 인식한다는 사회학적 문제를 다루고 싶었다. 종종 사회학자들은 사람들이 따르는 대본을 '사회'의 손을 빌려 직접 쓰는 것 같았다. 문제는 다음과 같다. 우리는 대본 없이 행동을 할 수 있을까? 행동이 대본을 쓰는 걸까? 아니면 행동은 조건에 대한 고정된 반응인가? 이것들은 파슨스가 해결하려고 했던 문제인 구조와 행위, 혹은 구조와 행위자가 어떻게 조화를 이룰 수 있는지에 대한 문제와도 통했다.

어떤 사회학자들은 인간의 행위를 구조적인 조건의 결과 혹은 그에 대한 반응으로 이해하는 것이 가장 좋다고 생각했다. 다른 학자들은 사람들이 자신의 세계를 하나로 통합하고 특정 행위에 의미를 부여하기 위해 하는 행동에서부터 인간 행위를 이해해야 한다고 생각했다. 밀라는 여전히 사회학이 두 가지 접근을 조화시킬 방법을 내놓아야 한다고 생각했지만 파슨스의 이론이 이 문제를 해결했는지는 확실하지 않았다. 그녀는 아직도 두 입장 사이에서 튕겨 다니는 느낌이었다. 그녀는 전에 들었던 예가 신경 쓰였다. 인간은 거미줄을 만든다는 사실을 모르면서도 거미줄을 짓는 거미와 마찬가지인가? 아니면 다른 사람들이 만들어 놓은 거미줄에 걸린 파리와 같을까? 그녀는 거미줄에 걸린 파리처럼 발버둥 쳐도 빠져나올 길을 찾지 못하는 느낌이었다. 재스민에게 이런 느낌을 털어놓자 그녀는 의아해했다.

"그럼 그 주제로 연극을 만들어 보는 건 어때?"

밀라는 그 말의 의미를 나중에 깨달았다. 대본은 우리 행위를 제한하는 거미줄 같거나, 어느 길을 선택하든 한 지점으로 되돌아가게 만들어 놓은 미로 같았다. 밀라는 진정한 '비극'을 구상할 예정이었다. 이 연극에서는 등장인물의 행동이 거미줄을 만든다. 그에게는 그저 불행한 일만 일어나는 게 아니다. 그가 좋은 의도를 가지고 했던 일들은 결국 불행한 결과를 낳는다. 그녀는 재스민에게 자신의 구상을 설명했다.

"나는 연극을 2막으로 짤 거야. 1막에서 2막으로 가면서 주인공의 같은 행위가 다른 맥락 속에서 전부 재해석되어 전혀 다른 의미를 낳는 거야. 처음에는 영웅이었다가 2막에서는 겁쟁이나 배신자가 되는 거지. 하지만 각각의 상황에서 그는 행동을 바꿀 수 없어. 그 사람한테는 그게 할 수 있는 유일한 행동인 거야. 이 연극이 비극인 이유는 그가 무슨 일이 일어나고 있는지 알고 있다고 해서 상황이 달라지지 않는다는 데 있어. 그러니까 이 인물은 자기가 걸릴 거미줄을 자기가 친다는 것만 빼면 카산드라와 비슷해."

밀라는 자기 말에 자신이 있었지만, 그래도 왜 그렇게 되어야 하는지를 이해할 필요가 있었다. 그녀의 등장인물이 '행위자성'을 가질 수 있을까? 이 인물이 자기 파괴적인 행위를 하게 되는 이유를 어떻게 설명할 수 있을까? 하지만 그녀는 설득력 있는 주제와 무대 장치를 찾는 데 더 열중해 있었다.

영화 속 마피아의 명예 — 부르디외의 아비투스

이튿날 저녁 두 친구는 1960년대 미국의 마피아 가문을 배경으로 하는 고전 갱스터 영화를 보러 갔다. 주인공인 마피아 두목은 어찌어찌하다가 마지못해 아버지로부터 마피아 제국을 물려받았다. 그는 가문을 하나로 모으고 서열을 유지하는 의무를 수행해야 했다. 그는 다른 사람들에게 폭력을 행사했다. 폭력은 소름 끼치기는 해도 절대 막무가내로 이루어지지 않았다. 그는 특히 가문을 배신한 사람을 누구보다도 냉정하게 처단했다.

그 두목은 범죄자인 데다 끔찍한 명령을 일삼았지만, 영화를 본 사람들은 그를 좋아하거나 높이 샀다. 영화의 큰 주제는 존경이었다. 영화는 누가 두목을 존경하는지, 누가 존경을 받고 누가 그렇지 않은지를 중요하게 다루었다. 그는 자신이 지닌 권력과는 별개로 합법적인 사업가이자 공동체의 기둥으로 인정받고, 아내와 아이들에게 사랑받고, 미국 사회에 받아들여지기를 눈물겹도록 열망하는 것 같았다.

밀라와 재스민은 흥분해서 영화에 대해 떠들면서 영화관을 나왔다. 재스민은 이 가문 사람들의 행동, 특히 그들의 '예법'이 약간 이상하다고 했다. 모두가 예법을 언급하면서도 편할 대로 어기기도 했다.

"영화에서는 항상 명예를 말하지만 저 사람들은 그렇게 명예롭지 않잖아. 강도나 살인을 하고, 사람을 때리니까."

"명예가 꼭 좋은 행동을 해야 한다는 뜻은 아닌 것 같아."

밀라는 재스민에게 명예는 특정 종류의 행위에 가깝다고 말하면서 명예를 집단의 가치를 잘 나타내는 행동에 씌워진 긍정적인 사회적 평가로 보는 프랑켄슈타인의 내용을 설명했다. 재스민은 명예가 그보다 더 단순한 것이라고 생각했다.

"명예는 체면을 지키기 위해 포기할 수 없는 부분이야. 싸구려 무술 영화에서처럼."

그녀는 쿵후 자세를 하고 소리쳤다.

"너는 내 명예를 건드렸다."

밀라는 명예에 관해 많은 글을 쓴 학자가 기억났다. 인류학 시간에 알게 된 피에르 부르디외(Pierre Bourdieu)란 사회학자였다. 그는 알제리의 커바일 사람들을 연구했고 그들이 지위가 높다거나 권력이 있다거나 하는 식으로 서로를 평가하는 데에 명예가 하는 역할에 대해 썼다. 뿐만 아니라 명예는 그들의 행위의 많은 부분에 영향을 미쳤다. 비록 명예가 무엇인지 분명하게 정의된 적도 없고, 명예로운 행동을 하는 이들에게 왜 그러는지를 묻는 건 무식한 짓이겠지만 말이다. 모든 구성원들은 밑바닥에 있는 사람들의 명예까지도 지지하거나 최소한 인정했다. 부르디외에 따르면 명예는 행동으로 나타나는 집단 가치이다. 또한 명예는 명예롭게 행동하는 순간에 나타난다. 밀라는 이 점을 생각하며 재스민에게 말했다.

"명예라는 건 많은 무술 영화나 액션 영화 속 주인공이 자기와 가장 친한 친구를 죽인 사람에게 광란의 복수를 하는 것처럼 개인이 모욕을 준 사람을 죽어라 패는 방식으로 보복하는 게 아냐. 이 영화에서 명예는 가문의 가치와 그 가족이 속해 있는 이탈리아계 미국인 사회의 가치를 지키는 것을 뜻해. 비록 적의 가문에서 누군가 항복한다고 해도 자기 편을 배신하고 온 사람은 우습게 여기지. 모두가 의지하는 예법을 어긴 거니까."

"예법이 뭔데? 누가 나에게 예법을 가르쳐 줄 수 있나? 여기서 공부하는 외국인 학생들을 위한 정부 규정집처럼, 생각할 수 있는 모든 상황에 대해 규칙이 나와 있는 건가?"

재스민은 이 문제를 심각하게 받아들이지 않는 듯 이렇게 말했다.

밀라는 예법이 구체적인 행위로 강제된 명예를 뜻한다고 말했다. 하지만 규칙을 따르는 행동을 뜻하는 것은 아니다. 마주칠 것이라 생각되는 모든 상황마다 규칙을 만들 수는 없기 때문이다. 아주 단순한 사회라 할지라도 아무도 가능한 모든 상황을 상상할 수 없고, 그러려 하지도 않는다. 밀라가 말했다.

"우리 거미 친구는 그런 문제가 없지. 거미줄을 만드는 데 필요한 동작은 몇 가지뿐이고, 되든지 안 되든지 둘 중 하나거든."

밀라는 예법이 기껏해야 몇 가지 명백한 규칙들로만 구성되어 있다고 말했다. 만일 영화에 나오는 마피아 두목에게 명예가 무엇이라고 생각하느냐고 물으면 아마 가족을 아끼고, 교회에 가고, 반대파라고 해도 그 사람의 딸이 결혼하는 날에는 죽이지 않는 등의 바른 태도를 갖는 거라고 답할 것이다. 그녀는 부르디외가 이런 '명예롭거나 명예로워야 하는 타인과 세상에 대한 일련의 태도'를 성향이라고 불렀던 기억이 났다.

밀라는 집에 돌아와 저녁 때 보았던 영화에 대해 곰곰이 생각해 보았다. 인간의 행위를 강제하는 방식으로서 명예는 극의 좋은 소재가 되었다. 하지만 그녀는 사람들이 자신의 지위에 관해 신경 쓰기는 해도 근대 사회의 대부분의 행위는 명예로 강제되지 않는다고 생각했다. 많은 행위들이 욕망, 필요, 타인의 기대, 사회적 힘 등에 의해 강제된다. 행위에는 여러 제약과 구조가 있었다. 하지만 각각의 요소들은 서로 잘 맞아떨어질까? 어떻게, 어디에서 맞아떨어지는 것일까? 무엇이 그런 제약들을 만들까? 그녀는 프랑켄슈타인에 부르디외가 실린 부분을 읽고 그의 연구 대부분에 아비투스, 장(field), 자본이라는 개념이 나온다는 것을 발견했다. 그중 첫 번째 개념인 아비투스는 밀라가 재스민과의 대화에서 언급했던 성향 혹은 태도를 만드는 것 같았다.

부르디외는 아비투스를 '구조를 만드는 구조'라고 불렀다. 이는 일련의 실천 논리를 만들어 내는 체화된 감수성이며 종종 일상생활을 이끄는 무반성적인 성향이다. 아비투스는 우리에게 '제2의 본성'으로 나타난다. 아비투스는 인간이 미래에 대처하게 해 준다. 이것은 미래를 지향하지 않고도 출현시킨다. 아비투스는 구조-행위의 철학적 문제에 답했거나, 답하려 시도했다. 구조가 행위자를 통해 작동하는 방식을 그려 냄으로써 구조-행위의 구분을 종합하는 것이 부르디외의 시도였다.

'장'은 행위의 맥락이자 권력 관계와 객관적 상황에 의해 그 경계가 정해지고 풍경이 만들어지는 무대이다. 행위의 장 혹은 행위의 영역은 다양하다. 하나의 은유로 축구 경기장을 상상해 볼 수 있다. 축구에는 오프사이드처럼 합의된 규칙과 페널티 박스 같은 경계가 있다. 만일 이 장이 평평하지 않아서 영원히 비탈 위에서 경기를 한다거나 경기가 진행되는 동안 선을 다시 그을 수 있고 더 나아가 심판을 고르고, 휴식을 요청하는 등등의 행위를 할 수 있다고 상상해 보라. 여기에서 구조가 작용한다. 부르디외에게 구조란 마음속에 존재하는 것이 아니라 결국 가장 강한 선수까지도 구속하는 힘이다. 그들은 경기를 포기할 수도, 경기장 밖으로 나갈 수도 없다.

장은 행위의 객관적 한계를 지시한다. 과학의 장에서는 특정 사람들만 특정 장소와 조건 속에서 과학을 '하도록' 허용된다. 즉 실험실이라고 불리는 곳에서 과학자로서의 자격을 갖춘 사람들만 과학을 하는 것이다. 흰 실험복을 입고 현미경을 들여다본다고 해서 '과학을 한다.'라는 뜻이 아니다. 장은 아비투스를 생산하고 실현하는 사회 경제적 조건을 만든다. 장은 자원, 문화, 정치, 지위, 경제적 형태로 자본을 분배한다. 장은 (학위처럼) 자본에 가치를 부여하지만 가치를 인정하는 데 있어 타인에 의존하므로 상호 주관적 요소를 지닌다.

밀라는 이 말을 이해할 수 있겠다고 생각했다. 마피아 가문의 자본은 지위와 명성, 경찰과 정부 내부자와의 연줄, 자신들의 사업을 돌아가게 만드는 크고 작은 부패로 구성될 것이다. 그들의 장은 지하 경제, 국가, 법이다. 장은 자본에 가치를 부여한다. 밀라는 자신이 받은 교육(자본의 한 형태) 또한 다른 사람들에게 인정받을 수 있는 장에서만 가치가 있다고 생각했다. 사회 이론에 대한 그녀의 지식은 연줄이나 협상력, 겉모습, 폭력의 사용을 납득시키기 위해 위협하는 능력 등이 쓸모 있는 자질로 여겨지는 범죄자들의 지하 세계에서는 가치가 없을 것이다. 그녀는 사람들을 위협하며 돌아다닐 수 없으므로 폭력배가 될 수 없다.

부르디외의 이론에서 아비투스는 자본과 장 사이에 존재한다. 개인이 있는 곳이면 아비투스가 존재한다. 행위는(부르디외는 이것을 '실천'이라고 불렀다.) 장, 자본, 아비투스 사이의 소용돌이 속에서 형성된다. 아비투스는 행위와 실천의 장소이고 그래서 언제나 힘의 작용점이지만 (상징적 상호 작용과는 달리) 그 자체로는 해명되지 않는다. 실천은 논리를 원칙으로 삼지 않으면서도 논리적이다. 아비투스는 '경험'을 통해 만들어진다.(이 과정이 자본과 장 사이를 맴도는 것이다.) 망각이나 재서사화를 통해 과거의 경험을 선택하는 과정은 실천의 한 부분이다. 이러한 실천에 대한 자아의 지향으로 만들어진 개개의 '경험'을 복합적 경험으로 바꾸는 것은 실천의 또 다른 형태로, 인간의 삶 속에서 작용하는 '실천적 성찰성'이자 스스로의 전기다. 아비투스는 무엇을 해야 할지 단순히 관찰하거나 듣는 것이 아니라 실제로 해 보면서 배우는 것이라는 점에서 실천적이다. 우리는 세상 속에서 우리의 자리를 알게 된다. 우리는 무엇을 말할 수 있고 무엇을 말할 수 없는지, 무엇이 적절하거나 그렇지 않은지를 배운다.

밀라는 남자아이들과 축구를 하던 어린 시절이 떠올랐다. 많은 사회에서 여자아이들은 어릴 때부터 거칠게 놀지 못하게 키워진다. 그들은 자신들의 몸에 대한 성향을 받아들인다. 이제 그녀는 폭력배가 사는 세계가 어떤지도 알 것 같았고, 그 의미를 이해할 방법이 있다는 느낌이 들었다.

대본 새로 쓰기

밀라는 마피아 가문의 일원이 주인공인 짧은 연극을 쓰기 시작했다. 배신과 명예가 주제였다. 무대 배경은 명예와 권력을 바탕으로 운영되어 왔지만 배신으로 쑥대밭이 된 조직이었다. 장을 만드는 객관적 구조는 무엇일까? 조직의 우두머리가 심복을 심어 자신의 조직을 경쟁 조직에 팔아넘기려 하는 자가 누구인지 뒤를 쫓도록 명령한다. 1막에서 심복은 범인을 찾아내서 죽이기 전에 심문한다. 이는 두목이 원하는 그대로 한 것이다. 2막에서도 그는 똑같이 행동하지만, 이번에는 배신자가 두목의 아들이었다. 심복은 두목의 아들을 죽였다는 이유로 나중에 자신이 죽임을 당할 것을 알면서도 두목의 명령에 따라 처형을 감행한다. 그는 다가올 비극적 결과를 예상하면서도 배신자의 처단을 요구하는 가문의 가치에 경의를 표하는 것이다. 그것이 최후의 희생으로 분명히 한 그의 예의였다.

"아직도 나는 어떻게 그 사람이 자신을 망치는 행동을 할 수 있는지 이해가 안 돼. 살인자라기에는 너무 숭고하잖아."

밀라가 구상을 설명하자 재스민이 이렇게 평했다.

"숭고해지기 위해 고귀한 행동을 해야 하는 건 아니라고 생각해. 재스민, 하자마자 '내가 대체 왜 그랬지?' 하는 생각이 드는 일을 해 본 적 없어? 그 자리에서 잊어버리고 싶은 일이나 영원히 후회할 일 말이야. 사람들은 그런 행동을 미쳤거나 어리석었던 탓으로 돌리지만 그런 행동을 하는 동안 뇌는 멈춰 있지 않았어. 우리는 이런 행동이나 충동이 우리를 표현하는 게 아니라고 하지만, 부르디외라면 누가 뭐래도 우리가 한 일이라고 할 거야. 마음이 지켜보지 않는 사이에 우리가 한 일이라는 거지. 누군가 한 일을 보면서 그게 잘못됐다는 걸 느낄 때 있지? 처음에는 '으악! 어쩜 저렇게 바보 같지?'라고 생각하지. 부르디외는 다르게 말해야 한다고 지적해. '어떻게 저 사람은 저것이 유일한 방법이라고 생각했을까?'라 질문하고, 이 질문을 진지하게 생각해 봐야 한다는 거야. 네가 누군가에 대해 그런 생각을 가지면 너에 대해서도 같은 생각을 할 사람이 있을 수도 있으니까 언제나 멈춰서 생각을 해 봐야 한다는 거지."

'이게 내가 하려는 일이다. 미친 것처럼 보이는 순간이 비극으로 이어지는 걸 보여 주는 것.' 밀라는 생각했다.

"그런 생각은 가끔 하긴 하지만 그건 항상 내가 의도한 거였어."

재스민이 끼어들었다. 마치 찬물을 끼얹는 느낌이었다.

"사회학자들이 사람들의 행동을 관찰할 때, 그리고 자신들이 하는 일을 적을 때 우리는 삶의 드라마를 만드는 거야. 누군가가 쓴 대본에 따라 연구 대상인 사람들이 배우가 되는 드라마 말이야. 마치 사람들은 보라는 듯 행동하는 것 같고, 모든 행동이 관찰되기 위해 일어나는 것 같지. 하지만 대본은 누가 쓰는 걸까? 너도 아니고, 나도 아니고, 그들 자신 말고는 누구도 아니야. 만일 그렇다면, 그들은 무엇을 해야 할지 어떻게 알지? 서로 다른 사람들은 어떻게 같은 결말에 도달할까? 누구도 결말이 무엇인지 모르고 의식적으로 결말을 지향하지도 않는데 말야."

밀라는 연극이나 영화, 텔레비전 드라마의 한 장면을 떼어서 해석할 때는 그 의미가 인물들의 상호 작용 안에 완전히 포함된다고 간주하는 정도까지만 이해할 수 있다고 말했다. 많은 사회 과학자들이 사람들을 관찰할 때나 상호 작용에 대한 이론을 쓸 때 그렇게 한다. 아비투스는 각 등장인물이 장면에 가지고 들어오는 것이다. 그들에게는 역사가 있고, 장면 외부에 존재하는 객관적인 특성이 있다.

"어떤 특성이 객관적이고 누가 그걸 결정해?"

재스민이 물었다.

"예를 들어 드라마를 보는데 어떤 여자의 딸이 사실 시동생의 아이라는 거야. 그 여자만 이걸 알아. 딸도 모르고, 남편도 모르고, 시동생도 그 딸이 자기 아이라는 사실을 몰라. 여자만 이 상황의 객관적인 진실을 알고 있어. 그걸 알고 나면 그 장면에 대해 훨씬 많이 이해하게 돼. 왜 여자가 딸과 시동생을 떨어뜨려 놓으려고 애쓰는지도 알 수 있겠지. 두 사람이 너무 가까워져서 진실을 의심하게 되는 것을 원하지 않는 거야. 만일 상호 작용만으로 모든 것을 이해하려고 한다면, 예를 들어 그녀가 시동생이 딸에게 나쁜 영향을 미치거나 무슨 꿍꿍이가 있다고 여긴다는 정도로 추측하게 되겠지."

"다 드라마에서나 있을 법한 일들이네. 그래서 내가 절대 드라마를 안 보는 거야."

"그보다 훨씬 깊이 들어갈 수도 있어. 권력 관계에 관해서도 볼 수 있지. 만일 사실을 털어놓으면 남편이 이혼을 요구하고 불륜을 이유로 딸을 데려갈 수도 있기 때문에 아내는 사실을 숨기는 거야. 어쩌면 여자가 이런 문제에 발언권이 없는 사회일 수도 있고, 여성의 정절 가치가 매우 높은 사회일 수도 있지. 상황의 이런 속성은 감춰져 있기 쉬워."

"그런 기분 나쁜 드라마 이야기는 정 떨어진다, 다른 예를 들어봐."

밀라는 재스민에게 친숙한 예를 들려고 했지만 연극 수업에서 마음을 뗄 수가 없었다.

"전에 즉흥 연기 수업을 한 적이 있는데 무슨 대사나 행동이든 가능했어. 대본 없이 연기자가 그냥 연기했어. 인물 혹은 설정이 동기와 '인지 구조'를 제공하는 거지. 예를 들어 네가 극의 다른 인물이 너에게 저지른 잘못 때문에 복수심에 불타는 여자라고 하자. 너는 연기하면서 바로 줄거리를 만들어. 이야기를 쓰는 사람은 아무도 없으니까, 연기자들의 반응에 따라 연기를 만들어 가는 거야. 연기자들은 다른 사람이 연기하는 중에 그 사람의 연기를 예측하고 그에 대해 자신이 할 반응을 만들었지. 모든 상호 작용이 이런 예상으로 이루어졌어. 마치 잠재성을 모아 두었다가 실현하는 것 같았어. 한 선수가 다른 선수를 향해 달려가면서 그 선수가 움직일 방향을 예측하는 것처럼 말이야."

밀라는 재스민에게 아비투스에 기반을 두고 행동할 때는 다른 사람들이 무엇을 할지 예측해야 한다고 말했다. 그것은 행동의 의미가 개인의 의식적인 의도로 환원될 수 있음을 의미했다. 상호 작용은 자유롭지 않고 아비투스의 객관적 구조 안에서 일어난다. 밀라의 연극에서 주인공은 자기 머리가 날아갈 가능성이 아주 높다는 것을 알면서 일인자의 아들을 처단한다. 이는 연극 속의 인물을 객관적으로 보면서 이렇게 혹은 저렇게 했어야 했다고 말할 수 없음을 보여 준다. 그렇게 하는 것은 부르디외의 말처럼 "실천에 대한 실천적 관계를 실천과 관찰자의 관계로 대체하는"것이기 때문이다. 사람들은 각 인물에게 무한한 가능성의 장에서 선택할 수 있는 모든 선택지가 주어져 있다고 가정한다. 심복의 예의는 그의 제2의 본성이 된 아비투스이다. 밀라는 자기 연극의 제목이 떠올랐다. 「제2의 본성」이었다. 하지만 재스민은 여전히 아비투스의 의미에 대해 그리 열광하지 않았다. 아비투스는 어디서 찾을 수 있는가? 밀라는 최선을 다해 프랑켄슈타인에서 읽은 내용을 설명했다.

> 부르디외는 아비투스가 모든 사람들이 갖고 있는 것으로 구성된다고 말했다. (언어, 그림, 청각, 사물을 가리키는 것 등) 상징을 통해 다른 사람들과 관계를 맺는 능력이 그것이다. 사실 아비투스는 자연스러운 것처럼 보이기 때문에 제시하기 매우 어렵다.(하지만 찾기가 어렵지는 않다.) 사람들은 자연스럽게 보이는 것에는 물어볼 것이 없다는 듯이 질문하지 않는다. 아비투스

는 굳어진 역사이지만 잊힌 역사이다. 부르디외는 우리의 행위가 잘 조직된 것처럼 보이지만 누군가에 의해 그런 식으로 조직되었다는 점에서 보면 그렇지 않다는 것을 설명하려 했다. 부르디외가 말했듯 아비투스는 "순수한 전략적 의도의 산물은 아니지만 전략적으로, 객관적으로 조직된다."

부르디외에 따르면 모든 반응은 행위에 포함된다. 행위에 대한 기존 이론들에는 두 가지 커다란 오류가 있었다. 첫째는 행위-반응을 기계적으로 파악하는 관점으로, 모든 행위가 불쌍한 거미처럼 개인이 환경으로부터 받는 자극에 의해 기계적으로 생산된다고 보는 것이다. 둘째는 부르디외가 말했듯 '목적론'으로 행위를 보는 것으로, 사람들이 특정 결말에 도달하는 것은 그러한 결말에 도달하기를 원했기 때문이라고 가정하는 것이다. 거미가 만든 거미줄은 말할 것도 없이 결과물이지만 사람들이 생산하는 결과물은 이렇게 단순한 방식으로 만들어지지 않는다. 거미는 매우 제한적인 요인들에 반응하지만 행위의 경우 다른 사람들의 행동과 그에 대한 우리의 예상이 우리의 행동이 되었다.

"우리가 따르는 규칙만으로는 모두 설명할 수 없다는 건 그냥 네 생각 아니야?"

재스민이 말했다.

"아니야. 부르디외에 따르면 '규칙'으로는 사회생활에서 불충분한 결정밖에 못해. 예를 들어 폭력배의 규칙은 실제로 어떻게 폭력배가 되는지를 설명하기에는 충분하지 않지. 재스민, 연극 대본 쓰는 걸 도와줄래? 네가 아이디어들을 봐 주면 훨씬 나을 거야. 연기를 도와줄 수도 있을 거고. 어쩌면 내가 부르디외를 조금 더 잘 설명하게 될 수도 있지 않을까?"

재스민은 언제나 관대하게 시간을 내 주는 편이었기에 밀라는 재스민이 연극을 도와주겠다고 한 데에는 놀라지 않았지만 연기에 대해 재스민이 보여 준 열정에는 놀랐다. 다음 날 그들의 조촐한 연극 준비 모임에서 밀라는 연극 선생님이 준 지침을 부르디외를 참고해서 전달하는 것부터 시작했다.

"프랑켄슈타인에서는 아비투스를 '체화된 원칙으로, 경험과 실천 감각을 체화한 것이다. 그것은 생각에 앞서고 상징적이지 않으며 본능적이다.'라고 말해. 인물들은 권력, 약함, 겸손, 존경, 남성성, 여성성을 체화해야 해. 우선 각 인물을 체화해 보자. 체화라는 건 네가 네 몸 안에 있는 조종사가 아니라 네 몸 그 자체라는 느낌을 말해. 권력자는 어떻게 말하고 행동할까? 어떻게 해야 두목 역에서 권력자의 느낌을 받을 수 있을까?"

재스민은 이런 지침이 필요 없는 것 같았다. 그녀는 의자에 뒤로 기대 한 번도 영향력 없는, 다시 말해 어떤 결과로 이어지지 않는 몸짓이나 말을 해 본 적 없는 사람 같은 태도를 취했다.

그녀는 뭔가를 기다리는 듯한 차가운 눈으로 밀라를 뚫어져라 보았다.

"어때?"

그녀가 밀라에게 물었다.

"완벽해. 자, 부르디외는 언어가 권력의 도구라고 말했어. 두목은 명령조로 말하겠지. 부르디외는 '결백한 말은 없다.'라고 했어. 배신과 충성의 언어, 그 자체로 행위가 되는 언어가 있다는 거야. 『이상한 나라의 앨리스』에서는 붉은 여왕이 '목을 쳐라!'라고 말하면 그 말은 실제로 효과를 발휘해. 내가 '재스민의 목을 쳐라!'라고 말하면 그냥 웃음거리만 되겠지만, 두목이 '손 좀 봐 줘라.' 하면 곧 그 인물은 물고기랑 함께 헤엄치게 될 거야. 그렇게 두목은 심복에게 체화된 권력과 힘 있는 언어로 명령을 내리지. 그리고 나서 자신의 말이 통제할 수 없는 결과를 가져왔다는 것을 깨닫게 되는 거야."

두 사람은 꼼꼼하게 논의하며 시나리오를 진척시켰다. 두목은 아들에게 조직의 누군가가 불법 도박장에서 나오는 수익을 빼돌리고 경찰이나 상대편 조직에 조직의 구성원들을 팔아넘겨 자기 안위를 도모하고 있다는 밀고를 듣는다. 그는 심복인 '오른팔'에게 추적을 시킨다. 무대에서 심복이 주인공으로 서 있는 것을 관객들이 받아들이려면 어느 정도 호감이 가는 인물이어야 하기 때문에 심복 역할을 만들어 내는 것은 두목 역할보다 더 어려웠다. 밀라는 연극이나 다른 작품을 쓸 때 인물에게 공감하는 것이 필수적이라고 생각했다. 감정 이입도 이루어져야 했다. 이를 통해 관객들은 그 인물과 유대를 맺고 인물에 자신을 투사하게 될 것이었다.

"어떻게 해야 심복 역할이 돋보일지 확실히 해야 해. 이름은⋯⋯."

밀라의 말에 재스민이 이렇게 말했다.

"이름은 쓰지 말자. 이름은 필요 없어. 배역만 있으면 돼. 모든 사람한테는 자기 방식, 그러니까 표준 운영 절차라는 게 있어. 연쇄 살인범의 패턴을 따라 다음 공격 대상이 어디일지 예상해서 잡는 경찰을 보면 알 수 있지. 나는 항상 왜 연쇄 살인범들이 자기 방식을 바꾸지 않을까 생각했어. 경찰이 냄새를 맡지 못하도록 엉뚱한 사람을 죽이면 되잖아. 그 사람들도 분명 텔레비전을 볼 텐데. 하지만 그들은 자기 방식을 바꿀 수도 없고 바꾸지도 않아. 경찰이 자기 방식을 안 바꾸는 것처럼. 왜냐하면 자기 방식을 의식적으로 터득한 게 아니거든."

재스민은 밀라가 심복을 좀 더 호감 가고 덜 냉혈한 살인자로 만들었으면 했다. 그녀는 마피아 단원들도 분명 쓰레기를 버리고 장을 보고 아이의 성적 걱정을 하면서 시간을 보낼 것이라고 말했다. 마피아 영화에서 이런 행동은 '깡패답지' 않기 때문에 절대 나오지 않지만 관객들이 배역에 더욱 공감하게 만들 수 있었다. 밀라는 무엇을 아비투스에 포함시킬지 생각해 보았다.

"일상이야." 그녀가 말했다. "일상이 공감을 만들어. 심복이 일상적인 일들을 하는 걸 보여 주자. 우리 행동의 대부분은 성찰적이지 않으니까. 일상은 분명 예상할 수 있는 유형의 행동이야. 하지만 그렇다고 해서 그 운명이 정해져 있는 것은 아니지."

사회학자들에게 일상은 엄청난 관심을 쏟을 만한 의미가 있다고 밀라는 설명했다. 예컨대 좋아하는 책에서 제일 좋은 부분을 추려 짧고 흥미진진한 요약본을 만드는 경우와 같다. 그렇게 해 보면 다른 모든 부분, 심지어 지루한 부분도 필요하다는 것을 알게 된다. 스포츠 하이라이트 편집본을 끝없이 보는 일은 아이스크림만 먹는 것처럼 매우 지루하다. 하이라이트의 반대로 일상이나 단조로운 것들도 필요한 것이다.

"이런 건 말하지 않기 때문에 영화나 연극에는 절대 나오지 않는 것들이야. 우리 모두는 두목의 심복도 세금을 환급받고, 전기세 때문에 신경 쓰고, 그날 밤 텔레비전에서 아무것도 하지 않는다고 짜증을 낸다는 걸 알아. 어떻게 알까? 우리도 그가 사는 세상에서 똑같은 일로 귀찮아하면서 사니까. 하지만 우리는 등장인물이 그런 생각을 하는 걸 좋아하지 않지."

"그럼 그 사람이 우리랑 너무 많이 비슷해져 버리니까. 그럼 어떤 일상을 넣어야 할까?"

재스민이 말했다.

"어디 보자……. 좋아하는 라디오 프로그램을 듣게 만들면 어때? 항상 커피를 마시고 담배를 피우면서 일기를 쓰고. 일상을 넣으면 심복을 더 이해할 만하게 만들 수 있을 거야. 그의 습관이 보통 사람들과 얼마나 같은지 보여 주는 거지. 라디오를 듣는 것도 그의 일상이고, 그가 저지르게 되는 충격적인 일도 일상의 일부분인 거야. 특별히 좋아서 살인을 하는 게 아니야. 그러니까 우리도 결과에 대해서 많이 생각하지 않고 그가 계속 주인공 역을 하는 것을 보는 거고. 그게 그 사람 일이니까."

그들은 계속해서 시나리오 작업을 했다. 심복은 두목의 아들이 미리 짜 놓은 대로 말단 조직원을 쫓아간다. 그는 마침내 잡은 말단 조직원을 의자에 묶고 심문한다. 두목과 달리 심복은 누군가를 죽이는 데 이유가 필요했다. 의심이 간다고 해서 바로 살인을 할 수 없는 그는 배신자에게 자백을 얻어 내야 한다. 다음에 일어나는 일을 묘사하기는 더 큰 난관이었다. 심복이 단순히 배신자들 마구 때리는 것 말고 어떻게 이 장면을 믿음이 가게 만들 수 있을까? 밀라는 연기자의 모든 몸짓에 의미가 있다고 생각했다. 그러므로 우리는 행동도 의미가 있다고 생각해야 한다. 다시 체화 이야기다. 몸짓은 권력을 체화한다.

밀라와 재스민은 그날의 모임을 마쳤지만, 밀라는 나중에 부르디외의 『언어와 상징 권력(Language and Symbolic Power)』을 읽는 동안에도 여전히 심문 장면을 어떻게 보여 줄지 고민하고 있는 자신을 발견했다. 그녀는 부르디외가 권력에 대해 묘사한 부분에 매료되었다.

> 보고, 앉고, 서고, 조용히 있고, 심지어 말하는 방식은 정확히 말하자면 서서히 퍼지며 고집스러우면서도 의심스럽기 때문에 거부할 수 없는 명령으로 가득 차 있다.

프랑켄슈타인에 따르면 이렇게 체화된 권력은 아비투스의 일부였다. 사회적 가치에 대한 감각은 한 사람의 태도와 처신에 체화된다. 이는 밀라에게 심복이 어떻게 움직이고 다른 사람을 대하며 때로는 협박해야 할지에 대한 아이디어를 주었다. 용의자를 죽이는 것은 쉬웠다. 심복이 총을 겨누면 조명이 어두워지고 연극이 2막으로 넘어가는 것이다.

다음 날 비공식 준비 모임을 재개하면서 재스민이 물었다.

"2막에서는 뭐가 달라져? 다시 같은 이야기야? 같은 것을 그냥 다시 쓸 수는 없어. 그럼 지루한 일상이 될 거야!"

"아니. 1막을 따라가야 돼. 심복이 자신이 틀렸다는 걸 알았다고 해 보자. 그가 조직에서 배운 기술로 한 일이라고는 그가 고문한 불쌍한 사람에게 자신이 듣고 싶은 말을 하게 만든 것뿐이야. 부르디외도 동의하겠지만, 그의 행동이 의도에 따랐기 때문이 아니라 미래를 지향하고 어떤 식으로든 결과를 내는 것을 지향했기 때문에 그런 결과가 나온 거지."

"2막에서는 심복의 사회적 가치를 바꾸자. 윗사람을 심문하게 만드는 건 어때? 그러다가 1막에서의 남자를 함정에 빠뜨린 게 보스의 아들이라는 사실을 알게 되는 거야!"

재스민은 구성을 영리하게 꼬아 놓은 것에 매우 만족스러워 했지만, 밀라는 부르디외에 대한 생각에 빠져 있어서 재스민의 의견을 받아들이지 않았다.

"실천으로 배운 결과는 그의 아비투스 안에 녹아 있어. 그게 그 사람을 천사로 만들지는 않아. 아비투스는 하룻밤 사이에 바뀌지 않지만, 경험이 그 사람의 지향점을 미세하게 바꾸지. 그가 자신이 그 말단 조직원을 잡게 만든 보스의 아들을 믿었다고 해 보자. 이제 그는 뭔가 잘못되었다고 느껴. 기억나지? 그는 '원래 의심이 많은' 사람인 거. 그의 아비투스는 의심을 빠르게 가동해야 하는 자질인 거지. 그는 이것이 순전한 실수라고 생각하지 않아. 그의 세계에 순수한 행위란 없어. 그건 어느 세계나 마찬가지야. 의미 있는 행동이 그 행동을 만드는 조건과 합쳐져서 의미가 생기는 거지. 그게 일상과 행위의 차이야. 행위에는 반응이 따르지."

"심복은 왜 그냥 도망가지 않는 거야?"

재스민이 물었다.

"내 생각에 그건 부르디외가 말한 '게임에서의 정당한 움직임'이 아니기 때문일 거야. 그는 도망칠 수도 있겠지만 아마도 발각되어 죽임을 당했을 거야. 체스를 두는 사람이 여왕을 기사처럼 움직일 수 없는 것처럼 말이야. 다른 조직원들은 그가 도망치는 것을 용납하지 않겠지."

"왜 안돼? 그냥 경비 일을 하면 더 쉽고 오래 살 텐데. 중간 관리자나. 아니면 사회학 공부를 하든지."

"조직에서는 한 사람이 빠져나가게 그냥 두지 않을 테니까. 그렇게 되면 게임이 의미가 없어지잖아."

그녀는 그렇게 되면 그들이 한 모든 끔찍한 일들과 폭력적인 행동들이 무용지물이 될 것이라고 말했다. 뉴욕 한 구석의 몇 블록은 좌지우지해도 그곳을 벗어나면 힘을 못 쓰는 마약 판매자처럼, 그의 자본은 그가 존재하는 장을 떠나서는 아무 소용이 없다. 그녀는 이렇게 말했다.

"심복을 생각해 봐. 현실적이라는 것은 무엇을 할 수 있고, 무엇을 했고, 무엇을 해야 하느냐의 문제야. 냉소적이라는 뜻이 아니야. 심지어 이상적일 수도 있어. 대부분의 다른 조직원들이 누군가를 잡아서 보스의 칭찬을 받았다는 것만 기뻐할 뿐 엉뚱한 사람을 잡았다고 밝혀져도 신경을 안 쓴다고 해 보자. 그 사람이 예의를 지키려 한다는 건 그런 식을 받아들이지 않는다는 뜻이야. 하지만 그건 있을 수 없는 일이기도 해. 그의 모든 아비투스를 뒤집는 일이고, 그가 인생 대부분의 시간 동안 해 온 무시무시한 행동을 정당화할 근거가 없어지는 거니까. 그래서 이 심복이 자신의 예의를 따르는 행위와 무고한 사람에게 하는 행위가 다음에 일어날 일을 써 내려가는 거야. 그가 고귀해지려고 하기 때문이 아니라, 예의를 끝까지 따르려 하기 때문이지. 여기서도 우리가 그 사람의 행동을 보면서 판단하거나 그가 우리 좋으라고 어떤 행동을 한다고 볼 수는 없어."

밀라에게 이 범죄 집단은 위계, 지위, 나이, 성, 생물학적·법적 관계가 존재하는 하나의 장이었다. 이러한 객관적인 기준은 상상하는 것만큼 견고하지 않았다. 그 마피아 가문의 구성원에 어떤 사촌을 넣지만 다른 사람은 빼고, '가까운' 친척이 아닌 사람을 넣을 수도 있었다. 재스민은 마지막 장면에 대해 좀 더 알고 싶어 했다.

"모든 면에서 마지막 장면이야. 그는 보스의 아들을 죽여. 그러고는 일상으로 돌아가서 일기를 쓰고, 라디오를 듣고, 복수를 기다리지. 배경으로 라디오 방송이 깔리고. 커피를 따르고, 담배에 불을 붙이고, 문을 두드리는 소리가 나면……."

"암전."

재스민이 속삭였다.

13
잘 살려면 '운동'을 해야 한다

문제는 경제야! — 마르크스와 엥겔스의 자본주의 비판

연휴가 다가오고 있어서 밀라는 도니가 언제 어머니를 찾아뵐 예정인지 알아야 했다. 전화를 건 순간부터 그녀는 오빠가 일에 너무 열중해서 시간을 내지 못할 거라고 직감했다. 밀라는 도니에게 인생에는 돈 말고도 다른 소중한 것들이 있다고 말하곤 했지만, 그는 그렇게 생각하는 것 같지 않았다.

"돈이 중요해, 밀라. 돈이 없으면 다른 무엇도 가질 수 없어. 사회학자들도 그건 알잖아, 안 그래?"

도니와 논쟁을 하면 그가 집에 오지 않겠다고 더욱 마음을 굳힐 것임을 알고 있었기에 밀라는 어떤 경우에도 조용히 삭였다. 그녀가 사회학은 인생의 다른 중요한 것들에 관한 학문이라고 말하자 도니의 반응은 냉소적이었다.

"아, 그래? 너 카를 마르크스는 들어 봤겠지?"

밀라는 자기도 모르게 들떴다.

"마르크스주의는 들어 봤지. 1989년에 러시아와 폴란드, 나머지 동유럽 국가 사람들이 자유를 선호한다는 걸 보여 준 것도 알아. 물론 공산주의자가 되려는 건 아니겠지, 오빠?"

그는 답을 하기 전에 혼자 싱긋 웃었다.

"물론 아니지, 하지만 세상이 어떻게 돌아가야 하는가를 주장하는 마르크스주의 이론이 세상이 돌아가는 방식과 돈의 중요성을 이야기한 마르크스의 이론과 같지 않다는 건 알고 있어. 사실 돈 얘기라기보다는 경제 이야기지. 우리 모두의 삶에서 경제가 차지하는 중요성 말이야. 그걸 이해하기 위해 공산주의자가 되어야 하는 것은 아니지. 너도 그걸 알아야 한단다, 동생아."

밀라는 도니가 자신을 약 올리려는 것이라고 확신했지만 화제를 다시 연휴 이야기로 돌렸다. 그녀의 추측이 맞았다. 그는 머지않아 중요한 협상이 있어서 집에 갈 수 없다고 했다. 밀라는 도니를 설득하려고 조금 더 노력했지만 전화를 끊을 때는 솔직히 안도의 한숨을 쉬었다.

밀라는 프랑켄슈타인을 찾았다. 그녀는 마르크스의 이론에 대해서는 하나도 몰랐고 수업에서 그를 공부할 계획이라는 말도 못 들었다. 마르크스가 사회학자기는 했던가? 그녀는 사회학에 대해 자신도 모르는 것을 오빠가 알고 있다는 데 짜증이 났다. 만일 프랑켄슈타인에 마르크스 부분이 있다면 밀라는 과제가 아니더라도 읽어 볼 참이었다. 그녀는 이건 남매간의 대결이 아니라 합리적 예방 조치라고 혼자서 되뇌었다. 만일 도니 같은 사람도 마르크스에 대해 들어 보았다면 다른 사람들 또한 자신 같은 사회학 전공생이라면 그에 대해 알아야 한다고 기대할지도 모르는 일이었다.

프랑켄슈타인에는 마르크스와 그의 공동 연구자인 프리드리히 엥겔스(Friedrich Engels)에 관한 장이 있어서 밀라는 연휴 때 집에 가는 길에 책을 챙겨 갔다. 집까지 가는 길은 무척이나 길고 지루해서 그녀는 여행하는 동안 그 부분을 읽기 시작했다. 그녀는 매우 불쾌하게도 도니가 최소한 한 가지 면에서는 옳았음을 알게 되었다. 마르크스는 산업 자본주의가 유행하기 시작하던 19세기 중·후반에 주요 저작을 모두 썼다. 언제나 엥겔스에게 돈을 꾸었다는 얘기로 보아 그는 일찌감치 돈이 얼마나 중요한지를 배웠던 것 같았다.

마르크스는 돈을 조금밖에 벌지 못했고 가문 소유의 직물 공장을 운영하고 있던 엥겔스는 마르크스와 그의 가족을 먹여 살릴 만큼의 돈을 벌었다. 이 돈이 없었다면 마르크스는 글을 쓰지도 못했을 것이다.(사실 엥겔스가 쓴 부분도 많은 것 같았다.) 도니는 엥겔스 이야기는 하지 않았으므로 밀라는 이 유명한 사람의 사심 없어 보이는 친구에 대해서는 그도 들어 보지 못했을 것이라고 추측했다. 이 생각에 밀라는 기분이 나아졌다. 밀라는 책을 계속 읽으면서 마르크스와 엥겔스가 경제가 모든 것의 핵심이며 사회와 역사, 심지어 (그들이 '계급'이라고 부르는) 사람들의 생각에서 나타나는 차이의 핵심이라고 말했다는 것을 알았다. 하지만 밀라는 그들 이론의 기초로 보이는 '잉여 가치'라는 개념을 이해하는 데 애를 먹었다.

당시 경제학자들과 마찬가지로 마르크스와 엥겔스는 만들어진 재화나 제공되는 서비스의 가치는 투입된 노동량에 상응한다고 생각했다. 마르크스와 엥겔스는 노동이 생산하는 가치의 일부가 빼돌려지기 때문에 자본주의가 경이적으로 성장할 수밖에 없다고 말하면서 대부분의 경제학자들과 결별했다. 노동자들은 간신히 연명해서 다음 날 아침에 확실히 일터로 나올 정도의 보수만 받았다. 하지만 그들은 일하는 동안 그들이 받는 보수보다 더 많은 가치를 창출했고 자본가들은 노동자들이 만든 상품을 팔아 이 가치를 현금으로 바꾸었다.

자본가들이 상품을 팔아서 번 돈의 일부는 임금, 원자재비, 설비비, 건축비 등으로 나갔지만 여전히 노동자들의 노동에서 나오는 '남는 부분'이 있었다. 이 잉여 가치는 자본가가 창출한 것이 아니었지만 자본가는 어쨌든 그것을 가졌다. 실상 가치를 창출하도록 노동자들을 착취하고 나서 그들에게는 계속해서 일터에 나올 수 있게 주어야 할 만큼의 돈을 주고 남는 부분은 빼돌리는 것, 이것이 자본주의의 전부였다. 만일 자본주의가 이런 식으로 노동자들을 착취하지 않았다면, 재투자할 이윤이 남지 않아 자본주의 기업도 성장하지 못했을 것이다.

밀라는 일단 이렇게 잉여 가치를 이해하자 별 게 없다는 생각이 들었다. 전혀 놀라운 이야기가 아니었다. 자본주의는 당연히 불평등한 교환의 일종이다. 노동자는 절대 부유해지지 않고 자본가는 부유해진다는 사실은 모든 사람이 알고 있었으며 그 속에는 노동자들이 자본가와의 교환으로부터 일자리를 얻지 못하면 굶게 될 것이라는 가혹한 정의가 존재했다. 게다가 당시 많은 나라의 노동자들은 자본주의의 혜택을 꽤 보았다. 밀라의 이모들이 말한 것처럼 노동자들은 부자가 되지는 못했지만 이전보다는 더 잘 살게 되었고, 그들이 앞으로 더 잘 살게 될 가능성 또한 언제나 존재한다.

그렇다면 사람들로 하여금 자본주의에 등을 돌리게 한 것은 무엇인가? 자본주의가 아니면 사람들은 어떻게 직업을 얻을까? 자본가들이 없다면 얼마 안 되는 돈이라도 만져 볼 수 있겠는가? 국가가 일자리를 줄 수도 있겠지만 공무원들의 봉급을 주기 위한 돈은 자본가와 그가 고용한 직원들이 내는 세금에서 나온다. 자본주의는 매우 불평등한 체계일 수 있지만 밀라가 볼 때 빠져나갈 길이 없었다. 그러나 마르크스와 엥겔스는 출구가 있다고 설득하려 하는 것 같았다. 그들은 자본주의 안에서 착취가 불가피하다는 점은 순순히 인정했지만, 그렇다고 해서 우리가 자본주의 안에 갇혀 있어야 한다는 뜻은 아니었다. 그들은 우리가 자본주의보다 더 생산적이지만 착취를 포함하지 않는 경제 체제를 구축할 수 있다고 보았다.

역사를 돌아보면 자본주의의 착취가 그렇게 오래되지 않았다는 것을 알 수 있고, 마르크스와 엥겔스는 그것이 더 길게 지속될 거라고 생각하지 않았다. 다시 말하자면 착취는 하나의 경제 체제에서만 중심적이므로 다른 경제 체제가 있을 수 있다는 결론이 나오는 것이다. 자본주의는 경제 발달의 한 시기일 뿐이고 마르크스와 엥겔스는 이 시기가 거의 끝나 간다고 믿었다. 하지만 이때는 19세기 중반이었고, 사람들은 뒤늦게야 자본주의는 전혀 끝나지 않았다는 것을 깨달았다. 사실 자본주의는 그들이 글을 쓰던 시기에 막 시작되고 있었다.

그렇다면 왜 마르크스와 엥겔스는 자본주의가 끝날 것이라고 그렇게 확신했는가? 이들은 자본주의가 무너지고 있기 때문에 우리가 다음 단계에 얼마나 가까이 왔는지 알 수 있다고 생각했다. 밀라도 경기 침체나 호황, 불황에 대해 알고 있었다. 이런 경기 순환은 사람들이 5년에서 7년마다 일자리를 잃는다는 것을 의미한다. 마르크스와 엥겔스는 이런 불황이 자본주의를 규정하는 또 다른 속성이자 자본주의가 어쩔 수 없이 실패할 것임을 보여 주는 증거라고 생각했다.

이것이 이해하기 어려운 또 하나의 부분이었다. 착취는 자본주의의 작동 방식이고, 잉여 가치는 기업의 규모를 키우고 착취를 늘리기 위해 재투자된다. 착취는 자본주의를 가치 있게 만드는 것이자 자본주의 기업을 키우는 것이다. 하지만 마르크스와 엥겔스는 자본주의의 핵심인 착취가 동시에 자본주의를 실패할 수밖에 없게 만드는 설계상의 결함과 같다고 했다. 밀라는 이러한 주장이 그들의 희망 사항이라고 생각했다. 어떻게 그렇게 되겠는가?

자본주의는 또한 기업 간의 경쟁을 수반하기 때문에 자본가는 가격을 낮추면서 이윤을 유지하기 위해 지속적으로 비용을 줄이려고 했다. 비용 축소에 대한 압력은 노동 조직과 기술의 지속적인 변화를 낳았다. 기계화와 노동 분업의 증가는 자본주의의 독특하고 놀라운 성과였지만 문제도 만들어 냈다. 예를 들어 기계화는 기계가 잉여 가치의 원천인 노동자를 대체하는 것을 의미했다. 기계가 많아진다는 것은 필요한 잉여 가치를 생산할 노동자가 점점 더 줄어든다는 뜻이었다. 마르크스와 엥겔스는 기계화가 자본가의 이윤에 압력을 행사하고 경제 위기가 오는 데 영향을 미칠 것이라고 생각했다. 경제 위기가 닥치면 몇 년 단위로 많은 기업이 도산하고 수천 명의 노동자들이 일자리에서 내몰리게 될 것이었다.

자본주의는 또한 노동자들이 만든 물건에 투입된 잉여 가치를 확실히 이윤으로 바꾸기 위해서도 노동자가 필요했다. 자본가들이 이윤을 얻으려면 노동자들이 만든 물건을 노동자들에게 팔아야 하기 때문이다. 만일 비용을 줄이기 위해 많은 사람들을 일터에서 쫓아내면 상품을 살 사람이 부족해 이윤을 얻을 수 없게 된다. 이는 불경기가 불황으로 심화되고 인구 중 더 많은 비율이 빈곤으로 빠져든다는 의미였다. 자본가들은 빈곤층을 굶주림에서 구제하기 위해 지불하는 돈을 통해 결국 가난한 사람들을 착취하는 대신 그들이 살아남는 데 필요한 돈을 지불하게 될 것이다. 마르크스와 엥겔스는 이런 상황이 착취에 의존하는 경제 체계가 그리 오래 지속되지 못할 것임을 보여 준다고 생각했다.

밀라는 마르크스와 엥겔스가 자본주의에 관해 긍정적인 말도 했다는 것을 사실도 점차 알게 되었다. 그들은 자본주의가 착취에 기초하고 있기 때문에 전에는 꿈도 꾸지 못한 방식의 산업 발달을 가능하게 했다고 주장했다. 모든 새로운 기계와 사람들이 생산에 투입되는 상황에서 자본주의는 매우 효율적이고 생산성이 높았다. 하지만 동시에 자본주의의 바탕이 착취이므로 발전의 가능성이 충만하더라도 결코 다수가 이익을 볼 수 없다는 것이 확실했다. 사실 더 많은 사람들은 실제로 더 가난해졌다.

자본주의는 진보에 필수적인 단계이지만 그렇게 길게 가지 못할 한 시기였다. 당대의 많은 철학자들은 역사를 '시기'의 단위로 나누어 생각했는데, 시기는 보통 개념으로 표시되었다. 개념이 바뀌면 역사도 따라갔다. 종교가 지배하던 시기가 있었고, 그 뒤로는 계몽주의가, 그리고 나서는 과학이 지배하는 시기가 등장했다. 사람들은 수백 년이 넘는 시간 동안 더 나은 생각을 내놓았고 진보는 그렇게 이루어졌다.

밀라가 이 이론의 핵심이라고 판단한 부분을 이해하는 데는 그렇게 많은 시간과 노력이 들지 않았다. 마르크스와 엥겔스의 주요 개념은 역사를 움직인 것이 개념의 변화가 아니라 '물적'인 것들의 변화라는 것이다. 밀라가 봤을 때 여기에는 단 한 가지 문제가 있었다. '물적'이라는 말이 무슨 뜻인가 하는 것이었다. 분명 이 말은 새로운 기술과 새로운 형태의 노동 조직을 가리키는 것이겠지만 그 이상이 있었다. 마르크스와 엥겔스가 '물적'인 것들을 언급할 때 이들이 의미한 것은 기계화와 증기 기관, 새로운 형태의 운송 수단이었으나 물적인 것에는 또한 사법 체계나 누가 무엇을 갖는가의 문제들(그들은 이것을 '사회관계'라고 불렀다.)도 속한다. 마르크스와 엥겔스에 따르면 역사의 각 시기를 실제로 규정하는 것은 이런 모든 물적 특성이다. 수백 년 전에는 노예제가 가장 중요했지만 이후에는 자유로운 노동, 철도와 전신이 가장 중요해졌다. 각 시기의 사람들이 언제나 같은 방식으로 생각하지는 않았겠지만, 요점은 생각이 변화의 원인이 아니라 결과라는 것이다.

변화에 대한 이러한 유물론적 시각 또한 마르크스와 엥겔스가 자본주의가 지속되지 않을 것임을 확신했음을 보여 준다. 자본주의는 진보를 가져다주었지만, 자본주의가 물적 환경에 가져온 변화는 자본주의가 결국 반드시 문제에 봉착할 수밖에 없고 다음 단계의 초석이 될 뿐임을 의미했다. '물적'인 것에는 법이나 사람들이 서로 관계를 맺는 방법까지 포함된다는 것을 계속 기억해야 했다. 이와 같은 사회관계는 그리 명백한 개념은 아니지만 마르크스와 엥겔스는 이를 토대로 많은 것을 이야기했다. 이 이론에서는 우리가 본성을 어떻게 다루는지와 이를 위해 서로 맺는 관계가 가장 중요했다. 예컨대 주인과 노예가 하나의 관계로 연결되듯 자본가와 노동자 역시 하나의 관계를 맺는다. 그러나 자유 시장에서 구매자와 판매자 사이의 관계는 법적으로 돈과 재화를 지주에게 넘겨주어야 했던 봉건 영주와 농노의 관계와 같지 않았다.

법으로 뒷받침되는 이러한 관계상의 차이는 각 시기 간의 핵심적인 차이였고, 관계가 바뀌기 시작하면서 개념을 포함한 모든 것이 달라졌다. 마르크스와 엥겔스는 자본주의에서 이러한 변화를 볼 수 있다고 생각했다. 그들이 말하는 '물적 동력'은 역사의 변화를 추동하는 힘이다. 물적 동력은 기술 변화와 '사회관계'의 변화 모두를 일컫는다. 더 많은 사람들이 먹고살기 위한 임금을 벌기 위해 강제로 일터에 나오게 되고, 자본주의 대기업은 점점 더 성장하는 반면 중소기업가들은 대기업에 흡수되거나 도산하는 상황은 사회관계에서 가장 중요한 변화였다. 이러한 변화는 사람들이 가족과 국가에 대해 생각하는 방식의 변화를 포함한 더 많은 변화를 이끌어 냈다.

밀라는 계속해서 책을 읽으며 자본주의에서 공산주의로의 최종적인 변화는 사회관계의 변화를 통해 나타나야 한다는 점을 이해하게 되었다. 자본주의에 내재된 '모순'이 결국 정점에 이르러 대규모로 체제가 붕괴하면서 새로운 경제 체제로 향하는 길이 분명해질 것이다. 또한 어떻게 살아야 하는가와 같은 우리의 생각은 물적인 것들의 변화를 따라가므로 새로운 경제 체제는 새로운 사회를 만들 것이다.

자본주의에서 가장 중요한 모순은 '생산력'과 '생산관계' 사이의 모순이다. 생산력은 노동자의 노동력, 기계화 기술, 증기 동력 등 실제로 자본주의에서 생산을 담당하는 모든 것들을 말한다. 자본주의는 생산관계 위에서 작동하며 자본주의에 의지하는 사람들은 서로 생산관계를 맺는다. 이는 많은 사람들이 살아남기 위해 자본가에게 자신의 노동을 팔고 자본가는 그로부터 노동력을 창출한다는 뜻이다. 생산관계는 모두가 수용하는 교환 방식인데, 밀라는 이러한 교환이 가혹한 현실을 만들었다고 생각했다.

밀라에게는 이런 상호 의존성이 분명해 보였기 때문에 생산력과 생산관계 사이의 모순은 이해하기 조금 더 쉬웠다. 이는 모든 인류에게 돌아갈 혜택을 생산하는 거대한 잠재적 힘은 절대 실현되지 않는다는 뜻이었다. 이는 어느 때보다 요원해 보였다. 왜냐하면 생산관계에서는 다수의 사람들이 빈곤 상태에 머물러야 하고 사실상 더 가난해지기 때문이다. 밀라는 이것이 자본주의가 생산하는 재화를 살 수 있는 노동자들이 충분하지 않은 상황에서 자본주의의 붕괴에 관해 자신이 이전에 읽은 것들을 바라보는 다른 방식일 것이라고 생각했다. 경기가 쇠퇴하고 사람들이 일터에서 쫓겨나는 상황은 자본주의의 중심에 모순이 있다는 증거임에 틀림없었다.

밀라는 이미 역사적으로 마르크스와 엥겔스가 틀렸음이 증명되었다고 확신했다. 만일 자본주의에 모순이 있다 하더라도 그 모순을 기꺼이 안고 살아가는 것이 가능하다는 것도 밝혀졌다. 하지만 마르스크와 엥겔스의 관점은 동시에 진보에 대한 관심을 불러일으켰다. 그들은 인간 역사의 다양한 시기에 대한 분석을 통해 이 시기들 간의 핵심적 차이가 생산의 사회관계와 연관된 기술의 차이라고 판단했다.

특히 엥겔스는 사유 재산이 존재하지 않고 사람들의 관계가 평등한 '원시적 공산주의' 단계를 상정했다. 그 뒤로는 생산을 노예 노동에 의존하고, 노예와 노예 주인의 관계가 핵심적인 사회관계인 '고대 사회'가 있었다. 그 다음 '봉건 사회'에서 생산은 자신이 태어난 땅에서 벗어날 수 없었던 농노에 의존했다. 그들은 노예가 아니었지만 봉건 영주를 위해 노예와 같이 일을 해야 했기 때문에 그들과 영주와의 관계는 중요한 사회관계였다. 물론 자본주의에서 핵심적인 사회관계는 자본가와 살기 위해 임금 노동을 해야 하는 노동자 사이의 관계다. 밀라는 각 단계가 다음 단계로 이행할 때마다 생산력과 생산관계 사이의 모순이 증가했을 것이라고 생각했다.

자본주의 이후에는 공장과 기계 같은 생산 수단이 공동 소유가 되고 모든 사람들이 생산력의 발전으로 혜택을 보는 공산주의가 도래할 것이었다. 마르크스와 엥겔스는 그때가 인간사의 진정한 시작이 될 것이라고 말했다. 그전까지 사람들은 진정한 의미에서의 선택을 할 수 없었다. 마르크스는 "그들은 역사를 만들었지만 자신들이 스스로 선택한 환경 속에서 만들지는 않았다."라고 썼다. 자본주의가 전복되고 나면 사람들은 세상이 어떻게 되어야 할지 결정할 진정한 자유를 갖게 될 것이었다. 마르크스와 엥겔스는 '사람들의 이야기'가 진정으로 시작될 때 우리가 참된 자아로 돌아가 서로 진실한 인간적인 관계를 맺을 수 있을 거라고 생각했다.

집에 돌아가는 길은 보통 때보다 훨씬 더 오래 걸렸다. 밀라는 이 내용을 몇 시간 동안이나 읽었다. 이제 그녀는 마르크스와 엥겔스가 경제적인 것이 사회적 효과를 낳는다고 말했음을 이해했다. 이것이 그들의 주요 개념인 유물론의 요체였다. 노동자들이 노동력을 팔아 공장에서 일하는 자본주의의 새로운 방식은 삶의 모든 부분에 영향을 미쳤다. 하지만 마르크스와 엥겔스는 경제가 언제나 중요하다고 말하지는 않았다.

그들은 자본주의의 특정 방식에서는 경제가 중요하지만 항상 그런 것은 아니며 향후에도 그럴 필요가 없다고 말했다. 더 나아가, 그들은 자본주의 이후에는 경제가 전혀 중요하지 않을 거라고 말했다. 생산성이 아주 높아져 사람들은 다른 것들에 집중할 수 있을 것이기 때문이다.

마르크스와 엥겔스는 모든 인간의 잠재성이 실현될 수 있는 경제가 가능하다고 믿었다. 점차 수가 적어지는 부유층과 점차 가난해지는 다수 사이의 엄청난 격차는 사라질 것이다. 모든 사람이 일을 하겠지만 누구도 오랫동안 일을 하지 않아도 되고 성취감도 얻을 것이다. 마르크스와 엥겔스는 만일 생산 수단, 즉 공장과 기계가 공공의 소유가 되면 이런 세상이 가능할 거라고 믿었다. 이런 유토피아적 세계는 공공 소유의 산물일 것이고, 새로운 생산 양식의 사회적, 정치적 결과로 모든 사람들은 똑같이 행복해질 것이다.

밀라는 피곤이 몰려와 책에서 눈을 떼었다. 그래서 이게 다 무슨 뜻인가? 그녀의 오빠가 확실히 틀렸다는 건가? 마르크스와 엥겔스는 경제가 당분간 모든 것을 지배할 뿐이고 우리는 그렇지 않은 때, 즉 그 자리에 더 많은 것들이 들어갈 때를 기대할 수 있다고 했다. 밀라는 머리가 정말로 꽉 차 버린 느낌이었다. 그녀는 눈을 감고 몇 달 전 집에 갔을 때의 생각에 빠져들었다. 밀라는 모든 것이 보이는 것과 같은 상태로 머물러 있을 필요는 없다는 일종의 계시를 받았던 기억이 어렴풋이 났다. 그때 그녀는 근대도 하나의 시기일 뿐이라는 결론을 내리지 않았던가? 마르크스가 말하고 있는 것도 이와 같은 얘기 아닌가?

순간 밀라의 머릿속에 학기 초의 한 장면이 떠올랐다. 그녀의 대학 입학을 축하하는 식사 시간은 행복했지만, 그때 어머니가 보여 준 모습은 밀라의 가족이 맞닥뜨린 절망적인 상황을 계속 상기시켰다. 어머니는 마치 아버지에게 쏟아진 온갖 악담을 마음속에 새기기로 굳게 결심한 듯했다. 밀라는 첫 번째 주요 개념을 설명했을 때 아버지가 잘못된 길로 이끌었다는 가난한 사람들에 대해 어머니가 얼마나 신랄하게 말했는지를 기억해 냈다. 어머니는 밀라의 할아버지 이야기를 꺼내면서 사람들이 더는 이상을 실현하지 않는다는 말을 하지 않았던가? 그때 밀라에게는 어머니의 이런 모습이 비난의 물살에 빠져 죽고 말겠다는 자기 파괴적인 행동처럼 보였다.

하지만 아나와 있었던 일은(어머니가 다른 사람들의 비판 속에서 허우적대는 모습을 비롯해) 밀라가 세상을 바라보는 방식을 바꾸었다. 아버지가 영웅적이거나 낭만적인 사람이 아니라 그와 같은 사업가들이 하는 보통의 일을 한 것이라는 사실을 받아들인 지는 오래였다. 그녀는 법정과 언론에 아버지나 아버지와 같은 다른 사람들이 한 일이 정상적이 아니었다고 결정할 권한이 있다는 것을 인정했다. 그녀는 잠시 동안 정상성이라는 개념이 존재하기는 하는지 의심을 품었지만, 사람들이 정상성의 존재를 유지하기 위해 함께 공모한다는 생각은 아나에게 일어났던 현실에 대면 말도 안 되는 철학적 말장난인 것 같았다.

밀라가 진정으로 아나의 이야기에 귀 기울이자 고프먼에 대한 생각도 바뀌었다. 처음에 그녀는 고프먼의 이론이 재판이 끝난 뒤 아버지를 향했던 일반적인 비난의 부당함을 보여 준다고 확신했다. 쏟아지는 비판은 아버지에게 낙인을 찍었고 그녀와 나머지 가족들에게도 낙인을 찍었다. 하지만 아나가 겪은 고통을 이해하게 되면서 밀라는 마침내 아버지를 일종의 영웅으로 되살리려는 노력을 포기했다.

아나가 겪은 일에 비하면 밀라가 받은 상처는 크지 않았다. 한번 이렇게 결론을 내리고 나자, 그녀는 쏟아지는 도덕적 비판을 둘러싼 모든 고민은 그저 자신을 위해 아버지와 가족들이 비난받는 일에서 벗어나고자 했던 바람에서 생겼다는 걸 인정할 준비가 되었다. 정체성을 바꾸려던 시도도 마찬가지였다.(이런 생각에 대한 단서를 처음 준 것이 도니였다는 기억은 조금 씁쓸했다.) 그녀는 자신이 결과로부터 도망치려던 방식을 생각해 보았고, 아버지의 사례에 대한 자신의 사회학적 분석이나 새로운 정체성 뒤로 숨으려던 시도에 대해서도 생각해 보았다.

밀라는 이제 어머니의 비참함이 어째서 그렇게 위압적이었는지 알 것 같았다. 어쩌면 재판이 시작되기도 전부터 밀라의 어머니는 밀라가 이제야 도달한 지점에 먼저 도착해 있었던 것일지도 모른다. 어머니는 한 번도 아무 일도 일어나지 않았거나 혹은 그 일이 자신에게 아무 영향이 없는 척하지 않았다. 그래서 재판이 무슨 뜻인지를 제대로 이해할 자유를 얻었던 것이다. 어머니가 신문을 샅샅이 읽던 데는 다 이유가 있었다. 그것은 다른 사람들의 가혹함에 빠져 있기 위함이 아니라, 끔찍한 진실을 정면으로 직시하고 그것이 얼마나 나쁜지를 공정하게 알리려는 시도였다.

밀라는 이제 비난의 홍수 속에 가라앉은 약한 사람이라고 생각했던 어머니에게 약함 대신 엄청난 용기가 보였다. 밀라에게 그런 용기가 있던가? 얼마 전 그녀는 자신의 운명과 아버지의 운명을 분리할 준비가 되었다고 말했다. 하지만 실천은 말보다 어려웠다. 그건 단순히 아버지를 외부에서 '일반화된 타자'의 관점으로 보는 일이 아니었다. 그녀는 자신이 재판과 그 이후의 일들에 반응했던 방식들과도 타협을 봐야 했다.

이상과 현실

함께 보낸 첫날 밤, 밀라와 어머니는 커다란 창문 옆에 앉아 비바람이 큰 나무들을 괴롭히는 광경을 보면서 저녁을 보냈다. 밀라가 도착했을 때 환영해 주기는 했지만 어머니는 예의 침울한 분위기였다. 그들은 오랫동안 이야깃거리를 찾기 어려웠다. 밀라는 어머니에게 자신이 태어나기 전에 돌아가셔서 아는 바가 거의 없는 외할아버지 이야기를 해 달라고 했다.

밀라는 어머니가 해 준 이야기에 매우 놀랐다. 외할아버지가 가난한 환경에서 자라 풀뿌리 민주주의를 외쳤던 정치가였다는 것이다. 그는 한때 권력자들과 문제가 생겨 감옥에도 갔지만, 감옥에서 나오고 나서 전보다 더 급진적이게 되었다고 했다. 이제는 아무도 기억하지 못하지만 밀라의 외할아버지는 보건 복지권 운동에도 앞장서서 참여했다.

밀라는 경솔하게도 아버지와 외할아버지가 모두 감옥에 가다니 흥미롭다는 말을 뱉었다. 어머니는 그녀를 유심히 바라보았다.

"두 사람이 감옥에 간 이유는 너무나도 다르단다. 하지만 한 가지 공통점이 있지. 외할아버지가 감옥에 갔을 때 누구도 나를 많이 걱정해 주지 않았고, 네 아빠가 재판정에 섰을 때도 우리 중 어느 누구도 너를 많이 챙기지 않았어."

"하지만 괜찮아요. 엄마가 저를 엄마처럼 강하다고 생각하셨다니 자랑스러운걸요."

어머니는 고개를 저었다.

"두 경우는 달랐어. 외할아버지가 감옥에 갔을 때는 권력자들이 뭐라고 말하든, 아니 사실은 권력자들이 한 말 때문에 많은 사람들이 외할아버지를 영웅이라고 생각했단다. 나는 힘들지 않았어. 나와 관계있는 모든 사람들이 우리 아버지는 옳은 일을 했고 자신을 위해 나설 수 없는 사람들을 위해 나섰다고 말해 주었으니까. 너한테는 그렇지 않았겠지. 내가 더 잘 헤아렸어야 했어. 너를 보호하기 위해 더 움직였어야 했는데. 신문에서 네 사진을 볼 때마다 나는 엄마로서 더 잘 해 주지 못했다는 죄책감과 부끄러움을 느꼈단다. 외할아버지가 감옥에 갔을 때랑 같다고 봤기 때문에 내가 널 보호하지 않았던 게 아니야. 그저 나는 네 아빠가 한 일을 받아들이는 데 너무 몰두해 있어서 너에게 미칠 영향을 생각하지 못했지."

"미안해야 할 사람은 저예요. 엄마가 그렇게 느끼게 한 건 저니까요. 오랫동안 저는 제가 어린아이 대접을 받을 권리가 있고 엄마가 절 보호해 주지 않은 게 잘못이라고 생각했지만, 엄마가 어떻게 저를 보호할 수 있었겠어요? 아무리 강하게 부정해도 진실은 진실인걸요. 구원받을 필요는 없어요. 받아들여야 하는 일인 거죠."

"그래서 이제는 모두 받아들일 수 있게 됐다는 거니? 내가 너에게 얼마나 소홀했는지. 이때껏 나는 네가 이 모든 일을 어떻게 느낄지도 몰랐구나."

"저는 오랫동안 아빠도 외할아버지처럼 영웅이라고 생각했어요. 이제는 그렇게 보지 않지만요. 모든 일에 대해 엄마와 같은 느낌이었던 건 아닌 것 같아요. 엄마는 몹시 슬퍼하시는 것 같아요. 마치 누가 죽기라도 한 것처럼요."

"나는 이 모든 일에 죄책감을 느낀단다. 지금까지 일어난 일에서 너를 지켰어야 했다는 느낌 때문이기도 하지만, 네 아빠가 이런 난리를 만든 실수를 안 하게 막기 위해 뭐라도 했어야 한다는 생각 때문이야. 내가 하지 않은 모든 일들에 대해 속죄해야 할 것 같은 느낌이구나."

"하지만 왜 온 세상을 다 엄마 어깨 위에 져야 하죠? 왜 전부 마음에 담아 두세요? 비록 도니 오빠는 아빠를 비난하는 사람들 중 일부가 위선자라지만, 어쩌면 아빠는 받아야 할 대가를 치른 거라 쳐도 엄마는 그렇지 않아요. 엄마가 정말로 저를 지켜 주실 수도 없었을 거고, 아빠가 하시는 일을 어떻게 막을 수 있었겠어요?"

"뭔가를 할 수도 있었을 거야. 최소한 너에게 재판에 오지 말고 비비 이모와 집에 있으라고 했을 수도 있었겠지. 그럼 신문에 네 사진이 실리지 않았을 테고 대학에서 네 정체를 숨길 필요도 없었을 거야. 내가 네 아빠의 사업과 자선 사업에 좀 더 관심을 쏟을 수도 있었을 테고."

"그건 지금도 할 수 있잖아요, 아빠가 감옥에서 나오시면. 안 그래요?"

"모르겠구나. 재판에 대한 사람들의 쓰디쓴 반응을 네가 견뎌야 하는 건 내 잘못일 텐데 나는 한동안 그 생각은 하지 않았네. 나는 재판 전의 시간들 생각만 했단다. 정말로 네 아빠를 말릴 수 있었을 텐데, 일이 잘못되어 가고 있다는 징후를 살피지 않았어. 나는 네 아빠에게 아무것도 묻지 않았고 혹 누군가의 잘못을 대신 진 것은 아닐까 계속 의심했단다. 알고 싶지 않으니 물어보지 않은 것이겠지."

"오빠는 우리가 그냥 돈이 들어오는 것을 보면서 행복해한 거라던데요."

"맞는 말이야. 우리는 그저 네 아빠가 돈을 벌기 위해 하는 일이 분명 정상적인 일일 거라고 믿었지. 하지만 나는 이제 네 아빠가 무엇을 하고 있었는지만이 아니라 그 일을 어떻게 생각했는지도 알아야겠어. 도대체 왜 그런 행동을 할 수 있다고 생각했을까? 왜 그게 잘못된 일인지를 몰랐을까?"

"이제라도 이렇게 이야기를 하게 돼서 좋아요. 한 방에 같이 있으면 숨도 못 쉴 것 같은 느낌이었거든요. 다시 숨을 쉴 수 있어서 정말 좋아요."

밀라와 어머니는 오랫동안 서로를 끌어안고 다시는 숨 죽일 필요가 없을 것이라는 말을 주고받았다.

"엄마가 절 망쳐 놓았다고 생각했던 건 죄송해요."

"난 정말로 널 망쳤는걸, 밀라. 용서해 줘서 고맙다. 네 스스로 헤쳐 나가 주어서 정말 자랑스럽구나. 그러지 않았어도 됐는데……. 너무 힘들었고, 너는 너 혼자였잖니."

"제가 최고로 재미있는 곳에서 도움을 받았다는 것 아시잖아요. 사회학 수업이 도움이 되었다니까요! 무조건적인 도움은 아니었지만요. 절반 정도는 사회학 때문에 혼란스러웠지만 사회학은 저를 제정신으로 지켜 주었어요. 사회학은 마음을 열고 사물을 받아들여 살펴보고 느끼는 법을 가르쳐 줘요. 재미있는 건, 한 2주 전까지만 해도 제가 이 분야를 계속 공부해야 할지 정말 모르겠더라는 거예요. 크게 쓸모가 있을 거라는 생각도 들지 않고 그냥 쉽게 선택한 것일 수 있겠다는 생각이 들어서 열심히 공부할 필요를 못 느꼈거든요. 그래서 저는 사회학의 주요 개념을 찾아보고 다른 사람들에게 설명해서 사람들이 얼마나 흥미로워 하는지 알아보겠다고 스스로 숙제를 냈죠."

밀라의 어머니는 강한 호기심을 보였다.

"지난번 집에 와서 우리에게 근대성 이야기를 할 때도 그랬던 거였니?"

밀라가 웃었다.

"네. 엄마와 이모들이 첫 희생자였죠. 하지만 이제는 사회학을 정당화할 필요가 없어졌어요. 아주 중요한 개념들을 많이 찾아보았는데 다른 사람들이 감명을 받지 않아도 신경 쓰지 않게 됐거든요. 그래도 저는 감명을 받았고, 내가 누구인지나 어떤 게 내가 아닌지에 대해서 더 잘 알게 되기도 했어요. 유치하고 어린 소리일 수도 있지만 내 인생과 내가 어떻게 세상에 들어가느냐. 그게 제일 중요하더라고요."

"그 이야기를 좀 더 해 주렴, 밀라. 네가 하는 개념과 이론 이야기를 더 들어 보고 싶어. 그날 티는 안 냈지만 네가 근대성 이야기를 할 때 그렇게 능숙하고 열정적으로 설명하는 것을 들으면서 정말 자랑스러웠단다. 너도 알겠지만, 만일 내가 대학에 갔더라면 너 같은 친구가 나에게 이런저런 것들을 설명해 주었으면 했을 거야."

거기까지였다. 지금까지 겨우 참고 있던 눈물이 밀라의 코 옆으로 흘러내렸다. 그녀는 눈물을 삼키면서 말했다.

"저도 거의 아무것도 몰라요. 지난번에 엄마가 사회 변화와 근대성에 대해 물어보셨던 것들에 대해 조금 더 배웠을 뿐인걸요. 지금은 마르크스를 읽고 있어요."

이 말은 분명 어머니를 놀라게 했다. 어쩌면 충격을 주었다는 편이 더 맞았다. 밀라는 어머니에게 도니가 자신에게 그 부분을 읽도록 자극했다면서 이렇게 말했다.

"엄마가 외할아버지에 대한 이야기를 하는 동안 마르크스의 생각 중 어떤 것은 맞다는 생각을 했어요."

밀라의 어머니는 자신도 마르크스에 대해 조금은 알고 있지만 아마 자기가 들었던 것은 다 잘못된 프로파간다일 거라고 말했다. 밀라는 어머니에게 마르크스와 엥겔스는 과거에 세상이 실제로 어떻게 바뀌었고 앞으로 어떻게 바뀔지를 알려고 노력했다고 말했다. 그들이 상상하는 세상에서는 모든 사람의 노동이 가치 있고 소중하며 즐겁게 여겨지고, 모든 사람들이 편안하고 발전할 것이다. 밀라의 어머니는 마르크스의 생각이 엉뚱할 정도로 이상적이라는 사람들의 말이 아마 그걸 두고 한 말이었을 거라고 했다.

"나는 항상 마르크스주의가 이론상으로는 좋다고 생각했단다. 그걸 실천으로 옮겼더니 결국 철의 장막이 걷히기 전의 러시아나 구소련의 나라들처럼 전체주의 국가가 나오기는 했지만 말이야. 누구에게도 개인적인 자유가 없었고 국가가 생산을 조직했지. 일은 마찬가지로 불만족스럽고 생산은 정말 비효율적이고."

"다 맞는 말씀이에요. 하지만 더 평등하고 굶는 사람도 없고 복지도 좋지 않았어요?"

"하지만 지난번 네가 왔을 때 네 이모들이 말했던 것처럼, 자본주의는 마르크스와 엥겔스가 말했던 바대로 머물러 있지 않았단다. 자본주의는 우리를 가난에서 벗어나게 했고 많은 사람들은 자기 일을 좋아해. 알잖니, 사람들은 자본주의를 좋아해."

"미래를 예상하는 건 그렇게 쉬운 일이 아니고 심지어 불가능할 수도 있어요. 어쩌면 마르크스와 엥겔스가 잘못 봤을 수도 있죠. 하지만 그 이론이 희망을 준다고 생각하지는 않으세요? 좋은 세상을 상상하면 바보 같고 위험한 이상주의자인가요?"

밀라의 어머니는 이상주의에 대한 옹호에 동의한다는 의미의 웃음을 지었지만 계속해서 자신의 딸을 압박했다.

"사람들은 보통 원래 상태를 좋아한단다. 만일 사람들이 지금 세상이 너무 나쁘다고 생각하면 세상을 바꾸겠지. 사람들은 자본주의를 좋아해. 그래서 아직도 세상은 자본주의로 돌아가는 거고."

밀라는 좀 더 자신감이 생겼다.

"사회 경제적인 변화가 곧 사람들이 원하는 바라고 생각하세요? 그렇게 민주적인 일일까요? 마르크스와 엥겔스는 역사를 전진시키는 힘은 생각의 변화가 아니라 생산이 조직되는 방식 같은 물적 요인들의 변화이기 때문에 우리에게는 이렇다 할 선택권이 없다고 말했어요."

"그럼 네 외할아버지의 삶이 정말로 부질없어지는걸, 밀라. 그분은 사람들의 생각을 바꾸려고 노력하면서 평생을 보내셨어. 외할아버지는 진보할 수 있는 방법이 있다고 생각하셨지."

이제 밀라는 완전히 혼란에 빠졌다.

"하지만 마르크스와 엥겔스가 사람들이 변화를 위해 싸우지 않으면 변화가 일어나지 않을 것이라고 말했다고는 생각하지 않는데……. 어휴, 이제 뭐라고 말해야 할지 모르겠네요. 책을 좀 더 읽어 봐야겠어요."

역사를 움직이는 자, 계급

밀라는 책을 더 읽었다. 그녀는 유물론에서 인간이 어떤 역할을 하는지를 알아야 했다. 이를 이해하는 일은 예상보다 훨씬 더 복잡했다. 밀라는 이런 일에 익숙해지고 있었지만 어쨌든 시간이 필요했고, 어머니는 날이 갈수록 바빴으며 뭔가에 열중해 있는 것 같았다. 분명히 밀라는 예전에 집에 있을 때보다 어머니와 덜 마주쳤다. 그녀는 어머니가 그렇게 오랫동안 무엇을 하는지 알 수 없었고 호기심이 일었지만 물어볼 만큼 궁금하지는 않았다. 그녀는 어머니에게 자신과 더 많은 시간을 보내 달라고 징징대는 것은 다 자란 딸이 할 일이 아니라고 생각했다. 그래서 그녀는 대신 마르크스와 엥겔스에 관해 읽었는데, 부지불식간에 학교로 돌아가야 할 시간이 다가왔다.

집에서 보낼 마지막 날이 왔다. 어머니가 그날 아침 일찍부터 편안해 보여서, 밀라는 방 안에서 정원을 내다보면서 어머니에게 첫날 자신을 둘러싸고 이리저리 얽혀 있던 생각을 풀었다고 말했다.

"제가 이해가 느린지는 모르겠지만 제 잘못은 아니에요. 마르크스와 엥겔스는 두 가지를 다 하고 싶어 했어요. 그들은 우리가 우리의 역사를 만들어야 한다고 말했지만 역사를 만드는 환경을 선택할 수는 없다고 말했어요. 과거가 우리 손에 쥐어 준 카드를 가지고 게임을 해야 한다는 거죠."

"아, 알겠다. 시골에서 누가 길을 물으려고 멈춰 섰는데 길을 물어본 사람한테 목적지에 가려면 여기에서 출발해서는 안 된다고 말해서는 곤란할 테니 말이지."

"아주 재미있는데요. 네, 제 생각에는 그래요. 자기가 있는 곳에서 목적지를 향해 출발해야 한다는 건데, 그건 어떤 사람들이 다른 사람들보다 역사에 영향을 미치기에 더 나은 위치에 있다는 뜻이죠. 제 생각에 이건 역사가 진행되려면 뭔가를 하는 사람이 있어야 한다는 뜻이기도 해요. 마르크스와 엥겔스는 두 가지 측면을 다 가지고 있어요. 유물론을 고수하면서 동시에 외할아버지가 참여했던 것 같은 실제 삶, 실제 역사와 합치시키려 하는 거예요. 사람들은 실제 삶과 역사에서 도출한 개념을 가지고 씨름하죠. 예를 들면 자본주의의 도래를 설명하면서 어떤 사람들은 자유 개념 같은 게 새롭게 등장했기 때문이라고 주장하지만, 그런 생각이 실제로 사람들을 움직이려면 때가 맞아야 해요. 물적인 조건이 맞아야죠. 봉건제가 무너지는 것처럼요."

밀라는 마르크스와 엥겔스가 자본주의가 무너질 거라고 확신하면서도 변화가 가능하기 위해서는 경제적인 붕괴 이상이 필요하다고 생각했다는 사실도 알게 되었다. 간단하게 사람들이 "그래, 자본주의는 나쁘니까 새로운 것을 해 봅시다."라고 말하게 만들 수는 없었다. 유물론은 다음 사회, 즉 역사의 다음 시기로의 이행이 어떻게 일어날지에 대해서도 설명해야 했다. 바로 여기가 계급이 개입되는 부분이었다. 계급은 역사를 움직이는 거대한 유물론적 집단 행위자로, 새로운 형태의 사회를 가능하게 하는 것은 각기 다른 계급이다.

"마르크스와 엥겔스는 자본주의가 노동을 사고파는 사람들에게 의존한다고 주장했어요. 자본주의 사회에는 두 개의 계급이 존재하고 각 계급은 그 사람들의 경제적 지위, 그러니까 재산과 생활 방식에 따라 규정돼요."

밀라는 마르크스와 엥겔스가 자본주의를 계급에 관한 것이라고 생각했으며 역사의 다른 단계도 마찬가지라 여겼다고 말했다. 이전 경제 체제, 혹은 '생산 양식'에서는 법과 재산의 종류가 달랐다. 예를 들어 고대 사회에서 노예는 재산이었다. 생산 양식만 다른 것이 아니라 계급도 달랐다. 사실상 역사의 각 단계는 계급 간의 관계에 의해 규정되었다. 고대 사회에서는 주인과 노예의 관계였고, 봉건 사회에서는 지주와 농노의 관계였으며, 자본주의 사회에서는 '부르주아' 즉 자본가와 '프롤레타리아' 즉 노동자 간의 관계였다. 마르크스와 엥겔스는 계급을 역사의 행위자로 파악했으며 때로는 마치 계급이 사람인 것처럼 서술했다. 그들은 계급이 하나의 생산 양식에서 다른 생산 양식으로 역사를 이행하게 하는 행위자라고 생각했다.

"중세 말 도시에서 부르주아가 성장하고 점점 더 강력해졌죠. 결국 부르주아는 지주와 왕으로부터 권력을 빼앗아 쥐려고 봉기했어요. 보통은 폭력적이었죠. 그들은 많은 경우 민주주의를 성취했지만 그들이 정말 원했던 바는 정치적, 경제적 권력을 갖는 것이었어요. 그들에게 필요했던 가장 중요한 자유는 착취의 자유였고, 그들의 핵심 목표 중 하나는 노동력 말고는 팔 것이 아무것도 없는 노동자들을 땅에서 풀어 주는 것이었어요. 지주들은 이를 그다지 원하지 않았기 때문에 갈등이 생겼죠."

밀라는 이 말을 하는 동안 유물론이 꽤 성과를 거두었다고 생각하고 있었다. 유물론은 역사와 복잡하게 연관되면서 중대한 함의를 가졌다. 예를 들어 부르주아들은 물적 변화의 한 부분으로 성장하여 더욱 강력해졌고, 부르주아와 지주 간의 피할 수 없는 갈등은 권력과 자원을 둘러싼 물적 갈등이었다. 이러한 갈등 속에서 대두한 것이 자유와 같은 개념이었지만 마르크스와 엥겔스는 우리가 이를 원인으로 착각하는 것을 바라지 않았다. 부르주아들은 자유를 원했지만 그들을 싸우게 만든 것은 물적 환경이었다. 밀라는 말을 계속했다.

"부르주아 계급과 봉건 영주들 사이에는 계급 갈등이 있었고, 부르주아 계급은 혁명 세력이 되어 역사의 새 시기를 열었어요. 하지만 마르크와 엥겔스는 향후에는 프롤레타리아 계급이 자본주의에서 공산주의로 가는 변화의 행위자가 될 거라고 말했어요. 그렇게 말한 근거는 자본주의가 모든 사람을 노동자로 만들기 때문이에요. 농부와 점원, 소규모 자영업자까지 전부 다 노동자가 되었으니까요."

자본주의가 모든 사람을 프롤레타리아로 바꾸면서, 프롤레타리아는 거대 기업에서 공동체적으로 일하고 새로운 도시에서 함께 살면서 마치 자본주의가 이미 끝난 것처럼 행동하기 시작했다. 프롤레타리아는 미래를 언뜻 보았을 뿐 과거와의 유대를 모두 잃었다. 그들은 부르주아 사회에 아무 관심이 없었고 그에 관한 무엇도 믿지 않았다. 노동자들은 재산이 없었기에 재산법을 존중할 이유도 없었다. 물적인 영향력은 다시금 역사에 강한 영향력을 발휘하면서 역사를 앞으로 추동했고 시대에 뒤떨어진 생각은 쓰레기 더미로 던져졌다.

고된 노동과 빈곤은 노동자들의 생활을 부르주아의 생활과 결정적으로 다르게 만들었다. 프롤레타리아는 자본주의의 착취가 어디서든 똑같다는 것을 알고 있었으므로 국적은 그들에게 아무 의미가 없었다. 그들은 자기 나라의 자본가들보다는 다른 나라의 노동자들과 공통점이 더 많았다. 부르주아가 중요하다고 말하는 애국심, 준법 정신, 도덕성과 가족 같은 가치들은 낯설기만 한 것이 아니라 부르주아가 그 뒤에 숨어 계속해서 원하는 것을 손에 쥐기 위한 연막으로 보였다. 프롤레타리아는 더는 속고만 있지 않고 반란을 일으킬 태세를 갖춰 갔다.

마르크스와 엥겔스는 프롤레타리아가 사회 변화의 행위자가 될 것임을 알았지만 그것이 반대 없이 가능하지는 않을 것이라고 생각했다. 혁명이 있는 한 언제나 계급 투쟁과 계급 갈등도 있을 것이다. 그리고 늘 그렇듯 경제뿐 아니라 모든 면에서 혁명이 일어날 것이다. 재산 형태를 바꾸기 위해서는 혁명을 해야 했다. 예를 들어 개인이 공장을 비롯한 생산 수단을 갖는 것을 불법으로 하고 그것들을 모두의 공동 소유로 만드는 새로운 법이 필요했다. 법과 정치의 측면 외에도 모든 것이 달라져야 하고, 이 때문에 싸움이 일어난대도 놀라운 일은 아니었다. 부르주아 계급도 봉건주의를 뒤엎고 자본주의를 그 자리에 놓기 위해 투쟁해야 했다. 사실 부르주아 투쟁 당시 그들은 소수였고 프롤레타리아는 수적으로 훨씬 많았지만 저항할 수 없었다.

마르크스와 엥겔스는 혁명기만이 아니라 전 역사가 계급 투쟁의 역사라고 말했다. 예를 들어 부르주아 계급은 봉건주의의 말미에 나타났지만 실제로 봉건주의에는 지주와 농노 말고도 훨씬 많은 계급이 있었다. 독립적인 장인이나 상인들 같은 자유로운 도시 거주민들도 있었다. 자본주의에는 프롤레타리아와 부르주아의 중간 위치에 있는 장인, 점원, 소규모 자영업자들 같은 계급이 있었다. 또한 룸펜 프롤레타리아트(노동력을 팔아야만 먹고살 수 있다는 점에서 프롤레타리아이지만 일하지 않는 부랑자, 범죄자 등이 속한 계급.—옮긴이), 지식인, 다양한 종류의 부르주아들도 빼놓을 수 없다. 밀라의 어머니는 계급이 왜 그렇게 많은지 물었다. 밀라는 자신이 그 답을 기억하고 있다는 데 놀랐다.

"먹고사는 방식과 재산에 대한 관계가 그만큼 다양했기 때문이죠!"

마르크스와 엥겔스는 곧 다른 계급의 구성원들도 노동력 말고는 가진 것이 없으므로 살아남기 위해 노동력을 팔아야 하는 프롤레타리아의 수준으로 떨어질 것이지만, 계급 이익과 계급 동맹의 복잡한 양상, 계급 투쟁의 범위는 여러 갈래로 퍼져 있다고 지적했다. 1848년 프랑스의 정치적 투쟁에 관한 글에서 마르크스는 모든 종류의 계급을 묘사했다. 부르주아 계급 내부에도 당파가 있었다. 부르주아는 공장 소유주, 도시 자산가, 시골 자산가, 은행가와 금융가로 나뉘었다. 소자산 계급, 프롤레타리아(이들은 1848년에 학살당했다.), 룸펜 프롤레타리아트(이들 중 일부도 살인에 동참했다.), 소규모 자작농도 있었다.

농부들은 루이 보나파르트(Louis Bonaparte)의 궁극적인 권력 기반이었다. 밀라는 루이가 나폴레옹의 조카라고 말했다. 그는 1848년 공화국의 대통령이 되었고 1852년에 스스로를 황제로 칭했다. 마르크스에 따르면 농부들이 그를 지지한 것은 나폴레옹 시대에 대한 향수 때문이었다. 나폴레옹은 그들에게 땅을 주었는데 땅보다 농부들이 더 좋아하는 것은 없었다. 농부들은 또한 프랑스군이 강력한 유럽 군주제를 계승했던 예전의 좋은 시절로 돌아간다는 생각을 환영했다. 마르크스는 루이와 그의 삼촌 사이의 유사성은 농부들이 상상해 낸 것이라고 생각했다. 그들은 자신들에게 최선의 이익이 아니었던 '이념'으로 설득당했다.

밀라는 이만하면 충분히 말했고 어머니에게도 사회학 이야기로부터 한숨 돌릴 시간을 드려야 할 거라고 생각했지만, 어머니는 이념이라는 말에 관심을 보이며 밀라에게 이야기를 더 해 달라고 했다. 그래서 밀라는 어머니에게 유물론에서 개념은 항상 경제 체계에서 나타나며 계급 이념을 구성하는 개념도 마찬가지라고 말했다. 마르크스는 이념이 경제적 지위로부터 나온다고 가르쳤다. 계급이 각자의 방식대로 생각하는 것은 그들의 서로 다른 경제적 지위 때문이라는 것이다. 각 계급은 비록 항상 명백하지는 않더라도 그들의 이념을 바탕으로 자신들의 위치와 이익을 생각한다. 1848년의 농부들은 루이 보나파르트, 다시 말해 무장한 국가주의의 열렬한 지지자였지만 그들의 경제적 지위는 루이의 삼촌에게서 받은 땅에서 비롯한 것이었다.

마르크스는 이런 상황이 드문 일이 아니라고 말했다. 계급은 종종 우연히 그들에게 편리하고 자신들이 무엇을 하고 있는지 눈을 가리는 데 도움을 주는 생각에 도달한다. 많은 토지를 가진 귀족들이 '명예'를 중요하게 생각했던 것은 자신들이 명예를 가져야 할 사람들이고 명예가 그들이 갖는 모든 권력과 부를 정당화해 주었기 때문이었다. 이와 비슷하게 부르주아는 자신들이 그 혜택을 누리기에 가장 유리한 위치에 있었기 때문에 '자유'의 개념에 열중했다.

"그럼 네 말은 그게 다 음모라는 거니, 밀라? 계급 이념이 사람들을 속이려는 의식적인 시도라는 거야?"

"확실히는 모르겠지만, 모든 계급이 자신들이 자원을 차지하는 것을 정당화할 개념을 의식했다고는 생각하지 않아요. 아마 그중 일부는 자유라는 개념을 완전히 믿었겠지만 부르주아의 이념에는 약점이 있어요. 그들은 자신들에게 좋은 생각이 모두에게는 좋지 않을 수 있다는 사실을 이해하지 못했거든요. 그래서 부르주아들은 자유에 매달렸지만, 매일 살려고 발버둥 쳐야 했던 노동자들은 사실 자유의 혜택을 많이 보는 위치에 있지 않았어요."

밀라는 마르크스가 모든 이념이 계급 이익을 지키거나 늘리는 데 동일한 효과를 냈던 것은 아니라고 생각했음을 설명했다. 이념의 효과는 계급의 물적 환경에 달려 있었다. 농부는 도시에 새로 지어지는 공장 옆에 살면서 일하는 프롤레타리아와는 달랐다. 그들은 프랑스에 퍼져 있는 소규모 자작농들과 뭉치지 못했으므로 그들이 믿고 있던 이념, 특히 무장된 국가주의는 그들에게 아주 적은 영향을 미쳤다. 밀라는 어떻게 계급 이념이 역사적 유물론과 연결되는지 이제 확실히 알겠다고 생각했다. 계급이 역사의 행위자인 것처럼, 물적 요인들로부터 개념(법, 정치 형태, 가족 유형, 예술적 형태와 다른 것들)이 도출되는 것도 계급을 통해서였다.

밀라는 높은 계급은 자신들에게 더 유용한 개념을 도출할 수 있었다고 말했다. 사실 상위 계급은 언제나 자신들의 생각을 다른 사람에게 실제로 주입할 수 있는 물적 환경을 가지고 있었다. 마르크스는 "모든 시대에서 지배 계급의 생각이 지배적인 생각"이라고 말했다. 그는 모든 것을 가진 사람이 자신의 생각을 지배적인 생각으로 만들기 위해 필요한 것들을 가지기 가장 쉽다고 말했다. 그는 사람들을 특정 방식으로 생각하게 만드는 공장 같다는 뜻으로 이런 것들을 '정신적 생산 수단'이라고 불렀다. 마르크스 시대의 가장 명백한 예는 신문이었지만, 라디오나 텔레비전 방송국도 같은 역할을 한다고 볼 수 있다.

"대학은 어떠니, 밀라? 대학에서도 지배 계급의 생각을 가르쳐?"

밀라가 불편한 듯 서둘러 말했다.

"모르겠어요. 마르크스는 아무것도 갖지 않은 사람들은 남들에게 자기 생각을 전혀 이해시킬 수 없다고 말했어요. 그런 사람들은 부르주아와 경쟁할 수 없고, 그러니까 심지어 부르주아 외부에 있는 사람들이 부르주아와 같은 방식으로 세상을 보기 시작한 거죠. 그 사람들은 결국 자본주의가 자신에게도 좋다고 생각하게 되고 자신들이 착취당하고 있는 건 보지 못하게 된 거예요."

"그럼 그게 바로 지금 사람들이 자본주의에 만족하는 이유라는 말이니? 자기 것이 아닌 이념에 설득당했기 때문에?"

밀라가 미소를 지었다.

"모르겠어요, 엄마. 하지만 아마 맞을 거예요. 어쩌면 외할아버지 같은 분은 그렇게 잘 속지 않으셨겠죠. 어떻게 생각하세요?"

그녀의 어머니는 혼자 웃었다.

"아마 안 속으셨겠지. 하지만 대학은 지배적인 생각을 전파하라고 있는 곳 아니니? 그런데 어떻게 사회학 수업에서 마르크스를 가르칠 수 있지?"

밀라는 자신이 마르크스를 배운 것이 아니라 그에 관해 읽어야겠다고 생각했기 때문에 알게 된 것이라고 설명했다. 그때 두 사람은 정원으로 통하는 문에 누군가 서 있다는 것을 알아차렸다. 정원 쪽에서 비치는 빛 때문에 잠시 동안 누구인지 분간하기가 어려웠지만 곧 밀라는 가족의 오랜 친구인 린 아저씨를 알아보았다. 그가 다가와 밀라와 어머니 사이에 앉는 동안 밀라는 그가 얼마나 오랫동안 그곳에 서 있었는지 궁금했다.

"누가 마르크스를 배우는 거예요? 책에는 관심 없는 것 같던 어린 밀라는 아니겠죠?"

밀라는 여덟아홉 해 동안 그를 보지 못했지만 린은 거의 나이를 먹지 않은 것 같았다. 그녀는 그가 어머니보다 몇 살 더 많을 것이라고 확신했지만 두 사람은 이제 거의 같은 나이로 보였다. 심지어 두 사람은 남매 같아 보이기도 했고 서로 대화하는 걸 무척 편안하게 여기는 듯했다. 밀라는 갑자기 심사가 뒤틀리면서 왜 그동안 어머니가 자신과 그렇게 시간을 적게 보냈는지 알 것 같았다. 밀라는 갑자기 무척 질투가 났고 자신이 전혀 자라지 않았다는 느낌이 들었다.

린은 밀라가 들었던 대학 수업에 매우 관심이 있는 것 같았지만 어머니는 진지한 대화에서 화제를 돌리기로 작정한 것 같았다. 어머니는 린에게 밀라가 내일 학교로 돌아간다고 말했다. 린은 자신의 인생을 한 발 떨어져서 볼 수 있고 자신이 어떤 사람이 되고 싶은지, 어떤 영향력을 행사하고 싶은지 진지하게 생각해 볼 수 있는 시기에 있는 밀라가 부럽다고 했다. 하지만 밀라에게는 이런 말들이 약간 억지스럽게 들렸고 린과 어머니가 계속해서 밀라를 대화에 끌어들이는 것이 그저 예의상 그러는 것인지 알 수 없었다. 그녀는 두 사람끼리 할 이야기가 있을 것이라는 생각이 들어 짐을 좀 싸 두어야겠다며 어색하게 자리를 떴다.

밀라가 그날 늦게 어머니를 보러 갔을 때 린은 떠난 뒤였다. 그런데 뭔가 미묘한 차이가 느껴졌다. 밀라가 그런 변화를 만든 것은 아니었지만 그녀와 어머니의 관계는 또 한 번 달라진 것 같았다. 이제야 다시 정립된 유대 관계가 위축되고 있었다. 밀라는 잠시 동안 다시 어린 여자애가 된 것 같은 기분이 들었다. 아마도 다 큰 딸과 어머니 사이에서는 그런 느낌을 받지 않을 터였다. 밀라와 어머니는 이제 서로 모든 것, 모든 비밀을 공유할 수 없게 된 것일까? 그때 밀라는 아룬이 떠올랐다.

그날 밤 밀라는 어머니의 말이나 행동에서 린과 어머니 사이의 관계가 무엇인지 알려 줄 만한 단서가 있었는지 생각하느라 잠을 이루지 못했다. 그녀는 싱숭생숭한 마음으로 린이 오기 전까지 어머니가 큰 관심을 보였던 마르크스주의와 이념이라는 개념에 대해 무슨 말을 했었는지 곱씹어 보았다. 밀라는 어머니에게 가난한 사람들, 혹은 최소한 자본가가 아닌 사람들이 결국 자본주의가 자신들에게 좋다고 생각하게 되었으며 그래서 자신들이 착취당하고 있다는 사실을 보지 못하는 것이라고 말했다. 밀라는 자본주의를 그렇게 좋아 보이도록 만드는 이념이 자본가에게는 좋아도 다른 사람들에게는 그렇지 않을 수 있다는 것을 그들에게 이해시킬 수 없다고 말했더랬다. 이게 바로 아버지에게 일어났던 일일까? 아버지가 속인 가난한 사람들은 이념에 속았던 것일까?

밀라는 이제 완전히 깨어 있었다. 그녀의 어머니는 더 이상 재판과 그 이후를 생각하지 않지만 이제는 왜 밀라의 아버지가 그 사람들에게 그런 일을 했으며 그게 옳지 못하다는 것을 알지 못했을까 하는 생각이 든다고 했다. 지금까지 아버지는 모든 사람들이 규칙을 알고 있었고 투자를 하면 무슨 일이 일어날 수 있는지도 알고 있었으며, 또한 아무도 투자를 강요하지 않았다고 말했다. 하지만 어쩌면 아버지는 강요할 필요가 없었던 것일 수도 있다. 아버지는 자기에게는 좋아도 그들에게는 좋지 않은 세계관을 제시하면서 그것만이 유일하게 옳은 시각이라고 했던 것은 아닐까?

그런데 아버지는 그 이념을 온전히 믿었을까? 아니면 아버지도 함정에 빠져 속은 것일까? 비록 아버지가 가난한 사람들이 자신의 이념을 믿도록 속였다고 결론을 내린다 하더라도, 그가 믿는 바가 무엇인지를 묻지 않는 한 왜 그랬는지는 여전히 알 수 없었다. 어쩌면 그렇기 때문에 아버지를 다시 한번 정당화할 수도 있을까? 어쩌면 아버지는 순전히 그 사람들을 위한 최선이 무엇인지 자신이 더 잘 안다고 믿었던 것일 수도 있다. 밀라는 아버지가 믿는 바가 정말로 무엇인지 알아야겠다고 생각했다. 만일 그렇지 않으면 이런 질문들은 어머니에게 그랬듯 그녀를 스쳐 지나갈 것이었다. 그리고 그 질문에 대한 답을 찾을 수 있다면, 밀라는 아버지의 신념이 틀렸다고 설득하기 위해 어머니가 할 수 있었던 일은 아무것도 없었음을 보여 줘서 어머니를 안심시킬 수 있을 거라고 확신했다.

14
세상을 설명하기, 세상을 바꾸기

지루한 직업이 중요한 이유 — 베버의 자본주의 분석

이튿날 아침 어머니는 밀라에게 정오쯤 린이 다시 올 거라고 말했다.

"어제 네가 나가고 나서 린이, 자기도 젊은 시절에 사회학 공부를 조금 했다고 말하더구나. 너도 알다시피 린이 공무원이잖니. (밀라는 몰랐다.) 관료지."

듣자 하니 그가 일을 시작할 무렵 누군가 그에게 국가와 정치인을 위해 일한다는 것이 정말 어떤 의미인지 이해하고 싶다면 막스 베버라는 사회학자의 책을 읽어 봐야 한다고 조언해 줬던 모양이었다.

밀라는 린에 대해 아무것도 기억나지 않았고 어머니의 짧은 말에서 뭔가 이상한 느낌을 받았다. 그녀는 린과 어머니의 관계에 불안감을 느끼고 있었고, 어머니가 자신과 린 사이를 억지로 연결 지으려 하고 있다는 인상을 받았다. 그런 불편함에 더해 밀라는 그와 사회학에 대한 대화를 나눌 생각에 겁이 났다. 그녀는 린이 꽉 잡고 있다는 그 이론가가 괴짜일 거라고 생각했다. 그러니 그에 관해 한 번도 들어 본 적이 없었을 것이다. 아룬의 아버지가 그랬듯 린 역시 철학자들에 관해 재미없는 강의를 할 것 같다는 생각도 들었다.

린은 밀라가 아래층으로 짐을 옮기고 있을 때 도착했다. 세 사람은 마침 기분 좋게 따뜻해진 정원에 앉았다. 린과 어머니 사이에 앉은 밀라는 양쪽의 관심이 온통 자신에게 집중되고 있음을 느꼈다. 거의 대화가 없다가 이윽고 밀라의 어머니가 전날의 마르크스 이야기를 꺼냈다.

"너는 사람들이 자본주의에 만족하는 이유는 이념에 설득되었기 때문이라고 했지만, 네 이모 이마라면 비록 모든 사람이 부유하지는 않아도 자본주의가 수백만 명의 사람들에게 안락한 삶을 제공했다고 말할 거야. 자본주의는 경쟁을 부추기지만 그렇다고 해서 한 사람이 이기고 나머지는 아무것도 얻지 못하는 건 아니니까."

어머니의 말에는 딱히 불안을 부채질하는 내용은 없었지만 밀라는 어머니의 진지함이 불안스러웠다. 바이올린을 연주할 줄 아는 아이가 한 곡 켜 보라는 말을 들으면 이런 느낌일까? 밀라는 이렇게 말했다.

"마르크스라면 '그렇다. 자본주의는 사람들의 삶에 엄청난 차이를 만들었지만 그 약속에서는 성공하지 못했다.'라고 말할 거예요. 제 생각에는 만일 그가 지금 살아 있다면 여전히 똑같이 말할 것 같아요. '우리는 훨씬 많은 번영을 얻었고 그것은 더 널리 퍼졌지만, 자본주의는 여전히 약점이 있는 체제이며 우리는 더 나은 체제를 만들 수 있다.'라고요."

밀라는 문득 부모들이 자녀에게 전할 중요한 조언이나 언짢은 소식이 있을 때처럼 어머니가 자기를 대한다고 생각했다. 린은 훨씬 차분한 말투로 말했다.

"하지만 다른 학자들에게 물어본다면 어떻겠니, 밀라? 마르크스 다음으로 이런 문제에 대해 고민한, 우리 시대와 조금 더 가까운 사람들 말이야. 마르크스가 죽고 나서 30년 뒤에 글을 쓴 또 다른 독일 학자가 있어. 그 사람은 마르크스의 이론을 아주 잘 알고 있었고 그를 넘어서고자 했지. 네가 말했듯이 마르크스는 자본주의가 어떤 면에서는 좋을 수 있고 어떤 면에서는 나쁘다고 말하고 있어. 그리고 우리는 자본주의가 나쁘다는 것을 알 수 있기 때문에 자본주의에 만족해서는 안 되고 더 나은 체제로 나아가기 위해 노력해야 한다는 거지. 이 학자는 자본주의를 비판하기 위해 공산주의자가 될 필요는 없다고 했는데, 어쨌거나 자본주의에 대안이 없는 것은 분명하다고 보았어. 그 사람이 해야 한다고 생각했던 질문은……."

밀라의 어머니가 미소를 띠고 끼어들었다.

"막스 베버 이야기를 하는 거군요. 그렇죠, 린?"

밀라는 어머니가 마치 대사를 읊고 있는 것 같다고 생각했다. 어쨌든 린의 말은 강의 같아도 재미있을 듯했다. 밀라는 그에게 계속 말해 달라고 했다.

"네 어머니 말이 맞아. 베버는 내 전공이자 유일한 연구 대상이지. 나는 한 가지 교향곡밖에 모르는 아마추어 지휘자나 마찬가지야. 베버는 자본주의가 제일 말이 되기 때문에 자본주의에 대안이 없다고 말했어. 사회가 합리적일수록 자본주의는 유일하게 효율적인 것처럼 보이게 되지."

밀라는 린이 무슨 말을 하는지 확실히 알 수 없었지만 이야기하려고 마음먹은 것들을 모아 할 말을 만들었다.

"사람들이 모든 것에 대해 질문하고 어디든 이유를 갖다 붙이기 시작한 계몽주의 말씀이시군요. 사람들은 이제 '신이 빈곤과 질병을 만드셨으니 괜찮다. 떠안고 살아갈 수 있다.'라고 말하는 대신 이유를 찾고 뭔가를 하려고 하죠."

린이 웃으며 말을 이었다. 그 웃음은 밀라의 마음에 들었다. 아룬의 아버지에게서 보았던 것과 달리 생색이 없는 웃음이었다.

"맞아. 계몽주의는 점점 더 이성에 다가서려 했고 마침내 자본주의를 광범위하게 받아들이기에 이르렀지."

밀라는 린의 말에 애써 질문으로 대답했다.

"마르크스도 자본주의를 필수 단계로 봤지, 자본주의에 대안이 있다고 생각하지는 않았어요. 하지만 계몽주의에서는 왜 자본주의만이 유일한 길이고 다른 대안은 없다고 생각했죠?"

린은 중요한 질문이라고 말하면서도 그에 대해 답하는 데 약간 지체했다. 그는 베버가 제시한 많은 개념이 '마르크스의 유령'과 논쟁하는 과정에서 나왔다는 말로 시작했다. 베버는 마르크스에 대해 곳곳에서 암시적으로 비판하면서도 기본적으로는 그의 생각에 수긍했던 모양이었다. 예를 들어 베버는 노동자들이 생산 수단의 소유권에서 분리되어 있다는 생각을 그대로 받아들였다. 베버는 노동자가 착취당하고 있으며 생산 수단이 부르주아의 손에 장악되었다는 것을 알고 있었지만, 이러한 설명이 부분적일 뿐이라는 것도 알았다. 그는 자본주의의 기원을 보다 종합적으로 설명하고 역사적으로 밝히고자 했다. 그래서 그에게는 사람들이 정확히 왜 자본주의를 받아들였는지가 가장 중요했다.

"자본주의의 요소들은 수백 년 동안 존재했지만 베버는 어떻게 일부 사람들의 일상적 욕구가 자본주의적 기업 정신에 의해 규정되었는지 알고 싶어 했어. 이런 사람들에게는 사유 재산으로 관리할 땅, 기계 등과 자유로운 노동력이 필요했지만 기계와 노동을 합리적으로 조직하는 방법 또한 필요했어."

'시작되었구나.' 밀라는 생각했다. 자본주의가 합리성의 시대에 발맞춘 합리적인 사고방식이라는 것은 밀라도 알고 있었다. 여전히 비합리적이거나 미신적인 방식으로 생각해서는 자본주의를 얻을 수 없었다. 밀라는 자기가 말할 차례가 되면 무슨 말을 할까 고민하느라 머리가 복잡했지만, 곧 린이 당분간 이야기를 멈추지 않을 거란 걸 깨달았다. 린은 계속해서 합리적 조직이란 어떤 결말을 얻기 위해 어떤 방법이 필요한가를 추상적으로 고민하면서 일을 처리하는 최선의 방식을 찾는 것을 의미한다고 설명했다. 자본주의 기업은 이윤 추구만을 목적으로 운영되며 전통 같은 다른 요소들은 이를 방해할 수 없다. 린의 말이 멈추자 밀라가 말했다.

"그는 간단한 답을 믿지 않았죠, 그렇죠?"

"맞아. 그는 항상 현실 세계에서 나타나는 복잡성에 맞추어 자신의 이론을 더 복잡하게 만들려고 했지."

이에 대한 예로 린은 베버가 어떻게 자유 시장, 특히 자유로운 노동 시장이 합리적 조직에 필수적이라고 주장했는지를 설명했다. 노동 비용은 노동의 공급이 자발적이라고 추정되는 곳에서만 계산될 수 있다.(사실 이런 곳들은 '굶주림의 채찍'의 강요를 받고 있다.) 하지만 린은 굶주림의 채찍만큼이나 필요한 다른 것들이 있다고 말했다. 합리적 조직은 소득에 영향을 주는 요소들을 계산할 수 있는가에 기초한다. 기업은 돈을 벌 수 있을지를 예측할 수 있어야 하므로 회계 업무, 다시 말해 장부를 기입하고 잔액을 맞춰 보는 일을 해야 한다. 기업은 예컨대 법처럼 계산 가능한 것에 의존해야 하며 특히 법의 일관성에 의존해야 한다.

"린은 회계 훈련을 받았어."

밀라의 어머니가 별 생각 없이 끼어들었다. 린이 웃으면서 자신은 베버가 공무원, 경리, 회계사 같은 지루한 직업들이 얼마나 중요한지를 말했다는 이유로 그를 항상 좋아했지만, 정부에서 관련 업무를 한 적은 없다고 말했다.

"하지만 자선 사업에서는 그 능력을 쓰셨잖아요. 안 그래요, 린?"

"아, 자선 사업을 하세요?"

밀라가 흥미를 갖고 말했다.

"그렇단다. 린은 네 아버지가 있었던 자선 단체의 회계 담당이었어."

밀라의 어머니가 사무적인 말투로 말했다. 밀라가 이 사실을 받아들일 틈도 없이 린은 다시 말을 시작했다.

그는 부기 체계나 공급자와 고객과의 관계를 관리할 법적 틀이 없으면 기업이 절대 기능할 수 없다고 설명했다. 이런 것들은 모두 기업이 일정한 신뢰도를 바탕으로 앞으로의 비용과 이익을 예측하도록 도와주었다. 베버는 예측 가능성이 합리적 기술을 갖는다는 의미이자 기계화를 암시한다고 말했다. 계산은 모든 합리적 기술 설계의 바탕이었다. 19세기 중반까지 이 모든 것들은 자본주의가 일반화된 서구에서 매우 잘 발달한 것으로 보였다. 서구 사회에서 자본주의가 보편적이지는 않았지만 자본주의 없이는 경제가 무너질 정도로 중요했다.

"자, 베버가 일을 단순하게 파악하지 않았다는 네 요점으로 돌아가 보자. 그는 현실이 단순하지 않다는 것을 알고 있었기 때문에 연구를 단순하게 할 수 없었어."

그는 베버가 추상적인 수준에서 구체적인 역사적 사례로 넘어갈 때마다 논의가 더욱 복잡해졌다고 말했다. 예컨대 베버는 서구가 일찍이 대규모 시장을 창출해 내면서 자본주의에 이르렀다는 것을 알고 있었다. 이 과정은 생산된 재화를 더 많은 사람들의 손에 쥐어 주는 가격 하락을 통해 일어났다. 만일 가격이 떨어지면 제조업자들은 비용을 낮추기 위해 무엇이든 해야 했고, 이로 인해 노동의 합리적 조직과 합리적 기술의 필요성이 높아졌다. 베버는 이러한 혁신이 제대로 된 특허법을 필요로 했다는 사실을 언급했다. 특허법이 없으면 사람들이 기술 혁신에 신경 쓰지 않았을 것이기 때문이다. 베버는 이 법을 아주 즐겨 예로 드는 것 같았다. 밀라의 어머니가 억지스러워 보이는 웃음을 터뜨리며 끼어들었다.(그녀는 무엇이 그렇게 걱정스러웠던 것일까?)

"이번에는 지루한 특허법 변호사들이 중요해지는군요. 베버가 그 법에 대해 또 뭐라고 했죠, 린?"

"아, 네. 베버는 서구 유럽과 동양, 특히 동아시아를 비교하면 자본주의의 기원에 대해 더 잘 알 수 있다고 생각했어요. 서양은 자본주의에 필요한 주요 특성들을 발전시켰죠. 합리적 법, 합리적 국가, 시민이라는 개념, 과학, 그리고 그가 말한 '삶을 영위하기 위한 합리적 윤리' 같은 것들이요.

예를 들어 동양의 정착지를 도시라고 부를 수는 있지만, 그 '도시'는 서로가 평등한 관계에서 교환이 이루어졌던 서양의 도시와 같지 않았어요."

린이 자선 사업을 한다는 데 놀란 이후 밀라는 아버지와 그가 정확히 어떤 관계였는지 궁금했다. 린과 아버지는 어떻게 관련되어 있을까? 두 사람이 관련되어 있다는 사실이 어머니의 이상한 행동을 설명할 수 있을까? 어머니가 계속해서 린에게 말을 거는 방식과는 어떤 관련이 있을까? 지금 어머니는 마치 린이 밀라에게 들려주겠다고 약속한 어떤 말을 상기시키려는 양 린에게 법에 대해 더 말해 달라고 하고 있었다.

베버의 주장에 따르면 비합리적인 법과 주술이 동양에서는 자본주의를 방해했지만 서구에서는 이런 방해가 완전히 사라졌다. 예를 들어 (유대교의 뒤를 이은) 기독교는 주술에 적대적이었다. 기독교는 또한 (예를 들어 양심 재판이나 결투 같은) 이전의 법을 이교도적인 것으로 간주했기 때문에 새로운 법을 합리화하는 역할을 했다. 린은 이 점이 시민은 서로가 서로를 속일 것이라는 두려움 없이 자유롭게 교환한다는 베버의 주장과 연결된다고 말했다.

"주술 중에는 사람들 사이에 차이를 설정해서 어떤 사람들과는 같이 일할 수 없도록 하고 물건을 사고팔 수도 없게 하거나 주술이 말하는 데 따라 무언가를 다른 사람에게 내주어야 하기 때문에 어떤 사람이 마땅히 받아야 할 몫을 못 받게 만드는 것도 있었어. 누구나 한 사람의 시민인 도시에서는 이런 차이가 극복되었지. 물론 모두가 합리적 태도를 가진 곳에서도 그런 차이를 극복했고."

베버는 동양에서 언제나 자신의 집단(부족, 형제, 공동체, 종교 집단)과 나머지 사람들 사이에 차이를 둔다고 보았다. 사람들은 집단 외부 사람들의 것은 훔칠 수 있었지만 자신의 집단 안에서는 관대해야 했다. 이런 구분은 서양, 예컨대 도시에서는 폐지되었고 그 결과 온갖 사람들 사이에 상업적 거래가 가능해졌다.

밀라의 머릿속에 도니가 이 얘기를 좋아하겠다는 생각이 스쳤다. 도니는 사업가들이 그들 나름의 관습을 지키고 서로에게 무엇을 기대해야 할지 알면서도 모두를 속고 속이는 부족 같다고 생각하는 사람이었다. 밀라는 만일 도니가 자본주의자의 전형이라면 자본주의에 대한 베버의 주장은 그다지 옳지는 않겠다는 생각을 굳혔지만 그렇게 직설적으로 말하지는 않을 참이었다. 그녀는 대신 이렇게 말했다.

"하지만 누구나 다 합리적 태도를 지니고 있다면요? 아저씨는 방금 사람들이 자본주의가 가야 할 길이라고 생각하기 전에 삶을 영위하기 위한 합리적 윤리를 가져야 한다고 말씀하시지 않았나요?"

"맞아, 합리적 태도를 지닌다는 건 계몽주의와 신을 끌어들이지 않고도 합리적으로 사물을 이해하고자 하는 방식과 관련이 있다는 생각이 들겠지. 하지만 베버는 그렇게 간단하게 생각하지 않았어."

"그냥 이해하기 어렵게 만들려고 일부러 이야기를 꼬아 놓았다는 생각이 들기 시작하는데요."

밀라의 말에 린이 웃음을 터뜨렸다.

"베버는 확실히 어려울 수 있어. 나는 단지 그가 기독교가 주술을 밀어내고 법을 더욱 합리적으로 만드는 데 도움이 되었다고 분석했던 걸 말하는 거야. 이건 베버가 기독교라는 종교가 합리성으로 가는 길을 제공했다고 보면서 든 한 가지 사례에 불과해. 세속적 쾌락을 끊고 가끔은 외부와의 연락도 차단하는 것이 종교에 귀의하여 궁극적으로 자신들의 영혼을 구원하는 최선의 방법이라고 생각했던 금욕적인 수도승들을 보면 분명히 알 수 있을 거야. 그들은 신을 섬기는 최선의 방식을 합리적으로 조직하면서 자기 삶의 모든 세부 사항들에 질서를 정하고 조직화했어. 그들은 심지어 시계를 쓰는 사람이 거의 없던 시대에 매 시간을 표시하려고 시계도 사용했어."

'바로 그거야.' 밀라가 보기에 린이야말로 회계사가 아니라 수도승 같았기 때문이다. 많은 기독교인들을 가톨릭 교회의 속박으로부터 벗어나게 했던 16세기 종교 개혁이 어떻게 수도승 같은 생활 방식을 수도원 밖으로 끌어내었는지에 대해 린이 설명하는 동안 그녀는 웃지 않으려고 열심히 애썼다. 일반적인 개신교 신자들은 이제 모든 것을 구원이라는 결과를 위한 수단으로 조직해야 했다. 다시 말해 사람들이 이제 먹을 만큼 벌었다는 확신이 들어도 일을 멈추고 놀기 시작하지 않는다는 의미였다.

개신교도 중에서도 특히 칼뱅주의자라는 집단이 있었다. 린은 계속해서 베버가 그의 첫 번째 주요 저작인 『프로테스탄트 윤리와 자본주의 정신(The Protestant Ethics and the Spirit of Capitalism)』에서 칼뱅주의 예정설의 결과로 나타나는 '구원에 대한 불안'을 묘사했다고 말했다. 칼뱅주의자들은 어떤 사람들은 태어날 때 이미 구원이 예정되어 있지만 예정된 사람이 누구인지는 알 수 없다고 믿었다. 사람들은 자신이 천국에 갈지 지옥에 갈지 알 수 없기에 매우 불안해졌다. 이런 불안에 대처하기 위해 사람들은 미래에 대한 단서를 줄 만한 징후를 찾았다.

린은 밀라의 반응을 살피려는 듯 그녀를 유심히 바라보면서 말을 이었다.

"내가 속한 것과 같은 자선 단체에는 항상 많은 사업가들이 관여하고 있어. 알겠지만 그 사람들은 돈을 벌면서 뭔가 되돌려 주고 싶어 해. 가장 부유한 사람들 중 일부는 엄청나게 관대하지."

밀라는 '우리 아빠는 아니었을 거야. 아빠는 돌려주기보다는 받는 분이었을 테니.'라고 생각하다가 자신이 그런 생각을 하고 있다는 것을 린이 알 수도 있겠다고 의식했다. 밀라는 이 대화가 어디로 이어질지 매우 수상쩍었다.

린은 그저 그녀에게 『프로테스탄트 윤리와 자본주의 정신』 이야기를 계속했다. 칼뱅주의자들은 예를 들어 병원이나 빈민 구호소를 짓는 데 돈을 내는 등 '좋은 일'을 하는 사람은 분명 좋은 사람일 것이므로 그중 한 사람이 구원받을 운명일 것이라고 생각하기 시작했다. 하지만 좋은 일을 하기 위해서는 먼저 부를 축적해야 했다. 그들은 근면한 태도로 사업을 해서 부를 쌓는 것만이 유일하게 신성한 방법이라고 생각했다. 많은 돈을 훔치거나 상속받는 것은 천국에 갈 운명의 징표가 될 수 없기 때문이었다. 좋은 일은 곧 구원의 징표이기 때문에 그들은 노동을 신에 대한 의무로 생각하기 시작했다. 밀라는 여기에 뭔가 잘못이 있다는 생각이 들었다.

"그럼 부자라는 게 구원받았다는 징표였다는 거예요? 하지만 성경에서 부자는 천국에 갈 수 없다고 말하지 않나요?"

"칼뱅주의자들은 합리적이고 잘 통솔된 방식으로 다른 사람과 함께 일해야 한다고 생각했어. 세상을 벗어나는 게 구원에 이르는 가장 빠른 길이라는 생각을 거부했다는 것만 빼면 그들은 금욕주의적 수도승 같았지. 그들은 신이 자신들에게 세속적인 것들을 거부하기를 원하는 것은 아니라고 생각했어. 자신들은 부자가 될 수 있지만 부를 관리하기만 할 뿐 즐기지 않아야 한다고 믿은 거야. 말했듯이 그들은 이를 의무 혹은 소명으로 여겼어. 소명이란 개신교 성경에 나오는 단어인데 누군가가 무언가를 하도록 신의 부름을 받았다는 뜻이야. 부를 축적하는 것이 신이 요구하는 종교적 과업이 된 거지."

밀라는 기억력을 가지고 씨름했다.

"'프로테스탄티즘 윤리'가 '직업윤리'랑 같은 건가요?"

"글쎄, 그것도 베버 이론의 일부였지. 노동자들은 열심히 일하는 게 신에 대한 의무이자 구원받는 유일한 길이라고 생각했기 때문에 열심히 일했어. 그런 믿음은 그들이 생활이 가능할 정도로 벌고서도 쉬지 않는 이유였지. 하지만 베버는 프로테스탄티즘 윤리가 자본가들이 생각을 하게 만들었다는 점에서 자본주의만큼이나 가치가 있다고 말했어. 베버는 소명 개념이 자본가에게 '아주 분명한 의식'을 주었다고 말했지. 노동자들이 노동을 통해 그들의 영혼을 구원할 기회를 얻을 수 있었기 때문에 자본가들은 노동자들을 착취하는 것을 부끄러워하지 않아도 되었던 거야."

린은 밀라에게 이 말의 함의를 확실히 이해시키려 했다. 자본주의가 발달한 것은 계몽주의의 결과로 종교가 쇠퇴했기 때문이 아니라, 종교가 여전히 사람들에게 매우 중요했기 때문이었다. 중요한 역사적 사건은 계몽주의가 아니라 수백만 명의 기독교 신앙을 송두리째 바꾼 종교 개혁이었다. 사람들은 개신교 금욕 공동체에 어울리는 합당한 자격을 갖추어야만 지옥살이로부터 구원받을 수 있었고, 특히 사업의 성공은 적합성의 징표였다. 그러나 자본주의가 일단 시작되자 더는 종교가 필요하지 않았다. 베버는 낡은 프로테스탄티즘 윤리가 이미 19세기 초반에 끝났다고 봤다.

밀라는 아버지와 그의 친구들에게 종교가 어떤 결말을 가져다주었는지 떠올렸다. 종교가 같다는 것은 아버지와 그의 친구들에게 이용당한 사람들이 왜 그들을 믿었는지를 설명하는 데 도움이 되었다. 베버보다는 뒤르켐에 가까운 이야기이긴 했지만, 다시금 그녀는 이 대화에 숨은 동기가 있는지 알고 싶었다. 린은 그녀에게 아버지에 대해 알아야 할 우여곡절 많은 우화를 이야기하고 있는 것 같았다.

'아, 그만. 모든 게 다 너에 대한 건 아니야!'

밀라는 속으로 되뇌었다. 린은 성공한 기업가에게는 소명에 대한 오랜 믿음의 흔적이 남아 있지만 이제는 베버가 말하는 '자본주의 정신'이 사라졌다는 말을 하고 있었다. 같은 종류의 행동을 낳았지만 자본주의는 이제 종교적 믿음이 아니라 개인적 욕망이 사회에 좋은 것이라는 인식에 의지한다. 프로테스탄티즘 윤리는 결국 노동자 계급에서도 소멸되었다. 그들은 더 이상 천국에서 받을 자신들의 보상을 기다리는 데 만족하지 않고 스스로 조직화해 주인 자리에 앉기 시작했다. 이 모든 변화는 계몽주의 때부터 이어져 온 종교적 믿음의 세력 약화에 자본주의가 꽤 만족스럽게 대응했다는 의미였다. 밀라는 더 단단한 기반으로 돌아온 느낌이었다.

"좋아요. 그러니까 이제 우리는 사람들이 이성을 사용하는 데 익숙해졌기 때문에 자본주의가 유일하게 효과적인 방식이라고 여기게 되었다는 생각으로 돌아왔네요."

"그런 것 같구나. 우리는 베버가 자본주의의 장애물들을 없애기 위해, 또 자본주의가 성장하기에 알맞은 조건을 갖추기 위해 이성의 확산이 필수적이라고 생각했다는 것을 알고 있지. 베버는 이를 '합리화'라고 불렀어. 합리화란 목적을 이루는 데 필요한 수단에 대한 추상적 계산을 기초로 삶을 조직해 가는 과정이야."

린은 합리화가 베버의 자본주의에 대한 설명을 이해하는 데는 물론 근대 국가를 이해하는 데도 필수적이라고 설명했다. 이 역시 관료제의 발달에 대한 베버의 관심 아래 깔려 있던 주제였다.

"나는 그렇게 베버에 관심을 갖게 되었지."

그가 말했다. 베버는 주변에서 관료제가 확산되는 것을 목격했다. 관료제는 합리화된 사회에서 사물을 조직하는 방식이었다. 자본주의 기업에는 관료제가 있었고 국가를 포함한 다른 조직들도 마찬가지였다. 그러나 합리화와 함께 나타났다고 해서 관료제에 단점이 없는 것은 아니었다.

"내가 일을 막 시작했을 때 정부에서는 낭비되는 관료를 줄이고 통제하기 힘든 지방 자치 단체를 중앙 정부 밑으로 묶어 둘 방법을 찾으려고 했어. 우리는 베버의 이론을 적용해 이 문제를 분석했지. 우리는 베버에게서 자본주의에 착취와 같은 단점이 있는 것처럼 관료제도 마찬가지라는 것을 배웠어. 특히 관료제가 경직되면 사람들이 만드는 규칙이 그 자체로 목적이 되는 경향이 생겼지. 심지어 규칙을 따른 최종 결과가 처음 그 규칙을 고안했을 때의 의도와 정반대로 나온다 하더라도 관료들은 계속해서 그 규칙을 따랐어. 사실 근대 사회에서 합리화의 과정은 사람들이 진짜 원하는 결과를 얻을 역량을 약화시키는데도 형식적으로 규칙을 고수하게 만들 위험이 있었어."

밀라에게 번개처럼 영감이 스쳤다.

"자본주의 정신처럼 말이군요. 사람들은 처음부터 모든 시간을 일하는 데 쓰지는 않아요. 살면서 좋은 일들을 하려고 돈을 벌지만 그러다가 일하는 데 갇혀 시간이 나지 않는 거죠. 사람들은 언제나 시간이 더 있으면 좋겠다고 말하면서 일을 덜 할 계획을 짜지만 사실 아무것도 하지 않아요. 그러니 합리화가 언제나 좋은 것은 아니라고 생각하게 된다는 거죠?"

"합리화에는 물론 베버를 걱정시키는 부분이 분명 있었어. 그는 우리가 이성을 위해 다른 것들을 모두 폐기 처분하고 나서 우리의 선택지가 하나도 남지 않았음을 깨달을 때까지는 합리화가 전부 정말 좋은 생각처럼 보인다는 것을 간과했지. 베버는 합리화된 세계가 따분하고 거의 감옥에 가깝다고 느꼈고 우리가 내다 버린 것들과 이제는 풀려 버린 마법들을 그리워하게 될 거라고 생각했어. 전부 알지 않는 편이 세상을 신비롭게 만드는 것일 테니까. 합리화의 증대는 어쩔 수 없이 '탈주술화'를 전파한다고 베버는 생각했어. 우리가 더는 마법을 느낄 수 없다는 뜻이지."

밀라의 머릿속에 생각이 모여들고 있었다.

"그러니까, 베버는 사회가 자본주의(혹은 관료제나 국가)보다 일을 더 잘할 방식을 찾지 못하는 것처럼 보이는 이유를 설명하면서 결코 자본주의가 유일한 가능성이라고도, 비판에서 자유롭다고도 말하지는 않았다는 거네요."

린은 만족한 목소리였다.

"그렇지. 마치 자본주의가 내일 무너질 것처럼 굴거나 세상이 자본주의와 다른 척하지 않고도 우리는 자본주의를 비판하고 어떻게 세상을 더 좋은 쪽으로 바꿀 수 있을지 제안할 수 있다는 거야. 자본주의 사회의 불평등에 대한 베버의 생각을 보면 이 점을 가장 확실히 알 수 있지. 베버는 자본주의가 생산하는 모든 좋은 것들을 함께 나눌 방법을 찾고자 했어."

린은 계급 이야기를 하기 시작했다. 베버는 마르크스와 마찬가지로 계급이 경제적 관계에 기반을 둔다고 파악했다. 그는 부르주아도, 프롤레타리아도 각기 하나의 계급이라고 간주했으며 다른 계급도 많이 있다고 보았다. 그러나 베버는 마르크스와 달리 계급의 경제적 기반에 관한 논의를 생산과 관련된 문제로만 제한하지 않았다. 마르크스는 모든 계급을 생산과의 관계에서 정의했지만 베버에게 중요한 것은 계급과 시장의 관계였다. 베버는 다른 계급들이 부르주아처럼 행동하려 한다고 생각했다. 부르주아는 이윤을 얻을 생산 수단의 소유권을 독점했지만 그 외에도 신용, 부동산, 다이아몬드, 우라늄, 혹은 공학 기술 같은 특수한 재화나 서비스를 장악할 수 있었다.

밀라는 아버지와 그 친구들을 생각해 보았다. 그들은 어떤 시장을 장악했을까? 투자 정보? 아니다, 그들은 전문적인 정보를 가진 척했을 뿐 진짜 전문적인 정보는 없었다. 전문가인 척해서 가난한 투자자들의 믿음을 산 것이다. 그녀의 아버지는 투자 정보가 있는 척만 했던 것이므로 그의 사업에서 핵심적인 일은 사람들에게 존재하지 않는 전문성을 믿게 하는 것이었고, 밀라는 아버지가 그래서 자선 사업을 한 거라고 추측했다. 그녀가 물었다.

"베버는 다른 사람들이 원하는 것을 실제로 독점하는지가 중요하다고 생각했나요?"

린은 헷갈려하는 것 같았다.

"베버는 독점을 이루거나 지키는 데 어떤 사람들은 더 성공적이고 다른 사람들은 덜 성공적이라고 지적했어. 예를 들어 전문가들 사이에서도 일부 변호사들은 독점을 잘 해서 높은 보수를 받지. 네가 말한 게 이런 뜻이니?"

린은 시장을 얼마나 잘 독점하느냐가 자원 분배에 영향을 미치기 때문에 실제로 차이를 만든다고 설명했다. 이 때문에 사람들은 독점을 무너뜨리거나 지키기 위해 말 그대로 서로 싸울 준비를 하는 것이다. 밀라는 생각했다. '그래. 싸움이 있으면 거짓말과 속임수도 있을 수 있겠지.'

베버는 사람들이 마르크스가 생각했던 것보다 훨씬 많은 종류의 자원을 놓고 싸운다고 보았다. 베버에 따르면 우리는 개인으로서가 아니라 계급의 일원으로서 자원을 위해 싸우는 것이다.

베버는 사회 계급이 노동, 상품, 원자재 혹은 다른 사고팔 수 있는 것들의 시장에 대한 통제권이 있는 사람들로 구성된다고 생각했다. 대부분의 경우 통제권이 있다는 것은 다른 사람들의 접근을 계속 막는다는 의미이다. 이것이 계급 투쟁이다. 많은 경우 더 가치 있는 시장을 통제하는 계급이 다른 사람들을 막는 데도 가장 성공적이며 이들 계급에 속하는 사람들은 소수이다. 이것이 부자의 수가 가난한 사람들의 수보다 훨씬 적은 이유다. 사회가 각기 다른 계급들의 위계로 나뉘는 방식인 '사회 계층'은 사람들이 다양한 시장에 대해 가지는 각기 다른 관계를 반영한다. 상위 계급은 시장에서의 독점권으로 자원을 얻으며 지배력이 약한 계급은 부분적인 독점권이나 자원이 적은 시장에서의 독점권만을 가졌다.

"그럼 독점하는 시장의 종류에서 차이가 나는 것인가요?"

밀라가 물었다.

"그렇지. 지역의 택시 배차권을 독점하는 것과 투자 은행 사업권을 독점하는 것 사이에는 엄청난 차이가 있어. 하지만 택시 배차권에 대한 접근을 둘러싼 갈등도 여전히 존재한다는 것을 기억해야 해."

"왜요?"

"그게 중요하기 때문이지. 아무것도 독점하지 못하는 계급의 구성원들에게는 보호 없이 서로 경쟁해서 최소의 자원을 얻어 내는 것밖에는 대안이 없거든. 예를 들어 미숙련 육체 노동자들이 그렇지. 이들은 가난한 사람들 중에서도 가장 가난해. 하지만 베버가 불평등과 계층을 설명하는 데 계급의 개념만 썼던 것은 아니야. 그는 신분과 정당에 대해서도 말했어."

밀라는 신분이 무슨 뜻인지 알겠다고 생각했다.

"신분은 사람들이 사는 옷이나 차 같은 것에 돈을 얼마나 쓰는가로 서열을 매기는 것이죠?"

린은 고개를 저었다.

"신분은 분명히 문화와 관련되지만 그보다 훨씬 많은 것을 뜻해. 베버에게 신분은 그저 같이 일하는 다른 사람들보다 비싼 차를 모는 문제가 아니었어. 개인이나 가족이 타자와 비교해서 자신의 서열을 매긴다고만 생각하면 정말로 중요한 점을 놓치게 돼."

린은 신분이 사람들의 경쟁보다는 동일시와 더 관련이 있다고 말했다.

신분은 자신과 비슷하다고 생각하는 사람들(혹은 내가 되고 싶은 '나')과 자신을 동일시하는 것이다. 신분 집단은 서로 같은 수준에 있다고 생각하는 사람들의 공동체이다. 같은 신분의 사람들은 같은 생활 방식을 가진다. 즉 같은 생각을 하고 같은 행동을 한다는 뜻이며 같은 방식으로 여가 시간을 보내는 것도 포함된다.

"그러면 돈도 같은 데에 쓰는 건가요?"

"그렇지. 그리고 같은 신분 집단에 속한 사람들은 어떤 종류의 재화에만 가치를 둬. 신분은 더 비싸다는 이유로 이웃보다 더 좋은 차를 사는 식으로 나타나는 게 아니야. 자신이 바람직하다고 동일시하는 신분 집단의 구성원들과 같은 차를 사는 거지."

밀라는 도니가 클럽에서 가죽 소파에 쭉 뻗어 있던 사람들을 가리키면서 '우리 같은 사람들'이라고 말하던 것이 생각났다. 그녀에게 그 사람들은 나이든 사람이나 젊은 사람이나 서로 비슷해 보였다. 밀라가 말했다.

"그러니까 새로 산 차가 훌륭한 편인데도 다른 신분 집단의 이웃은 그 차가 끔찍하다고 생각할 수 있다는 거예요?"

"그렇지! 신분 집단의 문화적 차이가 구성원들의 선호에 반영되니까."

린은 계속해서 베버가 계급이 행위자이자 역사의 주체라는 마르크스의 말을 개선하려 했다고 설명했다. 베버는 계급을 생각할 수 있는 사람처럼 여기는 것이 옳지 않다고 생각했다. 그는 역사를 만드는 등 실제로 행위하는 주체는 개인이며, 같은 신분 집단에 속하는 개인들이 같은 생각을 하게 되는 것이라고 지적했다. 개인들이 같은 방식으로 행동하기 때문에 신분 집단이 한 사람이 행동하는 것처럼 보인다는 것이다.

신분 집단은 서로 동일시하는 사람들이 모인 것이기 때문에 행위자처럼 행동한다. 하지만 경제적 기반만을 공유하는 계급은 그렇지 않으므로 마르크스의 주장처럼 계급이 역사의 주체라는 것은 말이 되지 않았다. 베버는 신분 집단과 계급은 문화와 공동체 두 가지 측면에서 다르다고 말했다. 신분 집단을 공동체라고 말하는 것은 마치 작은 마을에서처럼 공동체의 모든 구성원이 직접 연결되어 있다는 뜻이 아니라 일단 같은 신분 집단에 속한다면 이방인에게서도 유사성을 찾을 수 있다는 뜻이다.

"우리가 이방인을 볼 때 그 사람의 신분을 알려 주는 작은 단서를 찾으려고 꼼꼼히 살핀다는 걸 생각해 봐. 우리는 항상 그러지. 다른 신분 집단의 사람이라고 해서 항상 다르게 대하는 건 아니지만 신분은 우리 행동을 결정할 수 있어. 우리는 이방인이 속한 신분 집단에 대한 가정을 바탕으로 우리가 그 사람의 취향이나 의견에 대해 안다고 생각하고는 그에 따라 행동하곤 하지."

베버는 계급이 자원 독점에 성공하느냐는 그들이 신분 집단이 되느냐에 달려 있다고 주장했기 때문에, 베버에게 계급 차이와 신분 차이는 많은 경우 일치하며 어떤 경우에는 일치해야 한다고 린은 말했다. 이것이 베버 이론의 핵심으로, 자본주의가 가장 말이 되는 것이기 때문에 다른 대안이 없다는 생각만큼이나 중요했다. 각 신분 집단이 무언가가 중요하다고 내리는 판단은 시장을 독점할 가능성에 영향을 미친다. 예컨대 의사들이 자신들만이 수술에 필요한 과학 지식을 갖고 있기 때문에 수술을 독점해야 한다고 생각한다면, 그들은 수술을 독점하고 그 결과 많은 돈을 벌 것이다.

"알 것 같아요. 노동자 집단이 특정한 일을 독점하는 걸 정당화하기란 의사들보다 어렵겠네요. 하지만 다른 종류의 시장에서의 독점은 어때요?"

"마찬가지지. 역사적으로 많은 국가에서 중요한 지위를 차지했던 엘리트들은 언제나 신분 집단과 문화적 공동체를 이루었어. 그들을 특정 시장에서 강력하게 만드는 문화적 가치가 있었다는 뜻이지. 보통은 토지나 여러 가지 투자를 통해서였어."

밀라는 여전히 도니와 그 클럽의 다른 사람들이 그들 나름의 규칙과 도덕을 가지고 있다는 생각을 하고 있었다. 그 생각은 린의 말을 이해하는 데 확실히 도움이 되었다.

"그러니까 신분 집단의 문화적 특성이 중요한 거네요? 그건 자원을 두고 싸우는 기업의 쇼랑은 다른 거죠. 문화적 차이가 경제적 이득을 가져다주는 거군요."

"맞아, 그리고 문화는 마르크스가 상상했던 것보다 훨씬 더 중요해지지. 우선 집단을 이루지 않고서는 어느 누구도 독점할 수 없어. 베버는 문화적 유사성이 있어야 집단이 형성된다고 말했지. 두 번째로, 마르크스가 계급 이념이라고 부른 것이 베버가 볼 때는 모두 신분 집단의 문화와 관련된 것이었어. 신분 집단은 자원을 독점하는 것이 옳다고 믿어야 해. 모든 신분 집단은 자신들의 기득권을 계속 가져야 한다거나 앞으로 원하는 것을 가져야 한다는 생각이 정당하다고 믿었어."

린은 신분 집단이 다른 사람들에게 자신들의 독점이 합법적임을 설득해야 하며 그 과정에서도 또한 신분 집단의 문화에 의존한다고 말했다. 전문직 노동자 집단이 전문직을 얻기 위해 얼마나 노력했는지 알기 위해서는 그들의 입장에서 생각해 보아야 한다. 법조인과 의사는 언제나 자신들의 지식과 전문성, 가치, 윤리야말로 자신들이 많은 돈을 버는 데 따르는 책임을 감당할 수 있는 유일한 사람임을 보증한다고 말한다. 이렇듯 '계급 이념'은 계급을 만드는 데 필수적이며 신분은 계급과 긴밀히 묶여 있다. 어떠한 신분 집단도 경제적이지 않을 수 없기 때문에 다른 길을 택할 수 없다. 예를 들어 (차와 옷을 사는 데 쓰는 돈을 포함한) 신분 집단의 문화적 특성은 경제적 자원에 의존한다.

세상 속 불평등은 어쩔 수 없다고?

밀라는 아버지와 그 친구들이 자신들은 내부 정보를 이용해 합법적으로 독점을 했다고 주장했던 것을 되새겨 보고 있었다. 그녀는 신분 집단은 자신들이 원하는 바를 갖는 것이 정당하다고 믿는다는 것을 이해하겠다고 말했다. 린은 그녀에게 조용히 아버지 생각을 하고 있느냐고 물었다. 밀라는 목표한 주제를 둘러싼 이 느리고 정교한 춤이 결말에 다다랐음을 감지했다. 그녀는 어려운 교훈, 또는 듣기 매우 괴로운 소식이 나올 거라고 절대적으로 확신했다.

"나는 내가 하는 자선 사업에서 네 아버지와 친구들이 자신들 방식대로 일을 처리했다는 걸 알게 되었어. 관료제 규칙에 까다로운 사람으로 여겨지는 나 같은 재미없는 전문가가 필요했던 건 구색을 맞추기 위해서였지."

린은 자신이 어리석었으며 그들과 함께 일했다는 것에 대해 마음속 깊이 죄의식을 느낀다고 말했다. 밀라는 이제 뭐가 되었든 받아들이기로 마음먹었다.

"함께 하다니 뭘요, 훔치는 걸요?"

"그 사람들은 홍보에 더 가깝다고 말할 거야. 하지만 일종의 사기라고 볼 수도 있지."

그녀의 어머니가 끼어들었다.

"나나 린은 그렇게 생각한단다."

그들은 밀라가 무슨 말이든 꺼내기를 기다리고 있는 것 같았다. 어쩌면 논쟁을 기대하는 것일까? 하지만 밀라는 아무 말도 생각나지 않았다. 침묵이 너무 무거워서 그녀는 이렇게 말했다.

"이제 이건 이해한 것 같은데요. 계급, 신분, 정당에 관한 베버의 이론에서는 계급이 시장 지위를 독점하는 데 성공하는 건 어느 정도, 아니 전부 신분 집단이 되느냐 마느냐에 달렸다는 거죠?"

린은 이 우화로 돌아와서 안도한 것 같았다.

"그래, 맞았어. 그거야말로 경제적인 관계에서 문화가 매우 중요한 역할을 하는 한 가지 방식이야. 신분 집단의 문화는 그 집단이 시장의 일부를 독점하는 것을 정당화해 주거든."

"그리고 베버의 주요 개념은, 자본주의가 가장 말이 되기 때문에 자본주의에 대안이 없다는 것이고요?"

"맞아."

"그럼 자본주의, 아니면 관료제가 합리적인 해법이라고 주장하는 신분 집단의 문화가 가장 합리적인 해법이 될 수도 있겠네요? 무엇이 모두를 위한 최선의 방식인지는 절대 모를 테니 가장 많은 자원을 가진 사람들의 문화를 따르면 다툼은 없을 거란 얘기잖아요. 그들의 문화는 자신들에게 유리한 대로의 자본주의야말로 일을 처리하는 가장 합리적인 방식이라고 말하겠죠."

밀라의 어머니는 그들이 다시 사회학 이야기를 시작했다는 데 약간 동요한 것 같았다.

"밀라, 네가 좀 헷갈리는 것 같구나. 린은 베버가 이념에 관해 주장했다고 말하지 않았어."

"하지만 훨씬 더 복잡하기는 해도 린 아저씨가 설명한 베버의 이론은 지배 계급의 이념과 공통점이 많다고 생각해요. 베버는 경쟁하는 이념들이 많지만 어떤 이념은 다른 것보다 더 성공적이고, 그래서 사람들이 얼마나 노력하든 자본주의 사회의 불평등을 없애기 위해 할 수 있는 일은 아무것도 없다고 말하는 것 같아요. 이런 이론은 심지어 불평등을 악화시킬 수도 있어요. 불평등의 원인과 그걸 정당화하는 근거가 합리적이기 때문에 상황이 더 악화되는 거죠!"

린은 의자에 기대 앉아 놀랍다는 눈으로 밀라를 바라보았다. 그는 밀라의 어머니에게 무언가 말하려고 몸을 돌렸지만 그가 입을 떼기도 전에 밀라의 어머니가 더 크게 말했다.

"밀라, 린과 내 말이 조금 부족했나 보다. 우리가 너에게 뭔가 말하고 싶어 한다는 건 너도 짐작했을 거라고 생각해. 우리는, 그러니까 나는 네 관심사에서 출발하면 그 주제에 부드럽게 다가갈 수 있을 거라고 생각했단다. 어제 네가 나에게 사회학이 너를 지탱해 주었다고 말했을 때 그런 생각이 들었어. 그 이야기를 우리 모두에게 쉽게 만드는 데 사회학이 도움이 될 거라고 말이야. 하지만 본론으로 가기가 어려운 것 같구나."

그녀의 어머니는 린을 비난하듯 쏘아보았다.

"미안하지만 좀 더 단도직입적으로 말해야겠어요."

어머니는 밀라가 언짢아하지 않았으면 좋겠다고 양해를 구하면서 밀라가 한 이야기를 린에게 말했다고 했다. 그들은 이제 밀라가 정말로 들을 준비가 된 것 같으니 실제로 무슨 일이 일어났는지 알려 주어야겠다고 결정했다. 린이 말했던 것처럼 밀라의 아버지와 친구들은 다른 규칙에 따라 움직였다.

"우리는 무슨 일이 일어나고 있는지 암시하는 단서들을 일부러 무시했던 것 같아. 그 의미를 알아챘어야 했는데. 속죄해야 한다고는 각자 결심했는데, 속죄를 위한 일들은 함께 했어."

밀라의 어머니는 자신과 린이 아버지의 사기로 돈을 잃은 사람들을 위한 장학금을 마련했다고 말했다.

"우리가 네 아버지와 연관되어 있는 한 아무도 우리를 믿지 않을 것이기 때문에 보이지 않는 곳에서 일을 해야 했어. 자선 단체가 우리를 도와

주었지. 네 아버지의 일에 연루되어 있던 사람들이 다 사임해 버려서 자선 단체의 명성에는 금이 가지 않았거든. 린은 재판 전에 회계 업무를 그만둬서 이제 공식적으로 관련이 없고. 우리는 린의 뒤를 이어서 회계 업무를 맡은 사람을 통해 돈을 전달했단다."

밀라는 화가 나서 말했다.

"아빠가 우리 모두를 사기꾼으로 만드는군요, 안 그래요? 아빠 때문에 우리 누구도, 그렇게 정말로 좋은 일을 해도 모습을 드러내 놓고 살 수가 없잖아요. 돈은 어디에서 났죠? 아빠가 알던 다른 부유한 사업가들한테서 나왔어요?"

"일부는. 하지만 린이 관대하게도 자기 돈을 내주었고 나도 네 아버지가 감옥에 가 있는 동안 내가 모을 수 있는 모든 돈을 내놓았단다. 이게 내가 하고 싶었던 말이야. 린이 머물 곳을 마련해 줘서 나는 이 집을 팔았어. 정말 미안하다, 밀라."

밀라는 자신도 모르는 사이에 훨씬 더 화가 났다.

"왜 법이 투자자들에게 보상하지 않는 거죠? 왜 엄마가 그래야 해요? 다 똑같아요. 불평등은 절대 건드릴 수가 없는 거네요. 불평등이 알아서 개선된다면 좋겠지만 국가는 국민들이 속고 사기를 당해도 아무것도 하지 않잖아요! 아무리 불공평한 결과가 나와도 관료제는 불평등을 양산하는 배를 뒤집는 어떤 일도 해서는 안 되나 보네요."

이 말을 시작하면서 밀라는 이기적인 자신의 분노 속에서 그녀가 벗어나려 했던 예전의 모습을 발견했다. 그녀는 뒤이어 자신이 느끼는 분노가 분명 다른 데서 오는 것이라고 판단했다. 말하는 동안 그녀는 만일 린과 어머니가 잘못을 바로잡고자 할 수 있다면, 자신은 왜 그럴 수 없는지 자문하게 되었다.

린 아저씨는 밀라가 당연하다고 생각하는 일들을 왜 국가가 할 수 없는지 설명했다. 정당 활동은 자본주의의 불평등을 설명하는 베버 이론의 마지막 부분이자 자원을 두고 경쟁하는 세 번째 방식이다. 여기에서 정당이란 정치 제도 내의 정당만을 의미하는 것이 아니라 특정 지역에서 전 세계에 이르기까지 각기 다른 수준에서 정치적인 영향을 미치기 위해 사람들이 조직하는 모든 종류의 단체를 의미한다. 오늘날 이런 의미에서의 정당에는 특수 이익 단체나 각종 운동 조직까지 포함된다.

베버는 정치적 갈등이 때로는 국가 소유의 막대한 재산까지도 포함하는 자원을 어떻게 분배할지를 결정하는 데 기여하며 선거 운동을 할 때만이 아니라 늘 지속된다고 주장했다. 갈등은 정당 간에 일어나고 때로는 정당 내부의 파벌 간에도 일어나는데, 베버는 이러한 갈등이 단순히 신분 집단 사이의 문제만은 아니라고 확신했다. 린은 정당과 파벌을 그저 특정 계급이나 신분 집단의 대표로만 본다면 정치에서 무슨 일이 일어나는지 제대로 이해할 수 없다고 말했다. 사실 정당은 계급이나 신분 집단 간의 연합이거나 단순히 어떤 계급이나 신분 집단의 일부이다. 또한 정당도 이익을 가진다. 베버는 모든 정당과 정치적 파벌에는 그 자체의 경제적 이익이 있다고 말했다. 정당은 다른 사람에 대한 자원의 분배를 결정하는 것만이 아니라 정당 자체와 그 구성원들에게 돌아갈 자원에도 관심을 가진다.

밀라의 어머니가 끼어들었다.

"많은 나라에서 개인은 정당에 들어가는 데 따른 직간접적인 결과로 아주 부유해질 수 있지."

린은 밀라가 알 수 없는 시선을 어머니와 교환하고 나서 말을 이었다.

"더 중요한 점은, 국가가 나서서 간수하고 경쟁해야 하는 권력과 부가 있다는 거야."

베버에게 국가는 단순히 정당 간 대결의 대상인 것만이 아니라 그 자체로 독립적인 위상을 차지한다. 일례로 국가는 무력을 운영하기 위해 지속적으로 현금이 필요하다. 이는 국가가 정당의 이익, 사실상 그 정당을 구성하는 계급과 신분 집단의 연합체의 이익에 타협할 수 있다는 의미이다. 국가는 항상 대중의 눈높이에서 국가의 정당성을 관리하고, 공권력을 유지하기 위해 물리력을 행사할 준비가 되어 있어야 한다. 그러므로 국가는 단순히 정당을 통제할 권리를 양도받은 중립적인 도구가 아니다. 국가도 경쟁하고 때로는 협조하면서 권력과 자원을 둘러싼 싸움을 벌여야 하는 것이다. 정말로 베버의 관심을 끌었던 것은 이러한 갈등과 경쟁이었다. 베버는 지정학을 통제권과 자원을 얻기 위해 고군분투하는 국가들의 전 세계적 신분 집단 경쟁으로 파악했다고 린이 말했다. 잠시 동안 밀라는 몇 달 전 택시에서의 악몽 같았던 시간을 생각하다가 다시 대화로 돌아왔다.

"국가가 불평등과 부당함에 대해 뭔가 해 줄 것으로 기대해서는 절대 안 된다는 말씀이세요?"

"꼭 그렇지는 않아, 밀라. 그게 그렇게 간단한 일이 아니라는 얘기야. 만일 계급이나 신분 집단의 연합이 자신들의 문화적 가치를 강화하는 수단 중 하나가 정당이라면 정당은, 내 생각에는 국가도 마찬가지지만, 자원을 독점하고 가난한 사람들이 접근하지 못하게 막는 것이 돼. 하지만 나는 정치인들이 불평등에 관해 뭔가를 할 수 있다고 믿어. 문화적 가치들은 독점을 뒷받침하거나 약화하는 법이나 규제로 실현되는 거니까. 정당과 국가가 할 수 있는 모든 일들에 대해 베버가 우리에게 보여 준 것은 불의를 보았을 때 그저 두 손 놓고 있지 않아도 된다는 사실이야."

우리가 가장 먼저 해야 할 일은 불평등의 문화적 정당화가 합리적인 것으로 제시되고 있다는 사실을 밝히는 것이라고 밀라는 생각했다. 합리화 과정은 근대 사회에 엄청난 힘을 부여했다. 그렇다면 사람들은 이를 풀 방법, 즉 합리성을 넘어서서 호소할 다른 사고방식을 찾아야 했다.

"그렇다면 국가는 무엇이 합리적인지 말하는 데 큰 역할을 하니까, 만일 다른 계급이나 신분 집단이 국가를 움직일 수 있으면 합리적으로 보이는 것들을 바꿀 수도 있다는 거죠?"

"하지만 국가와 연결되어 있는 정당은 계급이나 신분 집단과 복잡한 관계를 맺고 있고, 이 모든 것들이 특정 시장을 장악하고 있기 때문에 자본주의와 이해관계가 있어. 만일 한 정당이 불평등을 합리화하는 원인을 제거한다 해도 그저 다른 정당에서 내놓는 '불평등이 합리적인 원인'이 그 자리를 대신하는 결과만 낳게 될 거야."

밀라는 이야말로 마르크스가 말한 지배 계급의 이념과 같다고 생각했다. 단지 이념이 발전하고 경쟁하면서 결국 자본주의가 합리적임을 증명하는 결과에 도달한다고 마르크스의 논의를 변형한 것뿐이었다. 그렇지 않다는 사실을 보여 주기 위해서는 이미 우리에게 제공된 문화 밖으로 나가거나 소외되고 재산을 빼앗긴 사람들의 시각에서 볼 방법을 찾아야 했다.

"하지만 불평등이 합리적이라고 생각하지 않는 사람들이 있잖아요? 비숙련 노동자, 일터에서 쫓겨난 노동자, 시골에서 올라와 대도시를 방황하는 농민들처럼 아무것도 독점하지 못한 채 사회의 밑바닥에 있는 사람들은 어쩌고요?"

린은 이 질문에 대해 베버가 주장한 바를 전했다. 베버는 모든 것을 빼앗기고 소외된 사람들이 하나의 신분 공동체를 이루어 함께 행동하고 무엇이 합리적인지를 결정하는 데 참여해야 한다고 말했다. 밀라는 모든 사람들이 공유하고 있는 생각, 그러니까 불평등 또는 자본주의 자체가 합리적이고 사실상 어쩔 수 없는 것이라는 이 생각에 도전할 새로운 사고방식이 필요하다고 확신했다. 이유는 분명치 않았지만, 이런 확신은 그녀가 최근에 얻은 이상주의와 결합해 아버지에게 왜 자신의 행동이 정당하다고 생각하는지를 물어보겠다는 어느 때보다 단호한 결심으로 이어졌다. 이제 그녀는 아버지의 행동이 이상과는 정반대되는 것이었음을 의심하지 않았다.

15
숨겨진 목소리들

정체성은 타자와 구분 지을 때 성립해. 영국인은 흑인이 아니기 때문에 영국인인 거지.

회학 연구는 타자의 목소리를 멋대로 대표하거나 아예 무시해 버릴 위험을 안고 있어.

그렇다고 우리가 다른 사람들에 대해 말하지 않을 수는 없잖아요.

밀라, 진짜 이름을 밝히다!

밀라는 학교로 돌아가는 길에 생각을 정리할 수 있었다. 그녀는 책을 펴지 않고 창밖을 보면서 이제야 심각하게 받아들이기 시작한 문제들 사이를 마음이 방황하는 대로 내버려 두었다. 밀라는 사회가 개선될 수 있다고 생각하는 이상주의자로서 생각하는 법을 배우고 있었다.(어쩌면 위험할 정도가 아닐까?) 밀라가 이렇게 생각하게 된 것은 자본주의가 번창할수록 더 심각해지는 듯한 불평등 때문이었다. 많은 사람들이 절망적인 빈곤 속에서 살고 있고 어떤 사람들은 굶어 죽어가는데 다른 사람들은 말도 안 되게 부유해졌다. 대부분의 사람들이 이런 상황이 잘못되었다는 데 동의할 텐데 왜 아무도 해결하기 위해 실제로 뭔가를 하지는 않을까?

밀라는 아마도 그들이 불평등을 불가피한 것처럼 보는 사고방식에 갇혀 있기 때문일 거라고 생각했다. 불평등은 풍요와 번영이 확산되는 데 따르는 부작용쯤으로 여겨지거나 아니면 최소한 당분간은 해결하기 힘든 문제로 여겨진다. 린과 토론하면서 얻은 통찰력 덕분에 밀라는 불평등이 불가피하다는 개념은 불평등으로부터 이득을 가장 많이 보는 사람들에게서 비롯된 것이라는 확신이 생겼다. 합리적이라고 말한 건 그들이지만 이게 전부는 아니지 않을까?

한두 주쯤 뒤 재스민이 늦게 들어온 어느 날 밤, 밀라는 몇 달 전 대학에서의 첫날 밤처럼 주방에 혼자 앉아 있었다. 물론 이제 두 사람은 친한 친구가 되었다. 하지만 그들의 우정은 농담과 소문, 잡담으로 쉽게 맺어진 것이 아니었다. 재스민은 잡담을 하지 않았다. 재스민과 밀라는 항상 진지한 문제에 대해 이야기를 나누었고 밀라는 자신이 수업을 보다 진지하게 받아들이면서부터 자신에 대한 재스민의 존중심이 몇 배 높아진 것을 느꼈다. 이 점이 밀라가 재스민에게 자신이 지적으로 정말 어려운 문제로 씨름하고 있다고 털어놓을 수 있는 이유였고, 재스민도 당연히 도우려 했다.

밀라는 재스민에게 현재의 체제와 여기에서 비롯되는 불평등이 합리적이라고 말하는 전통적 관점에 대한 대안이 없다는 것 때문에 옴짝달싹할 수가 없다고 설명했다. 불평등이 합리적이라고 주장하는 사람들은 곧 불평등으로 득을 보는 사람들이라고 지적한다 하더라도 그들의 주장에 대해 다른 관점을 통해 반박할 수가 없었다. 예컨대 불평등을 생산하는 체계가 비효율적이라거나 그다지 생산적이지 않다고 말하면 비웃음을 살 것이다. 불평등이 불행한 부작용이라고 말하는 것은 허용되지만 불평등을 만드는 체계 자체를 뒤흔들 주장은 절대 할 수가 없었다. 재스민은 자신이 가장 잘 알고 있는 분야인 과학에 기대 대답했다.

"과학에는 어떤 이론이 틀렸다고 증명되지 않아도 그냥 추월당하는 예가 많아. 아무도 뉴턴의 이론이 틀렸다고 증명하지 않았지만, 그의 이론만으로는 현대 물리학의 어떤 부분이 설명이 안 돼. 과학에서는 꼭 상대방이 틀렸다고 증명해야 논쟁에서 이기는 게 아니야. 그 사람이 맞을 수도 있지만 중요한 것을 놓쳤다는 걸 보여 주면 돼."

밀라가 이 말을 채 이해하기도 전에 재스민이 불쑥 다른 말을 꺼내는 통에 밀라에게는 재스민의 대답이 그다지 도움이 되지 않았다.

"너와 이야기를 나누던 게 그리워질 거야, 밀라. 정말 그리울 거야."

재스민은 자신의 비자가 갱신되지 않을 거라는 통보를 받았다고 말했다. 이는 영원히 학교를 떠나야 한다는 뜻이라고 말하면서 재스민은 눈을 깜박거리며 애써 눈물을 참았다. 지난 몇 달 동안 재스민이 친구 앞에서 이렇게 감정을 드러내는 일은 처음이었다. 밀라는 재스민을 감싸 안고는 재스민이 자기 수업을 그렇게 좋아하고 또 자신들이 그녀를 이토록 사랑하는데 이게 얼마나 심한 처사냐고, 얼마나 끔찍하고 가혹한 충격이겠냐고 말했다.

재스민은 눈물을 거두고 밀라를 올려다보았다.

"아마 고향에서 공부를 이어 갈 다른 곳을 찾고 어쩌면 비슷한 과목도 찾을 수 있을 거야. 다만 내가 원하는 자리에 가는 데 좀 더 걸리겠지."

밀라는 눈물이 날 것 같아서 그녀를 다시 끌어안았다. 재스민은 팔을 몸 양 옆에 붙인 채 통나무처럼 딱딱하게 서 있었다. 그러고 나서 밀라는 보통 이런 상황에서 상대방을 안심시키는 데 쓰는 무의미한 말을 했다.

"분명히 뭔가 할 수 있을 거야. 캠페인을 하고, 바리케이드를 쳐서라도 널 데려가지 못하게 할게. 안 지 얼마나 된 거야?"

"한 달 전에 들었고, 열흘 뒤에는 떠나야 돼."

밀라는 이유를 알 것 같으면서도 재스민에게 왜 바보같이 친구들에게 빨리 말하지 않았느냐고 했다. 그녀는 린이 공무원으로서의 인맥을 이용해 재스민의 비자 문제를 해결해 줄 수도 있을 거라는 기대로 되도록 빨리 그에게 부탁해 봐야겠다고 결심했다. 하지만 재스민에게는 그런 계획을 말하지 않았다. 밀라가 린에게 전화를 하기까지는 3시간이 걸렸다. 다른 일이었다면 그렇게 오랫동안 고민하지 않았을 것이다. 마침내 전화를 걸었을 때 그는 재스민의 신상을 꼼꼼하게 물어보았다. 그는 아무 약속도 하지 않고 단지 자기가 무엇을 할 수 있을지 알아보겠다고만 했다.

일단 린과의 통화가 끝나자 밀라는 재스민이 끔찍한 소식을 전하기 전 주방에서 나눈 짧은 대화를 떠올렸다. 재스민에 대한 걱정을 누그러뜨리기 위해 밀라는 재스민이 한 말을 자신의 문제에 적용해 보기로 했다. 불평등의 증가로 인해 고통받는 사람들의 시각으로 세상을 이해하려면 어떤 이론이 참고할 만한지 생각해 보았다. 밀라는 이 문제를 달리나에게 말해야겠다고 결심했다. 과학적 지식에 관한 세미나 이후 이어진 세미나마다 달리나는 똑똑하고 아는 것도 많으며 특히 학생들이 공부하는 데 도움이 되는 일은 무엇이든 할 헌신적인 도우미라는 첫인상을 확인시켜 주었다. 가끔은 세미나에 참여한 학생들을 대하는 방식이 지나치게 정중하기는 했지만 일대일 상황에서는 이상적인 선생님이었다. 그녀는 무척 명민했고 무엇보다도 학생들에게 너그러이 시간을 내 주었다.

밀라는 다음 날 아침 일찍 린에게 연락을 받았다. 그는 천천히 그리고 조심스럽게, 전에 함께 일했던 한 공무원이 재스민의 일에 대해 알아보았다고 말했다. 들어 보니 비자를 얻기 위해 학생 신분을 쓰지만 진짜로 수업을 듣지는 않는 외국인을 가려내는 정기 조사에서 착오가 있었던 듯했다. 그는 재스민을 진짜 학생으로 재분류해야 한다고 간단히 말해 두었다고 했다. 린은 그의 친구들이 그렇게 하겠다고는 했지만 재스민이 적절한 때에 등록을 증명할 서류들을 낸다면 매우 도움이 될 것이라고 덧붙였다. 밀라는 이 말을 다 알아듣기가 어려웠다.

"그러니까 쉽게 말해, 친구가 안 떠나도 된다는 거죠?"

린은 그렇다고 말하면서 조심스럽게 방금 했던 말을 반복했다. 밀라는 기뻐서 비명을 지르고는 정신을 추스려 침착하고 진지한 어조로 얼마나 감사한지 모르겠다고 말했다. 린은 밀라의 친구를 도울 수 있어서 기쁘고, 관료제의 부당함이 쉽게 바로잡힐 수 있기를 바란다고 말했다. 밀라는 듣는 둥 마는 둥 했다. 그녀는 지금 재스민에게 이 기쁜 소식을 전해도 되는지 알고 싶었다.

"하루 이틀 안에 그 친구에게 공식적으로 연락이 가겠지만, 체류해도 좋다는 허가가 나왔다는 이야기는 해도 돼."

밀라는 싱글벙글하면서 재스민의 방으로 달려갔다. 재스민에게 소식을 전하자 그녀는 눈물을 터뜨릴 것 같았지만 밀라에게 어떻게 된 일인지, 자신이 여기 머물 수 있도록 승인을 받았다는 사실을 어떻게 그렇게 확실히 알았는지 물어볼 정신은 있었다. 그녀는 증거가 필요했다. 밀라는 재스민이 자기 말을 의심한다는 데 잠시 기분이 상했지만, 이내 자신이 재스민의 입장이라도 똑같이 의심했을 거라고 생각했다. 밀라가 보기에도 어린 친구가 관료제의 바퀴에 깔리기 직전에 자신을 구할 수 있다는 건 말도 안 되는 일이었다. 그것이 사실이라고 믿고 싶어도 재스민에게는 증거가 필요할 테고, 증거가 없다면 그녀는 짐을 챙기고 떠나는 일정을 확정해야 할 것이었다.

밀라는 어머니의 친구 중에 공무원 일을 해서 그쪽에 친구가 많은 분과 통화했다고 말했다. 재스민은 그분에게 전화해서 직접 감사드려야겠다고 했다. 밀라가 그분은 그런 인사를 받길 원하지 않을 것이라고 말하는 동안, 재스민은 표정으로 린과 통화하는 일이 자신에게 얼마나 중요한지 말하고 있었다. 동시에 밀라는 재스민을 안심시키기 위해서는 자신이 정말로 누구인지를 밝혀야 한다는 것을 깨달았다.

밀라가 시간이 더 있고 생각을 충분히 할 만큼 차분했다면, 그녀는 린 아저씨가 재스민과 통화할 때 자신의 가짜 정체를 지켜 달라고 어머니에게 귀띔하는 계획을 생각해 냈을 것이다. 하지만 그 순간 밀라는 친구들에게 진짜 이름을 숨기는 것이 어렵고 불필요하며 더는 노력할 가치가 없다고 느꼈다. 한때 자신을 보호하기 위해 어떤 고생도 마다하지 않던 곳에서 그녀는 이제 모든 것이 약간 우습다고 생각하고 있었다. 그녀는 재스민에게 자신의 진짜 이름을 말했다.

"네가 내 친구라고 말해야 할 거야. 밀라라고 하면 모르실 테니, 그 이름은 쓰지 말고."

밀라는 재스민의 표정에 나타나는 반응을 세심히 살폈다. 갑자기 재스민이 어떤 못마땅한 기색이라도 보인다면 얼마나 고통스러울까 하는 생각이 들었다. 재스민의 얼굴에서 보이는 것은 황당함이 전부였다. 밀라는 재스민에게 자신의 진짜 이름을 다시 말하고 아버지의 이름까지 말했다. 하지만 재스민이 한 말은 "왜 네 이름이 밀라라고 했던 거야? 그게 네 별명이야?"가 다였다. 밀라는 아마도 재스민이 다른 나라에서 와서 자신의 아버지나 재판에 대해 모르는 거라고 생각했다.

밀라가 재스민에게 자신의 아버지가 누구이고 무슨 일을 했으며 자신이 왜 다른 사람인 척했는지를 설명하는 데는 시간이 걸렸다. 재스민은 밀라의 상황과 더불어 밀라가 어떤 느낌이었을지 이해하려고 분명 열심히 노력했다. 하지만 밀라는 재스민이 여전히 혼란스러워한다는 것을 알 수 있었다. 밀라는 점차 당황스러워졌고 다른 친구들에게 자신이 진짜 누구인지 말하지 말아 달라고 부탁하겠다는 생각은 포기해 버렸다. 이제 그녀는 피할 수 없는 다음 단계가 가져올 후폭풍을 충분히 의식하고 있었다. 아나는 대체 뭐라고 할까? 밀라는 상상도 할 수 없었지만 어쨌든 고백할 때는 이미 지났다는 확신이 들었다.

"아이들에게 말해야겠지, 그렇지?"

밀라가 재스민에게 말했다. 재스민은 밀라의 손을 잡고 주방으로 데려갔다. 주방에 들어서자 세 친구의 얼굴이 보였다. 드디어 밀라가 말을 꺼냈다.

"얘들아 안녕. 나 할 말이 있어. 밀라는 내 진짜 이름이 아니야……."

밀라는 강사들이나 교수들 앞에서 자신의 정체를 밝힐 준비까지는 되어 있지 않았다. 감당해야 할 감정적 결과가 똑같지는 않겠지만 지금으로서는 버거운 상황이 생길 수 있었다. 그녀는 친구들에게 며칠 동안은 비밀을 지켜 달라고 부탁하고는 '밀라'의 신분으로 달리나를 만나러 갔다.

'엘리너' 마르크스와 '마리안네' 베버

달리나는 밀라가 정말로 마르크스와 베버에 대해 읽었다는 데 놀라면서도 반가워했다. 그녀는 밀라에게 자신과 다른 강사들은 대개 학생들이 다른 책에서 스쳐 지나가며 접하게 되는 것들을 통해서 사회학의 '창시자'들에 대한 충분한 지식을 얻게 될 거라 가정한다고 말했다. 다른 나라의 사회학 수업에서는 마르크스와 베버가 아직 주목을 끌 수도 있지만, 밀라의 수업에서 쓰이는 교재들은(핵심 교재에서조차) 그들을 매우 피상적으로 다루었다. 밀라는 왜 그런지 알고 싶었다.

달리나는 20세기의 정치적, 경제적 변화와 깊은 관련이 있다고 했다. 역사는 언제나 승자에 의해 쓰인다. 여기에서 승자는 전쟁의 승자일 수도 있고 다른 갈등에서 이긴 쪽일 수도 있다. 무엇이 사회학으로 간주되는가도 같은 식으로 결정된다. 마르크스주의는 20세기 역사의 주요 패배자 중 하나였다. 자원을 둘러싼 갈등과 경쟁에 대한 베버의 이론은 전 세계적 발전이 모든 사람에 대한 혜택으로 그려지는 세상에는 맞지 않는다. 하지만 달리나는 마르크스와 베버의 이론 자체에 설계상의 결함이 있다고 했다. 이 점을 이해하면 그들의 이론이 인기를 잃게 된 원인만이 아니라 밀라가 그들의 이론을 불만족스럽다거나 심각하게 불완전하다고 생각하는 궁극적인 이유도 설명될 것이다.

달리나는 그녀에게 엘리너 마르크스(Eleanor Marx)와 마리안네 베버(Marianne Weber)에 대해 이야기해 주었다. 카를 마르크스의 막내딸이었던 엘리너는 영리하고 조숙했으며 아버지의 뒤를 이은 타고난 지식인이었다. 하지만 그녀는 여자였고 19세기를 살았기 때문에 자신의 경력을 쌓는 대신 아버지의 비서로서 그의 연구를 묶어 세 권짜리 거대한 책 『자본론(Capital)』을 내는 것을 도왔다. 그리고 나서는 아버지 마르크스와 어머니의 말년에 그들을 간호했다. 그녀는 두 명의 남자와 오랫동안 만났는데 그중 두 번째 남자는 엘리너의 젊은 시절을 특징지은 것과 같은 극단적인 자기희생을 요구했다. 그래도 그녀는 용케 자기 힘으로 유명한 페미니스트, 혁명가, 노동조합 운동가, 기자이자 여러 권의 책을 쓴 저자가 되었다. 그녀는 마흔셋의 나이로 자살했다. 그녀의 아버지는 마흔아홉이 되어서야 『자본론』 1권을 냈더랬다. 엘리너가 살아 있었다면 계속해서 무슨 일을 했을지 누가 알겠는가?

물론 밀라는 엘리너가 왜 자살했는지 알고 싶었다. 달리나는 누구도 확실하게는 모르지만 설은 많다고 말했다. 당시 그녀와 함께 살던 남자인 에이블링은 그녀에게 전혀 신실하지 않았고 너무 많이 그녀를 모욕했다. 그는 다른 여자와 몰래 결혼한 적도 있었다. 에이블링은 정치 자금이나 노동조합 기금에도 손을 댔던 게 아닐까? 달리나는 이 시점에서 밀라가 무슨 말을 하려는 것 같아 잠시 멈추었다가 밀라가 고개를 가로젓자 다시 말을 이었다. 에이블링이 (돈을 얻어내려고) 엘리너의 친구인 프레디 더무스가 엥겔스의 사생아가 아니라 그녀가 흠모하고 명예롭게 여기던 그녀 아버지의 사생아라는 사실을 폭로하겠다고 엘리너를 협박했다는 설도 있었다. 아마 그녀는 아버지의 적들이 아버지의 불명예를 기뻐할 모습을 견딜 수 없다고 생각했을지도 모른다.

"그러느니 죽는 편이 낫다고 생각했는지, 우린 모르지. 이제 마리안네 이야기를 해 볼까."

달리나는 마리안네 베버가 독일의 사회 민주주의와 20세기 초반 독일 여성 운동의 주요 인물이었다고 말했다. 그녀의 어린 시절은 가족을 괴롭히고 결국에는 그녀에게도 영향을 미친 정신병으로 인해 황폐했다. 그녀의 육촌이었던 막스 베버 또한 비극을 피하지 못하고 마리안네와의 결혼

이후 심각한 정신 질환의 희생자가 되었다. 마리안네는 7년 동안 막스를 간병했지만 결국 그가 두 사람이 함께 알던 친구와 불륜을 저지르는 꼴만 보게 되었다. 마리안네의 가장 유명한 연구서가 『결혼, 모성, 법(Marriage, Motherhood, and Law)』이었다는 것은 생각해 보면 묘한 일이었다!

그럼에도 마리안네는 결혼 생활을 지켰고, 막스의 명성과 중요성이 높아지면서 베버 부부는 사회학자 게오르크 지멜(Georg Simmel)과 페미니스트 마리 바움(Marie Baum)과 함께 지식인 사회의 중심이 되었다. 마리안네 자신은 페미니즘 연구를 계속하면서 독일 최초의 여성 의원이자 독일 여성 단체 연합회 회장이 되었다. 그때 막스의 여동생 릴리가 자살했고 막스도 갑자기 죽었다. 마리안네는 공적 활동을 재개하고 릴리의 네 자녀를 입양하기까지 4년 동안 우울증에 시달렸다. 그녀는 지하 언론을 통해 계속 저서를 출판했다. 그러다가 1930년대 초에 히틀러가 득세하면서 그녀의 저술 활동도 끝이 났다. 그녀는 장수했지만 나치로 인해 정신 건강에 큰 타격을 받았다.

"정말 슬픈 이야기네요."

밀라가 말했다.

"너는 마리안네와 엘리너가 고귀하고 헌신적인 영웅이라고 생각하니, 아니면 그런 부당한 대우를 참고 견뎠으니 제정신이 아니라고 생각하니?"

"그 사람들에게 선택할 기회가 있었을까요?"

밀라는 이렇게 말하면서 마리안네 베버와 엘리너 마르크스가 아니라 자신의 어머니를 떠올리고 있었다. 그녀는 어머니의 삶과 그들의 삶 사이에서 유사점을 발견했고 어머니가 고귀하고 헌신적이라고 생각했다.

어머니의 인생에 린이 중요한 사람이라는 사실을 받아들이고 나자 밀라는 다시 어머니와 가까워진 느낌이었다. 하지만 이제 그녀는 부모가 하는 일에 대해 묻지도 판단하지도 않는 아이로서가 아니라 어머니의 강인한 성격을 존경하는 어른으로서 어머니를 가깝게 느끼고 있었다. 밀라는 자신이 엄마를 따라 집 안을 뛰어다니던 어린애가 아니라, 어쩌다 자신의 어머니가 된 한 여성을 존중하고 그녀를 자신과 강하게 동일시하는 여성으로 느껴졌다. 만일 그녀가 어머니를 존경한다면 어떻게 마리안네나 엘리너를 존경하지 않을 수 있으며, 자신도 만일 그들처럼 행동한다면 자랑스럽겠다고 생각하지 않을 수 있겠는가? 그래서 밀라는 달리나에게 그들이 어리석었다고 생각하지 않는다고 말했다.

"아니요, 그들은 정말 고귀했어요. 그렇지 않다고 생각하는 사람은 남자들이 세상을 보는 방식에 굴복하고 거기에 맞춰 그들을 평가하는 거예요."

그녀는 '우리 아빠 같은 사람'이라는 말을 덧붙이려다가 참았다.

"글쎄, 그렇게 볼 수도 있지만 그들이 지나치게 자신을 희생했다고 생각할 수도 있겠지. 만일 그들이 자기를 더 배려하고 적절한 때와 장소에서 생각을 발전시켰더라면 아마 그들에게나 우리에게나 더 좋았을 거야. 하지만 그들이 살았던 사회에서는 그런 일이 일어나지 않았고 용인되지도 못했겠지. 그게 중요해. 아마 나는 그런 실수를 하지 않을 거고, 너도 그럴 거야. 하지만 그때는 대안이 없었어. 자신에게 얼마나 보헤미안 자질이 있다고 생각하든 카를 마르크스와 막스 베버는 여성의 목소리가 죽어 있는 세계의 일원이었어. 여성이 그들의 목소리를 낼 수 없었던 것은 꼭 조용히 하라는 말을 들어서가 아니라 그런 처지에 익숙해져 있었기 때문이었지. 이제 세상은 달라졌어. 최소한 일부 나라에서는 말이야. 마르크스와 베버에게는 한 가지 큰 문제가 있었어. 모두를 대변하겠다고 주장했다는 사실이지. 그러나 그들이나 그들의 계승자들은 엘리너와 마리안네를 대변할 자격이 없었어. 이 점은 아마 네 질문과도 통할 거야."

달리나는 자신은 세계가 달라졌고 사회학이 세상을 바라보는 방식도 달라졌다고 생각한다고 했다. 이제는 한 가지 관점만이 존재하는 것이 아니다. 마르크스와 베버 등의 학자들은 모두 전 세계에 적용되는 답을 들고 나왔지만 실상 그림의 큰 부분을 놓쳤다. 그들은 인간 이성의 힘을 역설하는 계몽주의를 수용하면서 자신들과 같은 사람들, 다시 말해 유럽 백인 남성을 위한 진보가 모든 인류를 위한 진보라고 생각했다.

밀라는 이 순간을 계시로 받아들였다. 그녀가 불평등으로 고통받는 사람들의 목소리를 찾아낼 방법을 모색하고 있었음에도 지금까지 그 방법을 찾을 수 없었던 이유를 달리나가 정확하게 설명해 주고 있었다. 다른 목소리가 배제되었다는 점은 마르크스와 베버 이론의 기본 설계상의 결함으로 보였다. 밀라는 자신의 생각이 옳았다는 것이 입증된 것 같아 다소 자랑스러웠지만, 그 뒤에 달리나가 한 말로 혼란스러워졌다.

"과학 지식에 대한 세미나에서 우리가 어떻게 사물을 인식하는지에 관해 했던 토론 기억나지? 사회학 연구나 친구와의 대화 같은 사회적 상황에서 우리가 얻는 답은 종종, 어쩌면 항상 우리가 하는 질문에 달려 있어. 우리가 무엇을 묻느냐만이 아니라 누구에게 물어보느냐, 어떻게 물어보느냐까지 포함해서 말이야. 사회학자들은 전부터 이 점을 의식하고 있었어. 관찰자의 편향성을 걸러 내고 관찰자가 실험에 미치는 영향을 가능한 한 줄이려는 자연 과학의 방식과 그렇게 다르지 않은 얘기야. 그런데 사회학은 다른 사회 과학과 달리 절대 관찰자를 없앨 수 없어."

달리나는 계속해서 사회학에서는 관찰자, 즉 사회학자들도 관찰되고 있는 사람들이 무엇을 하는지에 영향을 받는다고 설명했다.

"자연 과학과 달리 사회학에서 관찰자와 관찰 대상은 둘 다 똑같이 '사람'이야. 사회학자들이 만들어 내는 지식은 다른 사람들이 어떻게 행동하는지, 어떻게 말하고 무엇에 대해 말하는지에 영향을 줘. 보통 간과되곤 하지만 다른 사람들이 만드는 지식도 사회학자들이 생각하고 말하고 행동하는 데 영향을 주지. 그러니 마르크스와 베버의 경우에 그들의 이론은 당대 다른 사람들의 행동에서 많은 영향을 받았을 거야."

"만일 사생아 이야기가 사실이라면 마르크스는 다른 사람들의 반응을 예상하고 그 일을 숨긴 거네요. 그 이후에 그가 책에서 한 말이 다른 사람들의 영향을 받았다는 것은 꽤 확실하고요."

밀라가 말했다.

"맞아, 하지만 마르크스를 너무 박하게 평가하지는 마. 나는 단순히 그가 사회적 관습을 우려했기 때문에 여자를 배제시켰다고 말하는 게 아니야. 배제된 사람들이 무슨 말을 하고 싶어하는지 알아내는 데에도 문제가 있었어. 이 문제는 여전히 남아 있고."

"이해가 안 돼요. 그냥 물어보면 되잖아요. 왜 그냥 엘리너에게 묻지 않았을까요? 그리고 베버는 왜 마리안네에게 물어보거나, 아니면 최소한 그녀의 책을 읽어 보지 않았을까요?"

"사회학자이자 사람으로서 우리는 서로 이해할 수 있는 언어로 말하고 묻고 답할 수 있어. 쉽게 가자. 현실에서는 진실이 가장 멀어. 사회학에는 어떤 사람들이 하는 일을 다른 사람들이 하는 일보다 덜 중요하게 정의한 개념이 잔뜩 있어. 예를 들어 여성의 가사 노동은 오랫동안 노동 연구에서 마치 존재하지 않는 듯 무시되었지. 사회 과학은 연구 대상이 실제로 누구이고 무엇을 원하는지 알아내는 문제부터 엄청난 난관에 부딪쳤어. 인류학, 사회학, 경제학 모두 자신들이 무엇을 연구하는지 규정하는 데 큰 어려움을 겪었지. 인종이나 계급을 정의하는 방식이 잘못되었고 더 나아가 우리가 제기하는 질문 자체가 잘못되었다는 주장 없이 넘어가는 학술지는 거의 없어. 제대로 된 질문이 나왔을 때도 굳이 답을 들으려고 하지 않았던 적이 많고."

밀라는 이 말이 타당하다고 생각했다. 문제를 인식하고 생각의 기본 재료를 고르는 방식이 목소리를 낼 수 없었던 사람들을 끌어들일 기회를 처음부터 차단할 수 있다는 것이 이해가 갔다. 그것은 마치 엘리베이터에서 가려는 층의 버튼을 누르는 데 집중하느라 아직 못 탄 사람들이 많이 남아 있는데도 문이 닫히는 데 신경 쓰지 않는 것과 같았다.

"사회학이 어떤 면에서 사회학자들과 다른 사람들에게 문을 닫는, 그러니까 다른 이들을 빠뜨리는 경향이 있다는 말씀이세요? 사회학자들이 남자라 여자를 배제하고, 기독교인이나 유대교인이라 이슬람교인을 배제하는 것처럼요?"

달리나는 이 말에 수긍하듯 고개를 끄덕이면서 수 세기 동안 많은 나라들은 다른 나라를 합병하거나 식민지로 삼아 제국이 되었다고 말했다. 사회 이론에서 식민주의라는 개념은 보통 19세기 서구 유럽 국가들이 아프리카·아시아의 많은 지역과 라틴 아메리카의 일부 지역을 식민화한 구체적인 역사적 사실을 언급하는 데 쓰인다. 또한 이런 행위를 정당화하기 위해 생겨난 주장들, 즉 피식민지는 본국과 다르며 열등한 인종 또는 국가라 규정하는 학계의 풍조를 의미하기도 한다.

식민화하는 쪽에서는 계몽주의 학문, 이성, 법의 지배라는 백색광을 비추어 식민화되는 쪽을 암흑에서 끌어낸다. 에드워드 사이드(Edward Said)는 이런 주장을 오리엔탈리즘이라고 불렀다. 프란츠 파농(Frantz Fanon)은 유럽의 계몽주의 이론가들이 끊임없이 인간의 권리를 이야기하면서도 '진짜' 남자와 여자들을 억압한다고 비판했다. 사이드나 파농 같은 비평가들은 식민주의가 식민화하는 쪽과 식민화되는 쪽 양측에 정치적, 경제적으로는 물론 심리학적, 문화적, 사회적으로도 영향을 준다고 보았다. 달리나는 또한 파농과 사이드 같은 이론가들이 식민화되는 쪽이 스스로를 다스릴 수 있는 완전한 인간에 못 미친다고 생각하는 경우에는 그들을 위한 좋은 의도가 나쁜 의도만큼이나 해로울 수 있음을 지적했다고 말했다. 지배하는 사람은 자신을 우월한 존재로 규정하기 위해 지배할 사람이 필요했다.

밀라는 파농에 대해 더 알고 싶었다. 달리나는 그가 프랑스령 마르티니크 섬에서 태어난 정신과 의사로, 프랑스의 식민 지배에 반대하는 알제리 혁명에 참여했다고 말했다. 프랑스 군대에 의해 고문을 당한 알제리 인과 그들을 고문했던 사람들 모두 그의 환자였다. 그는 의사 일을 그만두고는 식민주의가 백인 지배자와 흑인 피지배자 모두의 정신을 망가트리고 있으며, 따라서 식민 지배하에서는 윤리적으로 정신 의학을 하는 것이 불가능하다고 주장하면서 알제리 독립 투쟁에 동참했다. 파농은 흑인들이 식민화된 국가의 독립은 물론 정신의 독립을 얻기를 원했다. 그는 대중에 대한 멸시와 두려움을 가지고 이미 떠난 지배자를 흉내 내는 신생 독립 국가의 흑인 엘리트들에 대해 경악하곤 했다.

달리나는 계몽주의 때부터 발전한 사고방식이 권력을 쥔 사람들로 하여금 다른 사람을 상당히 비열하게 대하게 만든다는 결론에 도달한 사회학자들이 많다고 말했다. 계몽주의가 나온 지는 오래되었으나 세계를 인식 주체와 인식 대상으로 분리해서 보는 방식은 타자를 사람이 아닌 것처럼 대하는 데 계속해서 영향을 미쳤다. '타자'가 된 사람들은 이야기를 하고 목소리를 내는데도 그저 이용당하고 버려지는 사물 또는 대상으로 취급되었다. 노예 제도나 집단 학살 등의 역사적 사례는 파고들자면 너무나 많고 슬프다. 많은 사회학자들이 이에 맞서려고 노력을 해 왔다.

밀라는 혼란스러웠고 약간 충격받았다.

"마르크스와 베버도 그중 일부였다는 말씀이세요?"

"글쎄. 엘리너와 마리안네에게 일어난 일을 봐. 여기에는 우리가 다뤄야 할 두 가지 문제가 있어. 첫 번째는 사회학자이자 개인으로서 우리가 지닌 사고방식은 다른 사람들이 그들 자신에 대해 무슨 이야기를 하려고 하는지 이해하는 것을 불가능하게 하거나 최소한 매우 어렵게 만들 수 있다는 거야. 어떤 목소리는 들리지 않는다는 뜻이지. 두 번째 문제는 우리의 사고방식이 실제로 우리가 도우려는 사람들을 잘못 대변하거나 그 사람들의 목소리를 막아 버려서 그들에게 상처를 주는 결과로 이어질 수 있다는 거야."

"좋아요. 타인을 생각하는 방식이 타인을 대하는 방식의 기초라는 건 알아요. 고프먼에 대해 읽으면서 배웠거든요. 사람들은 다른 사람들이 자신을 생각하는 방식을 바꾸기 위해 엄청나게 노력한다고요."

"맞아. 우리가 다른 사람들을 사람이 아니라거나 우리처럼 온전한 인간이 아니라고 생각하는 경우의 극단적인 예를 들어 보자. 만일 우리가 다른 사람들이 우리와 마찬가지로 일, 음식, 쉼터, 사랑이 필요하다고 생각하지 않으면 그들이 일하고 먹고살기 위해 꼭 필요한 것들을 빼앗을 수도 있어. 과거에 일어난 전쟁에 대해 읽어 보면 그때 일어난 잔혹 행위들은 상상할 수조차 없는 일 같지. 어떻게 인간이 인간에게 그런 짓을 할 수 있느냐고 묻게 되잖아."

"다른 편 사람들도 '사람'이라는 생각을 전혀 하지 않기 때문이죠?"

밀라는 달리나의 요점을 알 것 같았지만 이 모든 것이 궁극적으로 어디로 이어질지 여전히 혼란스러웠기 때문에 다음 단계를 예측할 수 있다는 게 전혀 기쁘지 않았다. 밀라는 지금껏 마르크스와 베버의 기본 개념들이 옳은 편에 속하며, 그들의 이론은 사회를 더 낫게 변화시킬 잠재력이 있지만 불완전했기에 아직 실현되지 않았다고 믿었다. 그런데 지금 달리나는 마르크스와 베버를 구제할 가능성이 없다고 말하는 듯했다. 그녀는 심지어 그들의 이론을 노예 제도나 대학살과 같은 선상에 놓고 있었다. 밀라는 의기소침해지기 시작했다.

달리나는 이제 이 오래된 사회학 문제에 두 갈래의 반론이 있다고 말하고 있었다. 첫째는 (마르크스와 베버뿐 아니라 뒤르켐도 포함되는) 고전 사회학자들이 많은 사람들을 무시하는 편협한 관점을 가졌다는 것이다. 그들은 자신들이 영속적이고 보편적인 진실을 말하고 있다고 생각했다. 그들은 현실을 직면한다고 생각했지만 단지 거울에 비친 그들의 진실과 그들의 현실을 묘사했을 뿐이다. 달리나에 따르면 이런 종류의 반론은 보편적 진리에 접근할 가능성 자체를 거부하는 것이 아니라 마르크스 등이 자신들의 목적을 이루지 못했다는 주장일 뿐이다. 특히 사회의 밑바닥에 있는 사람들의 목소리와 경험을 많이 포함할수록 정확한 진술이 가능할 것이며 사회학은 현실을 제대로 반영할 수 있게 될 것이다.

밀라는 '좋아. 엘리베이터 이론이야.' 하고 생각했다. 마르크스와 베버는 문을 열어 두는 것을 잊었지만 문을 열고 엘리베이터에 타는 것은 아직 가능하다. 여기까지는 좋지만 달리나는 두 번째 반론이 보다 냉혹하다고 말했다.

"여기서는 죽은 백인 남자들이 타자의 목소리를 듣는 데 실패하기만 한 것이 아니라 애초에 들을 수 없었던 거라고 말해. 그들을 포함한 우리 모두는 다른 누군가에게 귀를 기울이거나 이해할 수 없다는 거야."

밀라는 그런 감당할 수 없는 반론을 떨쳐 버릴 방법을 찾고 싶은 마음이 간절했다.

"그러니까 어떤 사람들의 목소리는 절대 들리지 않는다는 거군요. 하지만 우리가 질문을 던지는 방식 자체가 누군가의 대답을 가로막는다면 어느 목소리가 무시당하는지는 어떻게 알죠? 그중에서 진짜인 게 있긴 해요? 저는 처음 사회학을 공부하기 시작했을 때 사회학자들이 정신병자, 범죄자, 소수 인종 등 사회로부터 격리된 사람들에 대한 연구를 개척했다고 배웠어요. 이런 연구에서 사회학자들은 소외된 사람들의 상황뿐 아니라 전체 사회에 대한 통찰을 발전시켰죠."

달리나는 밀라가 말한 첫 번째 논점은 무시한 것 같았지만 두 번째에는 대답했다.

"너와 언쟁을 하려는 게 아니야, 밀라. 사회학은 숨겨져 있는 사람들의 목소리를 들으려고 최선을 다하지만, 실천적 측면에서 어떤 목소리를 대변하기 위해 어떤 목소리는 배제하는 일에 대해서는 여전히 대답하기를 꺼려. 이런 식으로 사람들이 무시당한 예는 많이 있어. 계급 이론이 대표적이지. 계급은 사회학 이론의 주요 개념이자 오랫동안 사회 현상을 분석하는 데 유일하게 그럴듯한 접근 방식이었어. 문제는 계급 이론을 사회에 적용하려는 시도가 어느 계급에도 들어맞지 않는 사람들을 무시하거나 전혀 비슷한 점이 없는 사람들을 묶어 버리곤 했다는 거야. 예를 들어 여성에게는 남편의 사회적 계급이 부여되었고 그들의 가사 노동은 무시되었지."

"그게 잘못이라는 데는 동의해요. 그건 분명해요. 사회학은 그렇게 행동하지 않을 특별한 책무가 있어요. 하지만 사회학을 그런 식으로 설계한 것도 베버나 마르크스 같은 고전 사회학자들이에요. 그들은 사회학이 사회에서 듣고 싶어 하지 않는 사회 현상을 지적해야 한다고 봤어요. 그중 하나가 자기 목소리를 직접 낼 수 없는 사람들을 위해 발언하는 것이었죠."

"사람들을 무시하거나 입을 막지 않고 관심을 기울이는 것은 좋아. 하지만 그들을 위해 말할 수 있다고 생각하는 건 조금 거만하지 않니? 우리가 정말 우리와 아주 다른 사람들을 위해 뭔가를 말할 수 있을까? 우리가 그들의 입장이 된다는 것이 어떤 건지 진짜로 이해할 수 있을까? 우리가 정말 우리와 다른 삶을 살아온 사람들을 이해할 수 있을까?"

달리나는 계속해서 마르크스와 베버에 대해 보다 가혹한 비판을 내리는 이들은 우리가 다른 사람들을 대변할 수 있다고 주장하는 것부터가 잘못이라 말했다고 했다. 오랫동안 우리는 진보, 즉 사람들이 서로와 더 잘 지내고 사회적·경제적·도덕적으로 발전하는 것이 모든 사람들에게 같은 의미라는 생각을 가지고 있었다. 사회학의 역할은 (마르크스주의, 사회 민주주의 등) 경쟁적으로 제시되는 진보적 이론의 이점을 저울질하는 것으로 간주되었다.

첫 번째 비판자들은 이러한 역할을 제대로 수행하기 위해 더 많은 사람들과 목소리를 포함시켜야 한다는 생각만 추가했다. 하지만 1960년대 페미니즘 운동의 '제2의 물결'과 미국에서의 분리주의적 흑인 민족주의, 1990년대의 이슬람 근본주의 이후 기존의 진보 개념이 완전히 틀렸다고 생각하는 사람들이 많아졌다. 이들은 선거권의 확대나 차별에 대한 법적 규제와 같은 자유주의의 성과가 불평등을 근절하고 인종 차별과 성차별을 없애며 세상을 보다 평등한 곳으로 만드는 데 그렇게 많이 기여하지는 않았다고 지적했다. 더 나쁜 것은 자유주의적 권리가 이제는 모든 것이 좋아졌다는 인상을 주면서 인종 차별, 성차별, 계급 차별을 은폐해 실제로는 상황을 악화시켰다는 점이다. 그들은 사회학도 다른 모든 사회 과학과 마찬가지로 사회가 모든 사람을 하나로 묶어서 동등하게 대우해야 한다는 가정 위에서 작동했다는 점에서 유죄라고 말했다. 이후 모든 사람들의 문제는 각자의 문제가 되었다. 밀라가 물었다.

"보편적 권리, 법적 평등, 차별 방지법 등등이 충분치 않다고 생각하는 페미니스트들이 있다는 건 알아요. 그럼 인종에 대해서도 같은 생각을 하는 사람이 있는 건가요?"

달리나는 인종 연구자들도 페미니스트들만큼이나 자유주의적 평등과 정의 개념이 가린 불평등에 관심을 가졌다고 말했다. 그들은 모든 정의에는 불의가 있고, 모든 '옳은 것' 안에는 그른 것이 있다고 지적했다. 그때 달리나가 밀라에게 질문을 던졌다.

"마르크스와 베버를 읽을 때, 고전 사회학자들이 항상 다른 사람 이야기를 하는 것 같지 않았니?"

"무슨 말인지 알겠어요. 그들은 아주 오래전에 글을 썼고 저는 다른 사회에 사는 여성이라는 거죠. 하지만 그렇다고 해도 그들이 한 말에 공감할 수는 있었어요. 어떤 면에서는 이해했고요. 마치 제가 뭔가 할 수 있을 것 같은 느낌이 들었거든요."

"그럴 수도 있지. 하지만 그게 순수한 감정일까? 네가 그렇게 생각하는 건 헤겔 철학에서 말하는 '보편적 주체'라는 개념을 믿기 때문이야. 보편적 주체는 사회 내부와 외부 전체로, 앞으로 존재하게 될 사회를 부분적으로 표상한다고 해. 보편적 주체는 사회의 미래 상태를 나타낸다는 거지. 역사를 마치 엔진을 필요로 하는 자동차처럼 여겼던 마르크스의 독특한 용어로 말하자면 '역사의 동력'이야."

마르크스에게 프롤레타리아는 자본주의 사회의 보편적 주체였다. 마르크스 자신을 포함한 프롤레타리아의 지도자들은 자본주의를 대체할 사회주의 사회의 관점에서 말할 수 있었기 때문이다. 프롤레타리아가 정치적으로 충분히 성숙하면(즉 마르크스주의자가 되면) 그들은 사회를 혁명하고 자본주의자들을 뒤엎을 것이라는 주장이었다. 달리나는 많은 사람들이 보편적 주체의 개념을 믿지 않았다고 말했다. 그들에게는 이 개념이 현실적으로 보이지 않았다. 너무 추상적이고, 진짜 사회라기보다는 마르크스주의자들의 머릿속에만 존재하는 것 같았기 때문이다.

페미니스트들은 프롤레타리아라는 보편적 주체가 실상 남성으로 가정되었다는 이유로, 흑인 민족주의자들은 보편적 주체가 백인으로 상정되었다는 이유로 마르크스주의를 비판했다. 노동 계급 여성은 노동 계급 남성과 매우 다른 위치에 있었고 이해관계가 항상 일치하지도 않았으며 분명히 다른 시각을 가지고 있었다. 조직된 마르크스주의적 프롤레타리아는 노동 계급의 일부만을 대표했다. 이 문제를 해결하기 위해 일부 페미니스트들은 여성을 보편적 주체로 놓으려고 시도하기도 했다. 반면 다른 사람들은 그러한 시도 자체를 비판하며 보편적 주체 개념을 버렸다. 지식인들은 실제로는 특정한 사회적·역사적 맥락 속에서 사고하면서도 모든 것을 포괄하는 듯이 발언해 왔던 것이다.

"이건 네가 어디에서 보느냐, 그리고 네가 누구냐 하는 관점의 문제야. '어디'와 '누구'를 잘 봐야 돼. '어디'부터 보자. 우리는 지적 전통을 생각할 때 종종 유럽 안에서 나머지를 내려다보는 입장에 서. 그러고 있다는 것도 의식하지 못한 채 말이지. 유럽에 있는 것도 아닌데 말이야!"

달리나는 식민주의 그리고 유럽 국가들과 그 후계자인 미국의 정치·경제적 성공 때문에 진보는 유럽에서부터 바깥으로 퍼져나간다는 가정이 생겼다고 말했다. 아시아·라틴 아메리카·아프리카 사람들은 출발선보다 훨씬 뒤처져서 경주를 시작한다. 마르크스나 존 스튜어트 밀(J. S. Mill) 등 자신이 모든 사람들을 평등하다고 여긴다는 데 자부심을 가지고 있던 학자들은 유럽 이외의 지역에 사는 사람들이 아직 자치에 필요한 수준의 문명화에 도달하지 않았다고 생각했다.

"그렇게 생각하려면 비(非)서구의 지적 전통을 무시해야 해. 아니면 그에 대해 무지하거나. 예를 들어 우리는 보통 사회학이 스코틀랜드의 계몽주의, 아니면 콩트에서 시작되었다고 말하지. 14세기 북아프리카의 대학자 이븐 할둔(Ibn Khaldun)은 오늘날 사람들이 사회학적·역사적 세계사 연구라고 할 만한 저작을 썼어. 그는 그 책에서 사회가 어떻게 형성되었는가를 설명하는 학문(ilm al-umran)을 주창했지. 그것은 '인간 문명과 사회 조직이라는 특별한 대상을 연구하는 학문'이었어. 친숙한 말이지? 그는 갈등, 화합, 도시화, 권력, 역사 변동, 그리고 어떻게 사물이 가치를 갖게 되는가에 관해 분명히 사회학적인 개념들을 발전시켰어. 우리가 유럽에서 프랑스 혁명과 산업 혁명 전후에 시작되었다고 보는 모든 사건과 개념 들 말이야. 마르크스주의적 역사 분석은 종종 역사가 그때 그곳에서 시작되었다는 인상을 주지. 인도나 중국 같은 나라들은 역사가 있기도 전에 문제를 파악하고 대처해야 했던 셈이지."

우리는 하나라는 신화 — 홀의 문화 연구

달리나는 우리가 보편적 주체로서의 '누구'를 보편적인 입장으로 간주하지만 사실은 그렇지 않다고 설명했다. 깊숙이 숨겨져 있기 때문에 인식하지 못했을 뿐 '누구'의 문제는 구체적이다. 스튜어트 홀(Stuart Hall)은 이 문제를 탐구한 사회학자였다. 그는 자메이카 출신으로, 1950년대부터 영국에서 연구를 시작했다. 그는 그곳에서 위화감을 느꼈다. 중산층의 교육을 받았다는 면에서 그는 내부자였지만 흑인이라는 점에서는 영국인의 정체성이라는 경계 밖 외부자였다. 그는 '영국인'의 정체성이 포괄적이며 인종과 무관하게 보이지만 자신이 '영국인'의 일원이 될 수 없는 것은 피부색 때문이라는 사실을 깨달았다.

홀은 정체성과 일상에 대한 생각들이 어떻게 만들어지고 대중문화에 반영되는지를 탐구했다. 그는 숨겨진 가치라는 의미로서의 이념이 문화 속에서 창조되고 재생산되는 과정을 제시하고자 했다. 그가 말하는 '문화'란 의미를 만들어 내는 일련의 대상과 경험을 뜻한다. 여기에는 텔레비전, 대중 잡지, 음악, 라디오, 잡지, 영화, 책, 광고, 신문이 포함되었다. 홀의 큰 기여 중 하나는 그의 연구로 인해 학계 대부분의 사람들이 삶 속에서 접하는 대중문화를 연구하는 것이 괜찮고 바람직하다고 생각하게 되었다는 것이다.

그때까지는 고급 예술과 문학, 음악을 연구하는 것만이 허용되었다. 이런 것은 엘리트의 전유물이었다. 홀을 비롯한 학자들은 사람들이 자신의 삶을 만들고 거기에 의미를 부여하기 위해 사용하는 문화적 대상과 경험을 들여다봐야 한다고 생각했다. 사람들은 미디어를 통해 삶을 영위하고 타인의 삶을 내다본다. 미디어는 처음에는 텔레비전 같은 것들을 의미했지만 나중에는 웹사이트, 팟캐스트(구독 방식의 맞춤형 개인 미디어.—옮긴이), 비디오 게임 등을 뜻하게 되었다.

"그는 안토니오 그람시(Antonio Gramsci)의 이론을 가져왔어. 그람시는 사회에 '상식'이 만연해 있다고 파악했어. 중립적으로 보이는 미디어, 담론, 국가와 같은 체제, 사회란 무엇이며 관계란 무엇인지에 대한 근본 전제들, 일탈적이기 때문에 따라해서는 안 되는 사람들 등에 대해 가정된 의미이자 선입견이 바로 상식이라는 거야. 미디어는 이런 상식을 전하는 거고."

달리나는 미디어에는 모두가 믿는 공인된 이야기라는 지배적 의미가 있다고 말했다. 어떤 주제는 의제가 되지도 못하거나 제대로 생각하는 사람들이 믿는 게 맞는 거라는 식으로 받아들여진다. 예를 들어 '불법 마약 복용을 억제하기 위해서는 어떤 감시적 방법이 효과적이겠는가?'라는 문제가 주어진다면, 이미 불법 마약 복용은 억제되어야 하며 그 방법은 감시가 되어야 한다고 가정한 것이다.

"그럼 그 일부인 우리는요?"

밀라가 물었다.

"홀은 올바른 존재 방식만 있는 게 아니라고 생각했어. 틀린 방식도 있어야 한다는 거지. 그게 '타자'야. 정체성은 언제나 정체성이 아닌 것을 바탕으로 만들어져. 그러니까 당시 영국인은 무엇보다도 흑인이 아닌 사람이었지."

"그리고 남자라는 것은 여자가 아니라는 것이고요. 하지만 이건 누구나 일반적으로 하는 생각 아닌가요? 제 경우에 여자라는 것은 남자가 아니라는 뜻이죠. 당연하잖아요!"

"홀의 요지는 백인과 흑인, 남자와 여자 같은 한 쌍에서 뒤에 오는 개념이 부차적이라는 거였어. 그 자체로는 뭔가가 아니라는 거지. '타자'는 표시되고, 우리 자신은 표시되지 않아. 호미 바바(Homi Bhaba)는 '우리'와 '나'라는 모든 발언의 중심에 불확실성을 지우는 망각의 과정이 있다고 지적했어."

달리나는 계속해서 국가가 단일성의 신화를 구축하는 방식에 대해 말했다. 단일성의 신화는 지배적 사회 계급과 민족 집단이 단일의 문화사를 공유한다는 의미지만 여기에는 보통 잡종화와 갈등이 뒤섞인 채 숨겨져 있다.

"이건 우러러볼 만하고 티끌 한 점 없는 문화적 전통을 갑자기 재발견하고는 그것이 자신들의 정체성에서 중요한 부분이라고 주장하는 소수 민족이나, 모국에 집착하는 재외 동포들에게도 해당하는 얘기야. 이는 소외나 인종 차별에 대한 반응일 수 있어. 그리고 문화적 우월감에서 나온 것일 수도 있지. 어쨌든 사람들은 물려줄 것들을 만들어 냈어. 근대성은 전 세계에서 이주와 이민이 활발히 일어난다는 걸 의미해. 디아스포라, 즉 자신들의 영토라고 주장하는 곳에서 떨어져서 사는 사람들이 많아. 홀은 디아스포라가 된다는 것이 자신이 어디에 있고 누구인지를 협상해야 하는 공통의 감정이자 점점 더 많은 사람들이 해야 할 일이라고 생각했어."

밀라는 자신과 재스민을 생각했다. 빠져나가기 쉽거나 미심쩍은 정체성을 갖고 있는 그들은 그들 자신일 수 없었다. 그들은 중간자였다.

"미국, 캐나다, 서구 유럽 국가들은 1950년대부터 21세기까지 오면서 점점 더 다문화적으로 변했어. 다른 나라들은 정반대였지. 더 '순수'해지기 위해 종종 폭력적인 방식으로 국경을 바꾸고 사람들을 이주시켰어. 홀이 예언했던 것처럼 이 과정에는 인종적·언어적 순수성에 대한 신화를 만드는 일도 수반되었어. 크로아티아와 세르비아는 자기 역사를 다시 썼고 아프가니스탄의 탈레반은 자기 나라에서 불교의 흔적을 지웠지."

달리나에 따르면, 홀은 '야만주의'를 언급하지 않고서는 계몽주의적 자유주의로 이런 역사적 사례들을 설명할 수 없다고 생각했다. 야만주의의 개념은 또 다시 '타자'의 문제로 이어진다. 인종 간의 문제는 무지한 다수에 대한 교육과 차별 철폐를 요구하는 자유주의적 방식으로 다루어졌다. 홀은 이것이 다가 아니라고 생각했다. 민족 간 갈등과 인종 갈등은 착취와 탈식민주의적 경제 및 정치라는 더 큰 문제들을 투사한다. 보편적 주체는 이러한 문제들을 흐리면서 인종 차별이 개인의 문제이거나 계몽이 덜 된 시대로부터의 유산이라고 생각하게 만들었다. 그러나 인종 차별은 매우 근대적인 현상이다.

보편적 주체는 그 자체가 안고 있는 모순의 무게 때문에 무너지기까지 점점 더 많은 비판을 불러일으켰다. 그러한 비판에도 문제는 있었겠지만 보편적 주체의 개념이 잘못되었다는 것만큼 중대하지는 않았을 것이다. 게다가 마르크스주의자들과 다른 사람들이 보편적 주체의 개념에 씌운 기대의 무게를 견디는 것은 그보다 더 심각한 일이었다.

"역사의 동력에다가 엄청나게 도덕적인 관점의 대변자가 되라는 건 무리한 요구야. 사회의 미래가 우리 어깨에 얹혀 있다는 말을 듣고 싶어 할 사람은 별로 없을 거야. 마르크스주의자들은 프롤레타리아가 그럴 것이라거나 그래야 한다고 이론에서 언급된 방식대로 움직이지 않는다고 걱정했어. 만일 그들이 거울을 좀 더 열심히 들여다보았으면 문제는 프롤레타리아가 아니라 보편적 주체라는 개념이라는 사실을 알았을 텐데 말이야."

달리나는 밀라에게 고전적 사회학자들이 다른 사람 이야기를 하고 있는 것 같으냐고 물었던 논의의 원점으로 되돌아왔다.

"보편적 주체를 버린다는 것은 삶과 우리 자신에 대해 우리가 하는 질문과 답이 우리가 누구냐에 따라 항상 달라진다는 뜻인가요? 사람들 사이에 공통점은 없어요?"

밀라는 만일 그렇다는 답이 나오면 자기도 포기해야 할지 모른다는 생각에 상당히 절망적인 기분이 되었다. 한편 달리나는 숨겨진 목소리를 들리게 하고 싶어 했던 사회학자들이 제대로 된 가치 중립적 방법론을 고수할 때 얻을 수 있는 보편적 진리가 있다고 주장했다는 말을 하는 중이었다. 하지만 보편적 주체라는 개념에 반대하는 사람들은 사실과 가치를 구분하는 것 자체가 잘못이라고 반박했다. 결국 가치 중립적 연구는 많은 사람들이 그것이 불가능하다고 주장하면서 인기를 잃었다. 그들은 모든 연구가 어떤 식으로든 편향되어 있다고 말했다.

"페미니즘 관점의 인식론자들은 더 나아가 우리가 얻는 답이 전적으로 우리가 누구인가에 달려 있다고 주장해. 여성이야말로 진짜로 억압받는 사람들이고, 페미니즘적 관점으로 이해되는 여성만이 정말 여성의 현실을 이야기할 수 있다는 거지. 그들만 그런 게 아니야. 탈근대주의자들은 모두를 대변하겠다는 고전 사회학자들의 시도를 비웃어. 불가능하고 해로운 시도라고 말하면서 말이야."

밀라는 '페미니즘 관점'의 학자들이 자기가 늘 이름을 잊어버리는 사람들이라는 게 떠올랐고 또한 왜 그녀가 그들의 의견을 믿지 않는지도 기억났다.

"그 사람들은 어차피 인간은 편향적이라고 말하지 않나요? 어떤 편견을 적용할 것인지 선택하고 솔직해지는 편이 낫다고요."

"어느 정도는 그렇겠지. 1990년대 사회학에는 자서전을 중시하는 흐름이 있었어. 글을 쓰면서 자신의 '자리'를 정하는 일이 권장되었어. 불가능한 객관성에 대해 열변을 토하는, 알 수 없는 곳에서 나오는 신적인 목소리 대신 인종, 성, 성적 지향, 나이, 커피에 우유를 넣는지와 같은 선호 등 여러 기원에 따라 무수히 다양한 목소리가 있다는 거야. 어떤 목소리도 숨겨지지 않았고, 사회학자들은 자신의 출신에 대해 솔직해졌지. 백인 중산층 남자들이 구체적인 목소리를 은폐하고 객관적 거리를 두는 척하는 분위기를 그런 식으로 깨려고 했던 거야."

달리나는 계속해서, 이런 노력은 매우 가상했지만 사실상 자서전의 대상은 제한적이었고 각기 다른 사람들의 입장은 언급되지도 않았다고 말했다. 누구도 '나는 세상의 문제는 세상의 문제라고 생각하는 성욕 넘치는 엘리트주의자다.'라는 문장으로 시작하지 않았다. 선택된 일부 사람들만이 목소리를 낼 수 있었다. 이는 사회학자들이 매우 동질적이고 지루한 집단이었기 때문이거나 사람들이 사회학자들을 공격하기를 매우 꺼렸기 때문일 수 있다. 아니면 다른 사람들이 하는 말을 듣고 싶다 말하면서도 실제로는 그렇지 않았던 것일 수도 있다. 다른 인문학과 마찬가지로 사회학자들은 불쾌감을 주지 않는 몇 안 되는 의견만을 듣고 싶어 했던 것이다.

밀라는 이러한 경향이 주변화된 사람들, 목소리가 억눌려 왔던 사람들에 대해서도 나타나지 않았을지 궁금했다. 사회학자들은 그런 사람들이 자기들의 목소리가 들리도록 목청 높여 하는 말이 늘 편했을까? 달리나는 좋은 지적이라고 말했다. 좌파 사회학자들은 탄압받는 사람들 사이에서의 인종 차별이나 동성애 혐오, 혹은 여성이 여전히 전통적인 여성의 역할을 수행하는 것 같은 불편한 사실을 무시하거나 어물쩡 넘어가는 경향이 있었다.

"자, 한 바퀴 돌아왔네요. 이제 어디로 가죠?"

밀라가 분노와 실망을 숨기지 않고 말했다.

"네 말은 특정한 상황에서 입장을 가지는 주체란 보편적 주체만큼이나 한계가 있다는 뜻이니?"

"선생님 말뜻이 그거 아니었어요? 숨겨져 있던 사람들이 하는 '나쁜 말'은 무시돼 버려요. 입장 이론가나 탈근대주의자들은 어떤 사람들이 하는 말이 그들과 같은 사람들에게만 의미가 있다고 말하는 것 같아요. 하지만 만일 제가 이해받고 싶다면 다른 사람들이 공통적인 규칙을 지킬 거라고 기대해야 하죠. 그들에게 그런 기대를 하려면 저도 그래야 되고요. 그렇지 않으면 아무 의미가 없잖아요?"

"사회학은 감정을 노골적으로 드러내야 한다는 느낌과 편향되지 않아야 설득력을 가질 수 있다는 생각 사이에 갇히는 경향이 있지. 만일 사람들이 너에게 의제가 있다고 생각하면 네가 듣고 싶어 하는 것을 말해 주거나 단체로 너를 무시할 거야."

"그러니까, 제가 선생님 얘기를 제대로 이해한 거라면 마르크스와 베버, 그리고 다른 고전 사회학자들에 대한 '숨겨진 목소리' 비판에는 두 갈래가 있어요." 밀라가 약간 따분한 듯 말을 이었다. "첫 번째는 그들의 시야가 가려져 있다는 거예요. 그들은 자신들이 보편적 진실이라고 생각하는 것들이 사실 매우 특수한 진실이라는 걸 보지 못해요. 그들의 문화적 배경 때문에요. 눈가리개를 벗으면 우리는 모든 목소리를 포함하는 더 좋은 사회학자, 더 좋은 사람이 될 수 있어요. 그들의 시각이나 목적에는 잘못이 없어요. 그저 눈가리개를 벗는 데 실패했던 거예요. 잘하지는 못했지만 마음은 올바른 데 가 있었던 거죠. 한편 두 번째 흐름은 그들의 마음이 기본적으로 옳은 쪽에 있지 않다고 주장해요. 그저 빈자리를 채워 넣는 것이 문제가 아니라, 제대로 된 마음가짐을 가진 사람들만이 그들의 목소리를 들을 수 있다는 거죠. 계몽주의의 그늘에 가려져 있던 사람들만이 진실을 볼 수 있고 무슨 일이 일어나는지 진짜로 이해할 수 있죠. 그들만이 자신을 대변할 수 있어요. 하지만 두 번째 비판이 맞다면 어떻게 보편적 진리가 존재할 수 있죠? 만일 사람들이 자신과 같은 사람들을 위해서만 말할 수 있다면 누가 다른 사람 이야기를 듣고 그 사람을 이해하겠어요?"

"하지만 비평가들은 좋은 질문을 하고 있어. 누가 연구 대상을 정하며 누가 누구에 대해, 누구를 위해 말할 수 있느냐는 거지. 다른 사회 과학자들과 인문학자들도 그렇지만 사회학자들과 철학자들에게는 특별한 책임이 있어. 이들은 모두 자신이 하는 일보다는 다른 사람들이 무엇을 하는지 이야기하면서 많은 시간을 보내지. 이야기의 대상이 된 사람들은 반론할 기회가 거의 없고, 반론을 할 때도 그들이 하는 말은 많은 경우 액면 그대로 받아들여지지 않아. 사회학은 이미 정해진 틀에서 설명을 제시하려고 하기 때문에 사회학만이 설득력 있게 여겨질 위험이 있어. 이런 설명은 그 틀 밖으로 나가지 않고서는 틀렸다는 것을 입증할 수 없기 때문에 설득력 있게 보일 수밖에 없지."

"그럼 뭐가 남죠? 이건 사회학에만 해당하는 문제인가요, 아니면 다른 데도 다 해당하나요? 다른 사람의 경험을 이해하는 건 정말 불가능한가요? 흑인 중산층 여성만 다른 흑인 중산층 여성을 이해할 수 있나요? 사회학자가 아닌 사람들도 '절대 알 수 없을 거야. 이건 흑인들 이야기야, 가톨릭 이야기야.' 운운하죠. 저는 이런 말이 '내 일에 관심 꺼. 너는 나를 절대 이해할 수 없어.'라는 뜻이라고 생각해요. 하지만 사회학자들은 사람들이 서로를 이해하고 서로의 다양한 경험을 받아들일 수 있도록, 그리고 그 과정에서 세상을 더 나아지게 만들 수 있도록 자신들이 도움을 줄 수 있다고 생각했어요. 만일 사람들이 자신보다 더 불행한 사람들이 존재한다는 사실을 알게 된다면 그에 대해 무언가를 하려고 할 거예요. 하지만 선생님은 이런 일이 가능하지 않을 거라고 말하고 있어요. 과잉 반응이겠지만 완전히 사기가 꺾이는 느낌이에요."

"그래서 내가 도우려는 거잖아! 미안해, 밀라. 하지만 너무 쉽게 포기하지는 말자. 루트비히 비트겐슈타인(Ludwig Wittgenstein)이라는 철학자는 어떻게 타인의 고통을 느낄 수 있는지를 물었어. 그는 그것이 가능하다고 확신하지 않았어. 그의 철학 체계에 따르면 다른 사람의 고통을 느끼는 것은 가능하지 않지만, 현실은 또 다르지. 만일 다른 누군가가 고통받는 것을 본다면 비록 그 사람을 모른다 하더라도 종종 본능적으로 반응하게 돼. 너는 타인의 고통을 공유할 수 있어. 어떤 남자들은 임신한 아내와 함께 진통을 겪기도 한다잖아. 최소한 어떤 경험은 공유될 수 있어. 우리와 가까운 사람들의 경우가 아니더라도 말이야."

달리나는 개인들 사이에 이해라고 할 만한 것과 말 그대로 동질감이 있을 수 있다고 생각한다고 말했다. 사실 의사소통은 가능한 것이자 동시에 필요한 것이라고 할 수 있다. 의미와 의사소통 방식에 대한 기본적인 합의도 마찬가지다. 의사소통이 없으면 사회도 존재할 수 없고, 개인으로서의 우리도 방황하게 될 것이다. 사회가 실제로 존재하며 중국 철학서를 영어로 번역해도 대부분의 의미가 유지될 수 있다는 사실은 전혀 다른 문화의 사람들과 생각을 이야기하고, 이해하는 일을 통해 변화하는 것이 가능하다는 의미임이 분명했다.

"우리는 어쨌든 넘을 수 없을 것 같아 보이는 장벽을 넘어서는 무언가를 느낄 수 있어. 아마 우리는 그런 장벽을 넘어서 델리에 있는 남자와 뉴욕에 있는 여자 모두에게 의미 있는 말을 할 수 있을 거야."

달리나는 기분이 좋아 보였고 이 즉흥적인 수업이 성공적이고 만족스러운 결론에 도달했다고 생각하는 듯했지만 밀라는 여전히 우울했다. 그녀는 달리나가 아낌없이 시간을 내 주었다는 데 심히 고마워했다. 밀라는 두 사람 다 무안할 정도로 달리나가 엘리너 마르크스만큼이나 헌신적이었으며 그들의 대화가 자신이 앞으로 나아가는 데 도움이 되었다고 말했다. 하지만 밀라의 생각은 이 말보다 훨씬 덜 긍정적이었다.

만일 그녀가 달리나가 펼친 논의에 설득당했다면 대체 무엇을 해야 한단 말인가? 왜 마르크스와 베버의 이론이 충분하지 않은지는 이해되었지만, 그럼 빠진 부분은 어디서 가져와야 할까? 그녀는 여전히 단서를 찾고 있었으며 사실 이전의 어느 때보다 더 상황이 좋지 않았다. 자신이 들은 말을 모두 믿는다면 단서를 찾으려는 시도가 언제나 아무 성과도 얻지 못할 것임을 알게 되었기 때문이다. 밀라는 약간의 공허함과, 놀랍게도 약간의 절망까지 느끼고 있었다. 밀라 같은 사람들에게는 억압받는 사람들을 대변하는 것이 허용되지 않는 모양이었다. 지금까지 밀라가 미래에 대해 머릿속에서 천천히 그려 가던 계획은 산산조각 났다. 밀라가 아는 한 사회학 전체에 대해서도 같은 말을 할 수 있었다. 만일 사회학도 산산조각이 난다면, 굳이 사회학을 계속 공부해야 할까?

달리나는 밀라의 표정에서 그녀가 완전히 솔직하지 않다는 것을 눈치채고 무슨 일이냐고 물었다. 밀라는 그리 심하지는 않지만 실망스럽고 기가 꺾였다고 인정할 수밖에 없었다. 달리나가 이유를 묻자 밀라는 망설이다가 이렇게 설명했다.

"숨겨진 목소리에 맡긴다는 것은 권력과 특권을 곤경에서 구해 주는 것 아닌가요? 목소리가 계속 안 들리면 어떻게 하죠? 만약 들린다 하더라도, 그 사람들은 무시당하고 기껏해야 속아 넘어가지 않겠어요? 무엇이 되었든 불평등과 억압을 만드는 걸 보편적으로 꿰뚫어 볼 수 있는 통찰력이 필요한 것 아니에요? 저는 사회학자가 정말로 이 모든 것을 만드는 사회의 바탕에 대해 질문해야 한다고 생각했어요. 모두가 세상이 더 나아질 수 있다는 것을 알 수 있도록 누군가 문제를 전부 분석해 내서 보여 주고 한편으로는 걸러 내 주기를 바랐는데요."

"언제 지멜을 읽어 봐. 그는 마리안네 베버가 자신의 살롱에 초청하곤 했던 재기발랄한 사람이었지. 그 사람 책을 읽은 지는 오래되었지만 내가 기억하기로는 그 사람이 했던 말이 그거였어. 모두가 그를 진지하게 받아들이지는 않았어. 그는 대학에서 강의하지 않았지만 기분 내키는 대로 이상한 주제들에 관해 글을 썼던 딜레탕트였고 이단아였지. 그는 인사하는 법, 사랑, 냄새, 비밀, 의자의 사회적 의미에 관한 에세이도 썼어."

밀라는 자신도 모르게 웃음을 터뜨렸다.

"네, 저한테 딱 맞는 미친 사람이었던 것 같네요."

16
이제는
말할 수 있을까

절망은 시기상조 — 지멜의 돈의 철학

밀라는 '이방인'에 대한 지멜의 글이 프랑켄슈타인에서 언급된 부분부터 시작했다. 한동안 거짓 정체성으로 지냈던 경험을 통해 지멜의 이론을 쉽게 이해할 수 있을 거라고 생각했기 때문이다. 하지만 실제로 그 글은 이방인이 되는 경험이 아니라 주변에 이방인이 있다는 것이 다른 사람들에게 주는 영향에 관한, 밀라가 기대하지 않았던 내용을 담고 있었다. 만일 어떤 집단에 다른 사람들처럼 소속되지 않고 오래 머물지 않을 사람이 있다면 이는 그 집단이 기능하는 방식에 영향을 미친다. 이를테면 집단의 구성원들은 이방인을 통해 자신들이 직접 생산할 수 없는 것들을 얻을 수 있다. 바로 이방인이 상인인 경우인데 이는 유럽의 유대인들이 그러했듯 집단 내부의 경제적 역할이 다 찬 상황에 외부에서 온 사람들이 차지할 수 있는 역할이다.

이방인은 또한 객관적일 수 있기 때문에 도움이 된다. 그들은 내부자가 아니기 때문에 내부자들에게 객관성을 가지고 협조할 수 있다. 심지어 이방인은 이를 토대로 엄청난 권력을 쥐기도 한다. 지멜은 이에 관해 다음과 같이 말했다.

> 집단 내에서 이방인의 지배적 위치를 보여 주는 가장 전형적인 예로, 이탈리아 도시에서는 외부에서 판사를 데려왔다. 원주민은 가족과 파벌의 이익으로부터 자유로울 수 없었기 때문이다.

기분이 묘했다. 밀라와 친구들은 정확히 이 점에서 재스민에게 의존하고 있기 때문이었다. 재스민은 언제나 솔직하고 깐깐할 정도로 공정하기에 그들이 의지할 수 있는 친구였다. 가끔 재스민은 피로울 정도로 솔직했다. 그들은 분쟁이 생기거나 마음을 정할 수 없을 때면 그녀가 문제를 객관적으로 해결해 줄 것이라 신뢰했다. 지금까지 재스민이 다른 나라에서 왔기 때문에 그들이 그녀에게 이러한 역할을 부여했다는 생각을 해 본 적은 한 번도 없었지만 자신과 투니, 아니, 서시는 언제나 재스민을 중립적인 심판으로 여겼다.

지멜로 다시 관심을 돌리자 놀랄 만한 일이 더 많이 기다리고 있었다. 그는 이방인의 "객관성은 자유로 정의될 수도 있다."라고 말했다. 이방인은 자신의 생각을 말할 수 있었고 현 상태에 결부된 이해관계나 지켜야 할 투자금도 없었다. 이는 사회적 상황이 불안해지면 주로 외부 선동가가 비난의 표적이 되는 경우처럼 이방인이 가져오는 것이 "많은 위험한 가능성을 포함한다."라는 뜻이다. 물론 일이 잘못되었을 때 이방인을 공격하는 것은 비난의 화살을 돌리고 변명거리를 만드는 방법이기도 하지만, 사람들이 객관적이고 개입되지 않은 시각이 얼마나 위험할 수 있는지를 인식하지 않고서는 일어날 수 없는 일이다.

밀라는 계속 책을 읽으면서 우리 모두는 이방인을 비롯한 많은 사람들, 어쩌면 대부분의 인류와 공통적으로 가질 수 있는 것들이 있으며 이는 우리의 관계에 대해 중요한 시사점을 준다는 지멜의 주장을 알게 되었다. 우리가 다른 사람과의 관계에 대해 갖는 생각은 그 관계를 얼마나 특이하다고 보는지에 따라 많은 영향을 받기도 하고, 우리가 거의 알지 못하는 낯선 사람들을 포함한 수많은 타인과 공통적으로 갖고 있는 것들로 구성되기도 한다. 프랑켄슈타인은 지멜을 즐겨 인용하는 듯했다.

> 이방인은 우리가 그와 우리 자신 사이에 자연적·사회적·직업적 혹은 일반적인 인간 본성의 공통점을 느끼는 한 우리와 가깝다. 그는 이러한 공통점이 그나 우리를 넘어서까지 확

장되고, 단지 아주 많은 사람들과 공유됨으로써 우리와 연결되는 한 우리와 멀다.

지멜은 또한 연인 관계에 있는 사람들도 한창 사랑에 빠져 있을 때를 지나고 나면 서로에게서 이러한 낯선 흔적을 느낄 수 있다고 말했다.

열정의 첫 번째 단계에서 성애적 관계는 어떤 일반화된 사고도 강하게 거부한다. 연인들은 자신들과 같은 사랑이 존재하지 않았을 것이며 그 무엇도 사랑하는 사람이나 그 사람에 대한 감정에 비할 수 없다고 생각한다. '소외'는 그것이 원인인지 결과인지는 정하기 어려우나 이런 특이한 감정이 관계에서 사라지는 순간에 나타난다. 관계 그 자체, 그리고 그들에게 있어 관계의 가치에 대한 모종의 회의는 결국 그들은 일반적인 사람들의 운명을 따라가며 이전에 천 번은 일어났던 경험을 하고 있고, 우연히 지금의 짝을 만나지 않았더라면 다른 사람에게서 같은 의미를 찾았을 것이라는 생각과 결부되어 있다.

밀라는 이 말이 거슬렸다. 그녀는 프랑켄슈타인의 몇 페이지를 넘겨 지멜이 유행에 대해 쓴 글에 관한 논의를 펼쳤다. 그녀는 이 부분을 단숨에 읽고는 숨넘어갈 듯 웃었다. 지멜이 그들의 패셔니스타인 투니에게 익숙할 것 같았기 때문이었다. 곧 밀라는 지멜의 글 중 몇 구절을 투니에게 읽어 주려고 그녀를 찾아 복도로 나갔다. 투니는 밀라에게서 도망치려고 욕실 문을 걸어 잠그고 숨었다. 그녀가 밀라를 쫓아 버릴 요량으로 목청껏 노래를 부르는 동안 밀라는 바깥 마룻바닥에 앉아 잠긴 문 너머로 책을 읽어 내려갔다.
"그 말이 어디 있더라? 딱이야. 완전히 너 같다니까, 투니! 지멜이 말했다. '유행은 개인을 다른 사람들과 구별 짓는 방식이기도 하지만 동시에 개인의 사회적 복종을 실현시킨다.'"

그러고 나서 그녀는 투니가 더 크게 노래를 부르는 동안 인용구를 설명했다.

"유행으로 너의 개성을 표현하는 동시에 대중을 따를 수 있다는 거야. '유행은 다르면서도 같다고 느끼게 만든다. 옷 잘 입는 사람들은 대부분의 이것을 잘 수행해 스타일을 드러내면서도 당대의 유행은 별것 아닌 것처럼 떠벌린다. 그들은 가장 개성적인 사람으로 보이지만 사실은 가장 유행에 지배당하는 사람이다.'"

밀라는 서서 문 너머에 들릴 정도로 그다음 부분을 외쳤다.

"그러니 만일 당신이 유행을 이끌고 있다면 실은 당신이 속한 집단과 그 집단의 인정에 당신이 얼마나 의존하고 있는지를 보여 주는 것이다. 당신은 양이고 진짜 개인은 나머지 우리들이다. 이것이 바로 사람들이 말하는 '유행의 희생자'의 의미다!"

아나가 나와서 그녀에게 조용히 해 달라고 말했다.

"우리야말로 네 광기의 희생자야. 복도에서 그렇게 사회학을 외치다니, 무슨 생각을 하는 거야, 광녀 씨?"

밀라는 아나의 이런 모습이 그녀가 얼마나 껍데기를 뚫고 나왔는지를 보여 준다고 생각했다. 그녀는 지난 몇 주 사이에 더욱 적극적이고 자신감 넘치는 모습으로 바뀌었다. 밀라는 다시 방으로 돌아가 책을 폈다. 프랑켄슈타인에서는 지멜이 쓴 이상한 글들에 이론 같은 것이 깔려 있다고 말했다. 이 이론의 첫 부분은 사람들이 함께 만든 모든 것, 즉 인간의 모든 성과가 인간에게서 등을 돌리게 된다는 통찰이었다.

밀라는 이 주장이 모든 창조적 충동은 우리를 마치 자신을 유명하게 만든 곡을 싫어하는 작곡가와 같은 입장에 놓는다는 의미라고 생각했다. 작곡가가 곡을 쓰자마자 그 곡은 다른 사람들에게 속하는 그녀 바깥의 무엇이 되어 그 곡에 대한 사람들의 기대를 정의한다. 필연적으로 그녀는 자신을 표현할 기회를 제약받게 된다. 그녀가 서서 노래를 하면 사람들은 자신들이 따라 부를 수 있는 옛 노래를 듣고 싶어 한다. 그들은 신곡, 특히 옛 노래와 다른 유의 신곡은 원하지 않는다.

프랑켄슈타인은 지멜이 자신의 이론을 모든 예술적 자기표현 및 다른 분야에서의 창조성에도 적용되는 것으로 생각했다고 했다. 예컨대 사람들은 경이로움과 경외심에 사로잡히고 세계에 의미를 부여하고자 하기 때문에 종교적 믿음을 가진다. 종교적 믿음은 곧 개인의 창조성을 제한하고 심지어 억압하는 공식적 종교가 된다. 이 이론은 관료제와 경제 체계에 훨씬 더 타당하게 적용된다. 사람들이 오랫동안 열심히, 매우 창조적으로 일해서 만들어 낸 체계는 결과적으로 개인을 바보로 만들고 억압하는 객관적 체계가 된다. 이러한 체계는 자신을 표현하고 자신의 고유성을 실현해 내려는 개인의 요구에 언제나 치명적이다.

밀라는 왜 지멜이 대학에서 적당한 일자리를 찾지 않았는지 확실히 알 것 같았다. 그는 도시가 창조성과 가장 먼 곳이라고 믿었기 때문에 그로부터 벗어나 있어야 한다고 생각했을 것이다. 더 분명히 말하면 도시에는 너무 많은 자유와 선택지가 있기 때문에 객관적 문화의 지배하에서 자기를 표현할 수 없게 되기 때문이었을 것이다. 밀라는 자신이 도시에 관한 논의를 완전히 이해했는지 확신이 없었고, 지멜이 관료제에 대한 베버의 관점과 인간을 소외시키는 자본주의적 노동을 다룬 마르크스의 관점을 단순히 합친 것은 아닌지 의심스러웠다. 그녀는 지멜이 『돈의 철학(The Philosophy of Money)』에서 주장한 바에 관한 내용을 읽었다. 그리고 베버가 지멜에게 영감을 준 것이 아니라 지멜을 읽고 영감을 받은 것임을 알게 되었다.

지멜은 돈이 전통 사회를 규정하는 사람들 사이의 차이를 없앤다고 주장했다. 사람들 간의 차이에는 지체가 높은가 낮은가와 같이 타인이 보는 특성만이 아니라 모든 종류의 개인적·주관적 특질도 포함된다. 사람들에게서 돈을 빼앗거나 그들에게 돈을 줄 때, 돈은 교환을 보다 비인격적으로 만든다. 이제는 사람이 아닌 돈을 상대하게 된다는 편이 맞을 것이다. 밀라는 이것이 관계 속 낯섦의 흔적을 가리켜 지멜이 썼던 '비인격성'이라는 개념과 통한다고 생각했다. 사람들 사이에 공통점이 많다고 여길수록 타인과의 관계는 점점 덜 특별하고 덜 중요해진다. 돈이 중요해짐에 따라 비인격성은 우리가 살아가는 사회의 특성이 되었다. 다른 사람들이 우리에 대해 어떻게 생각하는가는 (우리의 부모님이 누구인가에 관심을 갖기 때문이거나 우리 성격에 대한 판단을 이미 내렸기 때문에) 점점 덜 중요해졌다. 돈이 충분히 있다면 이기적이거나 부도덕한 사람으로 여겨지는 것도 더는 그리 나쁜 상황이 아니다.

돈(그리고 돈이 있어서 가능해진 복잡한 노동 분업)이 있으면 우리는 점차 다른 사람에게 의존하게 된다. 하지만 그들이 누구이고 정말 어떤 사람인지는 덜 중요해진다. 돈은 관계의 본성을 바꾸는 한편 우리 삶에서 한때 돈과 아무 관련이 없다고 확신했던 부분들까지 깊숙이 침투했다. 돈이 삶의 모든 부분에 침투한 은유가 되면서 우리는 실제로 비용과 이익을 계산하지 않더라도 다른 사람과의 거래를 교환의 일종으로 생각하게 되었다. 다른 사람들에 대한 우리의 느낌은 근본적으로 바뀌었다.

이 부분은 약간 뒤르켐 같고 합리화 부분은 베버 같다고 밀라는 생각했다. 지멜은 돈이 교환의 매체로 확산되면서 불합리성이 이성에 길을 내주게 되었다고 말했다. 돈은 이러한 비인격적인 방식으로 사회 내부는 물론 사회에 연결된 모든 사람들 사이의 모든 문화적 차이를 평평하게 만들었다. 밀라는 돈 있는 사람들이 얼마나 쉽게 세계를 여행하는지를 생각해 보았다. 작은 플라스틱 카드는 그녀의 아버지 같은 사람들을 어디서나 집처럼 느끼게 해 주고, 어쩌면 어디서도 집처럼 느낄 수 없게 만들기도 했다. 돈은 이방인들 사이를 연결하는 완벽한 매개체이기 때문이다. 이는 대부분의 사람들이 이해할 수 있을 매우 일반적인 연결이다. 밀라는 이것이 베버의 '탈주술화' 개념과 통한다는 것을 알 수 있었다. 누구나 이렇게 투명하고 합리적인 접근 수단을 갖고 있기 때문에 다른 문화의 비합리성과 신비, 주술에 대해 놀라거나 경외심을 가질 가능성이 없어졌다. 밀라는 주술을 푸는 것이 바로 돈이라고 생각했다.

여기서 프랑켄슈타인은 '세계화'와 세계 곳곳이 점점 더 비슷해진다는 생각을 언급했다. 지멜이 보기에 사회 간 유사성은 비인격적인 상황, 즉 골목마다 같은 음식점이 있고 사람들은 같은 옷을 입으며 도처에서 바보 같은 노래가 들려오는 상황을 가리킨다. 이런 피상적인 것들은 사람들이 가지고 있던 자기표현의 기회를 앗아갔다. 자기표현이야말로 문화들 사이의 진짜 차이가 나타나는 지점이었는데 말이다. 사람들은 보통 세계화에 관해 지금 사회가 공통적으로 갖고 있는 새로운 것들을 떠올리지만, 사회가 잃어버린 것들에 대해서는 잊어버린다. 모든 것이 같아졌다고 말하는 사람들은 어쩌면 돈이 그 원인이라는 사실을 깨닫지 못했을 것이다. 돈은 비인격화를 낳았고 모든 차이를 없앴다. 차이는 사람들이 자기표현 같은 다른 것들로 동기 부여가 될 때만 생겨나는 것이었다.

밀라는 마침내 도시에 대해 지멜이 언급한 바의 요점을 알겠다고 생각했다. 도시 밖 세계에서는 여전히 놀랍고 이상한 것들을 찾을 수 있다. 도시는 모든 것이 처음으로 표준화되는 곳이다. 객관적 문화, 특히 돈이 처음으로 주도권을 쥔 곳이 도시이기 때문이다. 물론 처음으로 오로지 돈에만 기초해 권력과 지위가 부여되기 시작한 것도 도시에서였다. 종교나 혈

연관계가 아닌 돈이 지배하는 사회에 산다는 것은 사람들에게 훨씬 많은 자유를 주었다. 돈은 중립적이며 사람들이 특정한 가치에 복종하거나 정해진 방식대로 살게 하지 않기 때문이었다. 또한 도시에서 대부분의 사람들은 기본적인 필요보다 많은 것을 원하기 시작했다. 도시가 자유와 선택을 준다는 지멜의 말은 이런 의미이기도 했다.

(밀라가 투니를 놀리기 위해 써먹었던) 유행에 대한 그의 말도 약간 비슷했다. 돈이 보편적이고 객관적인 개인적 가치의 기준이자 모두를 재는 잣대로 작용하면서 흥미로운 가능성이 생겨났다. 사람들은 얼마나 돈이 많은지 보여 줄 수 있는 것들을 사기 시작했고 그럼으로써 자신에 대한 반응과 대우를 조종할 수 있었다. 밀라는 이것이 신분 경쟁에 대한 논의와 비슷하다고 생각하면서 이런 개념을 꺼낸 사람이 베버가 아니라 지멜이라는 사실에 놀랐다. 돈을 보편적인 가치 척도로 삼는 것은 어떤 단점이 있든 간에 축하할 일이라는 지멜의 생각을 이제 밀라는 이해하기 시작했다.

지멜은 돈이 우리에게 사물의 진짜 가치를 알려 준다고 지적했다. 가격은 사람들이 얼마나 원하는지에 따라, 즉 오늘날의 언어로 말하자면 소비자들의 선택에 따라 결정된다. 돈은 마치 어둠 속을 투시해 대상의 진짜 가치를 드러내는 환상적인 발명품인 적외선 카메라 같았다. 이러한 발명이 낳은 필연적 결과는 적외선 카메라 자체가 욕망의 대상이 되었다는 사실이다. 돈은 다른 모든 것들을 가능하게 하기 때문에 사람들이 무엇보다도 원하는 것이 되었다.

지멜에게 가장 중요한 점은 돈을 소유함으로써 자신이 태어난 집단에서 자유로워질 수 있는 가능성이었다. 베버의 용어로 말하자면, 지멜은 신분 집단에서 도망쳐 다른 신분 집단으로 들어갈 방법을 돈으로 살 수 있다고 생각했다. 사회적 관습과 엄격한 신분 경계는 이러한 돈의 도전을 당해

낼 수 없었고, 어떤 신분 집단도 구성원들이 '거래로 번 돈' 혹은 간단히 '새 돈'에 얼마나 반대하든지 간에 돈을 가진 사람을 배척할 수는 없었다.

지멜은 돈이 주도권을 쥐면서 모든 관계가 합리적으로 통제될 가능성 또한 경이롭다고 생각했다. 예를 들어 약정된 노동이나 재화를 공급하지 않아 계약을 위반하는 경우에 보상은 돈으로 이루어졌고, 관계는 더없이 합리적인 것이 되었다. 이러한 예는 점점 더 많아졌다. 돈은 서로 물건을 사고팔게 만들었기 때문에 예전에는 꿈도 꾸지 못했던 방식으로 우리를 서로 연결시켰다. 지멜은 돈이 만들어 준 이 모든 관계가 없다면 근대의 삶이 얼마나 좁고 무력해질지 생각해 보라고, 우리가 사고파는 것들을 기억하라고 말했다. 우리는 우리에게 그렇게 큰 의미가 있는 사랑스러운 것들을 좇아 개인적 선택과 궁극적 자유를 실천하면서 이 이상한 세계를 방황한다.

지멜은 근대 사회는 과거에는 절대 불가능했던 방식으로 우리 삶을 설계하도록 하는 가능성으로 가득 차 있다고 생각했다. 세계화 속 문화 혼합은 새로운 형태의 문화를 만들어 냈다. 밀라는 투니 같은 사람들이 이런 가능성으로부터 이득을 가장 많이 본다고 생각했다. 하지만 어쩌면 모든 게 약간 무의미하지 않을까? 오늘날의 문화는 마치 대량 생산된 그림에 색을 칠해 넣는 일처럼 느껴진다. 사람들은 진짜 자기 생각을 실천에 옮기는 것이 아니며 정말 창조적인 것은 아무것도 없다. 사람들은 정말 자신의 삶이 무언가를 의미한다고 느끼게 되었을까?

밀라는 결국 돈이 우리의 가장 내적인 삶, 포부, 기대, 환상을 장악했거나 텅 비게 만들었다는 것이 지멜의 논지임을 깨달았다. 지멜은 돈이 세계와 그 안의 모든 것들을 측정할 수 있는 현대적 삶의 부적이라고 말했다. 돈으로 이해할 수 없고 길들일 수 없는 것은 아무것도 없고, 누구도 돈 위에 설 수 없다. 우리는 세상을 길들여 한목소리를 내게 만들었지만, 이 과정에서 인간 가치의 토대는 부서져 나갔다. 모든 사람에게 값을 매길 수 있다면 사랑과 우정의 가치는 무엇인가?

프랑켄슈타인은 물질주의나 쾌락주의에 대한 불평은 또한 그에 대해 이해하려는 시도일 수도 있다고 했다. 그러나 지멜은 여기에 가장 기본적인 욕구 또는 본능에 자신을 내버리는 것보다 훨씬 중요한 무언가가 있다고 보았다. 지멜은 철학자 아르투어 쇼펜하우어(Arthur Schopenhauer)의 개념을 통해 이를 탐구했다. 쇼펜하우어는 연민 같은 가치가 이성적이라기보다는 훨씬 비이성적이라고 믿었다. 우리가 새로움과 차이를 갈망하는 것은 비이성적 이유 때문이다. 우리는 끝없이 푸른 풀밭을 찾아 헤맨다. 이성은 물질주의와 쾌락주의에 책임이 있다. 이는 우리가 가진 것에 만족하지 못한다는 뜻이 아니라 더 많은 감각과 흥분을 원한다는 뜻이다. 모든 사람들에게 가격이 매겨져 있다는 것을 아는 우리는 이렇게 끊임없이 자극을 찾아야 한다.

지멜은 돈이 없으면 선택의 자유도 없다고 생각했다. 밀라는 돈이 없어도 자유롭게 선택하는 사람들은 없는지 궁금했다가, 이어 돈이 근본적으로 다른 사람에 대해 생각하는 방식을 바꾸었다고 확신하게 되었다. 또한 지멜의 논의가 불평등을 합리적 체계의 불행한 효과로 받아들이고 불평등을 개선하는 데 아무것도 하지 않도록 설득당하는 방식과는 어떤 관련이 있을지 알고 싶었다. 지멜이 묘사한 세계에서 가난한 사람들은 빈곤 때문에 심판을 받는다. 돈이 없다는 것이 그들의 가치를 평가하는 척도인 것이다. 이는 가난한 사람들은 그런 운명에 처할 만하다는 믿음으로 이어지기 쉬운 논리였다.

지멜이 찾은 패턴은 아마 불평등은 불행하지만 불가피하다고 생각하는 사람들의 모든 판단의 기저에 자리 잡고 있는 게 아닐까? 그들은 불평등을 다른 사람들이 우리를 어떻게 생각할지 조작하기 위해 모두가 각자 어리석은 방식으로 돈을 쓰느라 시간을 허비하게 만드는 현 상태의 일부로 간단히 받아들였다. 사람들은 돈의 피상적 세계와 돈으로 살 수 있는 것들에 사로잡혀 있다. 이런 식으로 말하면 사람들이 불평등을 종식시키기 위해 무언가 할 수 있다고 생각할 수도 없다는 것은 지멜이 묘사한 돈이 사회관계에 미치는 모든 효과들만큼이나 개탄스러운 일이었다.

지멜의 논의는 모든 것을 감안할 때 돈은 중요하지만, 우리가 옳다고 믿는 것에 대한 핵심은 없이 단순히 다른 사람에게 심어 주려고 하는 인상이 될 위험에 처해 있다는 경고라고 프랑켄슈타인은 설명했다. 이것이 돈 그리고 돈으로 살 수 있는 옷이나 다른 것들이 필요한 이유 아닐까? 우리는 돈을 불필요하게 만든다고 생각했던 모든 것들을 잃었는지도 모른다. 돈은 우리에게 자유를 주었지만 쇼핑하는 것 말고 시간을 어떻게 쓸지에 대해 점점 덜 고민하게 만들었다. 우리는 물건의 값을 치를 수 있다. 하지만 우리에게 어떤 가치도 남지 않았다. 그러니 우리가 불평등에 대해 뭔가 할 수 있다고 생각한다 하더라도, 그래야 한다고 생각하기는 하겠는가?

밀라는 우리가 돈 때문에 모든 사람들과 피상적으로 연결되어 있다는 것이 우리가 다른 사람과 공유하는 바가 매우 적어서 그들도 우리처럼 상처 받을 수 있다는 사실을 믿지 않는다는 의미인지 궁금했다. 가난한 사람들은 연민을 받아 마땅하고 인간은 모두 존엄하다는 중요한 사실을 잊고 있다는 건 이상한 일 아닌가? 우리는 형편이 더 어려운 사람들과 공감할 능력을 완전히 잃어버렸고 돈이 우리의 부적이라는 사실은 이러한 상황과 엄청난 관련이 있었다.

밀라는 이제 불평등을 정당화하는 경제 체제가 우리의 소망과 바람, 욕구를 객관적 문화로 바꾸어 우리의 선택을 제한하고 바람을 좌절시킨다는 것을 알 수 있었다. 사람들이 만든 체제는 인류를 더 번영하게 하고 빈곤과 가난을 끝내기 위해 시작되었지만 마르크스가 주장했던 대로 되지 않았다. 이제 사람들은 도대체 왜 그럴 수 있다고 생각했는지 의아해한다. 지멜은 이 체제와 함께 도래한 문화가 우리가 한때 공유했던 희망, 즉 불평등이 감소될 수 있다는 희망을 억누르고 심지어 뿌리를 뽑아 버린다는 것을 보여 주었다.

이 사실에 절망해야 했는지 몰라도 밀라는 전혀 그렇게 느끼지 않았다. 지멜의 이론이 존재한다는 것만으로 그녀는 희망을 가질 수 있었다. 가치 원천으로서의 돈의 위상이 자명했다면 돈에 대해 설명하는 이론을 내기란 불가능했을 것이다. 설명이 필요하지도 않았을 것이다. 너무 자연스럽고 당연하게 여겨져서 어떤 대안도 상상할 수 없었을 것이다. 하지만 지멜이 하는 말을 이해하기 위해서는 대안을 상상해야 했다. 지멜의 제안은 돈이 개인적 자유를 허용하지 않는, 사람을 멍청하게 만드는 계급 체계임을 우리가 깨닫는 것이었다. 그가 보기에 무엇이 가치 있는지는 시장에서 개인이 선택을 발휘함으로써 결정하는 편이 훨씬 나았다. 하지만 탐욕스러움이 분명 인간 가치의 유일한 원천은 아니지 않은가?

밀라는 돈이 모든 것의 척도가 된 상황이 우리로 하여금 무엇을 잃게 만들었는지를 알기 위해서는 평등과 같은 다른 가치 원천을 찾아야 한다고 생각했다. 아직 절망하기는 이르다. 밀라는 사물과 가치를 판단하는 다른 방식을 생각할 수 있는 사람은 자신만이 아니라는 것을 알고 있었고, 결국 우리에게 필요한 것은 패배주의적인 사고방식이 아니라 돈밖에 생각할 수 없는 사람들과 싸우는 일이라고 판단했다. 그녀는 이 싸움이 지적 논쟁이라고 생각했다. 그녀는 지멜이 자신을 내부자의 시각에서 적을 이해하고 적의 약점을 파악하게끔 도와준 것이기를 바랐다.

그녀가 이해하는 한 돈은 두 가지 이유로 유혹적이었다. 첫째, 돈은 무언가를 이해하는 데 시간을 쓰고 싶지는 않고 서둘러 참여하고 행동하려 하는 사람들에게 효과가 있다. 그런 사람들은 돈이라는 하나의 가치 원천만 이해하면 되기에 모든 일이 간단해진다. 상대방이 나에게 무언가의 값을 말해 주면, 나는 그것이 얼마나 좋은지를 말해 줄 수 있다. 어떤 사람과 말할 가치가 있을까? 다시 말해 그 사람은 얼마의 가치가 있을까? 나는 오늘 어떤 일에 얼마나 시간을 써야 할까? 쉽게 말하자면, 어떻게 해야 많은 돈을 벌까? 둘째, 돈은 자신이 할 수 없는 일에 관해 듣기를 원하지 않는 사람들에게 완전한 해법을 제공한다. 그들은 관습적 사회의 규칙과 경직성에 제한받지 않고 배제되지 않으며 자신의 선택권을 부정당하지 않는 사람들이다.

그래서 돈은 성찰하지 않는 행위자, 반동자, 다른 사람들이 자신을 어떻게 생각하는지 신경 쓰지 않는 사람들에게 호소한다. 그들은 자신의 거만함과 게으른 생각에 사로잡힌 것 아닐까? 그들은 절대 누군가 다른 가치를 가질 수 있다고 상상하지 않을 것이며 머지않아 상상력의 부재에 대한 대가를 치르게 될 것이다. 그때 밀라는 그녀의 아버지도 결국 대가를 치른 것이라는 생각이 들었다. 아버지는 자신의 행동을 다르게 볼 수 있는 보다 타당한 방법이 있을 거라고 생각할 수 없었기 때문에 자신의 사기에 대한 어떤 책임도 부정했던 것이다. 그는 돈이 아닌 가치 원천을 상상할 수 없었고, 그래서 주류 사회가 자신이 틀렸다고 판결하자 놀라고 화가 났던 것이다. 쏟아지는 대중적 비판은 아버지가 틀렸다는 사실을 잘 보여 주었다. 하지만 그녀의 아버지는 비판을 무례한 모욕으로 받아들였다.

밀라는 돈에 대한 통찰이 자신과 아버지의 관계를 바꿀 수도 있다고 생각했지만 여기에서 멈출 수는 없었다. 자신이 머릿속에 지어 놓은 생각들의 정교한 구조를 잃을까 하는 두려움 때문이었다. 그녀는 억지로 머리를 짜내 결론을 냈다. 이 모든 것이 그녀가 사회학을 이해하는 데 어떤 의미를 주는 걸까? 밀라는 지멜의 결론에 동의하지 않았다. 그래도 그녀는 마르크스, 뒤르켐, 베버의 다른 이론들을 대체할 수는 없더라도 앞지르기에 더 좋은 이론을 찾았다고 생각했다.

그녀는 책을 뒤적여 아까 건너뛴 부분에서 지멜의 비밀에 대한 관찰을 다룬 부분을 읽고는 미소 지었다. 어릴 때 혼자 선물을 풀어 보며 지었던 것 같은 미소였다. 이 인용구가 그녀의 눈을 사로잡았다.

"비밀은 사람들 사이에 장벽을 치지만, 동시에 소문이나 자백으로 그 장벽을 깨고 싶은 유혹을 제공한다."

그녀는 다시 책을 읽기 시작했다.

돈이 전부는 아니다

밀라가 아버지를 만난 방은 대학 강의실 같았다. 조명과 가구는 강의실과 비슷했지만 이곳에는 탁자의 양쪽 끝에 마주한 두 사람만 있었다. 밀라는 아버지에게 도니와 어머니 이야기를 했고, 린 이야기는 조심스럽게 피했다. 그녀의 아버지는 밀라에게 대학에서 다른 이름으로 사는 것이 어떻더냐고 물었다. 밀라는 간단히 말했다.

"포기했어요. 이제 제가 누구인지 다 알아요."

밀라는 실망한 듯한 아버지의 모습이 어쩐지 놀랍지 않았다. 그녀가 대학에 정체를 숨기고 들어가고 싶다고 했을 때 어머니는 어떤 의견도 내지 않고 단순히 현실적인 도움만 주었지만, 애초에 밀라에게 정체를 숨길 것을 제안한 사람은 아버지였다.

밀라는 비밀은 어떤 내용이든 간에 언제나 신비로운 매력을 지니고 있다는 지멜의 말에 동의했다. 그는 비밀이 소유물과 같다고 말했다. 누군가에게 비밀이 있다는 것은 그 사람이 뭔가 가치 있고 독특한 것, 그 사람의 허락을 받지 않고는 다른 사람들이 볼 수 없는 어떤 것을 가지고 있다는 뜻이다. 소유욕이 많은 사람은 이런 종류의 소유에 솔깃할 것이다. 아버지는 어쩌면 지멜이 묘사한 비밀이 지닌 다른 특징의 진가를 인정했고, 밀라도 그러기를 기대했다. 소유의 측면에서 생각하든 그렇지 않든 비밀은 비밀의 소유자를 특별하게 만든다. 아마 아버지 같은 사람에게는 이 부분이 가장 매력적이었을 것이다.

지멜은 비밀을 밝힐 것인가 계속 숨길 것인가를 생각할 때 가장 큰 권력이 느껴지기 마련이라고 말했다. 언제든 비밀을 폭로할 수 있다는 의식은 어떻게 환상을 없애고, 행복을 망치고, 삶을 파괴할 수 있을지를 상상한다. 그러나 지멜이 말한 것처럼 비밀을 폭로해서 망가지는 것은 그 사람의 삶뿐이다. 밀라는 자신이 그런 권력을 어떻게 포기할 수 있었는지 아버지는 이해할 수 없을 거라고 생각했다.

비밀이 스스로 동떨어지는 방법이자 자신을 잘 안다고 생각하는 사람들에게 일종의 이방인이 되는 수단이라는 지멜의 말에 동의하는 것은 밀라에게 어렵지 않았다. 그녀는 비밀이 또한 자기 자신을 중요하고 신비하게 느끼게 만드는 방법이라고도 생각했다. 밀라는 자신이 비밀을 포기한 사실만이 아니라 포기에 망설이지 않았다는 사실이 매우 기뻤다.

지멜은 비밀이 밝혀질 때의 흥분은 전율과 긴장, 즉 비밀의 매력 중 매력의 일부이지만, 이에 항복하고 모두에게 말하려는 내부의 유혹도 마찬가지로 비밀의 매력이라고 말했다. 밀라는 다른 사람인 척하면서 친구들과 있을 때 종종 이런 유혹을 강하게 느꼈지만, 막상 자기의 비밀을 말해야겠다고 결심했을 때는 지멜이 말한 권력을 느끼지 못했다. 물론 재스민이 말하게끔 상황을 몰아갔기 때문에 밀라에게는 선택권이 없었지만 최소한 호들갑이라도 떨면서 말해 버릴 수도 있지 않았을까? 그리고 나서는 극도의 안도감을 느낄 수 있지 않았을까? 어쨌든 아버지는 밀라가 한 일을 아쉬워하고 있었다. 밀라는 친구들에게 자신이 누구인지 밝힌 것이 왜 옳은 일인지 아버지에게 설명해야 한다고 생각했다.

"그 친구들은 서로 친해지고 평생 가는 우정을 만들려고 가장 깊은 비밀도 말하는데 저는 아무 말도 할 수가 없었어요. 사람들을 속이고 조종하는 것 같은 기분이 들었어요. 말하고 나니 기분도 훨씬 좋고, 그 구식 안경도 안 써도 돼요."

밀라의 아버지는 웃으면서 안경을 쓰지 않으니 얼마나 예쁘냐고 말해 주었다. 그는 예뻐 보이고 싶은 마음이 비밀을 포기하는 이유라는 것은 이해했지만 그녀의 나머지 설명은 그냥 지나친 것 같았다. 밀라는 아버지에게 자신에게 중요한 것을 말하려고 계획했던 순간들이 떠올랐다. 경험상 중요한 것을 말하는 순간은 늘 실망스럽고 불만족스러웠다. 그녀가 아버지에게 원하는 반응은 늘 자신이 넘을 수 없는 보이지 않는 선 너머에 있는 듯했다. 아버지는 그녀에게 '여기 친구들' 중 한 명의 이야기를 해 주었다.

"그 사람은 수천 가지 비밀이 있고, 비밀 하나하나가 말 그대로 예술인 사람이야. 여기서 그 사람이 자기 기술을 계속 쓸 수 있게 해 줘서 그 사람 방은 말도 안 되게 꽉 찬 박물관 같아. 벽에 그림으로 덮이지 않은 부분이 거의 없어. 모딜리아니나 샤갈 같은 것들로 말이야. 그 사람 이름은 장 크리스토프야. 들어 봤지? 유명한 미술 위조범이지만 여기서는 별 소용이 없어. 그 바보는 그냥 그림 그리는 걸 멈추지 못하는 거야."

"어쩌면 즐기는 것일 수도 있고, 아니면 사는 의미를 얻나 보죠. 복제품이 아닌 자기 그림도 그려요?"

"그럼, 아주 특이한 것들을 그리지. 주위 사람들에게 공짜로 준단다. 나에게도 주었지."

"어땠어요?"

아버지는 이 질문에 놀랐다.

"받지 않았단다. 그럴 가치가 없잖니."

밀라는 이야말로 시장에서 거래되는 예술 작품에서 보이는 예술의 객관적 표현이 창조성을 질식시킨다는 지멜 이론의 극단적 사례라는 생각에 사로잡혔다. 물론 밀라는 이 경우 작품의 상업적 가치는 그 위조범의 사기가 성공적인가에 따라 결정되는 함수라고 생각했다. 이제 그녀는 물어보려고 벼르던 질문을 할 준비가 되었다. 하지만 밀라는 10분 전 결심했던 것보다 훨씬 완곡하게 물어보았다. 그녀와 아버지 사이를 가로지르는 보이지 않는 선과 그녀에게 말하던 아버지의 표정이 떠올랐기 때문이었다. 그녀는 말하는 동안 아버지를 유심히 바라보았다.

"아빠도 비밀이 있죠? 아빠가 말한 장 크리스토프가 여기 있는 건 사람들을 속였기 때문이잖아요? 아빠도 사람들을 속였어요?"

"돈을 잃은 사람들 얘기냐? 나는 그 사람들 돈을 훔친 게 아니란다, 너도 알잖니. 아무도 그 사람들이 우리에게 돈을 가져오게 만들지 않았어."

"하지만 그 사람들이 정말 무슨 뜻인지도 모르면서 자신들을 돌봐 주겠다는 아빠를 믿었다는 걸 아시잖아요."

아버지가 자신이 상상한 방식대로 말하게 만들겠다는 그녀의 희망은 이미 희미해지고 있었다.

"그 사람들이 나와 같은 방식으로 세상을 이해하지 않는다는 건 알았지. 그 사람들은 그래서 내 전문성에 돈을 내놓은 것이란다. 하지만 세상이 그렇지 않은 척하면서 다른 사람들의 부탁을 들어줄 수는 없어. 그 사람들은 잘사는 건 고사하고 살아남으려면 세상이 정말 어떻게 돌아가는지 알아야 해. 그 사람들이 얼마나 가난한지 봐라. 그건 어떻게 돈을 벌지 모르기 때문이야."

"그 사람들은 이제 더 가난하죠."

이것이 그녀가 하려던 대단한 연설 대신 새어 나온 약하고 애처로운 한마디였다. 원래는 적절한 비유를 들어 아버지의 행동이 도덕적으로 잘못되었음을 보여 아버지의 방어를 뚫고 나서 하려고 계획했던 말이었다. 그러고 나서 아버지에게 지멜을 가르쳐 주고 아버지가 선택한 방법이 잘못되었음을 뉘우치도록 하는 게 밀라의 계획이었다.

아버지의 웃음은 밀라가 보이지 않는 선을 넘어온 데 대한 짜증을 숨기지 않았다.

"밀라. 나는 그들의 부탁을 들어준 거야. 그 사람들은 교훈을 얻었어. 그렇지 않았으면 계속 가난할 테니까. 그 사람들이 교훈을 얻지 못했을지도 모르지만 내 잘못은 아니야. 그 사람들이 가난한 건 그 사람들 잘못이지. 그 사람들은 돈을 버는 사업을 얼마나 진지하게 생각해야 하는지 깨닫지 못했던 거야. 나는 사업을 진지하게 받아들이라고 가르친 셈이다."

"그 사람들이 아빠 같아지지 않으면 계속 가난할까요?"

밀라는 이렇게 말하는 자신이 미워졌다. 그 말은 결국 아버지가 보는 세계에 대해 질문하지 않는 쪽으로 물러나는 것이었다.

"그게 세상 돌아가는 방식이야. 안 그런 척하는 건 잔인하지."

"그 사람들은 보상을 받아야 하지 않아요?"

이제 아버지는 밀라의 순진함에 웃고 있었다.

"왜 그 사람들에게 보상을 해 주고 싶어 하니? 가난하기 때문에?"

밀라는 고개를 끄덕였다.

"하지만 가난한 게 왜 문제일까? 돈이 중요하기 때문이지. 돈이 제일 중요해. 가난한 사람들은 한 가지 단순한 이유 때문에 자기가 원하는 일을 하고 원하는 것을 가지는 진짜 인생을 살 수 없어. 그럴 돈이 없기 때문이야. 네가 방금 동의했듯이 돈이 그 사람들의 문제를 해결하는 유일한 방법이란다."

밀라는 분명 함정이라는 것을 알면서도 자신의 말을 되풀이했다.

"그럼 왜 그 사람들이 보상을 받을 수 없는 건데요?"

"그 사람들에게 보상해 줄 돈은 어디서 얻을래? 돈을 벌려고 열심히 일해서 세금 내는 사람들? 그런 사람들 돈을 훔쳐서 국가가 법적으로 보상하게 만들고 싶은 거야?"

밀라는 말을 꺼내려 더듬거렸지만 아버지는 조용히 하라는 뜻으로 손을 들었다.

"나는 돈이 진지한 사업이라고 말했다. 돈은 뭐가 중요한지를 보여 주고 모든 것을 꿰뚫지. 그들이 입은 손실을 보상할 돈을 준다고 치자. 그래, 돈이 할 수 있는 일이지. 돈은 무엇이든 보상할 수 있어. 하지만 돈은 아무데서나 나오는 게 아니야. 그래서 내가 가난한 사람들을 위해 돈을 벌려고 했던 거야. 그 사람들이 뭐든 할 수 있게 하려고. 훔치는 방법이 개입되지 않고는 그 사람들을 도울 다른 수가 없었어."

아버지가 불쌍한 투자자들과 공감하도록 만들기 위해 그녀가 무슨 노력을 해도 그녀의 아버지는 돈만이 유일하게 실재하는 것이라고 되풀이했다. 밀라는 아버지의 확신과 무시가 너무나 완강해서 이제는 완전히 패배를 인정할 때라고 느끼면서도 이렇게 말했다.

"아빠 나름대로 보는 그런 현실이 편하신 거죠? 안 그래요? 그건 아빠한테는 맞아도 그 사람들한테는 맞지 않는 현실이에요."

"세상 돌아가는 방식이야 내가 어쩔 수 없지. 세상을 바꾸고 싶다고 해도 불가능할 거야. 내가 체제 밖에서도 잘 할 수 있었을지는 모르겠지만 아무튼 누구나 똑같이 했을 거야."

밀라는 이쯤에서 졌다고 인정해야 했다. 그러나 아버지의 잘난 체하는 태도에는 계획했던 것을 다 말할 수 없다는 절망을 분노로 바꾸는 무언가가 있었다. 그녀는 목소리를 통제하기 어려웠다.

"체제가 움직이는 방식을 바꿀 수는 없나요? 불평등으로 인해 덕을 보는 사람들은 누군가 그 차이를 좁히려고 시도할 때마다 규칙을 바꿀 길을 아주 잘 찾는 것 같아요. 새로운 규칙은 언제나 예전 규칙과 마찬가지로 그들의 특권을 정당화하죠. 만일 체제가 불평등에 대한 그 사람들의 변명을 최신으로 유지하는 쪽으로 바뀔 수 있다면 왜 우리는 사람들이 돈이 아닌 다른 것이 중요하다는 것을 알 수 있게 그 체제를 바꿀 수 없는 거죠?"

"무슨 말을 하는지 모르겠구나."

아버지의 무례한 태도는 그녀의 감정을 폭발시켜 눈물을 쏟아 내게 하려고 계획된 것일까? 하지만 밀라는 이제 목소리를 가다듬었다.

"아빠가 모르신다는 거 알아요. 하지만 제가 보기에 아빠 같은 사람들은 다들 사람의 감정을 포함한 다른 것들은 별로 중요하지 않다는 사고방식에 갇혀 있는 것 같아요. 경제적으로 말이 되는 것에 지배받는 사고방식 말이에요. 저는 항상 그런 식이어야 한다고는 생각하지 않아요."

건물 입구로 내려가는 엘리베이터에서 밀라는 아버지가 삶의 많은 갈래 중 하나만을 잡고 있으면서 세상을 다 안다고 확신하는 거라고 생각했다. 사람들은 세상을 매우 좁고 궁색한 방식으로 바라보려는 유혹에 빠질 수 있다. 심지어 지금도 그녀의 아버지는 경제적 성공이 자신이 신경 써야 할 유일한 판단 기준이라고 여기고 있었다. 밀라는 이를 받아들이지 않았지만, 돈이 어떻게 아버지의 도덕적 판단을 흐리는지는 이해할 수 있었다.

아룬이 그녀를 기다리고 있었다. 그는 걱정스러워 보였다.

"어떠셨어?"

밀라는 걱정해 주어서 고맙다는 마음을 알리려고 웃어 보였다.

"실망하셨죠! 저는 놀라긴 했지만 이해하기 그렇게 어렵지는 않은 것 같아요. 아빠는 그 가난한 투자자들이 소설을 믿게 만드신 거예요. 아빠 자신이 그 사람들에게 편안한 노후를 선사할 영웅으로 그려지는 소설 말이에요. 아빠는 나도 소설 같은 삶을 산다는 게 마음에 드셨겠죠. 어쩌면 아빠는 내가 그러는 게 아빠의 거짓말을 용인한다는 의미라고 생각하셨던 건지도 모르겠어요."

아룬은 여전히 걱정스러워 보였다. 입구 쪽으로 걸어가면서 아룬이 그녀의 손을 잡았다.

"네가 안에 있는 동안 저 사람들 중 한 명이 와서 입구에 사진 기자 둘이 어슬렁거리고 있다고 알려 줬어. 누가 누구를 면회한다는 정보를 얻으면 그러는 모양이야. 다른 쪽 출구가 있는지 알아보자."

"아니요. 숨고 싶지 않아요. 하지만 선배는 괜찮겠어요? 선배까지 끼어들 필요는 없어요."

"난 괜찮아."

아룬은 밀라의 손을 꽉 잡았다. 정문으로 난 정원을 걸어 나가는 동안 밀라가 말했다.

"찰스 호턴 쿨리 기억나요?"

"응. 우리가 어떻게 마음속으로만 서로 연결되는지를 말한 사람이잖아."

"잘 아네요. 이제 선배도 약간 사회학자 같은데요."

"넌 모든 사람이 사회학자여야 되잖아."

"그래야죠. 어쨌든 쿨리는 이렇게 말했어요. '만일 우리가 형체가 있는 사람들하고만 어울리면서 형세를 전환시키고 그늘을 드리울 만한 사람은 누구도 끼워 줄 수 없다고 주장한다면, 사회는 어떻게 되며 우리는 어떻게 되겠는가?'"

"소설 속 인물도 뭔가를 가르쳐 줄 수 있다는 거야?"

"뭐든 가르쳐 줄 수 있죠. 사회학까지도요."

17
다시 한 통의 메일, 그리고 더 읽을거리

이마,

근사하군요. 우리가 이야기했던 것들을 그대로 했네요. 사회학의 주요 개념을 설명할 뿐만 아니라 생각하는 법을 배우는 과정도 보여 주었군요.

밀라를 좀 더 주인공답게 그릴 수 있다고는 생각하지 않나 보군요. 그렇죠? 이야기가 스릴러에 가까웠다면 어땠을까 싶기도 해요. 마지막 장면에서 밀라의 아버지가 사실은 대통령이었고 그녀가 정체를 숨겨 왔던 이유는 납치당할 위험 때문이었다는 게 밝혀지는 식으로요.

그리고 이야기를 시작할 서문이나 서론이 필요하겠다는 생각이 듭니다. 소설에 대한 이야기가 아니라 사회학과 관련해서 무엇을 하려는 것인지에 대한 이야기 말입니다.

아주 잘했어요!

암람.

암람 교수님,

감사합니다. 좋아해 주셔서 정말 기쁩니다. 밀라의 아버지를 대통령으로 만들어야 할지는 모르겠네요! 이 책의 뒷부분을 쓸 때의 원칙은 밀라가 도덕적 판단에 책임감을 갖게 된다는 것이었습니다. 여기에는 자신이 지금껏 했던 판단이 도덕적 판단이고, 맞는 것도 있지만 틀린 것도 많다는 사실을 알게 되는 과정이 따르죠.

이야기의 마지막 부분은 밀라가 지금껏 자신이 자기한테 일어난 사건의 영향에만 집중하면서 사건 자체와는 거리를 두는 식으로 변명을 일삼아 왔다는 걸 깨닫는 과정입니다. 그것이 신분을 숨긴다는 결정의 진짜 의미였죠.

밀라는 지금까지 일어났던 일들이 자신과 상관이 있다는 걸 받아들이면서 그에 대해 도덕적 판단을 할 수 있게 되고, 나아가 판단의 결과를 받아들여야 한다는 사실을 깨닫게 됩니다.

그게 밀라가 그녀의 진짜 정체성을 찾는다는 것의 의미입니다. 만일 이 과정을 스릴러 각본의 한 요소로 만들면 의미가 다 사라질 것 같은데요.

이마 드림.

이마,

그러니까 적극적으로 공부하는 학생으로서 사람들과 만나는 밀라와 성인으로서 도덕적 판단을 내릴 능력과 그에 따르는 책임을 깨달아 가는 밀라를 연결시킨 것이군요. 이제 알겠습니다. 대단해요.

내가 보내 준 자료에서 이마 학생이 선택한 부분도 딱 들어맞았어요. 너무 많은 자료를 보내서 미안합니다. 어떻게 줄여야 할지 몰랐는데 '프랑켄슈타인'에서 골라 읽게 하다니 탁월했어요. 그래도 부르디외의 "가장 성공적인 이념적 효과는 한마디도 덧붙일 필요 없이 연루된 학문만을 묻는 것이다."라는 구절을 빠트린 건 너무했어요.

책에 나온 인용구의 출처도 정리해 보았습니다.

169쪽 "만약 어떤 상황이⋯⋯." Charles Horton Cooley, "Sociability and Personal Ideas", in *Human Nature and the Social Order*(New York, NY: Charles Scribner's Sons, 1922), p. 119.

174쪽 "사회가 존재하기 위해서는⋯⋯." ibid., p.119. "사람들이 서로에 대해⋯⋯." ibid., p. 121.

195쪽 "행동을 구축하는 과정에서⋯⋯." Herbert Blumer, *Symbolic Interactionism: Perspective and Method*(Berkeley, CA: University of California Press, 1986), p. 15; 허버트 블루머, 박영신 옮김, 『사회과학의 상징적 교섭론』(민영사, 1990).

249쪽 "감옥을 감옥답게 만드는 것은⋯⋯." Erving Goffman, *Asylums*

(Chicago, IL: Aldine Publishing, 1961), p. 35. "입원 환자로 존재하는 순간의……." ibid., p. 11.

277쪽 "권력의 자동적인 기능을……." Michel Foucault, *Discipline and Punish: The Birth of the Prison*(Harmondsworth: Penguin, 1979), p. 201; 미셸 푸코, 오생근 옮김, 『감시와 처벌』(나남, 1994).

321쪽 "개인의 가치를 매기고……." Talcott Parsons(1947), "Introduction", in Max Weber, *The Theory of Social and Economic Organization*(New York, NY: Free Press, [1947] 1964), p. 82.

342쪽 "순수한 전략적 의도의……." Pierre Bourdieu, *Outline of a Theory of Practice*(Cambridge, UK: Cambridge University Press, 1977), p. 73.

343쪽 "결백한 말은 없다." Pierre Bourdieu, *Language and Symbolic Power*(Cambridge, UK: Polity Press, 1991), p. 40.

346쪽 "보고, 앉고, 서고……." ibid., p. 51.

377쪽 "모든 시대에서……." Karl Marx and Friedrich Engels, *The German Ideology*(New York, NY: International Publishers, [1845~1846] 1970), p. 64; 카를 마르크스·프리드리히 엥겔스, 박재희 옮김, 『독일 이데올로기 1』(청년사, 2007).

389쪽 "삶을 영위하기 위한 합리적 윤리." Max Weber, *The Protestant Ethic and the Spirit of Capitalism*(Harmondsworth: Penguin, [1902] 2002), p. 366; 막스 베버, 김상희 옮김, 『프로테스탄트 윤리와 자본주의 정신』(풀빛, 2006).

394쪽 "아주 분명한 의식." ibid.

448쪽 "집단 내에서 이방인의 지배적 위치를……." Georg Simmel, "The Stranger", in Kurt Wolff(trans.), *The Sociology of Georg Simmel*(New York, NY: Free Press, 1950), p. 432.

449쪽 "객관성은 자유로……." Georg Simmel, "The Stranger", in Scott

Appelrouth and Laura Desfor Edles, *Classical and Contemporary Sociological Theory: Text and Readings*(Thousand Oaks, CA: Pine Forge, [1908] 2008), p. 260. "이방인은 우리가……." ibid., p. 261.

450쪽 "열정의 첫 번째 단계에서……." ibid., p. 261, "유행은 개인을 다른 사람들과……." Georg Simmel, "Fashion", *International Quarterly* Vol. 62 no. 6(1957), pp. 548~549.

451쪽 "유행은 다르면서도 같다고……." Georg Simmel, "The Sociology of Secrecy and of Secret Societies", *American Journal of Sociology* Vol. 11 no. 4(1906), pp. 441~498.

469쪽 "만일 우리가 형체가 있는……." Charles Horton Cooley, "Sociability and Personal Ideas", in *Human Nature and the Social Order*(New York, NY: Charles Scribner's Sons, 1922), p. 123.

더 읽을거리에 대한 조언도 필요한가요?

암람.

암람 교수님,

서지 사항을 다 정리해 주셔서 감사합니다. 그동안의 모든 도움도 감사드려요. 교수님이 아니었다면 이 책은 나올 수 없었을 거예요. 하지만 참고 문헌까지 부탁드려 귀찮게 해 드리지는 않으려고요. 감사합니다. 참고 문헌은 웹사이트 같은 데에 도움말이나 퀴즈나 밀라의 다이어리 같은 것과 함께 올릴 수 있지 않을까요?

서문에 관한 말씀은 생각해 보았습니다. 좋은 의견이라고 생각해요. 이 책으로 무엇을 하려는 것인지에 대한 안내 같은 것이 되겠죠. 교수님께서 출판사에 보내실 때 보내 드리겠습니다.

이제 원고를 보내도 되겠다는 생각이 듭니다. 제가 관여했다는 걸 밝히지 않는다는 데 동의합니다. 박사 학위도 없는 젊은 여자가 이런 걸 썼다고 생각하면 두 번씩 읽지 않을 테니까요.

이마 드림.

이마,

드디어 출판사에서 답신이 왔네요. 우리가 원하던 내용은 아닙니다. 어떻게 했으면 좋겠어요?

암람.

암람 교수님께,

원고를 보내 주셔서 감사합니다. 편집부에서 원고를 두고 많은 논의를 해 보았습니다. 이 책의 포부는 신선하고 강렬합니다만, 저희는 수업에서 쓰기에 알맞은 책을 바라고 있었습니다.

이런 방식은 매우 부자연스럽습니다. 기존 교습법을 따르지 않는 이 책이 어떻게 수업 교재로 쓰일 수 있을지 모르겠습니다. 저는 참신함에 매우 찬성하는 입장입니다만, 수업에 쓸 책이 되려면 수업 내용이 언급되어 있어야 합니다.

밀라라는 등장인물이 학생들에게 새롭고 도전적인 이야기를 하는지도 잘 나타나 있지 않습니다. 학생들이 기존 사회학 입문서 대신 이 책을 사야 하는 이유가 무엇일까요?

물론 뭔가 새로운 것을 하려고 노력하셨다는 데 대해서는 감사합니다만, 저희의 염려는 교수님께서 하신 일이 너무 새로워서 수업이나 연구에서의 필요에 부합하지 않을 것 같다는 점입니다.

밀라의 이야기를 강의의 필요 사항에 맞게 재구성하는 것을 고려해 주시지 않는다면, 이번에는 출판이 힘들 것 같습니다.

감사합니다.

아리스토텔레스 출판사

클라라 드림.

추신: 랜돌프 교수님께도 안부를 전해 주시기 바랍니다. 저희 쪽에 언제 새 원고를 전달해 주실 예정인지 여쭤 봐 주시면 감사하겠습니다. 이런 상황에 눈치 없는 말씀이라면 죄송합니다만, 저희는 랜돌프 교수님의 이번 출판이 큰 일이 될 것이라고 생각하며 이 일이 주목을 받으면 랜돌프 교수님의 동료분들께도 영향을 미칠 거라고 확신합니다.

암람 교수님,

어떻게 뭔가가 '너무 새로울' 수가 있죠? 제가 보기에는 클라라 씨와 랜돌프 교수님이 참 잘 어울리는 것 같네요. 그리고 제가 더 읽을거리에 대한 조언이 필요 없다고 말씀드렸던 게 틀렸을까요?

정말 출판을 해야 할까요? 그냥 직접 인터넷에 올릴 수도 있지 않을까요? 아니면 다른 출판사를 찾아보거나요.

이마 드림.

이마,

다시 한 번 해 봅시다, 이마. 밀라는 그럴 자격이 있다고 생각해요.

암람.

추신: 참고 문헌에 관한 제안을 보냅니다. 어떻게 할지는 이마가 결정하세요.

1 왜 나는 사회학을 공부하는가

지그문트 바우만·팀 메이, 박창호 옮김,『사회학적으로 생각하기』(서울경제경영, 2011).

피터 L. 버거, 이상률 옮김,『사회학에의 초대』(문예출판사, 1996).

C. 라이트 밀즈, 강희경·이해찬 옮김,『사회학적 상상력』(돌베개, 2004).

M. de Certeau, *The Practice of Everyday Life*(Berkerly, CA: University of California Press, 2002).

Steve Matthewman, Catherine Lane West-Newman and Bruce Curtis, *Being Sociological*(Houndmills: Palgrave Macmillan, 2007).

Stephen Miles, *Social Theory in the Real World*(London: Sage, 2001).

Chris Shilling and Philip A. Mellor, *The Sociological Ambition: Elementary Forms of Social and Moral Life*(London: Sage, 2001).

Bram Gieven and Stuart Hall, *Formations of Modernity*(Cambridge, UK: Polity Press, 1992).

Dean MacCannell, *The Tourist: A New Theory of the Leisure Class*(Berkerly, CA: University of California Press, 1999).

Daniel Miller(ed.), *Worlds Apart: Modernity through the Prism of the Local*(London: Routledge, 1995).

2 개인 탓? 사회 탓?

에밀 뒤르켐, 노치준 옮김,『종교생활의 원초적 형태』(민영사, 1992).

_____, 황보종우 옮김,『에밀 뒤르켐의 자살론』(청아출판사, 2008).

_____, 민문홍 옮김,『사회분업론』(아카넷, 2012).

_____, 윤병철·박창호 옮김,『사회학적 방법의 규칙들』(새물결, 2001).

Émile Durkheim, *The Elementary Forms of Religious Life*(Oxford: Oxford University Press, 2001).

John Urry, *Sociology Beyond Societies: Mobilities for the Twenty-First Century*(London: Routledge, 1999).

Robert E. Park, "Human Migration and the Marginal Man", *American Journal of Sociology* Vol. 33 no. 6(Chicago: The University of Chicago Press, 1928), pp. 881~893.

3 감정에 대한 감정적 논쟁

안토니오 다마지오, 김린 옮김, 『데카르트의 오류』(중앙문화사, 1999).

지그문트 프로이트, 김석희 옮김, 『문명 속의 불만』(열린책들, 2003).

앨리 러셀 혹실드, 이가람 옮김, 『감정 노동』(이매진, 2009).

Gillian Bendelow and Simon J. Williams(eds), *Emotions in Social Life: Critical Themes and Contemporary Issues*(London: Routledge, 1998).

Deborah Lupton, *The Emotional Self: A Sociocultural Exploration*(London: Sage, 1998).

Simon J. Willams, *Emotion and Social Theory: Corporeal Reflections on the (Ir)rational*(London: Sage, 2001).

Stephanie A. Shields, *Speaking from the Heart: Gender and the Social Meaning of Emotion*(Cambridge, UK: Cambridge University Press, 2002).

4 페미니즘에의 도전

주디스 버틀러, 조현준 옮김, 『젠더 트러블』(문학동네, 2008).

Jennifer Mather Saul, *Feminism: Issues and Arguments*(Oxford: Oxford University Press, 2003).

Patricia Hill Collins, *Black Feminist Thought: Knowledge, Consciousness and the Politics of Empowerment*(London: Routledge, 2008).

Raewyn Connell, *Gender and Power: Society, the Person and Sexual Politics*(Cambridge, UK: Polity Press in association with Blackwell, 1987).

Lynn Jamieson, *Intimacy: Personal Relationships in Modern Societies* (Cambridge, UK: Polity Press, 1997).

5 관계의 조건

찰스 샌더스 퍼스, 김동식 외 옮김, 『퍼스의 기호학』(나남, 2008).

롤랑 바르트, 이화여자대학교 기호학연구소 옮김, 『현대의 신화』(동문선, 1997).

Charles Horton Cooley, *Human Nature and the Social Order*(New Brunswick, USA: Transaction Books, 1983).

6 사회는 움직이는 거야

허버트 블루머, 박영신 옮김, 『사회 과학의 상징적 교섭론』(민영사, 1990).

조지 허버트 미드, 나은영 옮김, 『정신, 자아, 사회』(한길사, 2010).

Howard Becker, "Becoming a Marihuana User", *American Journal of Sociology* Vol. 59 no. 3(Chicago: The University of Chicago Press, 1953), pp. 234~242.

7 조금은 비정상적인 밤

Aaron V. Cicourel, *Cognitive Sociology*(Harmondsworth: Penguin, 1973).

David Francis and Stephen Hester, *An Invitation to Ethnomethodology: Language, Society and Interaction*(London: Sage, 2004).

Harold Garfinkel, *Studies in Ethnomethodology*(Cambridge, UK: Polity

Press, 1984).

Alfred Schutz, *The Structure of the Life-World*(London: Heinemann, 1974).

8 친구가 털어놓은 이야기

어빙 고프먼, 김병서 옮김, 『자아표현과 인상 관리』(경문사, 1992).

Erving Goffman, *Asylums: Essays on the Social Situation of Mental Patients and other Inmates*(Chicago, IL: University of Chicago Press, 1962).

_____, *The Presentation of Self in Everyday Life*(Harmondsworth: Penguin, 1971).

_____, *Stigma: Notes on the Management of Spoiled Identity* (London: Simon & Schuster, 1986).

R. Parker and P. Aggleton, "HIV and AIDS-related Stigma and Discrimination: A Conceptual Framework and Implications for Action", *Social Science and Medicine* Vol. 15(Oxford: Pergamon, 2003) pp. 13~24.

C. J. Pascoe, *Dude, You're a Fag*(Berkerly, CA: University of California Press, 2007).

9 권력은 어디에나

미셸 푸코, 이규현 외 옮김, 『성의 역사』(나남, 2004).

_____, 오생근 옮김, 『감시와 처벌』(나남, 2003).

_____, 이규현 옮김, 『광기의 역사』(나남, 2003).

_____, 홍성민 옮김, 『임상 의학의 탄생』(이매진, 2006).

크리스 쉴링, 임인숙 옮김, 『몸의 사회학』(나남, 2011).

브라이언 터너, 임인숙 옮김, 『몸과 사회』(몸과마음, 2002).

Erving Goffman, *Asylums*(Chicago, IL: Aldine Publishing, 1961).

Jeffrey Weeks, *Sex, Politics and Society: The Regulation of Sexuality since 1800*(London: Longman, 2008).

Nikolas Rose, *Governing the Soul: The Shaping of the Private Self*(London: Free Association Books, 1999).

10 사회학은 인용학?

E. E. Evans-Pritchard, *Witchcraft, oracles, and magic among the Azande*(Oxford: Oxford University Press, 1976).

Donald Mackenzie and Judy Wajcman(eds), *The Social Shaping of Technology*(Buckingham: Open University Press, 1999).

11 주어진 일과 하고 싶은 일

데버러 럽턴, 김정선 옮김, 『의료 문화의 사회학』(한울, 2009).

Talcot Parsons, *The Social Systems*(London: Routledge, 1991).

Nathan Greenslit, "Depression and Consumttion: Psychopharmaceuticals, Branding and New Identity Practices", *Culture, Medicine and Psychiatry* Vol. 29(Boston: Kluwer Academic Publishers, 2006), pp. 477~501.

12 연극도 사회학처럼

피에르 부르디외, 최종철 옮김, 『구별 짓기』(새물결. 2005).

Pierre Bourdieu, *Outline of a Theory of Practice*(Cambridge, UK: Cambridge University Press, 1977).

_____, *The Logic of Practice*(Cambridge, UK: Polity Press, 1990).

_____, *An Invitation to Reflexive Sociology*(Oxford: Polity Press, 1992).

13 잘 살려면 '운동'을 해야 한다

카를 마르크스·프리드리히 엥겔스, 박재희 옮김, 『독일 이데올로기 1』(청년사, 2007).

카를 마르크스, 강유원 옮김, 『공산당 선언』(이론과실천, 2008).

Beverley Skeggs, *Class, Self, Culture*(London: Routledge, 2004).

14 세상을 설명하기, 세상을 바꾸기

Max Weber, *The Theory of Social and Economic Organization*(New York, NY: Free Press, [1947] 1964).

_____, *From Max Weber: Essays in Sociology*(London: Routledge & Kegan Paul, 1970).

_____, *The Protestant Ethic and the Spirit of Capitalism*(Harmondsworth: Penguin, [1902] 2002).

Dale Southerton, "Boundaries of 'Us' and 'Them': Class, Mobility and Identification in a New Town", *Sociology* Vol. 36 no. 1(London: Sage, 2002), pp. 171~193.

15 숨겨진 목소리들

프란츠 파농, 남경태 옮김, 『대지의 저주받은 사람들』(그린비, 2004).

_____, 이석호 옮김, 『검은 피부, 하얀 가면』(인간사랑, 1998).

Fuad Baali, *Society, State and Urbanism: Ibn Khaldun's Sociological Thought*(Albany, NY: State University of New York Press, 1988).

Liz Stanley and Sue Wise, *Breaking Out: Feminist consciousness and Feminist Research*(London: Routledge & Kegan Paul, 1983, 2nd edn, 1993).

16 이제는 말할 수 있을까

Georg Simmel, *The Philosophy of Money*(London: Routledge, [1990] 2004).

_____, "Fashion", *American Journal of Sociology* Vol. 62 no. 6(Chicago: The University of Chicago, 1957), pp. 541~548.

_____, "The Sociology of Secrecy and of Secret Societies", *American Journal of Sociology* Vol. 11 no. 4(Chicago: The University of Chicago, 1906), pp.441~498.

_____, "The Stranger", *Classical and Contemporary Sociological Theory: Text and Readings*(Thousand Oaks, CA: Pine Forge, [1908] 2008).

_____, *Simmel on Culture: Selected Writings*, edited by David Frisby and Mike Featherston, with an introduction by Mike Featherstone(London: Sage, 1997).

Stjepan Mestrovic, *Postemotional Society*(London: Sage, 1997).

Vivana Selizer, *Pricing the Priceless Child: The Changing Social Value of Children*(New York, NY: Basic Books, 1985).

Vivana Selizer, *The Social Meaning of Money*(New York, NY: Basic Books, 1994).

자주 하는 질문

인물

해럴드 가핑클

Q. 가핑클은 왜 학생들에게 위반 실험을 시켰나요?

A. 그는 학생들에게 주어지는 가장 단순한 일상적 기대를 위반하게 했습니다. 우리 모두가 정상성이라는 환상을 만드는 데 담합하고 있다는 것을 보여 주기 위해서였습니다. 우리가 담합을 멈추면 정상성과 정상적 사회 질서는 무너집니다.(208~211쪽)

어빙 고프먼

Q. 고프먼의 역할 이론에서 전면과 후면이 왜 중요한가요?

A. 고프먼은 사회적 삶이 자기 역할에 맞는 모습을 보여 주는 연극과 같다고 보았습니다. '전면'의 자기표현에는 후면에서 준비한 많은 노력이 들어갑니다.(229~230, 234~235, 261쪽)

Q. '있는 그대로'일 수 없으면 어떤 일이 일어나나요?
A. 고프먼은 자아의 감각이 감호 기관에 의해 침해되거나 낙인으로 인해 방해받는 경우를 연구했습니다. 이는 사회 규범 또는 시설에 의해 개인의 '전면'에서의 자유로운 자기표현이 억압되는 경우입니다.(239~252, 257~258쪽)

르네 데카르트
Q. 데카르트가 몸과 마음을 구분한 것이 맞나요?
A. 데카르트가 주장한 몸과 마음의 절대적 구분은 마음을 생물학적 틀 바깥에 존재하는 것으로 가정한다는 점에서 비판을 받았습니다.(111~113쪽)

에밀 뒤르켐
Q. 뒤르켐은 인간이 어떻게 사회에 등을 돌리지 않은 채 개인으로서 행동할 수 있다고 생각했나요?
A. 뒤르켐은 자유롭고 열린 사회에서 사회 질서를 유지할 방법을 찾고자 했습니다. 그는 개인이 사회 규범과 가치를 체화한 도덕 감정을 가진다고 생각했습니다. 도덕 감정은 근대 사회의 복잡한 노동 분업을 가능하게 하는 유기적 연대로부터 비롯됩니다.(74~90쪽)
Q. 뒤르켐은 사회가 기능하는 데 왜 범죄가 필요하다고 생각했나요?
A. 뒤르켐이 범죄를 기능적인 것으로 간주했던 까닭은 범죄가 아닌 정상적인 것을 정의하고 승인하는 것이 바로 범죄이기 때문입니다.
Q. 뒤르켐은 공리주의의 어떤 점이 틀렸다고 생각했나요?
A. 허버트 스펜서의 공리주의는 개인이 자신에게 최선의 이익이 무엇

인지를 기준으로 선택한다고 보았습니다. 그러나 뒤르켐은 실제로 사람들은 이런 식으로 행동하지 않으며 자신에게 이익이 되지 않을 수도 있는 사회 규범이나 가치를 따른다고 생각했습니다. 뒤르켐이 말한 도덕적 개인주의는 개인이 사회의 기준을 공유하며 고수한다는 의미입니다.(86~89쪽)

엘리너 마르크스

Q. 카를 마르크스의 딸 엘리너의 목소리가 묻혔다던데요?

A. 엘리너 마르크스는 자신에게 기대되는 중산층 여성으로서의 사회적 역할 때문에 고통받았습니다. 결국 이러한 모순은 사회 이론에 인상 깊게 기여할 수도 있었을 한 사람의 생명을 비극적으로 단축시켰습니다.(420~423쪽)

카를 마르크스

Q. 마르크스는 경제가 사회관계를 결정한다고 생각했나요?

A. 마르크스는 사회관계를 경제적 관계로 환원시키려는 경제 결정론자로 묘사되곤 했습니다. 하지만 그의 이론에는 이보다 더 많은 것들이 있습니다. 예를 들어 그는 사회 계급이 경제에 기초를 두고 있지만 계급 갈등은 경제적 관계보다 훨씬 많은 것을 포함한다고 생각했습니다.(372~375, 432쪽)

Q. '이념'은 '생각'인가요?

A. 마르크스가 말하는 이념은 단순히 이런저런 생각이라기보다는 물적 현실과 상충하는 믿음입니다.(376~378쪽)

Q. 마르크스의 이론에서 이념이라는 개념은 얼마나 중요한가요?

A. 마르크스는 이념 없이는 계급 지배가 불가능하다고 보았습니다. 그는 피지배 계급에게도 이념이 있지만 아주 유용한 것은 아니라고 했습니다.(378~381, 402, 409쪽)

Q. 노동 가치 이론이란 무엇인가요?

A. 노동자들은 가치를 생산하지만 그만큼의 대가를 받지 못합니다. 이러한 차이에서 비롯하는 '잉여 가치'는 고용주인 자본가의 재산이 되고 노동자에 대한 지배를 강화합니다. 노동자들이 생산해 내는 것이 노동자들을 노예 상태로 만든다는 것입니다.(354~356쪽)

Q. 생산 양식이란 무엇인가요?

A. 모든 사회에는 생산 양식이 있습니다. 생산 양식은 생산의 사회관계와 생산력, 바꾸어 말해 사회 구조와 경제 발전을 합친 개념입니다.(358~362쪽)

Q. 자본주의의 모순이란 무엇인가요?

A. 마르크스에 따르면 자본주의는 이익과 임금을 짜내면서 자본주의 자체의 기반을 약화시킵니다. 그는 이 과정에서 발생하는 긴장이 필연적으로 혁명으로 이어질 것이라고 생각했습니다.(358~359쪽)

조지 허버트 미드

Q. 다른 사람들을 객관적으로 대한다는 말이 무슨 뜻인가요?

A. 미드는 어른이 되는 과정에는 타인이 자신을 볼 것이라고 예상되는 대로 객관적으로 자신을 바라보는 것이 포함된다고 생각했습니다. 자신과 타인을 객관적으로 생각하는 법을 배우는 것은 경쟁력 있는 사회적 존재가 되기 위해 중요합니다.(179~185쪽)

주디스 버틀러

Q. 성을 '수행한다'는 버틀러의 말은 무슨 뜻인가요?

A. 우리는 우리가 동참하는 모든 성별화된 상호 작용 속에서 사회적 성(gender)을 만들어 나간다는 뜻입니다. 성은 '수행'하는 것이라는 개념은 생물학적 성과 사회적 성의 구분에 대한 버틀러의 비판에서 중요한 위치를 차지합니다.(147~149쪽)

Q. 버틀러에게 '드래그'는 왜 중요한가요?

A. 이성의 옷을 입는 행동을 가리키는 말인 '드래그'는 '젠더 트러블(Gender Trouble)'의 한 사례로, 개인의 성이 얼마나 잘 변하는가를 강조하는 방식으로 성을 수행하는 것입니다.(148쪽)

마리안네 베버

Q. 페미니즘에서 마리안네의 역할은 무엇이었나요?

A. 마리안네 베버는 19세기 후반부터 20세기까지 이어진 독일 여성 운동의 일원이었습니다. 그러나 그녀의 활동은 나치의 등장으로 인해 위축되었습니다.(421~422쪽)

막스 베버

Q. 종교가 자본주의의 등장에서 어떤 역할을 했나요?

A. 베버는 프로테스탄트 윤리가 마르크스가 말한 부의 축적을 추동하고 그에 사회적인 가치를 부여한다고 분석했습니다.(392~395쪽)

Q. '철로 만든 새장'이란 무엇인가요?

A. 합리화가 인간을 지배하게 되는 과정을 말합니다. 베버는 사회와 경제를 발전시키는 합리화가 삶을 가치 있게 만드는 것들을 앗아

간다고 보았습니다. 가치를 앗아 간다는 점에서 합리화는 또한 탈주술화를 의미합니다.(396~397쪽)

Q. 베버의 사회 계급 이론은 무엇인가요?

A. 마르크스가 주장한 경제에 기반을 둔 계급 이론 대신, 베버는 계급만이 아니라 신분 집단과 정당까지 포괄하는 계층 이론을 발전시켰습니다.(397쪽~404쪽)

피에르 부르디외

Q. 부르디외는 구조-행위 문제를 어떻게 다루었나요?

A. 부르디외는 사람들의 결정이나 말, 행동이 구조로 환원되지 않으면서도 구조에 의해 형성된다는 것을 설명하고자 했습니다. 아비투스 개념은 그 핵심에 자리합니다.(331~349쪽)

Q. 사회 자본, 장, 실천은 어떻게 연결되나요?

A. 사회 자본은 개인이 갖고 있는 자원입니다. 장은 자본에 가치를 부여하는 무대입니다. 실천은 각 개인이 사회 자본을 활용하는 것을 말합니다.(335~337쪽)

Q. 명예의 역할은 무엇인가요?

A. 명예는 사회적 가치에 대한 공통적인 기준 체계와 같은 것으로, 사람들이 하는 명예스럽거나 불명예스러운 행위에 의해 재창조됩니다.(333~341쪽)

허버트 블루머

Q. 블루머는 왜 상호 작용에 초점을 맞추었나요?

A. 블루머는 상징적 상호 작용론에 큰 기여를 했습니다. 그는 의미를

구성하는 상호 작용 과정을 밝혔는데, 여기에서 '의미'는 사회적으로 구성되어 사람들에게 이미 준비된 것으로 주어지는 의미와 반대되는 뜻입니다.(194~196쪽)

알프레드 슈츠
Q. 슈츠는 왜 우리가 당연하게 여기는 것들을 연구해야 한다고 생각했나요?
A. 그는 사람들이 공통적으로 받아들이는 의미와 해석인 '전형화'야말로 의미가 형성되기 전의 기본적인 토대라고 생각했습니다.(203~207쪽)

아롱 시쿠렐
Q. 우리는 어떻게 경험에서 현실을 창조하나요?
A. 시쿠렐은 우리가 언어나 대화의 법칙을 이용해 현실을 창조한다고 생각했습니다. 이 과정은 감각 경험을 바탕으로 이루어지지만 현실의 풍부함은 반영하지 못합니다.(215~216쪽)

프리드리히 엥겔스
Q. 마르크스에게 돈을 대 준 것 말고 엥겔스는 사회 이론에 어떻게 기여했나요?
A. 엥겔스는 마르크스의 공동 저자이자 후원자였고, 마르크스주의 역사 개념의 중심이 되는 '역사적 단계'를 규정하는 데 기여했습니다.(353~362쪽)

게오르크 지멜

Q. 집단은 왜 이방인을 필요로 하면서도 그들 때문에 불안해하나요?

A. 지멜은 이방인이 집단을 객관적으로 볼 수 있는 외부자라는 특별한 역할을 한다고 보았습니다. 또한 경계를 넘는 그들의 능력은 집단 내부에서 유용하게 쓰이면서도 낯설게 받아들여진다고 생각했습니다.(448~450쪽)

Q. 돈은 어떤 종류의 가치를 갖나요?

A. 지멜은 돈이 다른 가치로 대체될 수 있으며 모든 가치의 표준인 보편적 가치라고 생각했습니다.(452~460쪽)

Q. 비밀의 매력은 무엇인가요?

A. 지멜이 보기에 비밀은 신비감과 더불어 가치를 창조하는 것입니다. 비밀은 비밀을 가지고 있는 사람에게 독특한 분위기를 부여합니다.(461~464쪽)

놈 촘스키

Q. 촘스키의 보편적 문법은 사회학과 어떤 관련이 있나요?

A. 촘스키는 인류가 언어 습득의 본성적인 규칙을 구성하는 심층적인 언어 구조를 공유한다고 주장했습니다. 그중 하나가 '분류적 가정'으로, 우리는 선천적으로 사물의 종류를 가지고 명사를 판별한다는 것입니다. 이것은 우리가 세상에 대한 지식을 얻기 위한 틀인 인식론을 공유한다는 사실을 보여 주는 하나의 예입니다.(295~296쪽)

래윈 코넬

Q. 코넬은 성 역할이 어떻게 유지된다고 생각했나요?

A. 그녀는 성을 경계로 나뉘는 모든 사회의 속성인 '성 질서'를 통해 성 역할이 유지된다고 생각했습니다.(136쪽)

해리 콜린스

Q. 콜린스는 사회학자들이 자연 과학 연구에 어떻게 접근해야 한다고 생각했나요?

A. 콜린스는 방법론적 상대주의를 옹호했습니다. 방법론적 상대주의는 자연계가 어떤 일이 일어나도록 추동하는 힘이라는 과학자들의 주장을 반드시 받아들일 필요는 없다는 의미입니다.(303~304쪽)

오귀스트 콩트

Q. 콩트는 왜 사회를 사회학의 연구 대상으로 삼으려고 했나요?

A. 콩트는 사회를 개인의 산물로 볼 것이 아니라 개인을 사회의 산물로 보아야 한다는 주장을 폈습니다. 개인을 이해하기 위해서는 개인을 형성하는 사회를 이해해야 합니다.(73~74쪽)

찰스 호턴 쿨리

Q. 쿨리가 말하는 '실재'란 무슨 뜻인가요?

A. 쿨리가 보기에 무엇이 각자의 실재가 되는가의 문제는 각자가 상상 속에서 무엇을, 혹은 누구를 연결 지을 수 있는가의 문제와 같습니다.(158~160, 169~175쪽)

프란츠 파농

Q. 파농은 왜 정신 의학을 그만두었나요?

A. 파농은 식민주의가 그와 관련된 모든 사람들에게 심리적으로 해를 끼친다고 보았기에 식민 지배하에서 정신과 의사로 있기란 불가능한 일이라고 생각했습니다.(426~427쪽)

탤컷 파슨스

Q. 파슨스는 왜 사회가 유기체와 같다고 말했나요?

A. 그는 어느 사회든 충족되어야 하는 공통의 요구가 있으며, 사회는 유기체가 진화하듯 진화한다고 생각했습니다. 이러한 사고를 바탕으로 그는 직업 윤리, 규범, 가치, 가족 등의 제도에 대해 많은 것을 이해할 수 있었습니다.(317~319쪽)

Q. 질병이 왜 사회적 경험이죠?

A. 파슨스가 보기에 아프다는 것과 의사에게 병명을 확인받는 것은 환자 역할을 받아들인다는 뜻입니다.(314~317쪽) 환자 역할은 회복하려고 노력한다는 조건하에 정상성에 관한 사회의 요구에서 환자를 면제해 줍니다.

Q. 파슨스의 '일반 이론'이란 무엇인가요?

A. 구조와 행위를 한데 묶으려는 파슨스의 시도입니다. 그는 어느 사회나 적응, 목표 달성, 통합, 잠재성의 네 가지 기능적 요구가 존재한다고 주장했습니다.(131, 151~152, 310~319, 331쪽)

Q. 윤리에서 기능 분화가 하는 역할은 무엇인가요?

A. 기능 분화에는 예를 들어 직업을 가지는 것처럼 사회에 대한 책임 윤리를 체화해 새로운 사회 계급을 생산하는 노동 분업이 포함됩니다.(316~317쪽)

찰스 샌더스 퍼스

Q. 퍼스는 우리가 어떻게 같은 생각을 공유한다고 설명하나요?

A. 퍼스에 따르면 개념과 생각은 언어 기호로 구성되는데, 이를 의미 있게 연결하는 방식은 몇 가지로 제한되어 있습니다. 모든 사회 구성원은 언어 기호 체계를 공유합니다.(164~169쪽)

미셸 푸코

Q. 푸코는 담론이 어떻게 권력과 연결되어 있다고 생각했나요?

A. 그는 삶에 대해 말하고 생각하는 특정한 방식인 담론이 삶에 대한 개개인의 생각과 관계를 결정한다고 생각했습니다. 그는 이를 보여주기 위해 성, 동성애, 광기를 예로 들었습니다.(261~267쪽)

Q. 푸코의 권력 이론은 다른 이론가와 어떻게 다른가요?

A. 그는 마르크스, 베버 등의 이론가들이 대체로 권력을 위에서 아래로 미치는 과정으로 보았다고 지적하면서 파놉티콘의 예를 들어 권력은 어디에나 있지만 아무 데도 없는 것이라고 주장했습니다.(266~282쪽)

이븐 할둔

Q. 사회학이 아프리카에서 만들어졌나요?

A. 아라비아계 북아프리카 학자인 이븐 할둔(1332~1406년)은 다양한 주제에 관해 저술했습니다. 그중 하나가 사회 발전과 사회 조직에 관한 설명입니다. 이러한 연구를 고려하면 그는 학문으로서의 사회학의 창시자는 아니더라도 일찍이 사회학자였다고 할 수 있습니다.(434쪽)

스튜어트 홀

Q. 홀은 왜 '색맹'이 되는 것이 문제라고 생각했나요?

A. 그는 모든 정체성에는 '타자'가 숨겨져 있다고 보았습니다. 또한 그는 인종이나 피부색에 관해 중립적이라고 여겨지는 정체성이 실은 특정 사항을 배제한다고 생각했습니다.(434~436쪽)

주제

감정

Q. 감정은 사회적 삶의 일부인가요?

A. 사회는 특정 감정을 요구하기도 합니다. 예를 들어 근대 노동 분업은 신뢰를 요구하고 장려합니다. 사회학은 실제적인 인간 감정을 해석하는 틀을 제공합니다.(96~126, 151~152, 167~168쪽)

경제학

Q. 사회학과 경제학은 어떤 관계가 있나요?

A. 경제학의 질문은 사회학에 중요합니다. 경제적 관계는 사회의 중요한 부분이며(310, 318, 319~320쪽), 사회학자들은 경제적 관계가 항상 사회적 관계이기도 하다는 점을 연구하는 데 관심을 기울였습니다.(74~76, 86~88쪽)

계몽주의

Q. 계몽주의는 어떻게 사람들의 생각을 바꾸었나요?

A. 계몽주의는 18세기의 사상적 혁명으로 종교를 이성으로 대체할 것

을 주장했습니다. 사회학을 비롯한 사회 과학, 그리고 자연 과학에 공통적인 접근법의 상당 부분은 계몽주의를 바탕으로 하고 있습니다.(60~61, 299~230, 357, 386, 391, 394~395, 424~427쪽)

과학과 지식

Q. 과학은 과학적인가요?

A. 사회학자들은 과학 사회학에서의 '약한' 접근과 '강한' 접근을 통해 과학이 다양한 정도의 사회적 힘에 의해 형성된다고 보았습니다.(298~305쪽)

국가

Q. 국가가 어떻게 사회에 영향을 미치나요?

A. 마르크스, 베버, 파슨스는 사회 및 사회 변동에서의 국가의 역할에 대해 할 말이 많았습니다. 국가는 사회의 특정 가치를 체화하거나 가장 큰 권력을 가진 사람들의 이해를 지지하는 것으로 볼 수 있습니다.(397, 407~409쪽)

권력

Q. 권력은 무엇이며 누가 권력을 가지고 있나요?

A. 권력은 사회학에서 몹시 골치 아픈 문제입니다. 권력은 특성이나 자원으로 간주되는데, 권력이 다른 사람들로 하여금 권력을 가진 사람이 원하는 일을 하게 만드는 능력이라고 생각하는 사회학자도 있으며, '원하는 것'을 정의할 능력이라고 보는 사회학자도 있습니다.(41, 99, 148~152, 245~247, 262~282, 304, 314, 336, 340, 343~346,

373~376, 407~408, 440, 454, 462~463쪽)

근대성

Q. 근대성은 사회학과 무슨 관련이 있나요?

A. 근대성은 경제, 정치, 사회, 사상적 혁명의 결정체이자 세계를 과거와 아주 다르게 만드는 것으로 묘사됩니다.(51~63, 73쪽) 사회학은 근대성이 초래한 변화를 설명하기 위해 탄생했으므로 근대성과 긴밀한 관계가 있습니다. 근대성은 새로운 자유와 제약 및 사회 통제를 가져왔습니다.(262~282, 315, 369, 436쪽)

Q. 사회학은 여전히 근대적인가요?

A. 우리는 근대성이 무엇의 다음에 왔는지는 알지만, 근대성 다음에 무엇이 올지에 대해서는 확실하게 알 수 없습니다. 탈근대주의자들은 우리가 겉모습만이 전부로 여겨지는 탈근대성의 시대에 들어섰다고 주장합니다.(259~260쪽)

기능주의

Q. 모든 행동이 기능 면에서 묘사될 수 있나요?

A. 누구의 말에 따르느냐에 달려 있습니다. 행동이 어떻게 체계에 기여하는지를 탐구하는 기능주의자와, 개인이 하는 상호 작용의 의미 그리고 그 과정에서 사회 질서가 구현되는 과정을 탐구하는 상징적 상호 작용론자는 이 문제를 두고 대립합니다.(131, 143, 310~311쪽)

Q. 기능주의에 대한 비판으로는 어떤 것이 있나요?

A. 일부 비판은 기능주의에 대한 잘못된 이해에서 비롯되었지만, 기능주의가 갈등을 설명하면서 안정성을 지나치게 강조한다는 비판도

있습니다.(131~137, 319~325쪽)

노동 분업

Q. 노동 분업은 왜 있나요?

A. 모든 사회는 개인(보통 교육, 성, 사회적 배경, 인종, 신념 혹은 다른 이유 때문에 자신이 그 일에 가장 잘 어울린다고 주장하는 사람)에게 특정 과업을 부과합니다. 사회학자들은 이렇게 노동이 분배되는 과정과 그 과정에서의 정당화를 노동 분업이라는 주제로 연구합니다.(75~89, 316~317, 356, 453쪽)

대중문화

Q. 대중문화를 왜 연구해야 하나요?

A. 유행, 미디어, 음악, 비디오와 대중적 창조성의 여러 측면들은 사회와 사회적 가치에 대해 많은 것을 말해 주고, 개인이 이런 대상들과 연결되고 대중문화를 통해 개인들이 연결되는 방식에 대해서도 많은 이야기를 합니다.(435, 450~451쪽)

도덕성

Q. 도덕성은 개인적인 것인가요?

A. 도덕성은 개인에게 영향을 주는 것입니다. 베버는 개인이 도덕성과 맺는 관계를 프로테스탄트 윤리의 일부분이자 근대성 안에서 개인이 되기 위한 필수 조건으로 보았습니다.(84, 311~314, 392~395쪽)

Q. 도덕성은 종교에 관한 것인가요?

A. 많은 사회학자들이 도덕성이 기능적이라고 생각했으며 종교의 쇠

퇴에 맞서 도덕성이 어떻게 유지될 것인가를 연구했습니다. 도덕성은 사회 안에서 개인들을 묶어 주는 기능을 합니다. 파슨스와 뒤르켐은 각각 직업과 노동 분업이 세속적 도덕성을 만들고 유지한다고 봤습니다.(74~76, 131, 151~152, 309~312쪽)

몸

Q. 몸과 마음은 분리되어 있나요?

A. 사회학자들은 마음이 몸을 조종한다는 데카르트의 생각을 물려받았는데, 이러한 생각은 최근 들어 현실을 반영하지 않는다는 비판을 받았습니다. 사회학에는 몸에 대한 여러 가지 견해가 있습니다. 이 책에서는 장식하는 몸(138~139쪽), 노동하는 몸(270, 372쪽), 사회학적 혹은 생물학적 성이 덧씌워진 몸(111~112, 135~137, 262~263쪽)에 초점을 맞췄습니다.

민속 방법론

Q. 민속 방법론자들은 우리가 어떻게 현실을 만든다고 생각했나요?

A. 민속 방법론자들은 개인이 성공적으로 상호 작용을 성취하기 위해 쏟는 노력과 상호 작용을 통해 확립된 현실을 탐구하는 사회학자들입니다.(202, 208~209쪽)

민족성

Q. '사회'는 '민족'과 같은 의미인가요?

A. 반드시 그렇지는 않지만 근대 사회는 19세기 유럽, 라틴 아메리카 및 다른 곳에서의 민족 운동과 함께 탄생했습니다. 우리는 특정 사

회에 대해 이야기할 때 종종 민족을 염두에 둡니다.(52, 434~437쪽)

민주주의

Q. 사회학은 민주적 학문인가요?

A. 사회학은 근대 민주주의 사회에서의 공적 담론 및 대중문화와 삶의 다양한 측면을 연구하면서부터 민주주의적 학문이라고 일컬어졌습니다.(59~61, 73, 364쪽)

배움

Q. 대학에서의 배움의 문제는 무엇인가요?

A. 대학은 때로 학생들이 이미 정해진 배움에 참여하도록 암묵적으로 조장하거나 학습 과정에서 자신의 목소리와 경험을 사용하는 일의 가치를 떨어뜨리기도 합니다. 이 책은 사회학을 탐구하는 데 자신의 경험을 어떻게 활용할 수 있는지, 그리고 사회학을 자신의 경험에 어떻게 활용할 수 있는지를 보여 주기 위해 쓰였습니다.(14~31쪽)

봉건주의

Q. 오늘날 우리는 왜 봉건적이지 않은가요?

A. 봉건주의는 근대성 이전의 사회와 경제를 지배하는 관계였습니다. 경제 발전과 돈의 기능 변화, 종교의 쇠퇴가 결합되어 예전의 봉건적 유대를 무너뜨렸습니다.(58, 275, 374~375쪽)

불평등

Q. 사회학은 불평등을 어떻게 설명하나요?

A. 사회학자들은 불평등을 설명하는 데 관심을 기울였고 때로 잘 설명해 냈습니다. 파슨스에게 불평등은 사회적인 기능을 담당하는 것이었습니다. 마르크스에게 불평등은 자본주의의 불가피한 산물이자 갈수록 악화될 문제였습니다. 베버에게는 시장과 정치에 대한 통제와 관련된 것이었습니다.(134~137, 152, 246, 317~320, 354~355, 399~415쪽)

사랑

Q. 사랑에 빠지는 것에 대해 사회학이 무슨 말을 할 수 있을까요?

A. 지멜에 따르면 연인들은 자신들의 사랑이 유일무이하다고 생각합니다. 그런 유일함의 느낌이 없어지면 사랑도 끝난다는 것입니다.(168~169, 450쪽)

사회

Q. 사회가 우리 행동에 영향을 줄 수 있나요?

A. 사회학자들은 사상과 행위를 형성하는 문화, 가치, 경제, 정치 등 사회 형태의 강력한 융합을 가리키고자 '사회'라는 단어를 씁니다. 노동 분업은 사람들이 마치 사회가 하나의 독립체이며 자신들이 무엇을 하고 있는지 생각하지 않는 것처럼 행동하게 만듭니다.(66~90쪽)

Q. 결국 전부 다 사회 탓인가요?

A. 때로 사회학은 사회 속 인간의 그릇된 행동을 비판합니다.(71~72쪽) 사회학, 심리학, 생물학 등의 다양한 접근은 다른 수준의 설명을 제공합니다. 각 학문의 접근 방식은 사람들이 하는 일의 맥락에 따라 무엇이 사람들을 이러저러하게 행동하도록 이끄는지를 설명합니

다.(90~92쪽)

Q. '사회'가 있기는 한가요?

A. 사회학자들은 인간의 상호 작용 바깥에 '사회'가 실제로 존재하는가의 문제에 대해 오래 논쟁했습니다.(203~207쪽) 언제나 그렇지는 않지만 근대 사회는 19세기 유럽, 라틴 아메리카 및 다른 곳에서의 국가 설립과 함께 탄생했습니다. 특정 사회에 대해 말할 때는 동시에 국가도 의미하는 경우가 많습니다.(52, 73~74, 373~375쪽)

사회 계급

Q. 사회 계급은 언제나 경제적 관계에 기초하나요?

A. 사람들을 묶는 방법에는 여러 가지가 있습니다. 그중 하나가 노동 분업하의 개인의 지위에 관해 정의되는 사회 계급입니다. 베버와 같은 일부 학자들은 계급을 정의하는 데 노동 분업에 직접적으로 의존하지 않고 다른 요소들을 추가했습니다.(370~378쪽, 397~410쪽)

사회 구성주의

Q. 사회적으로 구성되는 것은 무엇인가요?

A. 일부 사회학자들이 볼 때 삶의 모든 측면은 사회에서 주어지는 의미와 중요성, 즉 사회 구성주의의 맥락에서 연구되어야 합니다. 반면 다른 사회학자들은 사회 구성주의적 접근이 일반적으로 자명하게 받아들여지지 않으며 인간의 의식적 통제와는 무관한 물적 현실, 경제학, 심리학 등을 무시한다고 비판합니다.(107~108쪽, 115~120쪽, 298~300쪽)

사회 유대

Q. 사회학자들은 왜 사회 유대를 걱정하나요?

A. 사회학은 사회 유대가 무너지고 재건되던 시기에 태어났습니다. 종종 근대 사회의 유대는 불안정하고 쉽게 무너질 것처럼 보입니다.(74~90쪽)

사회학

Q. 사회학이란 무엇인가요?

A. 사회학은 사회에서의 인간 행동을 설명하고, 사회 문제를 묘사하며 그것을 해결할 방법을 탐색합니다. 사회가 빠르게 바뀌면서 새로운 기회가 만들어졌지만 새로운 어려움도 생겨났습니다. 사람들은 새로 생긴 문제가 무엇인지 이해하기 위해 사회학을 만들었습니다.(40~41쪽)

Q. 사회학은 타당한가요?

A. 어떤 학자들은 사회가 사회학이 따라잡기에 너무 빨리, 너무 많이 바뀐다고 생각하지만 이는 우리에게 새롭고 더 나은 개념과 이론이 필요하다는 뜻일 뿐입니다. 이 책을 통해 이론가들을 공부하면 사회가 어디에서부터 변화하는지 이해하는 데 도움이 될 것입니다. 또한 다른 많은 문제들을 탐구할 때에도 사회학을 적용할 수 있습니다.(51~52, 61~62, 73, 434쪽)

Q. 사회학은 과학적인가요?

A. 사회학은 때로 자연 과학이 되려 하기도 했습니다. 이는 자연 과학이 진리를 밝히는 데 매우 성공적이었기 때문이기도 합니다. 하지만 인간 행동은 자연 과학자들이 연구한 분자나 중력과 같지 않습

니다. 체계적이면서도 단지 주관적이거나 부분의 합인 것만은 아닌 지식을 생산하는 다른 방식이 존재합니다.(39~41, 49~50, 292~305, 339~340쪽)

Q. 사회 이론이 무엇인가요?

A. 사회 이론은 인간 행동의 맥락을 분석하는 틀입니다. 이 책에서 개괄한 이론들은 인간 행동에 대해 여러 가지 방식으로 접근하며 각기 다른 위상을 차지합니다. 일부는 인간의 상호 작용을 다룹니다. 다른 사람들은 제도, 경제, 사회 자체를 봅니다.(45~50쪽)

산업주의

Q. 근대 사회가 존재하는 데 산업주의가 필수적인가요?

A. 사회학자들은 산업주의가 자본주의, 민주주의, 계몽주의와 함께 근대성의 한 요소라고 생각했습니다. 산업주의는 일을 둘러싸고 노동 분업이 발달하는 과정과 대량 생산과 기계에 의해 인간의 노동이 대체되는 과정을 의미합니다. 노동의 조직에서의 이러한 변화는 나아가 사회적, 개인적 삶에서의 많은 변화를 이끌어 냈습니다.(54~59, 60~61쪽)

상징적 상호 작용론

Q. 왜 상호 작용을 공부해야 하나요?

A. 상징적 상호 작용론자들은 모든 상호 작용, 즉 타인과의 모든 만남에서 의미와 중요성이 만들어진다고 생각했습니다.(179~180, 187~197, 203~204쪽)

성

Q. 섹스와 젠더의 차이는 무엇인가요?

A. 자주 사용되는 공식은 다음과 같습니다. 즉 섹스는 생물학적 성이고 젠더는 심리학 및 사회학적 정체성과 그 위에 쌓인 자아 관념이라는 것입니다.(145~147, 153~154쪽)

Q. 남성성과 여성성은 어떻게 배우나요?

A. 성 역할과 성 정체성은 사회화되고 또한 수행되는 것이므로, 여성적 혹은 남성적이 되는 방법은 절대 배우기만 하는 것이 아닙니다. 우리는 성 정체성을 계속해서 만들어 냅니다.(131~133, 147~149쪽)

Q. 남자와 여자는 유전자에 의해 결정되나요?

A. 남성적, 여성적 행동에 관해 일반적인 설명은 양자가 생물학적, 재생산적 필요에 의해 추동된다는 것입니다.(144쪽) 하지만 많은 경우 우리에게 생물학적으로 주어진다고 생각되는 것은 사실 사회적 성의 일부분이고, 유동적인 것이며 문화적으로 구성된 것입니다.(145~146쪽)

식민주의

Q. 식민주의가 어떻게 사회학을 형성했나요?

A. 유럽 국가들이 전 세계를 지배하면서 형성된 사회 이론 중에는 서유럽 또는 미국과 같이 발전한 사회로 이행하는 것이 진보라는 생각이 있었습니다. 탈식민주의자들은 이러한 생각에 도전해 왔습니다.(425~433쪽)

유행

Q. 왜 어떤 사람들은 유행에 집착할까요?

A. 지멜에 따르면, 유행을 따르는 것은 개인이 되는 방법이면서 동시에 군중의 일부가 되는 방법이기도 합니다.(450~451쪽)

자본주의

Q. 자본주의의 기원은 무엇인가요?

A. 자본주의가 어떻게 발전했는가를 말하는 것이 더 쉬울 것입니다. 자본주의의 기원을 시사하는 것들이 있기는 하지만, 자본주의는 정확히 언제 어디에서 발생했다기보다는 봉건주의의 몰락과 돈이 중재하는 관계를 통해 발달했습니다.(58~59, 275, 353~362쪽)

Q. 자본주의는 돈을 버는 방법에 관한 것인가요?

A. 베버, 지멜, 마르크스 같은 사회학자들은 자본주의의 본성을 연구했습니다. 돈은 자본주의 이전부터 존재했습니다. 자본주의는 시장 가치를 토대로 행위를 판단하고(58~59, 457~460쪽), 자본을 축적하고(58~59, 392~393쪽), 돈이 그 자체로 가치가 되는 것(452~455쪽)을 의미합니다.

자유주의

Q. 자유주의는 모두를 위한 것인가요?

A. 인간은 자유주의적·보편적 권리를 향해 진보한다는 계몽주의의 가정은 일반적으로 받아들여졌지만, 전 세계의 많은 사람들은 다양한 맥락에서 자유주의적 권리 개념을 비판합니다.(134, 431~432쪽)

탈식민주의

Q. 사회학은 서구 세계에만 국한되나요?

A. 사회학이 보편적인 주장을 할 수 있느냐가 논쟁의 핵심입니다. 사회학 이론은 실제로는 맥락에 좌우되는 상황으로부터 보편적 진리를 도출할 수 있다고 주장한다는 것이 페미니스트와 탈식민주의자 등의 비판의 요지입니다.(431~433쪽)

페미니즘

Q. 평등하지 않은 사회에서 여성이 남성과 평등해질 수 있을까요?

A. 그것이 법적이거나 공적인 기회의 평등을 요구하는 동시에 양성 간의 불평등이 존재하는 이유를 설명하면서 페미니스트들이 직면한 난제였습니다.(132~133, 141~144쪽)

Q. 페미니즘은 정말 모든 여성을 대변하나요?

A. 흑인 페미니스트들은 모든 여성을 대변한다고 주장하는 기존의 페미니즘이 사실은 일부 여성만을 대변할 뿐이라고 비판했습니다.(137쪽)

Q. 여성은 사회 이론에서 배제되었나요?

A. 페미니즘 인식론자들은 권리, 욕구, 필요 등의 '보편적' 개념들이 사실은 남성들의 권리, 욕구, 필요에 기초하고 있다고 지적했습니다.(149, 420~423, 442~443쪽)

옮긴이 이가람

연세대학교 사회학과 박사 과정에 재학 중이다. 사람들이 모여 이루어진 사회가 다시 개개인의 삶에 영향을 준다는 사실이 흥미로워 사회학을 공부하고 있다. 번역을 통해 사회 과학 분야의 좋은 책을 독자들에게 소개하고 사회학을 좀 더 다가서기 쉬운 학문으로 풀어내는 일에 꾸준히 관심을 갖고 있다. 옮긴 책으로 「보틀마니아」, 「감정 노동」, 「세계는 어떻게 움직이는가」, 「나는 내가 누구인지 몰랐네」(공역) 등이 있다.

스무 살의 사회학

콩트에서 푸코까지, 정말 알고 싶은 사회학 이야기

1판 1쇄 펴냄 2013년 6월 21일
1판 12쇄 펴냄 2022년 8월 16일

지은이 랠프 페브르·앵거스 밴크로프트
옮긴이 이가람
발행인 박근섭·박상준
펴낸곳 (주)민음사

출판등록 1966. 5. 19. 제16-490호
주소   서울특별시 강남구 도산대로1길 62(신사동) 강남출판문화센터 5층 (우편번호 06027)
대표전화 02-515-2000 | 팩시밀리 02-515-2007
홈페이지 www.minumsa.com

한국어 판 ⓒ (주)민음사, 2013. Printed in Seoul, Korea

ISBN 978-89-374-8782-8 (03300)

* 잘못 만들어진 책은 구입처에서 교환해 드립니다.